공자와 한비자를 알아야
중국이 보인다

공자와 한비자를 알아야 중국이 보인다

발행일	2025년 5월 16일

지은이	조용천		
펴낸이	손형국		
펴낸곳	(주)북랩		
편집인	선일영	편집	김현아, 배진용, 김다빈, 김부경
디자인	이현수, 김민하, 임진형, 안유경	제작	박기성, 구성우, 이창영, 배상진
마케팅	김회란, 박진관		
출판등록	2004. 12. 1(제2012-000051호)		
주소	서울특별시 금천구 가산디지털 1로 168, 우림라이온스밸리 B동 B111호, B113~115호		
홈페이지	www.book.co.kr		
전화번호	(02)2026-5777	팩스	(02)3159-9637
ISBN	979-11-7224-624-2 03340(종이책)		979-11-7224-625-9 05340(전자책)

잘못된 책은 구입한 곳에서 교환해드립니다.
이 책은 저작권법에 따라 보호받는 저작물이므로 무단 전재와 복제를 금합니다.
이 책은 (주)북랩이 보유한 리코 장비로 인쇄되었습니다.

(주)북랩 성공출판의 파트너
북랩 홈페이지와 패밀리 사이트에서 다양한 출판 솔루션을 만나 보세요!
홈페이지 book.co.kr • 블로그 blog.naver.com/essaybook • 출판문의 text@book.co.kr

---

작가 연락처 문의 ▶ ask.book.co.kr
작가 연락처는 개인정보이므로 북랩에서 알려드릴 수 없습니다.

36년 외교관 경험으로 풀어낸 중국과 한중관계의 본질

공자와 한비자를 알아야 중국이 보인다

조용천 지음

북랩

책 머리에

    중국은 지리적으로는 바로 우리나라 옆에 붙어 있는 관계로 우리와 수천 년간의 관계를 맺어온 나라이다. 1992년 한중수교 이후의 한중관계는 비교적 순탄하게 발전해 왔다. 서로 잘 모르던 상대방에 대한 일종의 환상과 양국이 경제적으로 서로를 필요로 했던 사정이 이를 가능하게 했다.

    그러나 상대방에 대한 환상이 깨지고 경제관계도 경쟁적 관계로 변화하면서 양국의 관계는 어려움에 부닥치기 시작했다. 여기에 양국 국민 간 상호 비호감 정서가 양국관계에 어려움을 가중시키고 있다.

    많은 우리 국민이 중국을 공산당 국가라고 비하한다. 중국이 힘 좀 세졌다고 힘자랑하는 데 대해 거부감을 느낀다. 반면 중국인들은 자신들을 얕보는 듯한 우리들의 태도에 거부감을 느낀다.

    이런 상호 부정적 인식 내지 태도는 한중 간 이러저러한 교류가 늘어난 데 비해 상호이해는 부족한 데서 생기는 문제들이다. 문제는 이러한 문제들이 실제보다 증폭되어 양국관계의 실제를 왜곡하는 경향이 있다는 데 있다.

역사적으로 인접한 국가 간 관계는 그렇게 우호적이지 못한 것이 일반적이다. 과거처럼 영토를 놓고 싸우지 않는 오늘날에도 지리적으로 가까운 나라끼리의 국민적 감정은 그다지 좋지 않다. 미국과 캐나다, 멕시코 사람들 간 상호 인식은 애증의 관계이다.

미국 사람들은 캐나다 사람들을 촌뜨기 정도로 치부하는 경향이 있다. 트럼프 미 대통령은 아예 대놓고 미국의 51번째 주(state)나 되라고 모욕을 줄 정도이다. 캐나다 사람들은 미국 사람들이 좀 으스댄다고 불편해한다.

오늘날 유럽공동체를 만들기로 합의한 유럽연합 국가 간에도 이런 현상이 있었다. 그러나 유럽의 두 강대국인 프랑스와 독일은 1950년대부터 과거의 불행했던 역사를 뒤로하고 유럽의 평화와 번영을 위해 공동의 노력을 기울여 왔다.

프랑스와 독일 사람들 사이만 감정이 안 좋은 것은 아니었다. 나는 1980년대 후반 벨기에에 근무한 적이 있는데 프랑스 사람들은 벨기에 사람들을 촌뜨기라고 대놓고 무시하는 경향이 있었다. 네덜란드 사람들도 독일 사람들을 별로 좋아하지 않았다. 사람들이 모여 있을 때는 고상한 이야기를 하지만 따로따로 있으면 이웃 나라 사람들을 비웃고 헐뜯곤 했다.

그러나 그 나라의 정치인들과 지도층 인사들은 이제는 최소한 공식적으로는 상대방 국가를 존중한다. 그리고 이런 관계가 오래 지속되다 보니 과거로부터 이어온 상대방에 대한 불편한 기억들은 차츰차츰 치유되고 있다.

중남미나 아프리카에 있는 나라들처럼 우리와 멀리 떨어져 있어 교류가 적으면 그 나라에 대해 우리가 불편한 감정을 가질 이유가 없다. 오히려 환상을 가지고 좋은 점만 보게 된다.

그러나 중국이나 일본처럼 우리나라와 가까이 있는 나라와의 관계는 오히려 지리적 근접성으로 인해 접촉과 교류가 많다 보니 상대방의 나쁜 점을 많이 보게 된다. 나아가 과거의 역사까지 끼어들면 상황은 더욱 복잡해진다. 한국과 일본 간 관계가 그랬다.

1993년 4월이었다. 닉슨 전 미국 대통령이 중국 측 초청으로 중국을 방문하기 전에 우리나라를 방문했을 때 나는 닉슨의 방한 일정을 지원했었다. 당시에 닉슨 대통령이 우리 측이 준비한 공식 일정 이외에 갑자기 전통시장을 한번 가보고 싶다고 얘기해서 나는 남대문 시장으로 닉슨 대통령을 안내한 적이 있다.

그때 나는 궁금해서 왜 하필 전통시장을 방문하기를 원하는지 물어보았다. 닉슨 대통령은 어느 나라나 대형 백화점에 가보면 미국과 비슷하게 잘 갖추어져 있어서 그런 곳을 가면 그 나라 민중들의 실제 삶을 알 수 없다고 하면서 자기는 중국에 갈 때 전통시장에 가서 중국의 상황 특히 일반 민중들의 생활상을 관찰하기 위해 전통시장을 꼭 가본다고 하였다.

닉슨 대통령의 얘기를 듣고 나는 외교관으로서 어떻게 일해야 할지에 대한 중요한 힌트 하나를 얻었다. 어느 나라를 이해하기 위해서는 겉으로 드러난 모습보다는 민중들의 실제 삶과 활력을 파악하는 것이 중요하다는 얘기였다. 외교관이 하는 일 중의 하나는 주재하는 나라의 정치경제 정세를 파악하고 전망하는 일이기 때문에 닉슨 대통령의 얘기는 나의 직업에 딱 맞는 교훈이었다.

1993년 8월 나는 중국 북경에 가서 2년 동안 공부했다. 이후 베이징, 선양, 홍콩 등에서 여러 차례 일 할 기회가 있었다. 그때마다 닉슨 대통령의 그 얘기가 생각나서 가능한 한 많이 중국의 실제를 보려고 했다.

이 책은 그러한 경험의 산물이다. 특히 외교부에서 36년간 근무하면서 우리나라와 중국과의 관계를 오랫동안 다루었던 경험이 이 책을 쓰는 밑바탕이 되었다. 이 책을 쓰게 된 동기는 내가 보고 다루었던 중국의 정치외교와 한중 양국관계의 실상을 독자들과 공유하려는 욕심에서 시작되었다. 아울러 이를 통해 우리의 이웃이자 우리나라의 미래에 중요한 중국의 실제를 알리고 싶었다.

이 책은 4부로 구성되어 있다.

1부에서는 오늘날 중국을 이해하는 데 도움이 되는 중국의 과거를 몇 개의 키워드를 통해 들여다보고자 했다.
세계의 많은 나라 가운데 중국만큼 과거의 역사가 오늘에 영향을 미치는 나라는 없다. 중국의 과거는 중국의 미래에도 영향을 미칠 것이다. 중국의 외교관들이나 정치지도자들은 과거 역사에서 나오는 이야기를 인용하여 자신들의 입장을 에둘러 표현하는 데 능숙하다.

"항장이 칼춤을 추는 의도는 패공을 죽이려는 데 있다項莊舞劍 意在沛公."

"사마소의 마음은 길 가는 사람들도 다 안다司馬昭之心 路人皆知."

왕이王毅 중국 외교부장이 2016년 2월 로이터통신과의 인터뷰에서 한국과 미국이 주한미군기지에 배치하려던 고고도미사일방어체계인 사드에 대한 중국의 반대 입장을 표현하기 위해 사기와 한진춘추에서 인용한 고사이다. 중국의 과거에 대한 이해가 없이 그냥 들으면 무슨 말인지 알 수가 없다.

왕이 외교부장의 이 언급은 한국과 미국이 사드를 한국에 배치하려는 이유가 북한의 핵 공격에 대비하기 위한 것이라고 주장하나 중국은 그 실제 목적이 중국을 겨냥한 미국의 안보 전략이라는 것을 잘 알고 있다는 뜻이다. 나아가 미국이 사드를 한국에 배치하는 것을 그냥 두고 보고만 있지는 않을 것이라는 의미까지 담고 있었다. 우리는 이 말뜻에 담긴 중국의 의지를 과소평가했다.

우리 정부가 주한미군에 사드를 배치하기로 결정하자 중국은 미국에 대해서는 아무런 대응도 못 하면서 상대적으로 약자인 우리에 대해서만 각종 보복 조치를 취했다. 문제는 그러한 보복이 일시적 보복으로 끝난 과거형이 아니고 한중관계 전반에 걸쳐 장기적으로 부정적인 영향을 미치고 있다는 데 있다.

중국을 두려워할 필요는 없다. 그러나 불필요하게 중국의 안보 우려를 자극하는 것은 우리의 국익에 전혀 도움이 되지 않는다. 중국이 공산당이 지배하는 일당 지배체제 국가이다 보니 우리는 색안경을 끼고 중국을 보는 경향도 있다. 그러나 오늘날 중국이 비록 공산당이 지배하는 국가이기는 하지만 색안경을 끼고 볼 필요는 없다. 있는 그대로의 중국을 보아야 한다.

2부에서는 중국의 외교와 외교행태의 실제와 특성을 들여다보았다. 모든 나라가 그 나라 특유의 특성이 있듯이 외교에 있어서도 그 나라 특유의 외교와 외교행태를 보인다. 중국도 중국 특유의 외교와 외교행태를 보인다. 우리가 이를 이해하고 있으면 중국과의 외교에 잘 대비할 수가 있다. 아울러 중국의 외교와 외교행태를 우리가 잘못 이해해서 생길 수 있는 오판도 피할 수 있다.

반대로 중국도 한국 특유의 외교와 외교행태를 잘 알지 못해 한국의 외교에 대해 종종 오판을 한다. 중국 외교관들과 양국 간 현안들을 논의할 때 중국의 외교관들이 한국을 잘 알지 못하는 데서 생기는 갈등이 종종 있었다. 요즘은 좀 뜸해졌지만 중국어선의 서해에서의 불법조업이 빈번하게 발생하여 우리 국내의 여론이 비등한 시기가 있었다. 우리 해경은 이러한 중국어선의 불법조업을 강력하게 단속해야 했고 이 과정에서 우리 해경 대원들이 부상 또는 사망하는 경우가 있었다. 물론 중국 선원들이 부상 또는 사망하는 사고도 있었다.

나는 이와 관련된 사건을 해결하기 위해 중국 측과 협의해야 했고 중요한 사건들은 양국 간 외교협상의 공식 의제로 다루어지기도 했다. 당시에 내가 만난 중국 외교부 당국자들은 한국 정부가 언론을 사주하여 중국을 비난하고 있다고 문제를 제기하곤 했다. 나아가 중국을 비난하는 한국 언론을 우리 정부가 통제해 달라고 요청하기도 했다.

한국 언론의 생태계를 전혀 모르고 중국이 중국 언론을 다루듯이 한국 정부가 한국 언론을 다루어달라는 어처구니없는 요구였다. 한국의 언론 생태계가 어떤지를 중국 외교관들에게 인식시키는 데 무척이나 애를 먹었다. 지금은 그들도 한국 언론의 생태계를 잘 알고 있는 것 같다.

반면에 우리가 중국을 잘 알지 못해서 우리가 초래한 문제들도 있었다. 중국의 언론은 대체로 중국 정부의 통제 속에 있는 관영 언론이 주류를 이루고 있다. 그래서 여론을 조작하고 통제하기가 쉽다. 그러나 관영 언론과는 다른 형태의 언론이 중국에 등장하면서 중국 정부가 완전히 언론을 통제하기가 어렵게 되었다.

중국공산당 기관지인 인민일보의 자매지로 잘 알려져 있는 환구시보라는 신문이 그러한 언론이다. 매우 국수주의적인 신문으로 한중 간 외교 문제에 대해 강경한 노선을 주장해왔다.

우리나라에서는 이 신문이 형식적으로는 인민일보의 자매지인 데다 중국은 언론을 통제하는 나라로 인식하기 때문에 이 신문의 논조가 중국 당국의 정책을 반영하고 있는 것으로 간주하는 경향이 있다. 그러나 이 신문의 논조는 대외문제에 있어서 중국 당국의 실제 생각보다 훨씬 강경하다.

나는 이 문제로 중국 정부 당국자들이나 환구시보 관계자들을 만나 속내를 확인해본 적이 있다. 중국 정부 당국자들은 이 신문이 내세우는 초강경 논조 때문에 고심하고 있다고 하였다. 환구시보 측에 협조를 요청하기도 하나 막무가내라 골치가 아프다고 하였다.

나는 중국 정부 당국자들의 언급이 사실인지를 확인하기 위해 이 신문의 편집장을 만나서 강경한 논조의 논설에 대해 중국 당국으로부터 협조 요청이나 통제가 없는지 확인해 본 적이 있다.

그는 정부 측이 문제를 제기해오기는 하지만 자신은 정부가 통제하고자 하는 천정을 조금씩 뚫고 올라와서 오늘날 나름 영향력 있는 신문을 만들었다고 주장했다.

나는 이 편집장의 설명을 액면 그대로 받아들이지는 않았지만 중국의 언론환경도 조금씩 변화하고 있다고 생각했었다. 내가 이 편집장의 말을 액면 그대로 받아들이지 않은 것도 중국에 대한 나의 편견일 수 있다.

3부에서는 한중수교 후 양국 간 있었던 주요 외교 사안 및 사건들의 실제를 다루고 있다. 특히 북한 핵 문제를 포함하는 북한 문제, 한미동맹과 한미일 안보협력 등 주요 외교안보 문제에 대한 중국의 관점을 드러내고자 하였다.

4부에서는 미래 한중관계의 바람직한 방향을 제시하고자 하였다. 특히 양국이 앞으로 부딪칠 수 있는 주요 외교안보 사안에 대한 우리의 정책 방향을 제시하는 데 중점을 두었다.

이 책이 중국에 대한 환상도 경멸도 아닌 있는 그대로의 중국을 보는 데 도움이 되기를 기대하면서 이 책을 내놓는다.

차 례

책 머리에   5

1부 ◈ 과거의 유산

1장   유가儒家와 법가法家의 전통

   1. 유가와 법가의 정치공동체에 대한 인식의 차이   34

   2. 유가의 정치사상   36
      1) 유가 정치사상의 태두 공자   39
      2) 맹자와 순자의 정치사상   41

   3. 법가와 종횡가縱橫家의 정치외교 사상   45
      1) 법가와 종횡가의 정치외교 사상의 탄생 배경   45
      2) 법가의 시조 정자산   46
      3) 법가의 정치사상을 집대성한 한비자   47

4. 유가와 법가 정치사상의 역사적 전개 48
    1) 법가의 정치사상을 채택하여 천하를 통일한 진 49
    2) 염철론: 법가와 유가의 논쟁 49
    3) 유가와 법가의 정치사상이 씨줄 날줄로 엮어진 중국 역사 52

5. 유가와 법가의 정치사상과 현대 중국 53
    1) 마오쩌둥의 법가적 통치 54
    2) 덩샤오핑과 장쩌민, 후진타오의 유가적 법가적 혼합 통치 58
    3) 법가적 통치자 면모를 보이는 시진핑 62

2장 황제 전제주의?

1. 황제의 나라 중국 69
    1) 마오쩌둥과 시진핑 - 현대판 황제? 69
    2) 비트포겔의 황제 전제주의론이 회자된 배경 71

2. 중국 왕조의 통치체제는 황제 전제주의였나? 72
    1) 아리스토텔레스의 공동선 72
    2) 군자와 성인 74
    3) 정치공동체에서의 황제의 위치와 역할 75
    4) 정치에 대한 서구와 중국의 인식의 차이 76

3. 황제의 나라 전통과 현대 중국 78
    1) 황제의 나라 전통과 중국공산당의 독점적 통치 78
    2) 최고지도자에 따라 다른 통치 방식을 보여준 중국 정치 79
    3) 시진핑 국가주석은 어떤 통치자가 될 것인가? 84

3장 중앙집권과 관료제의 전통

1. 봉건제 국가에서 중앙집권제 국가로   86
    1) 주 왕조의 봉건제적 정치질서   86
    2) 군현제와 관료제의 도입으로 중앙집권을 완성한 진시황   87

2. 한 왕조의 정치질서   90
    1) 작은 정부를 지향한 한나라 초기의 황로사상   90
    2) 흉노제국의 위협 속에 중앙집권의 길을 택한 한 무제   91
    3) 국가재정의 고갈과 염철 논쟁   92
    4) 왕망의 쿠데타와 중앙집권화   92

3. 당 왕조의 정치질서   93
    1) 황제와 귀족계층 간 상호공존을 도모한 느슨한 중앙집권 왕조   93
    2) 환관 세력의 발호와 절도사 권한의 비대화로 인한 당 왕조의 해체   95

4. 송 왕조의 정치질서   95
    1) 북송 시기 왕안석의 중앙집권화: 신법과 과거제 도입   95
    2) 중앙집권화에 대한 반작용과 도학의 탄생   98
    3) 도학과 성군론   99
    4) 가족 및 친족공동체를 중시한 도학   100

5. 명·청 왕조의 정치질서   101
    1) 강력한 중앙집권적 왕조체제를 구축한 명 왕조   101
    2) 다양한 민족을 통치해야 했던 청 왕조의 균형과 타협   103

6. 중국 역사상 가장 강력한 중앙집권 국가를 실현한 현대 중국　105
   1) 중앙에서 지방까지 일사불란한 통치체제를 실현한 현대 중국　105
   2) 토지와 교육의 국가 독점　106
   3) 사영기업의 역할 확대와 국가의 통제　108
   4) 홍콩에 대한 통제 강화　109

4장　중화주의

1. 중화주의와 중국식 발전　115
   1) 중국식 발전을 추구하는 중국　115
   2) 중화와 이민족을 최초로 구분한 역사가 사마천　117
   3) 사마천의 중화 관념　119

2. 이민족의 화북 지역 진출과 중화 관념의 확장　120
   1) 이민족의 화북 지역 진출　120
   2) 당 왕조 시기의 중화　122

3. 송·명 왕조 시기의 중화주의　122
   1) 문명으로서의 중화를 강조한 남송과 도학의 탄생　123
   2) 사마천식 자기 완결적 중화를 실현한 명明 왕조　124

4. 청 왕조 시기의 중화　126
   1) 문명과 제도로서의 중화를 수용한 청 왕조　126
   2) 서방의 문호개방 요구에 대한 청 왕조의 대응　128
   3) 청 왕조의 개혁에 장애가 된 중화　130

5. 현대 중국과 중화 민족주의   132
    1) 마오쩌둥의 중국식 농민혁명   132
    2) 중화민족다원일체론   135
    3) 시진핑 시대의 통치 구호 중국몽과 중화민족주의   137

5장 농업 위주의 문치사회 전통과 방어적 대외관계

1. 한족 왕조의 기원   139
    1) 농경을 기반으로 한 초기 한족 문명   139
    2) 농경문화로서의 초기 한족 문명의 특색   140

2. 한족 왕조와 북방 유목민족 간의 투쟁   143
    1) 한 왕조와 흉노 간의 일진일퇴   143
    2) 북방 유목민족의 남하와 중원 지배   144

3. 정복 왕조인 원·청 왕조와 순수 한족 왕조인 명 왕조의 차이   146
    1) 정복 왕조인 원 왕조의 개방성   146
    2) 한족 왕조인 명 왕조의 폐쇄성   147
    3) 유목민족의 후예 청 왕조의 영토 확장   150

2부 ◈ 현대 중국의 외교와 외교행태

6장 현대 중국의 외교

1. 현대 중국의 외교에 영향을 끼치는 주요 요인들   155
   1) 백년국치   156
   2) 중화주의와 중화제국   159
   3) 공산주의 이데올로기와 구소련의 영향을 받은 비밀주의 유산   164

2. 중화인민공화국 시기 대외관계   170
   1) 시기별 대외관계의 특징   170
   2) 마오쩌둥 시기   171
   3) 개혁개방 시기   177
   4) 시진핑 시기   184

7장 현대 중국의 외교행태 (1)

1. 상대방 마음 사기   196
   1) 팽임 외교와 문화적 유산 활용   196
   2) 칙사 대접: 과거로부터의 전승   199
   3) 비공식 초청을 통한 우호 인사 만들기   200

2. 지도자 면담, 중국 방문 허가 등을
   외교 우위의 수단으로 활용하기   201
   1) 지도자 일정 마련에 시간 끌기   201
   2) 중국 방문 희망 인사의 심리를 역으로 이용하기   205

3. 철저한 상대국 입장 탐색과 손님 먼저   207
    1) 상대국 입장 탐색의 수단으로서의 도청과 스파이   207
    2) 김정일의 건강 정보를 습득하기 위해 모든 수단을 동원한 중국   209
    3) 손님 먼저 말 하세요   209
    4) 공개 정보 활용에 능한 중국   212

4. 신중하고 세심하면서도 단호함   213
    1) 한국인 마약 제조업자 신모 씨 사형집행 사건   214
    2) 황장엽 망명 사건   217
    3) 싱하이밍 주한중국대사의 발언을 둘러싼 논란   220

5. 속내를 파악하기 어려움   224
    1) 반기문 유엔 사무총장 후보 지지 교섭   225
    2) 2002년 월드컵 개최지 선정 관련   227
    3) 마오쩌둥의 대미 접근 의도를 이해하지 못한 미국   229

6. 여론전에 능한 중국 외교   230
    1) 중국공산당을 구한 책 '중국의 붉은 별'   230
    2) 담담타타 타타담담   233
    3) 개혁개방 시기 출세의 가도가 된 중국 외교부 대변인   234
    4) 시진핑 시기 거칠고 투박하게 변한 중국 외교부 대변인   238

8장 현대 중국의 외교행태 (2)

1. 중국의 현실주의 외교   239
    1) 손자병법과 중국의 현실주의 외교   239
    2) 합종과 연횡의 외교 전통과 현대 중국의 외교   242

3) 이이제이와 분리지배의 외교 전통과 현대 중국의 외교　　246
　　　4) 오늘날 중국의 남북한 이중적 외교 행태　　258

2. 포괄적 원칙 내세우기　　262
　　　1) 대만 문제와 '하나의 중국' 원칙　　262
　　　2) 황장엽 비서 망명 및 탈북자 문제 관련 중국이 내세운 처리 원칙　　266
　　　3) 북한의 핵실험 등 북한의 도발에 대해 중국이 내세우는 원칙　　269

3. 지구전持久戰 외교　　271
　　　1) 헨리 키신저가 본 미국과 중국 외교 스타일의 차이　　271
　　　2) 마오쩌둥의 지구전론과 중국의 지구전 외교　　272
　　　3) 서울의 한자 표기 변경 협상　　273
　　　4) 위안부 문제 등 일본 제국주의 피해에 대한 중국의 대응 방식　　276

4. 철저한 상호주의　　278
　　　1) 양국 간 총영사관 개설 관련 중국 측의 상호주의 주장　　278
　　　2) 양국 지방자치단체 간 자매결연 관련 중국 측의 상호주의 주장　　280
　　　3) 미국의 휴스턴 중국 총영사관 폐쇄에 대응한
　　　　　중국의 청두 미 총영사관 폐쇄　　281
　　　4) 중국의 일방적 비자면제 조치는 상호주의 예외인가?　　282
　　　5) 한중 간 비자면제 문제　　283

5. 전문가 중심의 중국 외교　　284
　　　1) 주한중국대사 임명에 대한 국내 언론의 비판　　285
　　　2) 과거에 국왕이나 국가원수의 측근을 대사로 보낸 이유　　287
　　　3) 우리나라의 대사 임명 시스템이 더 문제다　　288

3부 ◈ 한중관계

9장　문민정부 시기

1. 국제 정세 및 양국관계 개관　　　　　　　　　　　　296

2. 주요 외교 사안 및 사건　　　　　　　　　　　　　　298
　　1) 김영삼 대통령 방중과 황병태 대사의 '미중 간 균형적 접근' 발언　298
　　2) 힐러리 클린턴과 손명순 여사의 베이징 세계여성대회 참가　　300
　　3) 장쩌민 국가주석 방한과 김영삼 대통령의
　　　 '일본의 버르장머리를 가르쳐놓겠다'는 발언　　　　　　　303
　　4) 한미의 4자회담 제의
　　　 - 북한에 대한 중국의 영향력은 우리가 생각하는 만큼 크지 않을 수 있다　307
　　5) 제네바 유엔인권위원회에서의 중국 인권결의안 문제　　　314
　　6) 황장엽 북한 노동당 비서 망명 사건　　　　　　　　　　317

10장　국민의 정부 시기

1. 국제 정세 및 양국관계 개관　　　　　　　　　　　　321

2. 주요 외교 사안 및 사건　　　　　　　　　　　　　　323
　　1) 중국으로부터의 외환 차입 협의　　　　　　　　　　　323
　　2) 재외동포의 출입국과 법적 지위에 관한
　　　 특례법 추진과 중국의 조선족 동포 문제　　　　　　　326
　　3) 북한의 대포동 1호 미사일 발사　　　　　　　　　　　329
　　4) 남북정상회담(2000년 6월)과 김정일의 전격적인 중국 방문　332
　　5) 장쩌민 국가주석 방북(2001년 9월)과 양빈 체포사건(2002년 9월)　335

6) 주룽지 총리 방한
            - 정부 수반이 아닌 중국의 총리가 국제회의 대표로 참석하게 된 배경   339
        7) 2000년대 초 탈북자 문제   343

11장   참여정부 시기

    1. 국제 정세 및 양국관계 개관   347

    2. 주요 외교 사안   351
        1) 6자회담과 한중 협력   351
        2) 중국의 고구려사 왜곡   371
        3) 후진타오 주석 방한(2005년 11월)과 중국의 시장경제지위 인정   377

12장   이명박 대통령 시기

    1. 국제 정세 및 양국관계 개관   381

    2. 주요 외교 사안 및 사건   383
        1) 중국 외교부 대변인의 "한미 군사동맹은 지나간 역사의 산물" 소동   383
        2) 전략적 협력동반자 관계와 한중 양국의 동상이몽   386
        3) 후진타오 국가주석 방한(2008년 8월)   388
        4) 북한의 2차 핵실험에 따른 유엔의 대북제재 결의와 중국의 이중적 태도   389
        5) 서해에서의 한미 연합해상 훈련을 둘러싼 미중, 한중 간 마찰   392
        6) 북한의 연평도 포격 사건과 다이빙궈 외교 담당 국무위원의 방한 및 방북   396
        7) 김정일 사망(2011년 12월)과 이명박 대통령 방중   398

13장 박근혜 대통령 시기

1. 국제 정세 및 양국관계 개관　　　　　　　　400

2. 주요 외교 사안 및 사건　　　　　　　　406
　1) 박근혜 대통령 방중　　　　　　　　406
　2) 중국의 아시아 인프라 투자은행 설립과 우리나라 참여 문제　　408
　3) 시진핑 국가주석 방한(2014년 7월)　　　　410
　4) 박근혜 대통령의 전승절 70주년 참석　　　412
　5) 북한의 4차 핵실험(2016년 1월)과 사드배치를 둘러싼 한중관계 악화　415
　6) 북한 핵 문제 해결을 위한 중국의 새로운 방안: 쌍중단/쌍궤병행　423

14장 문재인 대통령 시기

1. 국제 정세 및 양국관계 개관　　　　　　　　425

2. 주요 외교 사안 및 사건　　　　　　　　428
　1) 북한의 6차 핵실험과 중국　　　　　　　　428
　2) 사드 갈등 봉합(2017년 10월)　　　　　　　431
　3) 문재인 대통령 방중 시 혼밥과 저자세 외교 논란　　434
　4) 싱가포르 북미정상회담(2018년 6월) 과 김정은의 3차례 방중　437
　5) 김정은의 4차 방중과 베트남 하노이 2차 북미정상회담　441
　6) 시진핑 국가주석 방한 문제　　　　　　　　442

15장　윤석열 대통령 시기

1. 국제 정세 및 한중관계 개관　　　　　　　　　　　　444

2. 주요 외교 사안 및 사건　　　　　　　　　　　　　　452
   1) 대중 외교의 첫 단추를 잘못 끼운 윤석열 당선자의 특사 외교　452
   2) 시진핑 주석 방한 문제를 둘러싼 한중 간 샅바싸움　　　454
   3) 대만 문제를 둘러싼 갈등　　　　　　　　　　　　　460
   4) 한미일 안보협력을 둘러싼 한중 간 불신　　　　　　465
   5) 한중일 정상회의 서울 개최와 한중일 협의체 활성화　469

4부 ◈ 미래 한중관계의 주요 이슈와 우리의 대응방향

16장　왜곡된 상호 인식과 양국관계의 중요성에 대한 재인식

1. 끊임없이 변화하는 국제 정세와 중국의 미래　　　　475
   1) 끊임없이 변화하는 국제 정세　　　　　　　　　　　475
   2) 중국의 미래　　　　　　　　　　　　　　　　　　　476

2. 한중 양국 간 왜곡된 상호 인식　　　　　　　　　　484
   1) 상호 인식이 외교관계에 미치는 영향　　　　　　　484
   2) 반중 정서의 뿌리 원세개　　　　　　　　　　　　487
   3) 주한중국대사들의 거친 언행과 시진핑 시대 중국의 강압적 외교 행태　491
   4) 사대의식과 반중 감정 모두 중국과의 정상적인 외교관계에 장애　493
   5) 중국의 인식도 변해야　　　　　　　　　　　　　　497

3. 한중관계의 중요성에 대한 재인식　　　　　　　　　502
   1) 지리경제적 측면에서 본 한중관계의 중요성　　　503
   2) 안보적인 측면에서 본 한중관계의 중요성　　　　505

17장　향후 한중관계에 영향을 미칠 요인과 우리의 대응방안

1. 양국관계에 영향을 미칠 내재적 요인과 우리의 대응방안　508

2. 양국관계에 영향을 미칠 외재적 요인과 우리의 대응방안　511
   1) 미중관계와 우리 외교의 좌표　　511
   2) 북한 핵 문제　　　　　　　　　517
   3) 북한 문제　　　　　　　　　　521
   4) 한반도 통일 문제　　　　　　　526
   5) 대만 문제　　　　　　　　　　529

18장　결론에 대신하여
　　: 친중 반중, 친일 반일 같은 이분법적 프레임에서 벗어나야

1부

과거의 유산

1993년 나는 베이징에 가서 2년 동안 공부를 한 적이 있다. 당시는 덩샤오핑이 개혁개방정책을 실시한 지 15년여가 되기는 하였지만 문화대혁명과 1989년의 천안문 사태의 여파로 인해 정치적으로 그리고 경제적으로 중국 대중들의 생활 속에 어두운 그림자가 아직 짙게 드리워져 있던 때였다.

나는 당시 베이징의 최대 번화가였던 왕푸징에 있는 신화서점에 책을 사기 위해 종종 가곤 했었다. 왕푸징 거리는 사람들로 가득 차 있었다. 그야말로 인산인해였다.

당시만 하더라도 중국은 나에게 미지의 나라였기 때문에 나는 중국과 중국 사람들에 대해 으스스한 느낌을 갖고 있었다. 그러나 거리에서 만난 중국 사람들은 옷은 남루하게 입고 있었지만 모두 생동감이 있었고 쾌활했고 친절했다. 그것이 중국에 대한 나의 첫인상이었다.

냉전 시기 미중관계의 역사적 전환점을 만든 헨리 키신저가 중국에 대해 가졌던 느낌도 나와 비슷했던 모양이다.

헨리 키신저는 1971년 처음으로 북경을 비밀리에 방문했을 때 저우언라이 총리에게 중국을 '신비의 나라'라고 하자 저우언라이가 중국을 알게 되면 중국이 '신비의 나라'가 아님을 알게 될 것이라고 했다고 회고한 적이 있다. 그렇다. 중국은 신비의 나라도 아니고 악마의 나라도 아니며 천사의 나라도 아니다. 그냥 중국이라는 이름을 가진 나라이다.

그러나 모든 나라가 그렇듯이 중국은 중국 나름의 독특함을 가지고 있는 나라다. 그 독특함 중 하나는 장구한 역사를 가지고가 있으며 그 역사 속에서 중국 특유의 그리고 다른 어느 문명과 비교해서 손색이 없을 정도로 고도의 문명을 발전시켜 왔다는 것이다. 그리고 중국인들은 이러한 자신들의 역사와 자신들이 일구어 온 문명에 대해 커다란 자부심을 가지고 있다.

1998년 여름이었다. 북한이 동해상에 대포동1호 미사일(북한은 인공위성이라 주장했다)을 쏘아 올렸다. 우리 정부는 북한의 미사일 발사가 동북아와 한반도 지역의 안전과 평화를 파괴하는 행위임으로이므로 북한의 이러한 불법적인 행동을 규탄해야 하며 이 문제를 유엔 안보리에서 논의해야 한다는 입장이었다.

주중대사관은 본국 정부로부터 중국과 이 문제를 협의하라는 지침을 받았다. 주중대사관 공사가 중국 정부의 협조를 요청하기 위해 당시 중국외교부의 군축국장이던 사주캉 국장(후일 주제네바

대사 역임)을 면담하여 상호 입장을 교환했다.

면담이 종료된 후 사주캉 국장은 당일 협의 주제와는 아무런 관련이 없는 미국 얘기를 꺼냈다.

> "지금은 미국이 힘이 세지만 미국이라는 나라는 고작해야 겨우 200년 된 나라다. 미국의 힘이 영원하지는 않다. 그에 비해 중국은 3000년 넘는 역사를 일구어온 나라다. 미국은 중국과 비교가 안 된다."

당시는 사주캉 국장이 그냥 미국을 싫어하는 외교관이겠거니 나는 생각했었다. 그런데 돌이켜 생각해 보니 미국에 대한 그의 평가는 중국인들의 과거 역사와 미래에 대한 자부심과 자신감을 표현한 말이었다.

오늘날 중국에서 일어나는 현상을 제대로 보기 위해서는 중국의 과거 특히 중국인들의 사고체계와 사유방식에 대한 이해가 필수적이다. 세계의 많은 나라 가운데 중국만큼 과거의 경험과 역사가 현대에 미치는 영향이 큰 나라는 없다. 중국의 과거에 대한 이해가 필요한 이유이다.

1장
유가儒家와 법가法家의 전통

1. 유가와 법가의 정치공동체에 대한 인식의 차이

　중국 하면 공자와 유교 또는 유가라는 말이 떠오른다. 그만큼 공자를 기원으로 하는 유가의 정치사상이 중국과 중국인들에 미친 영향이 절대적이다. 그러나 중국은 유가와 동시에 법가의 정치사상 전통이 깃들어 있는 나라다.
　물론 대부분의 중국 왕조가 유가의 정치사상을 통치 이데올로기로 채택하였기 때문에 유가적 전통이 법가적 전통보다 더 강한 색채를 띠고 있기는 하다. 그러나 유가의 정치사상을 통치 이데올로기로 내세운 왕조도 실제 통치는 법가적 방식을 구사한 경우가 대부분이다.

　유가와 법가의 정치사상은 여러 면에서 차이가 있다. 가장 현격한 차이는 통치방법론이다. 유가는 예와 덕을 근본으로 하는 통치를 주장한 반면 법가는 엄혹한 법을 근본으로 하는 통치를 역설했다.

그러나 법가의 정치사상이 법을 근간으로 하는 통치를 내세웠다고 해서 그것을 오늘날의 법치주의 사상과 혼동해서는 안 된다. 오늘날의 법치주의 사상은 국가의 권력으로부터 개인의 생명과 재산 같은 개인의 권리를 보호하기 위한 목적에서 출발하고 있으나 중국 법가의 정치사상은 강력한 국가를 건설하기 위해 개인을 국가 건설에 동원할 목적에서 출발하였다는 점에서 그렇다.

정치공동체의 존재 이유를 보는 시각에 있어서도 큰 차이가 있다. 유가는 공동체 구성원이 질서 가운데 조화로운 삶을 실현하는 것을 정치공동체의 존재 이유로 생각했다. 법가는 개인의 삶에는 큰 관심이 없었으며 강력한 국가를 건설하는 것을 정치공동체의 존재 이유로 상정했다. 법가의 정치사상 속에서 개인은 국가의 부속품에 불과했다. 이런 점에서 법가의 정치사상은 국가주의적 정치사상이라 할 수 있다.

유가의 정치사상은 비록 공동체의 질서를 중시하기는 했지만 그렇다고 해서 개개인의 인격을 무시한 것은 아니다. 남송 시대 유가의 학설을 집대성한 주자는 신분의 높고 낮음에 관계없이 모든 개개인은 인격을 함양하면 도덕적으로 최고의 경지에 이를 수 있다고 보았다. 이런 점에서 유가의 정치사상은 개인과 국가 간 조화를 추구했다고 볼 수 있다.

그럼에도 불구하고 유가의 정치사상은 오늘날 민주주의 이념의 근본 원리인 통치의 근원이 국민에게서 나온다는 생각을 한 적은 없다. 유가의 정치사상에서 통치권은 황제에게 있는 것이 당연한 것으로 간주되었다. 나아가 일반 백성은 통치의 대상으로 간주되었을 뿐 정치참여의 주체로 간주되지 않았다.

그러나 유가는 군주의 통치가 폭정에 기울어 민심이 떠나면 통치의 정당성이 사라지는 것으로 보고 그 군주는 교체될 수 있을 것으로 상정했다. 민심은 천심이라는 맹자의 언명이 이러한 사실을 뒷받침한다.

이런 관점에서 유가의 정치사상은 비록 통치의 권원이 국민에게서 나온다는 생각을 하지는 않았지만 민심은 천심이라는 명제를 통해 통치권자인 군주의 폭력적 권력 행사를 제한하는 사상을 내포하고 있다.

법가는 이러한 통치의 정당성 문제를 숙고한 흔적이 없다. 법가는 만천하에 적용되는 법이 제정되어 기계적으로 작동되면 국가는 잘 작동할 수 있을 것으로 보았기 때문에 통치의 정당성 문제가 끼어들 틈이 없었다.

2. 유가의 정치사상

주周 왕조 이전의 상商 왕조는 조상신을 숭배하던 사회였다. 상 왕조 시기의 사람들은 조상신을 숭배하면 조상신으로부터 도움을 받을 것이라 믿었다. 특히 상 왕조의 통치자들은 조상신의 도움으로 자신들이 통치자가 되었다고 생각했으며 통치도 조상신의 은덕이 필요하다고 생각했다.

상 왕조 시대의 유물에서 청동기로 만든 정교하고 거대한 제기들이 발견되었는데 이 제기들은 조상신에게 제사를 지내기 위한 것이었다. 예기에는 "상나라 사람들은 신을 존귀하게 여기고 백성들을 인솔하여 신을 섬겼다"는 기록이 있다.

상 왕조의 마지막 왕이었던 주紂의 폭정으로 민심이 떠나자 상 왕조의 제후국 중의 하나였던 주周의 무왕은 천명론(mandate of heaven)을 내세워 은나라를 정벌한 후 주 왕조를 세웠다. 이후 천명론은 중국 역사에서 새로운 왕조가 등장할 때마다 새 왕조가 통치의 정당성으로 내세우는 근거가 되었다.

> "하늘에는 밝은 도가 있어 그 종류가 분명한데 지금 상나라 왕은 하늘의 뜻을 업신여기고 공경하지 않고 있소. (중략) 하늘과 땅에도 제사를 지내지 않고 종묘에도 제사를 지내지 않으며 기이한 재주와 음란한 기교나 부리면서 부인을 즐겁게 하고 있소. 하늘이 이를 못마땅하게 생각하시어 그를 망하게 하기로 하셨으니 그대들은 힘써 나 한 사람을 받들어 하늘의 벌을 삼가 행하여 주시오." (서경)

그런데 여기서 주목해야 할 점은 주 무왕이 정치적 정당성의 근원으로 제시한 천명론의 하늘은 실재하는 자연계의 하늘이 아니라 규범적 도덕으로서의 하늘을 상징한다는 것이다.

상나라의 통치자가 도덕성을 상실한 채 폭력적인 통치를 자행하여 나라가 병들고 백성들의 삶이 피폐해졌기 때문에 규범적 도덕을 상징하는 하늘天이 상나라를 벌하기로 하였고 자신이 백성들을 잘 살게 할 책임을 하늘로부터 부여받았다는 것이다. 민심이 천심이라는 맹자의 언명은 주 무왕의 이러한 천명론을 좀 더 구체적으로 정의한 것으로 볼 수 있다.

이처럼 중국의 정치사상은 고대국가 성립 초기부터 통치의 정당성을 신의 권위에 의존하지 않고 도덕적 규범이라는 보편적 정의에 기반하고 있다는 점에서 우주를 창조하고 주관하는 신으로서의 하느님으로부터 통치의 정당성을 받았다고 주장한 모세의 방식이나 절대왕정 시대 유럽의 왕권신수설과는 궤를 달리한다.

이렇게 상나라를 징벌하여 탄생한 주 왕조의 정치 질서는 왕이 직접 전국을 통치하지 않고 제후(제후들은 대부분 주 왕실의 친족이었다)들에게 영지를 나누어주어 제후가 다스리게 하는 봉건제 정치 질서였다.

주 왕조 초기에는 왕실과 제후 간의 혈연관계가 가까운 친족들이 봉건 영지의 제후로 임명되었기 때문에 주 왕실에 대한 충성심이 견고하였고 따라서 봉건제가 잘 작동하였다.

그러나 시간이 지나면서 제후국의 통치자와 주 왕실 사이의 혈연관계가 멀어지고 제후의 독자적 힘도 강해져 주 왕실과 제후 사이의 상하관계에 변화가 발생하였다. 이에 따라 주 왕조의 봉건제적 질서가 서서히 해체되는 정치적 혼돈의 시대가 도래했다.

1) 유가 정치사상의 태두 공자

서양에 아리스토텔레스(기원전 384~322년)가 있다면 중국에는 공자(기원전 551~479년)가 있다고 할 수 있다. 공자는 중국의 정치사상사에 커다란 영향을 미쳤다. 유가의 태두라 할 수 있는 공자는 동주東周 춘추 시대 말엽에 살았다. 봉건제 국가였던 주 왕조는 기원전 770년 봉건 제후들의 힘이 강해지고 주 왕실의 힘이 약화하자 왕실의 권위를 일신하기 위해 수도를 오늘날 낙양 인근으로 옮겼다. 이 시기의 주 왕조를 동주라고 한다. 그 이전 주 왕조는 서주西周(기원전 1046~770년)라고 한다. 동주는 통상 춘추春秋시대(기원전 770~476년)와 전국戰國시대(기원전 453~221)로 나누어진다.

공자가 살았던 춘추 시대 말엽은 주 왕조의 봉건제가 해체되던 정치적 혼돈의 시대였다. 이러한 정치 사회적 배경 속에서 공자는 정치공동체의 질서를 여하히 유지할 것인지를 탐구하였다. 중국 최초의 정치사상가였던 셈이다. 공자는 통치에 있어 무력이나 형벌에 기초한 통치보다는 덕과 예로 통치되는 사회를 이상적인 정치 질서로 상정했다.

"예에 대한 일이라면 일찍이 들어본 적이 있으나 군사에 대한 일은 배우지 못했습니다."

"백성을 법령으로 다스리고 형벌로써 규제하면, 백성은 구차하게 형벌을 면하면서도 범법 행위에 대해 부끄러워할 줄 모르게 된다. 백성을 덕으로 다스리고 예로써 규제하면 백성은 부끄러워할 줄 알고 올바른 사람이 될 것이다." (논어)

상 왕조 이래 예는 조상신을 숭배하는 제사의 형식을 규율하는 규범을 의미했었다. 그러나 공자는 이와 같은 제사를 지내는 형식으로서의 예의 의미를 인간과 인간의 전반적인 행위를 규율하는 행위 규범이라는 정치적 의미로 재해석하였다. 공자는 상 왕조 이래 전승되어 온 조상신과 하늘에 제사를 잘 지내면 조상신이나 하늘이 이에 호응하리라는 기복 관념에 대해서도 비판적이었다.

"신을 공경하되 멀리하라敬鬼神而遠之"는 공자의 언명은 인간사에 신의 개입을 배제하고 인간 스스로 공동체의 문제를 해결하려는 공자의 생각을 나타낸 것이다. 신에 의존하지 않으면 인간 공동체는 어떻게 통치되어야 할 것인가? 여기에 대한 대답이 공자의 관심사항이었으며 그 답이 예치와 덕치였다.

공자는 정치공동체의 지도자는 덕을 잘 갈고닦아 공동체 구성원의 모범이 되는 성인이 되어야 한다고 생각했다. 공자의 이러한 지도자상은 후일 유가 학자들이나 관료들이 황제의 폭압적인 전제적 권력 행사에 맞서 황제에게 성인이 되어 선정을 베풀 것을 진언하는 근거가 되었다. 공자의 다음 언명들은 정치지도자가 어떻게 통치해야 하는지에 대한 공자의 생각을 잘 보여준다.

"자신이 바르면 명령을 내리지 않아도 행해질 것이고, 자신이 바르지 않으면 명령을 내려도 따르지 않을 것이다."
"무위의 다스림을 이룬 이는 순임금이다. 무엇으로 했는가? 자신을 공손히 하고 남면(임금의 자리를 지킨다는 뜻이다)했을 뿐이다."(논어)

공자는 정치지도자가 덕을 잘 갈고 닦아 백성에게 모범을 보이면 백성이 이를 잘 따를 것이며 통치자가 통치를 하지 않아도 국가는 잘 작동하는 무위의 정치가 가능할 것으로 상정했다. 이처럼 공자는 예치를 이상적인 통치로 상정했는데 이러한 공자의 정치사상은 전국 시대의 맹자와 순자 등 후학들에 의해 계승되었다.

2) 맹자와 순자의 정치사상

공자는 인성론에 대해 특별히 언급한 적이 없으나 맹자(기원전 372~289년)는 인간은 선한 기질을 갖고 태어났다고 보았다. 이런 점에서 맹자의 인간관은 인간을 탐욕스러운 존재로 본 법가들의 인간관과는 대척점에 있다고 할 수 있다. 맹자는 이러한 인성론을 전제로 이익보다는 인의仁義를 통치의 근본으로 삼을 것을 주장하였다. 맹자와 양 혜왕의 대화다.

"선생(맹자를 뜻한다)께서 천 리를 마다하지 않고 오시니 우리나라를 이롭게 할 수 있겠습니까?"
"왕(양 혜왕)께서는 왜 하필이면 이로움을 말씀하십니까? 인의가 있을 따름입니다. (중략) 왕 역시 인의仁義만을 말씀하셔야 하거늘, 어찌 이로움을 말씀하십니까?"(맹자)

맹자는 전국 시대에 살았다. 맹자가 살았던 시대는 제후국 간 약육강식이 횡행하던 시대였다. 힘센 제후가 약한 제후를 공격하는 일이 다반사였다. 이러한 약육강식의 시대에 부전론不戰論과 왕도정치를 주장하였다.

"과인(양 혜왕)은 우리나라에 대해 마음을 다하고 있습니다. (중략) 그런데 이웃 나라의 백성은 줄지 않고 과인의 나라의 백성은 늘지 않으니 어찌 된 일입니까?"
"왕께서 전쟁을 좋아하시니 전쟁으로 비유를 들겠습니다. (중략) 무기를 버리고 도주한 병사들이 생겼습니다. 어떤 병사는 백 보를 어떤 병사는 오십 보를 도주했습니다. 오십 보를 도망친 사람이 백 보를 도망친 사람을 비웃는다면 어떻겠습니까?"
"도망간 것이 백 보에 달하지 못했을지라도 똑같이 도주한 것입니다."

"왕께서 이것을 아시니 백성이 이웃 나라보다 많기를 바라지 마십시오. 경작하는 때를 어기지 않으면 곡식은 먹을 만큼 생깁니다. (중략) 곡식과 생선이 먹을 만큼 있고, 목재도 사용할 만큼 있다면 백성이 삶을 도모하고 죽음을 슬퍼하는 데 아무런 여한이 없을 것입니다. 삶을 도모하고 죽음을 슬퍼하는 데 아무런 아쉬움이 없는 것이 왕도의 시작입니다." (맹자)

한편 맹자는 군주의 통치권을 당연한 것으로 받아들이면서도 군주의 통치권이 백성을 위해 쓰여야 한다는 민본주의를 주장하였다. 나아가 맹자는 군주가 힘에 의한 정치(패도)를 일삼고 국민의 삶과 소리를 외면하면 군주는 하늘로부터 버림을 받게 될 것임을 경고하였다. 이러한 맹자의 정치사상은 군주의 통치권 행사에도 일정한 제한이 있음을 주장한 혁신적인 사상이었다.

"백성이 국가의 중요한 구성 요소이다. 토지와 곡식의 신은 그 다음이다. 통치자는 가장 마지막에나 놓이는 구성 요소이다. 만약 국가가 민의를 존중하지 않는다면 결국 천명이 바뀌며 국가의 운명은 위태롭게 될 것이다." (맹자)

순자(기원전 313~238년)는 덕치와 왕도를 통치의 근본으로 주장하는 유가 정치사상의 맥을 이었으면서도 당시 주류 정치사상으로 떠오른 법가들의 힘과 법에 의한 통치도 수용하는 타협적인 자세를 보였다.

이런 점에서 맹자가 공자의 덕과 예에 의한 통치를 극단으로 끌어올린 이상주의자라면 순자는 유가의 이상주의적 정치사상을 근본으로 하면서도 엄혹한 법에 의한 통치를 주장한 법가들의 정치사상도 일부 수용한 현실주의 정치사상가다.

순자가 이처럼 법가의 정치사상을 수용하는 태도를 취한 배경에는 순자가 활동하던 시대적 상황과 관련이 있다. 순자가 활동하던 시대는 제후 간 패권 전쟁이 종착점에 이르러 커다란 영토와 다양한 관습을 가진 많은 백성을 다스려야 할 거대한 제국의 탄생을 목전에 두고 있던 시대였다. 이런 시대적 상황을 반영하여 순자는 거대한 제국을 다스리기 위해서는 예와 인의만으로는 통치가 어려우며 형벌도 필요하다고 생각했던 것이다.

순자의 이런 관점 때문에 유가의 정치사상을 재해석한 남송시대의 도학자들은 순자를 유가의 적통에서 벗어난 이단아로 간주하였다. 남송 시대 이후 도학이 명, 청 왕조의 지배 이데올로기로 채택됨으로써 순자의 정치사상은 도외시 되었다.

그러나 순자의 정치사상은 이상주의적 정치질서를 지향하되 현실 통치에 있어서는 법과 힘이라는 강제적 수단의 필요성도 인정했다는 점에서 정치가 추구해야 할 이상과 권력정치라는 현실을 동시에 고려한 정치사상가로 평가받아야 할 것이다. 실제로 중국 왕조의 황제 대부분은 유가의 왕도정치를 통치 이데올로기의 전면에 내세우면서도 실제로는 엄혹한 형벌을 통치의 수단으로 활용했다.

3. 법가와 종횡가縱橫家의 정치외교 사상

1) 법가와 종횡가의 정치외교 사상의 탄생 배경

전국 시대는 주 왕실이 사실상 붕괴하여 제후국 간 하루도 전쟁하지 않는 날이 없을 정도로 혼란이 최고조에 달한 시대였다. 법가와 종횡가의 정치사상은 이러한 극심한 혼란의 시대를 배경으로 출현했다. 흥미로운 사실은 법가와 종횡가의 정치사상이 모두 중원 지역에서 탄생하였다는 것이다.

중원 지역은 중화 문명의 발상지이자 지리적으로 중앙에 자리 잡고 있었기 때문에 전국 시대에 패권을 추구하는 제후국들은 모두 중원 지역의 지배권을 놓고 각축을 벌였다.

이 때문에 중원 지역을 기반으로 하고 있던 소국들은 중원을 손아귀에 넣으려는 주변의 강대한 제후국으로부터 살아남기 위해 내정에 있어서는 부국강병을 추구하고 외교에 있어서는 기민하게 움직여야 했다.

이러한 배경 속에서 오기(중원의 위衛나라 사람이다), 상앙(위衛나라 사람이나 진秦 나라에 가서 재상의 자리까지 올랐다), 한비자(중원의 한韓 나라 사람이다) 같은 법가의 정치사상이 출현했으며, 합종과 연횡이라는 외교 방책을 내놓은 소진(중원의 낙양 사람이다)과 장의(중원의 위衛나라 사람이다) 등 종횡가의 외교 사상이 출현하였다.

2) 법가의 시조 정자산

법가의 정치사상을 통치 이데올로기로 먼저 채택한 나라는 중원의 정鄭나라였다. 정나라는 비교적 작은 나라로 서쪽의 진나라와 남쪽의 초나라라는 두 강대국에 인접해 있어 이들 진나라와 초나라로부터 항상 침략을 당하는 등 생존의 위협을 받고 있었다. 그러다 보니 작지만 강한 나라를 만들어야만 생존할 수 있었다.

이를 위해 유가의 예나 덕에 의한 통치 같은 이상주의적인 통치보다는 당장 강한 나라를 만들 수 있는 실용적이고 효율적인 통치방안을 찾아야 했다. 그 방안이 법에 의한 통치였다. 정나라의 재상이었던 정자산은 이를 위해 정鼎이라고 하는 세 발 달린 솥에 법을 새겨 넣어 중국 역사상 처음으로 성문법을 만들었다.

정자산은 이 법을 귀족을 포함하여 모든 사람들에게 예외 없이 공평하고 엄격하게 집행하여 정나라를 부강하게 만들 셈이었다. 정자산이 법에 의한 통치를 시행하기 전에는 정나라의 귀족 세력들은 자의적인 통치를 통해 귀족의 특권을 누릴 수 있었다.

그러나 정자산이 추진한 법치 아래서는 귀족도 평민과 같이 법을 준수해야 하다 보니 귀족들로서는 자신들의 권리가 침해된다고 생각했다. 이에 정나라의 귀족들은 정자산의 법치에 완강히 반대하였다.

정자산은 귀족들의 강력한 반대에도 불구하고 법치를 통해 정나라를 부강하게 만들었다. 그러나 후에 내부 분열로 국세가 약해져 전국 7웅 가운데 하나였던 한韓나라에 의해 합병되고 말았다.

3) 법가의 정치사상을 집대성한 한비자

한韓나라 출신의 한비자는 정자산을 기원으로 하는 법가의 정치사상을 집대성한 인물이다. 한비자는 맹자가 주장한 인간의 본성은 선하다는 주장과는 정반대의 인간관을 가지고 있었다.

그에 의하면 인간은 이기적이며 욕망으로 가득한 존재이다. 따라서 인간이 집단으로 살아가야 할 정치사회공동체를 건설하는 것은 이러한 인간들의 이기심과 욕망을 전제로 해야 한다.

한비자는 인간이 이기심과 욕망으로 점철되어 있기 때문에 유가들이 말하는 개개인의 도덕심을 고양함으로써 정치공동체를 만든다는 것은 애초부터 전제가 잘못된 것이라고 생각했다.

한비자는 인간의 이익을 추구하는 성향은 본질적으로 개선할 수 없는 것이라고 보았다. 따라서 유가의 정치사상이 주장하는 예나 덕이 아니라 오직 법이라는 강제적 수단을 통해 이익을 추구하는 인간의 성향을 제어해야 한다고 보았다.

한편 한비자는 군주와 신하, 군주와 백성, 관료와 백성의 관계는 상생의 관계가 아니라 대립적인 관계로 보았다. 또한 군주와 신민 사이에는 이해관계가 일치할 수 없으므로 군주는 항상 경계하고 세밀하게 관찰해서 이들을 다스려야 한다고 보았다. 이러한 점에서 한비자의 법가 사상은 군주의 통치술을 제시한, 군주를 위한 정치사상이라고 할 수 있다.

전국 시대와 같은 천하 대란의 시기에는 이런 법가의 정치사상이 최소한 단기적으로는 효율적인 통치 수단이었음이 법가의 정치사상을 지배 이데올로기로 채택해 국력을 극대화한 진秦이 천하를 통일함으로써 증명되었다.

4. 유가와 법가 정치사상의 역사적 전개

중국의 왕조 역사는 유가와 법가의 정치사상이 씨줄 날줄로 엮인 역사라고 볼 수 있다. 시대에 따라 유가적 정치사상이 주류가 된 경우도 있고 법가적 정치사상이 주류가 된 경우도 있다.

시대적 전환기에는 강력한 국가 건설을 우선시하는 법가의 정치사상이 주류 정치사상이 되었다. 특히 주 왕조가 사실상 해체되어 가던 전국 시대에 패권을 추구하던 제후들은 신민들을 효과적으로 동원하여 단시일 내에 부국강병을 실현할 수 있는 법가의 정치사상에 매료되었다.

이러한 시대적 배경 때문에 공자나 맹자는 여러 제후국을 돌아다니며 군주들에게 자신들의 정치사상을 전파하고 군주를 위한 정치적 조언자 역할을 하고자 하였으나 이에 실패하였다.

1) 법가의 정치사상을 채택하여 천하를 통일한 진

진나라는 법가의 정치사상을 채택하여 부국강병에 성공함으로써 중국 역사상 처음으로 천하를 통일하였다. 진秦의 시황제는 통일 이후에도 법가의 정치사상을 통치 이데올로기로 채택하여 가혹한 형벌을 근간으로 통치하였다.

시황제 아래에서 유가의 정치사상은 사실상 폐기 처분되었다. 시황제는 유가의 서적을 모두 불태우고 심지어 유가들을 구덩이에 묻어 생매장하기도 하였다. 이는 유가의 정치사상이 황제의 독점적 권위를 훼손할 수도 있었기 때문에 이러한 싹을 아예 없애버리려는 것이었다.

그러나 진나라의 법가적 통치체제는 과중한 세금으로 삶이 피폐해진 농민들의 반란으로 시황제 사후에 속절없이 무너졌다.

2) 염철론: 법가와 유가의 논쟁

진의 뒤를 이어 전국을 다시 통일한 한漢의 정치사상가들은 법가의 정치사상을 기반으로 하는 강력한 통제국가였던 진나라가 속절없이 무너지는 것을 목격했다. 따라서 이들은 한을 어떻게 장기간 유지할 수 있을지를 놓고 논쟁을 벌였다.

가의賈誼라는 정치사상가는 과진론過秦論에서 진나라의 조기 멸망 원인이 통치자가 권력을 잡는 방법과 권력을 유지하는 방법이 다르다는 것을 알지 못한 데 있다고 주장했다.

그는 전국 시대와 같은 전쟁과 혼란의 시대를 극복하는 데는 도움이 되었던 엄혹한 법에 의한 통치가 권력을 장기간 유지해야 하는 평화의 시대에는 반대로 해롭게 된다고 보았다. 사람들을 지속적으로 엄격한 법의 통제하에 두는 것은 불가능하기 때문이다.

이러한 배경에서 한나라 초기에는 진나라의 국가주의적 통치 이데올로기와는 정반대되는 황로 사상이 주류 통치 이데올로기로 등장했다. 전설상의 통치자인 황제黃帝와 노자老子의 정치사상(이 때문에 황로 사상이라 불린다)에 바탕을 둔 황로黃老 사상은 자연계의 모델을 쫓아 나라를 다스려야 한다고 주장했다.

이는 복종을 강요하고 통제를 강화하려는 국가에 반대하는 일반 민중의 마음을 대변한 것으로 무위無爲의 자유방임주의적 정치사상에 가까운 것이었다.

그러나 황로 사상은 그리 오래 가지 못하였다. 한 무제 즉위 초 국가정책에 관한 논의에서 유학자 동중서董仲舒는 유학만을 정통 학문으로 인정해야 한다고 주장하였다. 한 무제는 이러한 동중서의 견해를 받아들여 오경박사를 설치하는 등 유학을 장려하였다.

한편 한 무제는 북방의 위협 세력이던 흉노를 정복하기 위한 대규모 군사 원정을 여러 차례 감행했다. 그런데 이러한 군사 원정에 필요한 많은 재정을 충당하기 위해 한 무제는 철, 소금, 술 등을 국가에서 독점하는 전매**專賣**정책을 실시하였다. 문제는 이러한 정책이 국가재정의 회복에는 도움이 되었으나 상인 계층의 몰락을 가져왔다는 점이다.

한 무제 사후 이러한 정책을 지속할지에 대한 토론인 소위 염철 **鹽鐵** 논쟁이 전개되었다. 이 논쟁에서 법가적 지식으로 무장한 관료들은 전매제도가 국가 재정의 안정에 기여하고 안정된 국가재정을 바탕으로 여러 정책을 시행하여 백성의 생활이 오히려 안정될 수 있다는 논리를 앞세워 전매제도의 존속을 주장하였다. 흉노에 대한 정벌전도 지속해야 한다고 주장하였다.

반면에 유가적 지식인들은 국가가 이익을 목적으로 하는 사업에 손을 대서는 안 된다는 원칙론을 내세우면서 전매제도의 폐지를 주장하였다. 이들 유가적 지식인들은 흉노 정벌 전쟁의 중단도 주장하였다.

이들 두 그룹 간 논쟁은 단순히 염철의 전매와 흉노 정벌을 위한 군사 원정 문제의 차원을 넘어 국가가 개인과 사회에 얼마나 개입할 것인가에 관한 문제에까지 이르렀다. 법가적 정치사상으로 무장한 지식인들은 개인과 사회에 대한 국가의 최대한의 개입을 주장했다. 유가적 정치사상으로 무장한 지식인들은 지방 세력가들의 상업 활동을 지원할 것을 주장하는 등 국가의 개입을 필요한 범위 내로 제한할 것을 주장했다.

주목해야 할 점은 이 염철 논쟁을 불러온 주요 배경이 흉노라는 외부 세력으로부터 오는 압력 때문이었다는 점이다. 이들 논쟁의 핵심은 제국을 유지해 나감에 있어 중앙정부의 역할이 어디까지 인가에 관한 것이었다.

3) 유가와 법가의 정치사상이 씨줄 날줄로 엮어진 중국 역사

양측의 입장은 시대적 상황에 따라 다양한 형태로 나타났다. 두 입장 중 어느 한쪽도 완전히 사라지지는 않았다. 중국 역사에서 기본적으로는 유가의 정치 비전이 주류 통치 이데올로기로서의 기능을 하였지만, 법가의 국가주의적 비전도 시대의 여건에 따라 다시 등장하였다.

궁정 쿠데타로 전한前漢의 마지막 황제를 폐위하고 신新나라를 세운 왕망王莽이 추진한 관료제 개혁이나, 북송 시기 왕안석王安石이 추진한 과거제를 통한 관료제 개혁과 신법新法 등은 대표적으로 국가주의 비전이 주류 통치 이데올로기가 되었던 시기였다.

이처럼 중국 왕조 역사에서 유가와 법가의 정치사상은 서로 경쟁해왔다. 대체적으로는 시대적 전환기에는 법가의 정치사상이 평화 시기에는 유가의 정치사상이 지배 이데올로기로 기능하였다. 어느 통치체제가 평화 시기에도 개인의 희생을 전제로 부국강병만 추구하는 폭력적인 통치를 계속한다면 그 통치체제는 민심의 이

반을 가져와 해체될 위기에 처하게 될 것이기 때문이었다.

유가와 법가의 정치사상 모두가 중국 역사가 분열과 통일을 반복하는 과정에서 주어진 상황에 따라 필요한 지배 이데올로기로 기능하였던 배경이다.

5. 유가와 법가의 정치사상과 현대 중국

오늘날 중화인민공화국은 어떤가. 오늘날 중국은 유가의 정치사상과 법가의 정치사상이 시기와 상황에 따라 주류의 자리를 놓고 다툼하고 있는 시대라고 볼 수 있다.

1840년 아편 전쟁에서 완패한 이후 청 왕조는 서서히 해체되어 갔다. 서양 열강은 중국에서 이권을 놓고 각축하였으며 이는 청 왕조의 해체를 가속화했다. 왕조로서의 수명을 다해가던 청나라에 최후의 일격을 가한 것은 쑨원孫文이 주도한 1911년의 신해혁명이었다.

쑨원은 중국 역사상 처음으로 주권이 국민에게 있다는 주권재민 사상을 기치로 과거 중국 왕조와는 전혀 다른 새로운 형태의 국가인 공화국을 건설하고자 한 공화주의자였다. 이는 통치권이 황제에게 있는 것을 당연한 것으로 여겼던 중국의 정치사상 전통으로부터의 결별을 의미했다.

신해혁명은 청 왕조를 해체하는 데는 중요한 역할을 하였으나 이러한 혁명 이념을 실현할 새로운 국가를 건설하는 데는 실패하였다. 청 왕조 해체 후 중국 대륙은 과거 왕조 교체기마다 있었던 무질서의 혼란 속으로 빠져들었다. 1919년 쑨원의 후예들이 만든 국민당과 1921년 공산주의 강령에 따라 창당된 중국공산당 간 중국 대륙을 차지하기 위한 투쟁 속에서 마오쩌둥毛澤東이 이끈 중국공산당이 승리해서 1949년 중화인민공화국이 탄생했다.

1) 마오쩌둥의 법가적 통치

중화인민공화국의 창업주인 마오쩌둥은 과거의 중국과 결별하고 새로운 중국을 만들 셈이었다. 이를 위해 그는 과거 중국의 모든 사상과 관습을 혁파하고자 하였다. 구시대를 지탱해준 사상적 기반으로 여겨진 공자와 유가의 정치사상도 마오쩌둥에 의해 폐기되어야 할 운명에 처해 졌다

1966~1976년의 문화대혁명 기간에는 공공의 적 1호로 공자가 지목되어 정치적 비판의 대상이 되었다. 공자의 고향인 산동성 곡부에 있는 공자의 사당인 공묘 등 공자의 유산들이 홍위병에 의해 훼손되기도 했다.

"권력은 총구에서 나온다枪杆子里面出政权"는 마오쩌둥의 말은 그가 유가의 정치사상과는 전혀 다른 관점을 가지고 있었다는 것

을 보여준다. 유가들은 통치에 있어 힘과 무력을 명백히 배제하였다. 마오쩌둥이 유가들에 의해 전형적인 폭군으로 여겨지는 진秦의 시황제를 중국 역사상 최고의 통치자로 평가한 것을 보면 그는 법가의 정치사상에 가까운 정치적 관점을 가졌던 지도자로 볼 수 있다.

마르크스에 의하면 공산주의 사회에서는 국가는 소멸하고 개인은 국가의 폭력으로부터 자유로운 삶을 살도록 예정되어 있었다. 그러나 공산주의 실현을 모토로 건국된 신중국新中國의 마오쩌둥 시기에는 국가가 모든 개인의 운명을 좌지우지하였다.

개인은 공산당에 의해 지배되는 국가의 강력한 힘과 폭력 앞에서 국가의 부속품이자 노예에 불과하였다. 문화대혁명 시기는 마오쩌둥의 어록이 법 그 자체였다. 이러한 마오쩌둥의 통치 방식은 전형적인 법가의 정치사상 전통에 가까운 통치였다.

마오쩌둥이 이처럼 개인보다 국가를 우선시한 법가적 통치를 구사한 데는 마오쩌둥 개인의 통치 스타일이 가장 큰 영향을 끼쳤겠지만 당시의 국제 정세도 커다란 영향을 끼쳤을 수 있다. 이는 마치 중국 왕조 역사에서 전국 시대 같은 혼란기에 또는 북송 시기처럼 북방 유목국가들로부터 위협에 노출되었을 때 중국 왕조들이 개인의 무제한적인 희생을 담보로 부국강병을 추구했던 것과 유사한 점이 있다.

중화인민공화국이 건국된 직후의 중국은 안보와 경제 모두 불안정한 상태에 있었다. 건국 직후 거의 구걸하다시피 해서 구소련과 동맹조약을 체결하기는 하였지만 마오쩌둥은 구소련과의 신뢰 관계에 대한 확고한 믿음을 갖지 못하고 있었다. 실제로 얼마 지나지 않아 소련과의 관계는 갈등을 맞게 되었다. 한국전쟁 이후 미국의 중국 봉쇄가 심화하면서 중국은 서방으로부터도 고립되었다.

미소 초강대국에 둘러싸여 중국의 안보가 위협에 처해있다고 본 마오쩌둥은 두 강대국과 대항하면서 자력갱생을 통한 부국강병 노선을 채택했다. 중국 역사에서 부국강병책은 개인의 희생을 전제로 국가의 강성을 추구하는 것이었다.

그러나 그러한 부국강병 정책은 단기적으로 효과가 있을 지라도 장기적으로 성공하기 어렵다는 것이 중국 왕조의 역사적 경험이었다. 개인이 국가를 위해 영원히 희생하라는 것은 인간의 기본적인 욕구를 무시한 지속 가능하지 않은 정책이었기 때문이다.

마오쩌둥이 1958년 본격적으로 시작한 집단인민공사제도는 자력갱생을 통해 부국강병을 달성하려는 대표적인 사례였다. 마오쩌둥이 추구한 부국강병은 미국과 소련의 위협에 대항하기 위해 군수공업과 중화학공업에 집중되었고 개인의 삶의 질을 향상하는 경공업 분야는 도외시하였다.

결과적으로 중국 역사상 가장 강력한 통치권을 행사할 수 있었던 마오쩌둥의 부국강병 정책은 실패한 것으로 드러났다. 오히려 집단인민공사제의 실패로 수많은 무고한 백성들이 굶주려 사망하는 사태가 발생하였다.

여기서 집단인민공사제가 실패한 원인을 미시성의 정치라는 관점에서 살펴볼 필요가 있다. 미시성의 정치란 우리가 역사를 프랑스 대혁명이나 러시아 혁명 같은 역사적인 전환점을 가져온 대사건만을 중심으로 이해하고 해석하는 데 대한 반대 개념이다. 역사의 변혁을 가져오는 배경으로 혁명 같은 대사건 이외에 개개인의 조그마한 행동들을 주목해서 보는 관점이다.

공장 노동자가 기계 부품을 고의로 불량품을 만들어 내거나 식료품 회사 종사자가 식료품에 불순물을 넣어서 식품회사를 골탕 먹이는 행위 등은 공장이나 식료품 회사의 명성을 떨어뜨려 결국 망하게 만들 수 있다.

국가가 개인을 국가의 부속품이나 노예처럼 다루면서 부국강병을 추구할 경우에도 개인은 이런 공장 노동자나 식료품 회사의 종사자처럼 사실상의 사보타주를 통해 국가의 강압 정책을 좌절시킬 수 있다.

마오쩌둥이 강력히 추진한 집단인민공사제가 효과적인 결과를 가져오지 못한 것이나 북한이 철저한 통제 아래 국민을 다그쳐도 생산이 향상되지 못하는 것은 구성원 개개인이 폭력적 통제나 지시를 받아도 최대한 회피적인 태도를 취하기 때문일 수 있다. 이런 관점에서 보면 마오쩌둥 방식의 부국강병 정책은 태생적으로 실패할 운명이었다.

2) 덩샤오핑과 장쩌민, 후진타오의 유가적 법가적 혼합 통치

마오쩌둥의 뒤를 이어 중국의 최고지도자가 된 덩샤오핑은 강대국 간의 모순과 전쟁이 국제관계의 대세라고 보았던 마오쩌둥과는 정반대로 평화와 발전이 국제관계의 대세라고 보았다.

덩샤오핑은 이러한 인식을 바탕으로 개혁개방정책을 통한 경제발전과 미국 등 서방과의 관계 개선을 최우선 과제로 추진했다. 개혁개방정책의 핵심은 개인에게 성취동기를 부여하는 것이었다. 덩샤오핑의 방식은 적중했고 중국은 경제와 정치 등 모든 영역에서 발전적 변화를 거듭하였다. 덩샤오핑은 부국강병이라는 말을 한 번도 한 적이 없으나 역설적으로 덩샤오핑 하에서 중국은 부국강병의 기초를 닦을 수 있었다.

바로 이 시기에 마오쩌둥에 의해 사망 선고를 받았던 공자가 어느 날 되살아났다. 장쩌민이 1989년 10월 공자 탄신 2540주년 기념 학술토론회에 참석하여 "공자는 중국의 위대한 사상가로 그의 사상은 중국의 진귀한 문화유산의 일부분"이라고 강조한 것이 시초였다.

장쩌민의 뒤를 이은 후진타오는 조화로운 사회건설과 사람을 근본으로 하는 통치를 전면에 내세웠는데 이 통치구호는 공자 사상으로부터 나왔다.

후진타오 통치 시기인 2011년 1월 중국의 수도 베이징의 심장부인 천안문광장에 9.5m 높이의 거대한 공자 동상이 세워지기도 하였다. 이 공자 동상은 광장 맞은편 천안문에 걸린 6m 높이의 마오쩌둥의 초상화보다 규모가 커서 커다란 주목을 받으며 유교 부활의 정치적 상징으로도 해석되었었다.

그러나 2011년 4월 국가박물관 안쪽에 있는 조각 정원으로 옮겨지면서 그 배경을 둘러싸고 의문이 증폭되기도 하였다. 중국은 워낙 비밀스러운 나라인지라 그 실상을 파악하기는 어려웠지만 나는 공산당 좌파들의 반대 때문이었을 것으로 생각했었다.

당시 내가 만나본 중국공산당의 골수 좌파들이 개혁개방정책에 알레르기 반응을 보이면서 당 지도부를 원색적으로 비판해서 깜짝 놀란 적이 있다. 그들은 버젓이 중국 최고의 국가연구기관인 중국사회과학원의 한 연구실을 차지하고 있었다. 나는 그들에게 당신네 지도자들을 다른 나라의 외교관에게 그렇게 비판해도 괜찮은지, 신분상 불이익이 없는지 물어본 적이 있다. 그들의 대답은 시니컬했다. 개혁개방인데 무슨 상관이냐고. 그들의 목소리는 비록 소수였고 중국 언론에서 다루어주지 않았지만 그러한 흐름이 중국공산당 내부에 면면히 흐르고 있었다.

덩샤오핑은 지도자로서의 권위는 충분히 가지고 있었지만 권위적인 통치 방식을 선호하지는 않았다. 그는 자신이 최고의 권위를 가지고 있던 동안에 중국공산당의 지도체제를 집단지도체제로 변경해놓고 자신은 일선에서 은퇴하는 등 마오쩌둥의 통치와는 전혀 다른 면모를 보여주었다.

은퇴 후 죽을 때까지도 사실상의 지도자로서의 권위는 가지고 있었으나 실제적인 권력은 행사하지 않았다. 그의 뒤를 이을 새로운 지도자들이 책임 있게 당과 정부를 운영할 수 있도록 했다. 마오쩌둥에게서는 상상할 수 없는 일이었다.

장쩌민과 후진타오는 덩샤오핑의 충실한 후계자 역할을 수행했다. 나는 장쩌민과 후진타오를 여러 차례 볼 기회가 있었다. 장쩌민은 호방하고 유머가 있는 친근감이 가는 지도자였다. 후진타오는 외견상으로는 근엄해 보였지만 가끔은 천진난만한 웃음을 짓곤 했는데 이러한 그의 태도에서 그가 본성이 선한 사람이라고 느꼈다.

물론 장쩌민이나 후진타오 모두 지도자의 권위에 도전하는 정적이나 정치세력을 제거하는 등의 권력정치 행태를 보이기도 하였다. 그러나 이는 비교적 제한된 범위 내에서 행한 외과 수술식 통치 행위였다.

1990년대 후반 중국 전역에서 성행한 중국의 전통적 양생 수련을 하던 기공 수련단체인 파룬궁의 정치세력화를 우려하여 이들에 대한 정치적 탄압을 한 적이 있다. 그러나 장쩌민과 후진타오는 공산당의 지배에 대놓고 반대하지 않는 한 비교적 관용적인 통치 스타일을 보여주었다.

당시 파룬궁 단체는 서울을 포함 세계 주요 도시에서 조직을 결성하여 중국 정부의 파룬궁에 대한 탄압을 인권 유린이라고 주장하는 활동을 하였었다. 이와 관련 중국 정부는 외교 경로를 통해 파룬궁의 한국 내에서의 중국 정부 비난 활동을 통제하여 줄 것을 우리 측에 요청한 적이 있다.

당시 우리 정부는 이에 대해 한국은 각종 사회단체의 활동을 제한할 수 있는 방법이 없다고 대응하였다. 중국 정부는 이에 대해 별 방도가 없다고 생각하였는지 별다른 이의를 제기하지는 않았다.

과거의 중국을 봉건제적 질서로 규정하고 봉건 질서의 해체를 통해 새로운 중국을 만들겠다고 출범한 신중국에서 장쩌민 주석과 후진타오 주석이 유가의 태두인 공자를 되살려낸 이유는 무엇 때문이었을까?

이 물음에 대한 대답으로 덩샤오핑의 개혁개방정책으로 기존의 공산주의가 통치 이데올로기로서의 기능이 상실되자 공산당 정권의 체제안정을 위해 과거 왕조의 지배자들처럼 중화 문명의 본체로서의 유가 사상을 다시 소환하였을 것이라는 견해들이 제기되었다.

그러면 공자의 정치공동체에 대한 어떠한 생각이 공산당 정권의 체제안정에 도움이 될까? 공자는 일반 백성과 여성은 소인으로 가르치기가 어렵다고 생각했으며 통치의 대상으로만 여겼다.

맹자도 일반 백성은 교화의 대상이자 통치의 대상일 뿐 통치에 참여하는 주권자라는 생각을 밝힌 적이 없다. 다만 황제는 백성을 위해 통치해야 함을 주장했다. 그렇지 않으면 결국 천명이 바뀌어 지며 황제의 권력은 위태롭게 될 것이라고 경고했다

남송 시기 공자와 맹자의 사상을 발전시켜 새로운 학문으로 융성한 도학은 개인이 자아수양을 통해 최고의 인격체가 될 수 있다는 혁신적인 주장을 내놓았다. 그러나 도학도 천하를 통치할 수 있는 권한은 황제에게 있다는데 의심을 한 적은 없다.

이처럼 중국 왕조의 통치 이데올로기로 기능해 온 공자와 그의 후예들의 정치사상이 일관되게 황제 권력의 유일무이성에 의문부호를 달지 않았다는 점에서 오늘날 중국공산당의 지도자들에게 권위의 정당성을 제공해주는 기제가 될 수 있기 때문에 공자를 다시 살려낸 것은 아닐까?

3) 법가적 통치자 면모를 보이는 시진핑

2012년 18차 중국공산당 대회에서 총서기로 선출되어 중국공산당의 일인자가 되고 2013년 국가주석으로 취임하여 정부의 최고책임자가 된 시진핑 시대에 들어와 통치 방식은 커다란 변화를 겪고 있는 것 같다.

시진핑 국가주석은 2014년 9월 공자 탄생 2565주년 국제학술대회에 참석하여 "공자가 창시한 유교와 중국의 우수한 전통문화를 창조적으로 계승함으로써 새로운 미래를 창조해 나가자"고 강

조하였다.

이에 앞서 시진핑은 2013년 11월 공자의 고향인 산둥성 곡부에 있는 공자연구원을 방문한 자리에서 "유교 사상이 새로운 시대 여건에서 긍정적인 역할을 발휘할 수 있도록 유교 사상을 연구해야 한다"고 강조하기도 하였다.

시진핑 국가주석은 중국이 추구하는 국제사회의 모습도 공자의 사상에서 빌려왔다. 시진핑 국가주석은 2015년 9월 유엔총회 연설에서 인류운명공동체를 건설하기를 원한다고 역설하였다. 시진핑 국가주석은 이 연설에서 예기禮記에 나오는 "큰 도가 행해지면 천하가 모두의 것이 된다 大道之行, 天下爲公"는 공자의 언명을 인용하였다.

이처럼 시진핑 국가주석은 외견상으로는 공자의 정치사상을 전면에 내세우고 있다. 공자를 통해 자신이 인본주의자임을 드러내 대내적으로는 자애로운 통치자로, 대외적으로는 평화주의자인 것처럼 보이고자 함일 것이다.

이러한 외견상 모습에도 불구하고 속내를 들여다보면 시진핑 국가주석은 법가적 통치자에 가까운 모습을 보인다. 이는 시진핑 국가주석의 타고난 인성이 권위적이기 때문일 수도 있고 대내외적 상황이 시진핑 국가주석으로 하여금 법가적 통치를 할 수 밖에 없도록 만든 요인도 있다고 볼 수 있다.

타고난 인성이 권위적인 것인지는 확인할 방법이 없다. 다만 그가 소년 시절 혁명 원로였던 부친 시중쉰習仲勳이 문화대혁명 당시 반혁명 분자로 낙인찍혀 가정이 풍비박산 나는 경험을 했던 연유로 피해 의식이 내재하여 있어 강한 권력의지를 갖게 되었을 가능성이 있다는 주장들이 있다.

시진핑 국가주석이 처한 대내외적 여건이 그로 하여금 법가적 통치 방식을 택하도록 하였을 수도 있다. 대내적으로 그가 중국공산당의 최고지도자가 되는 과정이 그리 순탄치 않았다. 장쩌민과 후진타오의 경우에는 권위를 갖고 있던 덩샤오핑이 생전에 차기 지도자로 낙점해 놓다 보니 권력 교체가 비교적 순조로웠다. 그러나 시진핑은 경쟁을 통해 최고의 자리에 올라가야 했다. 문제는 경쟁 과정이 민주적인 선거 절차를 거쳐 지도자를 뽑는 제도가 정착되어 있지 않은 관계로 공산당 내에서 심각한 권력 투쟁이 발생하였다는 점이다.

당시 시진핑의 경쟁자 중 한 명이었던 중경시 당서기 보시라이薄熙來는 권력 경쟁 구도에서 멀어져 있었다. 그러나 보시라이는 중경시 당서기 재임 시 좌파적 정책과 반부패 전쟁을 밀어붙여 전국적으로 주목을 받았다.

2012년 2월 중경시 공안국장 왕리쥔王立軍이 자신의 보스이던 보시라이의 신임을 잃자 주청두 미국총영사관에 피신하여 미국 망명을 시도한 사건이 발생하였다. 이때 보시라이는 왕리쥔의 신병을 확보하기 위해 공안을 동원하여 청두주재 미국 총영사관을 에워싸는 등 무리수를 썼다.

그러나 당 지도부의 대응 조치로 보시라이의 왕리쥔 신병 확보 시도는 수포가 되었고 왕리쥔은 중국 당국에 의해 체포되어 조사를 받았다. 왕리쥔에 대한 조사 결과 보시라이의 문제점이 드러나 보시라이는 2012년 3월 해임되었다.

당시 보시라이의 정치적 후견인으로 알려져 있던 저우융캉周永康 당 정법위 (중국의 공안, 검찰 등 사법 업무를 주관하는 부문이다) 서기가 보시라이를 보호하기 위해 인민무장경찰대를 동원하여 쿠데타를 기도하였다가 좌절되었다는 등 다양한 루머가 베이징 외교가에 나돌았다. 대사관에서 근무하고 있던 나는 진상을 파악해보고자 하였으나 중국 같은 비밀스러운 나라에서 핵심 권력을 놓고 투쟁하는 과정의 전모를 파악하기란 사실상 불가능하였다.

사실 우리나라같이 투명하다고 하는 민주주의 국가에서도 권부에서 일어나는 일은 실체를 파악하기가 쉽지 않다. 하물며 중국 같은 나라에서야 말할 필요도 없다. 후일 중국 정부 당국은 보시라이가 부패 혐의로 기소되었다고 발표했다. 그는 2013년 9월 무기징역형에 처해졌다.

2012년 11월 18차 중국공산당 대회에서 당 총서기로 선출되어 최고지도자가 된 시진핑은 보시라이의 정치적 후원자로 알려진 저우융캉 등 당과 군 곳곳에 남아있던 보시라이 지지 세력을 부패 혐의 등으로 제거함으로써 권력을 공고화할 수 있었다.

문제는 권력 투쟁에서 시진핑이 정치적 경쟁자들을 모두 제거하는 등 완승을 거두었지만 그 과정이 순탄한 것만은 아니었기 때문에 시진핑으로서는 유사한 도전이 생길 가능성에 대비해야 했을 것이다. 이러한 이유로 시진핑은 덩샤오핑이 구축해 놓은 집단지도체제를 버리고 1인 지배의 길을 택하였을 가능성이 있다. 집단지도체제에서는 언제 누가 시진핑에 반격을 가할지 모를 일이기 때문이다.

1958~1960년간에 걸쳐 시행했던 집단인민공사제 실패의 책임으로 마오쩌둥 같은 통치자도 유소기 등 소위 주자파에 의해 권좌에서 밀려났었다. 시진핑은 이러한 전례를 보고 정치적 도전자들의 싹을 아예 도려내려 했을지 모른다.

대외적인 여건도 시진핑을 법가적 통치로 이끈 요인이 되었을 수 있다. 중국은 개혁개방으로 이룩한 경제적 성과를 바탕으로 2000년대에 들어 양자 차원에서는 물론 다자 차원에서 아시아 지역에서의 영향력을 확대해왔다. 특히 아세안(ASEAN), 동아시아정상회의(EAS) 등 지역 협력체에 적극 참여하면서 중국의 목소리를 확대하는가 하면 아시아 지역 국가 간의 다자무역협력체 구축을 주도하면서 경제 영역에서의 영향력 확대를 도모했다.

이처럼 아시아 지역에서의 중국의 영향력이 증대하는 가운데 이라크, 아프가니스탄에서의 대테러 전쟁에 집중하느라 아시아 지역을 소홀히 해왔던 미국은 2010년대 들어 대외정책의 중점을 아시아로 돌리기 시작하였다. 2011년 11월 당시 미 국무장관 힐러리 클린턴의 아시아로의 회귀(Pivot to Asia) 선언은 이러한 정책 변화의 전환점이었다.

　아시아에서의 영향력 유지를 위한 미국의 적극적 아시아 관여 정책이 중국 입장에서는 중국에 대한 미국의 견제로 인식되었다. 대내적으로는 권력 기반을 공고히 하여야 하고 대외적으로는 미국의 중국에 대한 견제가 점증하는 가운데 시진핑은 중국의 최고 지도자가 된 것이다.

　시진핑이 중국공산당의 최고 통치자가 되었을 때 마주한 이러한 대내외적 여건이 시진핑으로 하여금 법가적 통치에 기울어지게끔 하는 배경이 되었을지도 모른다. 시진핑으로서는 대내적으로는 자신의 권력에 도전할지도 모를 잠재적 경쟁자들을 제거하여 권력을 공고히 해야 했을 뿐만 아니라 대외적으로는 중국에 대한 외부의 간섭이나 압박에 굴하지 않는 강한 모습을 보여줌으로써 인민들의 지지를 이끌어내야 했기 때문이다.

　중국 왕조 역사에서 천하를 최초로 통일한 진나라의 진시황과 한나라의 무제를 법가적 통치자의 전형으로 볼 수 있다. 한 무제는 진시황과는 달리 즉위 직후 유학자인 동중서의 제안을 받아들여 유학을 가르치는 학교인 태학을 설립함으로써 유학을 중국의 관학으로 최초로 공인하는 등 유가적 통치자의 모습을 보였으나 실제적인 통치는 법과 힘을 중시하는 법가적 통치술을 구사하였다. 한 무제는 흉노 등 주변의 위협적인 세력과 평화적 관계를 수립하는 것도 불가능하다고 보고 무력을 동원하여 이들을 제압하는 공세적인 대외정책을 추구했다.

  오늘날 시진핑의 통치 모습에서 한 무제의 이런 이중성이 엿보인다. 시진핑 시대의 중국도 겉으로는 공자를 내세우고 있다. 그러나 실제 통치는 국가의 통제권을 강화하기 위한 법을 제정하는 등 국가가 개인에 우선하는 통치를 강화하고 있다. 대외정책과 관련하여서도 군사비 지출의 대폭 증대 등 군사력 확충을 통한 군사강국화 등 공세적 외교를 추구하고 있다.

  문제는 이런 흐름이 한번 형성되면 다시 되돌리기가 어려워진다는 것이다. 그렇다면 시진핑 시대의 통치는 대내적으로는 1인 지배체제가 공고화되는 가운데 대외정책에서도 공세적인 모습을 띨 가능성이 지속될 것으로 전망해 볼 수 있다.

2장
황제 전제주의?

1. 황제의 나라 중국

1) 마오쩌둥과 시진핑 - 현대판 황제?

중국은 황제의 나라다. 황제라는 표현은 주나라의 봉건제가 무너진 후 혼란했던 전국시대를 수습하고 천하를 통일한 진나라의 왕 정(기원전 259~210년)이 자신을 시황제로 칭함으로써 중국 역사에 등장하였다.

진나라가 전국을 통일하기 전 군주들의 호칭은 왕이었다. 이런 점에서 시황제는 왕보다 높은 위치에 있는 왕 중의 왕이라는 의미가 담겨 있다. 시황제는 통일 제국을 통치함에 있어 한비자 등이 주장한 법가의 정치사상을 통치 이데올로기로 삼았다.

법가의 정치사상을 통치 이데올로기로 채택한 진시황은 춘추시대 이래 전해오던 공자 등 모든 유가의 학설이 자신이 추구하고자 하는 통치 철학에 반대되는 것으로 보고 시경, 서경 등 유가와 관련된 모든 책을 불사르고 수많은 유학자를 산채로 땅에 묻어 죽이는 소위 분서갱유를 행하였다.

이러한 역사적 사실 때문에 진시황은 모범적인 군주라기보다는 폭력적인 의미를 담고 있는 '전제군주(전제군주라 함은 권력을 폭력적으로 행사하는 나쁜 군주라는 의미다. 인류 역사는 공화국이라는 개념이 생기기 전에는 대부분 국가의 정치형태는 군주제였다. 군주는 좋은 군주도 있을 수 있고 나쁜 군주도 있을 수 있다. 좋은 군주는 성군, 나쁜 군주는 전제군주라 할 수 있다)'라고 간주되었다.

그러나 중국의 TV 드라마나 영화에서 진시황은 오늘날의 중국의 원형을 만든 위대한 지도자로 그려진다. 중화인민공화국의 창업주인 마오쩌둥은 시황제를 자신의 롤 모델로 생각할 정도로 진시황을 높이 평가했다.

진시황이 천하를 통일하여 제국적 왕조를 세운 이후 이어진 중국 왕조의 통치 형태를 황제 전제주의 통치시스템이라고 보는 견해가 지배적이다. 황제 전제주의는 황제 1인이 중국을 통치했다는 사실과 동시에 황제의 통치가 폭력적이었다는 부정적인 뉘앙스를 띠고 있다.

오늘날 시진핑을 서구의 일부 언론에서 시황제라 부르는 것도 이러한 부정적인 의미를 담아서 하는 표현이다. 2023년 11월 샌프란시스코에서 열렸던 아태경제협력체(APEC) 정상회의 계기에 개최된 미중 정상회담 직후 바이든 미국 대통령이 기자회견에서 '시진핑이 독재자라는 견해를 여전히 유지하고 있느냐(바이든은 2023년 6월 한 기자의 질문에 시진핑은 독재자라고 대답한 적이 있다)'는 질문에 "그렇다"고 대답하였는데 이는 중국의 정치체제 내지는 시진핑에 대한 바이든의 비판적 생각이 적나라하게 나타난 것이자 서방의 중국에 대한 일반적인 평가이기도 하다.

2) 비트포겔의 황제 전제주의론이 회자된 배경

이처럼 과거 중국 왕조를 황제 전제주의 왕조라고 개념화한 사람은 미국의 정치학자이자 역사학자인 비트포겔이다. 그는 1957년 그의 책 동양적 전제주의oriental despotism에서 과거 중국 왕조는 황제 1인이 폭력적인 권력을 행사하는 전제주의 왕조였다는 주장을 하였다.

당시 비트포겔의 이런 관점은 냉전 시대라는 국제질서 속에서 중국을 고립시키고자 했던 서방의 이해관계와 맞아떨어져 과거 중국 왕조를 보는 인식의 틀로 정착되었다.

비트포겔은 중국의 과거 왕조가 전제주의 왕조가 될 수밖에 없었던 이유를 중국의 자연환경과 경제구조에서 찾았다. 비트포겔에 의하면 중국의 자연환경과 농업을 근간으로 하는 경제구조로 인해 대규모 수리 시스템이 필요하였고 이런 구조적 요인 때문에 황제 1인에게 권력이 집중되는 전제주의 왕조가 되었다고 주장했다.

이러한 논리에 따르면 중국의 왕조는 다른 대안이 없이 시대를 초월하여 전제주의 왕조로 남아있어야만 할 터였다. 그러나 과거 중국 왕조가 권력이 황제 1인에게 집중되어 있는 통치체제였다고 해서 과거 중국의 모든 왕조를 정당한 권력의 행사가 아니라 황제가 자의적으로 폭력을 행사한다는 부정적 의미를 가진 전제주의 왕조로 보는 것은 중국의 장구한 왕조 역사 전체를 단순화할 위험이 있다.

2. 중국 왕조의 통치체제는 황제 전제주의였나?

1) 아리스토텔레스의 공동선

서구 정치사상의 아버지라 할 수 있는 아리스토텔레스는 좋은 정치의 기준으로 공동선의 개념을 제시하면서 그는 좋은 정치체인지 나쁜 정치체인지를 구분 짓는 것은 국가 권력이 1인에게 있느냐 아니면 소수나 다수에 있느냐가 아니라 국가 권력이 구성원 전체의 이익인 공동선을 추구하느냐 여부에 달려 있다고 보았다.
한편 아리스토텔레스는 다수가 권력을 갖는 정치체인 민주정(그는 민주정을 가난한 계층을 대변하는 정치체라고 정의했다. 이런 이유로 민주정은 빈민정이라고도 불린다. 그에 의하면 민주정은 좋은 정치체를 의미하는 개념은 아니다)은 공동선이 아닌 가난한 사람들만의 이익을 추구하는 나쁜 정치체가 될 가능성이 크다고 보았다.

이와 같은 아리스토텔레스의 관점에서 보면 중국 왕조의 경우 황제가 구성원 전체의 이익을 반영하는 아리스토텔레스의 공동선을 행하도록 요구받았다면 비록 황제 1인이 권력을 갖고 있었다고 하더라도 그 정치체제를 폭력적이라는 의미에서의 전제정치 체제였다고 볼 수는 없을 것이다.

중국 역사에서 황제가 어떻게 통치해야 할지에 관한 논의는 중국 정치사상의 아버지라 할 수 있는 공자에게서부터 시작되었다. 공자는 논어에서 임금과 신하의 자세에 대해 얘기하고 있다. 제齊나라 경공景公이 공자에게 정치에 관해 묻자 공자가 답했다.

"임금이 임금답고, 신하가 신하답고, 아버지가 아버지답고, 아들이 아들다워야 합니다君君,臣臣,父父,子子."

임금은 임금답고 신하는 신하다운 것의 의미는 무엇인가? 공자가 살던 시대는 춘추시대로 주나라의 봉건제가 와해되어 가고 있던 시기이다. 주 왕조 시기 군자君子는 군의 자식the offspring of a lord으로 지배계층에 속해 있었다. 그런데 봉건제 질서가 와해하면서 기존의 지배계층이던 군의 자식들이 혈통의 우위만으로 우월적 지위를 유지하기가 어렵게 되었다.

2) 군자와 성인

이런 정치사회질서의 변화 속에서 이들 군의 자식들은 수양을 통해 덕성을 쌓아 뭇사람들의 존경을 받음으로써 사회적으로 우월적 지위를 유지하고자 하였다. 이렇게 군자의 의미가 군의 자식들, 즉 가문 좋은 집의 후손이라는 본래의 의미에서 수양을 통해 덕성을 쌓은 인격자라는 의미로 확대되었다.

이러한 사회 변화로 이제 어느 누구든 군의 자식이 아니어도 수양을 해서 덕성을 쌓은 사람은 누구나 군자 즉 지배계층인 정치엘리트가 될 수 있게 되었다. 공자 자신도 가문 좋은 집안의 후손은 아니었으나 수양을 통해 자신의 이름을 확고히 하게 되었다.

한편 "성인聖人은 내가 만나볼 수 없다. 군자를 만나보는 것만 해도 괜찮을 텐데"라는 공자의 언명은 군자 위에 성인이 있다는 것을 암시하고 있다. 그러면 성인은 어떤 사람인가? 그는 덕성을 쌓은 자 중에서도 최고의 경지에 오른 사람이라고 할 수 있다. 수양을 통해 덕성을 쌓은 사람을 군자라 했으니 성인은 군자보다 더 높은 수준의 덕목을 갖춘 사람이라 할 수 있다.

이런 관점에서 보면 군군신신의 의미가 비교적 명확해진다. 즉 군주가 되려는 사람은 교육과 수양을 통해 도덕적으로 완벽한 사람인 성인의 경지에 이르러야 하며 신하 된 사람 즉 군자도 그냥 녹봉만 받거나 단순히 통치계층에 있는 사람이 아니라 일반 사람들보다 더 덕성을 갖춘 인격체이어야 한다는 것이다.

공자가 생각한 이러한 정치질서 아래 놓인 국가는 덕성이 완벽한 사람들이 군주이자 신하가 될 터이므로 법이 없어도 통치가 되는 그러한 국가가 될 터였다.

3) 정치공동체에서의 황제의 위치와 역할

이러한 공자의 정치사상은 후학들에 의해 유학이라는 이름으로 계승 발전되었으며 대부분의 중국 왕조는 유학의 정치사상을 통치 이데올로기로 채택하였다. 아울러 이러한 공자와 유학의 정치사상은 신하들이 최고의 통치권자인 황제에게 덕을 통치 수단으로 채택하여 선정을 베풀 것을 진언하는 근거가 되었다.

이런 측면에서 보면 중국에서 황제가 전제적인 통치자였다고만 할 수는 없다고 보아야 할 것이다. 물론 천명을 받았다고 주장하는 황제가 덕성을 갖추지 않고 공동선이 아니라 사적인 이익을 위해 자의적으로 폭력적 권력 행사를 할 경우 이를 막을 제도적 장치가 없었다는 점에서 전제적 통치가 이루어질 가능성이 농후했다. 실제로 그러한 전제적 통치를 한 황제가 중국 역사에 많이 있다.

한편 공자와 그의 후예인 유가들은 자연공동체라 할 수 있는 가족공동체와 친족공동체를 중시했다. 이들 유가는 이러한 공동체 내에서는 가족 및 친족 구성원 간 상호의존이 필수적이며 너와나, 적과 동지와 같은 구별이나 상호투쟁 같은 것은 존재하지 않는다고 생각했다. 아울러 아버지는 가족공동체 내에서 최고의 권위를 가지고 있지만 동시에 가족공동체의 안녕과 생존을 책임져야 하는 막중한 책임도 요구받는다고 생각했다.

국가공동체를 이러한 가족공동체 개념이 확장된 것으로 본 공자와 그의 후학들의 정치사상을 통치 이데올로기로 받아들인 중국 왕조에서는 국가와 공동체 구성원인 개인 간의 관계는 서구에서 보는 것처럼 대립하거나 갈등하는 관계가 아니라 상호의존적인 관계로 보았다.

이러한 공동체 내에서의 구성원은 마치 유기체처럼 공동체의 일부다. 그리고 이러한 공동체의 최상위에 있는 사람이 황제다. 따라서 황제는 한 가정의 아버지처럼 국가라는 공동체 내에서 최고의 권위를 가지지만 공동체 구성원의 안녕과 생존을 책임져야 하는 것으로 보았다.

4) 정치에 대한 서구와 중국의 인식의 차이

정치에 관한 오늘날 서구의 인식은 중국의 이러한 전통적 인식과는 매우 다르다. 칼 슈미트는 정치라는 행위는 적과 동지를 구별하는 것이라고 정의했다. 정치에 대한 이러한 정의는 오늘날 서구 민주주의 국가에서 커다란 이의 없이 받아들여진다.

오늘날 서구 민주주의의 전당이라고 불리는 미국에서 민주당과 공화당이 나라의 운영 방향을 놓고 사사건건 대립하는 모습에서 정치란 적과 동지의 구별이라는 정의가 정치의 실상을 참 잘 표현했다는 생각이 든다.

정치를 적과 동지로 구분하는 서구의 이러한 보편적 인식(아리스토텔레스는 국가는 공동선을 실현하기 위한 목적으로 존재한다고 생각했다는 점에서 이런 오늘날 서구의 인식과는 다른 모습을 보여주었다)과 정치를 공동선을 실현하는 것으로 본 중국식 사고의 차이는 오늘날 실제 정치 과정에서도 많은 차이를 보인다.

정치를 적과 동지로 구별하는 서구에서는 복수의 정당들이 권력을 획득하기 위해 투쟁하는 것을 정치의 필수 요소라고 생각한다. 그러나 국가라는 정치공동체의 최상위에서 공동선을 실현해야 하는 의무를 진 황제 1인의 통치가 자연스러운 것으로 본 중국의 정치사상 전통에 의하면 굳이 복수정당제 같은 민주주의적 요소가 필요하지 않으며 오히려 해악이라고 여겨질 수 있다.

한편 오늘날 서구에서 근대 이후 보편적으로 받아들여지는 국가의 권력은 국민으로부터 나온다는 명제는 중국 정치사상사에서 나타난 흔적이 없다. 특히 주 무왕이 보편적인 도덕으로서의 천명을 내세워 주 왕조를 세운 이후 황제는 천자天子로서 정치공동체의 최상위에 위치하여 통치한다는 인식이 중국 역사에서 시대를 초월하여 일관되게 받아들여졌다. 유가의 이러한 정치사상은 중국에서 새로운 왕조가 탄생할 때마다 재해석되고 더 강화되었다.

이런 관점에서 보면 과거 중국의 왕조를 폭력적인 성격을 가진 전제왕조였던 것처럼 설명하는 것은 반은 맞고 반은 틀리다고 할 수 있다.

3. 황제의 나라 전통과 현대 중국

1) 황제의 나라 전통과 중국공산당의 독점적 통치

공산혁명을 통해 탄생한 인민이 주인임을 표방한 오늘날 중국은 사실상 중국공산당이 모든 국가 권력 즉 입법권, 행정권, 사법권을 사실상 독점적으로 행사하는 정치체제를 갖고 있다. 형식적으로는 입법부도 행정부도 사법부도 있지만 중국공산당이 이들 국가 권력을 모두 통제한다는 점에서 그렇다. 중국 인민은 여전히 통치의 대상일 뿐 정치 과정에 주체적으로 참여하지 못한다.

이런 의미에서 오늘날 중국의 정치체제는 황제의 나라 전통과 매우 닮았다. 공산당의 최고지도자가 사실상 중화인민공화국이라는 국가의 권력을 거의 독점적으로 행사하고 일반 국민은 정치의 주체가 될 수 없다는 의미에서 그렇다. 행정부나 입법부, 사법부가 존재하기는 하지만 이들 국가기구의 책임자와 주요 간부는 모두 공산당원이다.

이런 의미에서 이들 국가기관은 우리가 오늘날 민주주의 국가에서 보는 국가기관이라기보다는 공산당의 통치를 떠받치는 조직으로써 과거 왕조 시대 황제의 통치권을 떠받치던 관료기구의 역할을 하는 셈이다.

2) 최고지도자에 따라 다른 통치 방식을 보여준 중국 정치

그러나 오늘날 중국이 중국공산당 1당 지배에 의한 정치체제라 하더라도 누가 중국공산당의 최고책임자였는지에 따라 국가의 통치 방식은 다르게 나타났다. 이런 현상은 마치 황제가 통치하던 왕조 시대에 누가 황제였는지에 따라 왕조의 통치 방식이 달랐던 것과 같다.

중국의 건국을 이끈 지도자인 마오쩌둥은 국가 권력 일체를 사실상 혼자서 행사하고 어느 누구의 간섭도 받지 않으려고 했다는 점에서 전제적 황제와 유사한 통치자였다고 할 수 있다. 건국 초기만 하더라도 마오쩌둥의 1인 지배체제는 확고하지 못했다.

그러나 통치 후반기에 갈수록 권력이 마오쩌둥 1인에게 집중되는 경향을 보였다. 특히 1966~76년간 진행된 문화대혁명 기간은 마오쩌둥 1인에 의한 권력 행사의 절정기였다. 이 시기 중국에는 국가를 운영하는 법과 제도가 사실상 유명무실화되고 '마오쩌둥 어록'이 통치의 바이블 되었다. 마오쩌둥 1인이 진정으로 전제적인 권력을 행사한 시기였다.

마오쩌둥은 죽어서까지 영원히 황제로 남고 싶었는지 천안문광장 지하에 묻혔다. 오늘날 중국인들이 북경을 방문하면 마오쩌둥이 안치된 마오쩌둥 기념관을 방문하는 것이 주요 관광 일정이 되었다.

1976년 마오쩌둥 사후 새로운 지도자로 등장한 덩샤오핑鄧小平은 낙후된 중국경제를 서방의 과학과 기술을 받아들여 발전시키고자 했던 걸출한 지도자였다. 최고 권력자로의 덩샤오핑의 등극은 험난한 과정이었다. 그는 마오쩌둥 통치 시기에 마오쩌둥의 경제발전 노선과 다른 입장을 취하는 바람에 두 번에 걸쳐 숙청을 당하는 우여곡절을 겪어야 했다.

덩샤오핑은 마오쩌둥 사후 마오쩌둥에 의해 후계자로 지명되었던 화궈펑華國鋒과 문화대혁명을 이끈 극좌 편향의 지도자인 장칭江靑 등 4인방을 제거하고 최고지도자의 위치에 올랐다. 그는 경제발전을 정책의 최우선에 두는 소위 개혁개방정책을 추진하여 오늘날 중국이 세계 경제 대국이 되는 기초를 닦았다.

덩샤오핑은 중국공산당의 정치발전에도 나름대로 큰 족적을 남겼다. 그는 중국공산당과 정부 및 군을 모두 장악하는 최고지도자가 되었음에도 권력을 신중히 행사했다. 당 운영에 있어서도 집단지도체제를 도입하여 당의 정책 결정이 최고 통치자 1인에 의해 좌지우지되지 않도록 하였다. 이는 마오쩌둥의 1인 지배체제가 가져온 폐해를 몸소 경험한 덩샤오핑이 이러한 잘못을 중국공산당이 다시 범하지 않도록 하기 위한 것이었다.

또한 최고지도자의 임기를 10년으로 제한함으로써 1인에 의한 장기집권을 막는 동시에 공산당 내 권력 교체의 안정성을 확보하는 기틀을 다져 놓았다. 마오쩌둥 사후 권력 교체 과정에서의 정치적 혼란을 뼈저리게 느꼈기 때문에 이러한 혼란을 막기 위한 조치였을 것이다.

덩샤오핑은 1997년 2월 사망 시 자신의 유해를 화장해서 중국의 산하에 뿌려달라는 유언을 남김으로써 진정한 유물론자의 길을 택했다. 죽어서까지 지도자다운 모습을 보인 것이다. 덩샤오핑의 후계자들은 유언에 따라 그를 화장한 후 그의 유해를 중국의 산하에 뿌렸다. 마오쩌둥과는 정반대의 통치 스타일을 보여준 그를 훗날 역사가들이 어떻게 평가할지 궁금하나 아마도 현대 중국 역사에서 가장 큰 공헌을 한 걸출한 인물 중의 하나로 기억될 것만은 틀림이 없다.

다만 1989년 있었던 천안문 사태를 폭력적으로 진압한 최종 책임자로서의 멍에가 그에게 하나의 짐으로 남아있을 것이다. 1992년의 한중수교는 덩샤오핑이 아니었으면 아마도 한참 후에나 있었을 것이다. 그만큼 오늘날의 한중관계에 지대한 영향을 끼친 중국의 지도자이기도 하다.

덩샤오핑의 뒤를 이은 지도자인 장쩌민 국가주석과 후진타오 국가주석은 덩샤오핑이 설계한 '개혁개방' 정책의 충실한 집행자였다. 두 지도자는 7~9명으로 구성된 공산당 집단지도체제 내의 1인자 역할에 충실했으며 각각 10년의 통치 후 권력을 다음 세대의 지도자에게 물려줌으로써 공산당 내 권력 교체가 주기적으로 이루어져 정치가 안정될 수 있도록 하는 데 나름 기여했다.

장쩌민 국가주석은 중국 지도자 가운데 보기 드물 정도로 자유분방하면서도 유머가 있는 지도자였다. 그는 외국 대표단 면담 시 자료에만 의존하지는 않는 스타일이었다. 한시와 고문에 능할 뿐만 아니라 서양의 음악과 예술에도 조예가 깊은 다재다능한 지도자였다.

장쩌민 국가주석은 1995년 11월 중국 최고지도자로는 처음으로 김영삼 대통령 초청으로 우리나라를 공식 방문했다. 장쩌민 국가주석은 중국 대표단 숙소였던 신라호텔에서 당시 이홍구 총리와의 면담에서 한 중국 시인의 시를 인용했다. 그런데 중국 측 통역이 그 시를 잘 이해하지 못해 통역이 매끄럽게 되지 못하고 대화의 앞뒤가 뒤엉킨 적이 있다.

장쩌민은 이를 알아차린 후에 그 시를 종이에 써서 중국 측 통역에 보여주었으나 통역이 이를 보고도 알 수가 없다는 표정을 보이자 말로 자세히 설명해주었다. 그 자리에 배석해 있던 나는 속으로 그 통역이 큰일 날 것으로 생각했으나 장쩌민은 면담이 끝난 후 통역을 불러 내가 너무 어려운 시를 인용했냐고 하면서 그 통역을 격려하는 모습을 보였다. 장쩌민의 인간적인 면모를 볼 수 있는 대목이었다.

장쩌민은 한국 방문 마지막 날 제주도 신라호텔에서 1박을 했는데 기분이 좋았는지 호텔 로비에 있던 피아노를 보고 즉석에서 피아노 연주를 하기도 했다. 딱딱한 이미지를 주던 중국의 다른 지도자들과는 전혀 다른 인상적인 모습이었다.

1995년 장쩌민 국가주석의 한국 방문 시까지만 하더라도 중국의 지도자들은 해외 순방 시 부인을 동반하지 않는 것이 관행이었다. 중국 국내 행사에도 부인은 모습을 드러내지 않았다. 그런데 한국 방문 시 그러한 관례를 깨고 파격적으로 부인이 동행하겠다고 우리 측에 통보해왔다.

일반적으로 정상의 부인이 방문하면 양국 정상부인 간 오찬 간담회 등의 별도 일정을 준비하며 이러한 행사를 준비하려면 상세한 인적 사항이 필요하다. 이 때문에 우리는 중국 측에 부인 이력서를 보내줄 것을 여러 차례 요청했으나 중국 측은 보내주지 않다가 마지막 순간에 보내왔다. 두 줄짜리 자료로 이름과 생년월일이 전부였다.

장쩌민 국가주석의 뒤를 이은 후진타오 국가주석은 성실한 모범생 같은 지도자였다. 장쩌민처럼 호방하거나 상대방을 편안하게 하는 스타일은 아니었지만 항상 단정한 옷차림에 예의 바른

자세로 손님을 맞이하였으며 상대방의 애기를 진지하게 경청하는 스타일이었다.

장쩌민과 후진타오 집권 시기 20년은 한중관계가 비교적 순탄하게 발전한 시기인데 이 시기는 경제적으로 한국이 중국에 필요한 나라였기 때문이기는 하지만 두 지도자의 개인적 성품의 영향도 컸었다고 생각된다.

3) 시진핑 국가주석은 어떤 통치자가 될 것인가?

2013년 중국의 최고지도자가 된 이후 권력을 공고화 한 시진핑 국가주석은 덩샤오핑이 중국 정치의 안정을 위해 숙고한 끝에 고안한 중국공산당의 집단지도체제를 사실상 무력화하고 사실상의 1인 지배체제를 확립하였다. 또한 헌법상의 국가주석 10년 임기 제한을 없애 2023년에 5년 임기의 국가주석직에 세 번째 연임하였다.

시진핑 주석은 집권 초기부터 중국몽 등 거대 담론을 제시하여 중국인의 자긍심과 애국심을 고취하고 내부 단결을 도모하여 왔다. 대외관계에 있어서는 덩샤오핑 이래 추구해 온 미국 등 서방과의 협력을 통한 발전보다는 중국의 핵심 이익을 위해서는 서방과의 대결도 불사하겠다는 강경한 입장을 취함으로써 서방과의 관계는 악화하여 왔다.

이처럼 중화인민공화국이 1949년 수립된 이후 중국공산당이 70여 년을 통치해오는 동안 같은 공산당이 지배하는 통치체제였지만 그 통치 방식은 누가 최고 지도자인지에 따라 다른 모습을 보여주었다. 과거 중국의 왕조도 누가 통치자이냐에 따라 통치 방식은 전혀 달랐다는 것과 유사하다.

그러나 권력의 견제와 균형이 이루어지지 않고 권력이 1인에 집중된 정치체제는 통치자의 개성과 통치 방식에 따라 많은 문제를 초래할 수 있다는 사실을 중국 역사는 물론 과거 인류의 역사가 보여주었다. 현대 중국의 지도자였던 마오쩌둥이 바로 문화대혁명 기간 중 권력을 자의적으로 행사하여 중국을 혼란의 소용돌이로 몰아넣은 대표적인 사례라 할 것이다.

이런 관점에서 이미 사실상 1인 지배체제를 확립한 시진핑이 향후 마오쩌둥처럼 영구적인 집권을 추구하면서 전제적이고 폭력적인 과거 황제의 길을 걸을 것인지 아니면 비록 1인 지배를 하더라도 과거 중국 역사에서 나타났던 성인 군주 같은 통치를 하게 될지는 두고 볼 일이다.

3장
중앙집권과 관료제의 전통

1. 봉건제 국가에서 중앙집권제 국가로

1) 주 왕조의 봉건제적 정치질서

중국의 초기 역사는 사마천 사기에 의하면 삼황오제에 이어 하, 상, 주의 시대로 거슬러 올라간다. 삼황오제는 역사 이전 신화시대의 서사로 간주되고 있다. 상 왕조는 20세기 초 상 왕조의 마지막 수도였던 은허(오늘날 하남성 안양 일대 지역으로 여기서 한자의 원형이 갑골문 형태로 발굴되었으며 상 왕조 시대의 청동 제기 등 다량의 문물도 발굴되었다)가 발굴됨으로써 실재했던 역사로 확인되었다.

상 왕조 이전에 존재했을 것으로 추정되는 하 왕조의 실재 여부는 아직 학계에서 논쟁 중이다. 상 왕조는 청동기 시대로 기원전 1600년경 성립되었으며 기원전 1046년경 주 왕조에 의해 대체되었다.

공자가 이상적인 정치질서의 모델로 생각했던 주 왕조의 정치체제는 주 왕실이 친족들에게 제후의 지위를 부여하고 제후들에게 영토를 나누어주어 제후가 다스리는 봉건제 국가로 오늘날의 시각으로 보면 제후국의 권한이 폭넓게 보장되는 지방분권형 정치 시스템이었다.

그러나 후기인 동주 시대에 이르러서는 왕실의 제후에 대한 통제력이 상실되면서 왕실과 제후 사이의 봉토에 기초한 상하관계가 와해하여 각 제후국 간 먹고 먹히는 혼란과 분열의 시대인 춘추전국시대가 도래하였다.

2) 군현제와 관료제의 도입으로 중앙집권을 완성한 진시황

춘추전국시대의 혼란을 마감하고 무력으로 천하를 통일한 진나라의 시황제는 중앙의 권한 강화를 추진하였다. 이를 위해 시황제는 주 왕조가 채택했던 봉건제를 폐지하는 대신 군현제를 도입하여 지방에 대한 중앙의 직접 통치를 시행했다.

오늘날 유럽 대부분의 국가들 모두 절대왕정 시대를 거치면서 중앙집권적 근대국가로 탈바꿈하였고 이 과정에서 관료제가 발달하였다. 근대국가의 특징은 중앙정부의 힘이 지방 곳곳까지 스며드는 것이다. 이런 의미에서 진나라가 중앙집권적 국가를 실현한 것은 서구에 비해 오히려 근대적 형태의 국가를 먼저 만들었던 것이라 볼 수도 있다.

흥미로운 사실은 중국의 이런 중앙집권적 왕조체제가 전체 중국사에서 잘 작동한 것만은 아니라는 점이다. 중국 역사는 중앙집권적 왕조체제가 무너져 여러 소규모 정치체로 해체되었다가 다시 통일되는 과정의 반복이었다.

전국 시기 주변 강국에 비해 비교적 약소국이었던 진나라는 상앙商鞅의 개혁이라고 불리는 정치경제 시스템의 전면적 개혁을 통해 강력한 국가로 변모하였다. '상앙의 개혁'의 핵심은 귀족의 특권을 축소하고 왕(군주)의 직접 통치권을 강화하여 중앙의 권력을 강화하는 것이었다. 이를 통해 강화된 국력을 바탕으로 진나라는 전국을 평정하여 천하를 통일할 수 있었다.

진나라가 천하를 통일한 후 넓은 땅을 어떻게 다스려야 할지에 대한 논의가 있었다. 일부에서는 주나라의 봉건제를 답습하는 통치시스템을 구축하자는 견해들도 있었다. 그러나 진시황은 중앙집권을 더욱 강화하고 통일적인 행정 시스템으로 나라를 다스리기로 결정했다.

> 승상 왕관 등이 말했다. "제후들이 무너졌지만 연나라 제나라 형나라 땅이 너무 멀어서 왕을 그곳에 두지 않으면 그들을 제압할 수 없습니다. 청컨대 자제들을 왕으로 세울 것을 원하니 허락해주시기 바랍니다."
>
> 정위 이사가 논하였다. "주나라의 문왕과 무왕이 분봉한 자제들은 성이 같은 사람들이 많았지만, 분봉한 뒤에 사이가 소원해져 서로 원수처럼 공격하였습니다. 제후들은 서로를 죽이고 정벌했는데 주나라 천자

는 금지할 수 없었습니다. 천하가 폐하의 신령에 힘입어 통일이 되어 모두 군현이 되었습니다. 여러 자제와 공신에게 공적 세금으로 후하게 상을 주신다면 쉽게 통제할 수 있습니다. 천하에 다른 뜻이 없게 하는 것이 안녕을 가져오는 방법입니다. 제후를 두는 것은 좋지 않습니다."

진시황이 말했다. "천하에 전쟁이 그치지 않아 모두 괴로웠던 것은 제후가 있었기 때문이다. 정위 이사의 말이 옳다. 천하를 쪼개어 36개의 군으로 삼고 … 천하의 병기를 거둬들여 함양에 모았다. 법률, 도량형, 무게, 길이, 수레바퀴 폭, 문자를 통일하였다." (사기 진시황 본기)

진나라는 전국의 행정구역을 군현으로 나누어 중앙정부가 임명한 관리를 파견하여 전국을 직접 통치하였다. 이러한 중앙집권적인 국가운영 결정의 배경에는 주 왕조의 봉건제적 정치 질서가 제후국 간 혼란을 일으킨 원인이라고 생각했기 때문이었다.

진시황이 전국 각지를 여러 차례 순행한 것은 황제의 권력이 지방 곳곳에도 스며들어 있음을 과시하여 통일 이전의 지방 제후들이 황제의 권력에 도전하려는 흑심 자체를 품지 못하게 하려는 것이었다.

그러나 진 왕조는 진시황의 급작스러운 사망으로 15여 년의 짧은 통치 후 무너졌다. 진시황이 사망한 이후 황제의 권력이 약해진 틈을 타 왕후장상의 씨가 따로 있느냐는 구호를 내걸고 일어난 진승과 오광의 농민반란을 필두로 전국 각지에서 반란이 시작되었고 진 왕조는 곧 해체되었다.

2. 한 왕조의 정치질서

1) 작은 정부를 지향한 한나라 초기의 황로사상

진 왕조의 뒤를 이어 유방의 한나라가 다시 천하를 통일한 후 한 왕조의 위정자들은 진 왕조가 오랫동안 유지되지 못하고 단명에 그치게 된 이유가 무엇인지 제국을 장기간 지속할 수 있는 방법은 무엇인지와 같은 정치질서의 내구성 문제에 대해 성찰했다. 한 왕조 초기의 위정자들은 엄혹한 법에 의한 가혹한 통치가 진 왕조의 내부 질서를 오히려 와해시키는 요인이었다고 보았다.

진 왕조가 통치의 근간으로 삼은 엄혹한 법이 농민들을 가혹할 정도로 수탈하였으며 진시황의 사망으로 중앙권력이 약화하자 이에 대한 반작용으로 일어난 농민들의 반란이 기폭제가 되어 진 왕조가 해체의 위기를 맞게 되었다고 본 것이다.

이들이 보기에 진시황이 통치의 근간으로 삼았던 엄혹한 법에 의한 통치는 농민(당시에는 백성 대부분이 농민이었다)을 수탈 대상으로 삼는 법의 이름으로 자행되는 폭력이나 다름없었다.

진 왕조의 이러한 통치 방식에 대한 반성에서 한 왕조 초기에는 진 왕조가 추구했던 국가가 개인의 우위에 서는 국가주의 통치 철학의 정반대라 볼 수 있는 황로黃老사상이 등장하였다.

황로사상은 중국 역사상 신화 시기의 통치자 황제黃帝와 춘추시대 노자老子의 사상을 연원으로 하는 국가의 개입을 최소한으로 하는 것이 바람직한 정치사회 질서라는 일단의 생각이다.

이러한 배경에서 한 왕조 초기에는 군현제적 요소와 봉건제적 요소를 혼합하여 통치하였는데 수도에서 가까운 지역과 군사적으로 중요한 지역은 황제가 직접 통치한 반면 수도에서 먼 지역은 제후를 보내 간접적으로 통치하였다.

2) 흉노제국의 위협 속에 중앙집권의 길을 택한 한 무제

그러나 한 왕조는 진 왕조 이래 지속되어온 북방의 흉노로부터의 위협에 노출되어 있었다. 한 왕조의 창업자인 유방이 흉노와의 전투에서 포위되어 죽을 뻔했다가 가까스로 살아 나오기도 했었다.

이러한 흉노의 위협 앞에서 흉노와의 일전이 불가피하다고 본 한나라 무제는 중앙집권을 통한 부국강병을 추진했다. 이렇게 부국강병의 통치이데올로기가 황로 사상을 밀어내고 주류 통치철학으로 부상하였다. 부국강병을 달성한 한 무제는 대대적인 흉노 정벌에 나섰고 흉노를 북방으로 밀어내는 데 성공했다.

한 무제가 부국강병을 위해 중앙집권을 강화한 이후 한 왕조에서는 봉건제적 요소가 모두 없어지고 다시 군현제가 확고하게 자리를 잡았다. 바로 이 시기에 한 무제는 우리 역사의 원류인 고조선도 정복하여 옛 고조선 지역에 4개의 군을 설치하였다.

3) 국가재정의 고갈과 염철 논쟁

흉노 정벌과 남만 정복, 고조선 정복 등 한 무제의 공세적 군사 행동은 겉으로는 대외적으로는 커다란 성공을 거둔 것으로 보였으나 대내적으로는 재정고갈이라는 위기에 직면했다. 이런 현상은 역사상의 제국이 확대하는 과정에서 모두 나타났고 그로 인해 제국이 무너졌다는 가설이 있다.

한 무제의 군사적 공세로 흉노는 비록 북방으로 밀려나기는 했으나 여전히 한 왕조의 위협 세력으로 남아있었다. 흉노의 침입으로부터 방어를 위해서는 지속적인 군사 동원이 필요했고 이를 위해서는 또다시 대규모의 국가재정을 투입해야 하는 악순환이 계속되었다.

여기서 왕조를 어떻게 통치하는 것이 바람직한지에 대한 논쟁이 위정자들 사이에 다시 대두되었다. 그 논쟁의 일단이 염철론이다.

4) 왕망의 쿠데타와 중앙집권화

전한 말기에 이르러 중앙의 권력은 약화하고 지방 귀족의 힘이 상대적으로 강화되어 중앙과 지방의 힘이 역전되었다. 국가주의적 비전 실현을 위해 농민들에게서 세수를 너무 많이 거둬들인 결과 농민들이 자영농으로 남기보다는 지방 귀족들에게 의탁하기로 한 데 따른 반작용이었다.

이 시기 중앙의 고위 관료이던 왕망王莽이 일종의 궁정 쿠데타로 한나라를 무너트리고 신新을 세웠다. 왕망은 정권을 잡은 후 지방 귀족의 힘을 약화하기 위해 토지의 재분배를 통해 토지가 몇몇 대지주들에게 집중되는 것을 막는 조치를 취하는 등 중앙권력을 강화하기 위한 조치를 취하였다.

그러나 왕망의 이러한 중앙집권 정책에 반발한 대지주 가문들이 연합 세력을 구축하여 신新을 무너트리고 전한 왕조의 유씨 가문의 혈통을 이어받은 왕을 다시 세웠다. 후한이다. 후한 왕조는 이런 대지주 가문의 도움으로 세워진 연유로 황제의 힘은 상대적으로 약화한 채 겨우겨우 왕조의 명맥을 유지하다가 220년 해체되었다.

3. 당 왕조의 정치질서

1) 황제와 귀족계층 간 상호공존을 도모한 느슨한 중앙집권 왕조

후한이 해체되면서 위, 촉, 오 삼국으로 분열되었던 중국은 위, 진, 남북조(220~589) 시대를 거쳐 수(581~618), 당(618~907)에 의해 다시 통일되었다. 당 왕조를 건국한 주요 세력은 3세기 초 멸망한

흉노 등 한화漢化한 북방 유목민족의 후예들이었다.

당 왕조는 진, 한 왕조보다 북방과 서역을 포함하는 훨씬 광대한 영토를 통치해야 했다. 당 왕조의 통치하에 들어온 민족 중에는 북방과 서역의 유목민들이 포함되었다.

이런 배경 때문에 당 황제는 진, 한 왕조의 황제와 달리 한족과 유목민족을 동시에 아우르며 통치를 해야 하는 복잡한 사정에 놓이게 되었다. 서역을 통해 들어온 불교가 일반 백성들 사이에 뿌리를 내리면서 한 왕조 이래 유가적 전통을 중시해온 대지주 귀족 가문과 일반 백성 간 간극도 발생하였다.

당 왕조 시대의 정치사회문화 및 인구 구조가 이처럼 복잡하게 되었기 때문에 당 왕조는 지방에 근거지를 둔 대지주 귀족계층과 연합하여 통치하는 느슨한 형태의 중앙집권적 통치를 하였다.

한편 당 왕조는 당나라를 위협하고 있던 북방의 돌궐제국의 내분을 조장하거나 돌궐제국과 북방의 다른 유목국가 간 상호 대립을 조장하는 외교를 통해 돌궐제국을 무너트리고 당 왕조에 흡수하였다. 또한 동북 지역의 강자였던 고구려도 정복함으로써 외부의 위협 세력이 모두 제거되었다. 이러한 주변 정세의 안정은 당 왕조로 하여금 느슨한 중앙집권으로도 왕조를 유지할 수 있게 하였다.

2) 환관 세력의 발호와 절도사 권한의 비대화로 인한 당 왕조의 해체

그러나 당 왕조 후기에 들어와 황제를 보좌하던 환관 세력의 영향력이 커지면서 황제-대지주 귀족계급 간 연합으로 유지되어 오던 정치질서가 흔들리게 되었다. 이러한 새로운 정치적 흐름 속에서 대지주 가문들은 자신들의 이익을 위해 토지소유를 더욱 늘려 나갔고 이로 인해 생활이 곤궁해진 농민들의 잦은 반란으로 당 제국의 정치질서가 서서히 와해하였다.

특히 당 왕조 후기 들어 변경지역의 군사 책임자였던 절도사의 권한이 확대되면서 절도사들이 중앙의 통제에서 벗어나 자신들이 관할하던 지역의 사실상의 통치자 역할을 하기에 이르렀다. 절도사 중의 한 명이던 주전충의 궁정 쿠데타로 907년, 당 왕조는 멸망하였다. 그러나 주전충이 세운 후량의 세력도 공고하지 못하여 5대 10국으로 난립하는 혼란과 분열의 시대가 다시 도래하였다.

4. 송 왕조의 정치질서

1) 북송 시기 왕안석의 중앙집권화: 신법과 과거제 도입

과거 중국의 중원 왕조와 주변 국가 간 관계에서 나타나는 특징 중의 하나는 중원 왕조의 권력이 약해져 중원이 혼란에 빠지면 북방의 유목국가들이 이 틈을 타 강력한 제국으로 등장하곤 하였다는 사실이다.

당 왕조의 해체 후 5대 10국으로 난립한 중원의 혼란을 극복하고 북송(960~1127년)이 중국을 다시 통일하였을 즈음 북방에는 거란족의 요나라와 여진족의 금나라, 서쪽은 강족의 서하, 남방에는 대리국 등 강국들이 대두하여 있었다.

북송은 비록 중원을 통일하기는 하였으나 이들 강국에 의해 둘러싸여 있었기 때문에 이들 주변국과의 경쟁에서 살아남아야 하는 처지에 놓여 있었다. 또한 5대 10국 당시의 지방 세력의 영향력이 여전히 잔존하고 있어 이들 지방에 근거지를 두고 있는 세력을 약화할 필요도 있었다.

북송은 이러한 대내외적 위기를 돌파하기 위해 당 왕조에 비해 훨씬 더 강력한 중앙집권적 특성을 가진 정치제도를 발전시키게 되었다. 왕안석이 이를 계획하고 실천했다.

왕안석은 인간은 선하지도 않고 악하지도 않으며 어떻게 가르치느냐에 따라 달라질 수 있는 존재라고 생각했다. 이러한 관점을 가진 왕안석은 개인을 국가의 필요에 부응할 수 있게끔 법과 제도를 만들어 국가의 권력이 사회 곳곳에 침투할 수 있도록 하고자 하였다. 그 방안이 신법 제정 및 전면적인 과거제 도입이었다.

왕안석이 새로이 제정한 수많은 신법은 지방 귀족의 힘을 약화하고 개개인에 대한 국가의 통제를 극대화하기 위한 것이었다. 아울러 신법이 통일적으로 시행될 수 있도록 하기 위해 과거제를 본격적으로 시행하였다.

진나라나 한나라도 황제가 임명한 관리를 통해 지방에 대한 직접적인 통치권을 행사함으로써 제국의 단일성과 통일성을 유지하였다. 그러나 진, 한 왕조에서는 영향력이 있는 가문이나 고위 관료들의 추천으로 대부분의 관리가 임명되었다.

과거제는 수나라에서 처음 시작되었고 당나라에서도 시행되었으나 수, 당의 과거제 하에서는 기존 관료들의 추천이 있어야 과거시험을 볼 수 있었기 때문에 일반 백성은 관리가 될 길이 사실상 막혀 있었다. 이러다 보니 사실상 관리의 세습화가 이루어져 정치 행정 엘리트 그룹이 생겨났었다.

왕안석은 이러한 관리 등용 제도의 폐단으로 인해 귀족계층의 힘은 오히려 공고화하고 반면에 중앙의 권력은 약화하였다고 보고 이러한 폐단을 막고 중앙의 권력을 강화하기 위해 관리 등용 제도의 개혁을 추진했다.

그것은 과거시험을 통해서만 관리를 등용하는 것이었다. 아울러 관리의 숫자도 대폭 확대하는 조치를 취했다. 왕안석은 또한 과거시험 과목인 유교 경전을 왕안석 스타일로 재해석한 3경신의를 만들어 이를 과거 시험과목의 기초로 삼았다.

이러한 왕안석의 개혁 조치는 왕안석식 유학 이데올로기로 무장한 관료들을 만들어내어 중앙으로부터 지방까지 일사불란한 통치체제를 구축하려는 것이었다. 이런 점에서 왕안석은 국가가 중앙부터 지방까지 모든 것을 통제하고자 한 국가제일주의자였다고 할 수 있다.

이후 과거시험을 통한 관료등용제도는 중국 역사에서 중앙의 권한을 강화하기 위한 정치제도로 확고히 뿌리를 내리게 되었다.

2) 중앙집권화에 대한 반작용과 도학의 탄생

그러나 왕안석이 추진했던 중앙의 권력 강화 정책은 1126년 북송을 침입한 금나라에 의해 수도인 개봉이 함락되어 북송이 남방으로 쫓겨나게 됨에 따라 정치엘리트들에 의해 실패한 것으로 간주되었다.

그 반작용으로 남송 대에 이르러 도학이 주류 사조로 부상하게 되었다. 왕안석이 개인을 국가를 위한 하나의 도구로 보았다면 도학은 그 대척점에 있었다고 할 수 있다.

도학자들은 공자와 맹자의 사상을 새로이 해석한 공맹의 후예들이다. 이런 이유로 도학道學은 신유학이라고도 불린다. 그러나 도학의 사상가들은 단순히 공맹의 사상을 따르기만 한 것이 아니고 공맹의 사상에 추가적인 새로운 해석을 내놓았다. 그것은 모든 개개인이 자아 수양을 통해 최고의 인격체가 될 수 있다고 본 것이다. 도학의 이런 관점은 일종의 '평등주의'를 주장한 것이라 볼 수 있다.

사농공상의 신분에 따른 계층적 질서라는 세계관에 익숙해 있던 중국에서 개개인이 자아 수양을 통해 최고의 인격체가 될 수 있다는 도학의 주장은 파격적이었다. 인본주의 사상가라고 알려진 공자 같은 성인조차 "여자와 소인은 기르기 어렵다. 가까이하면 불손하고 멀리하면 원망한다"는 언명을 남긴 것에 비하면 도학은 혁명적인 사상이었다.

3) 도학과 성군론

도학의 이런 관점에 의하면 도학 사상가들이 중국 역사에서 당연시되어 온 황제 1인에 의한 권력 행사에 대한 의문을 제기하고 이에 대한 대안적 논의를 했었을 법도 한데 이런 논의를 한 흔적은 없다.

대신 도학자들은 성군론을 내세워 황제의 도덕적 책무를 강조하였다. 이는 황제가 권력을 폭력적으로 행사하는 전제적 황제가 되어 공동체를 위기에 빠트리는 것을 방지하기 위한 대안이었다.

도학의 관점에서 보면 모든 사람은 자아 수양을 통해서 최고의 인격체인 성인의 경지에 도달할 수 있으므로 황제 또한 당연히 성인의 경지에 도달할 수 있을 것이었다.

만약에 황제가 도학자들이 생각하는 성인만 될 수 있다면 서구에서 발전한 통치권자의 잘못된 권한 행사를 견제하기 위해 만들어진 입헌적인 군주제도가 없어도 문제는 없을 터였다.

오히려 도학적 관점에서 도덕적으로 완벽한 성군이 나라를 다스린다면 이는 마치 플라톤이 생각한 철인정치에 가까운 완벽한 정치가 될 것이었다.

4) 가족 및 친족공동체를 중시한 도학

한편 도학은 국가보다 가족과 친족공동체를 더 중시했다는 점에서 오히려 작은 정부 신봉자라고 할 수 있다. 이러한 생각은 북송 시기 왕안석의 큰 정부에 대한 반작용이었다. 아울러 여진족의 금나라에 의해 북송이 남방으로 쫓겨 내려온 역사적 경험 때문이기도 하였다.

이는 국가가 위기에 처했을 때 자연공동체라 할 수 있는 가족 및 친족공동체만이 개개인을 보호해줄 최후의 보루가 될 수 있을 것이라는 국가에 대한 일종의 불신에 근거하고 있다.

도학을 집대성한 주희가 가족 및 친족공동체의 생활윤리 교과서라 할 수 있는 가례를 만든 배경이다. 또한 남송 시대의 도학자들은 지방에 서원을 만들어 서원을 중심으로 중앙으로부터 어느 정도 독립적인 활동을 하였는데 주자가 재건한 백록동 서원이 대표적이다.

5. 명·청 왕조의 정치질서

1) 강력한 중앙집권적 왕조체제를 구축한 명 왕조

명나라는 중앙집권이라는 관점에서 보면 중국 왕조 역사상 가장 강력한 중앙집권을 실현했던 왕조였다. 명나라는 우선 영토 면에서 만리장성을 경계로 삼아 장성 이남을 통치 지역으로 삼았다.

이것은 명 이전의 원나라나 명 이후의 청나라에 비하면 상대적으로 훨씬 적은 영토를 관할한 셈이다. 또한 민족적으로는 한족 중심의 왕조였다. 이러한 정치지리환경 아래서 명나라는 강력한 중앙집권체제를 구축할 수 있었다.

명나라를 세운 주원장은 남송 시기 새로운 학문으로 부상한 도학을 통치 이데올로기로 채택하는 한편 북송 시대의 과거제도를 받아들여 과거시험 외에는 관리가 되는 길을 원천적으로 봉쇄함으로써 중앙집권을 강화하는 도구로 활용했다. 황제에 의해 임명된 관리들은 황제의 명령을 충실히 집행할 터였다.

또한 주원장은 남송 시기 도학을 집대성한 주희가 편찬한 사서

(논어, 맹자, 대학, 중용을 말한다. 대학과 중용은 예기에서 중요 부분을 발췌하여 별도로 편찬한 것이다)를 국자감 등 관립학교에서 가르치고 과거시험 과목으로 채택함으로써 명 왕조의 통치 이데올로기에 순응하는 정치엘리트들을 주조해냈다.

이처럼 도학은 명 왕조에서 가장 영향력 있는 학문이자 관학이 되었다. 그러나 명 왕조를 세운 주원장을 포함 명 왕조의 일부 황제들이 중국 왕조 역사에서 어느 왕조의 황제들보다 폭력적이고 전제적인 권력을 행사했다고 간주되기 때문에 도학이 명 왕조의 폭력적이고 전제적인 통치에 기여한 정치사상이라는 비판을 받기도 한다.

그러나 명 왕조 시기 일부 황제의 폭력적인 권력 행사는 통치 이데올로기로 채택된 도학 사상의 본질에서 비롯되는 것이라기보다는 황제가 어떤 스타일의 통치자이냐에 따라 통치 스타일이 달라지는 군주제의 단점에 기인한다고 보아야 할 것이다. 왜냐하면 도학이 황제에게 '공동선'을 베푸는 성군이 되어야 함을 주장하였음에도 불구하고 황제가 이를 따를지의 여부는 황제 개인의 몫으로 남겨져 있었기 때문이다.

한편 명나라는 몽골족의 원나라를 장성 이북으로 밀어내기는 했지만 몽골족 등 북방의 유목민족으로부터 여전히 위협을 당하고 있었다. 명나라는 이러한 북방의 유목민족의 침입에 대비하기 위해 기존의 장성을 100여 년에 걸친 대역사를 통해 오늘날 우리가 보는 만리장성을 완공하였다. 이러한 외부의 위협에 대한 인식도 명 왕조로 하여금 중앙집권을 강화하도록 하는 요인으로 작용했다.

이렇게 강력한 중앙집권을 실현한 명 왕조도 환관의 발호 등에 따른 내부 결속력이 약화하는 틈을 타 전국 각지에서 일어난 농민반란 등으로 몰락의 위기에 처하였다. 그중에서 대표적인 이자성의 반란은 북경을 점령하는 등 일시적으로 성공하였다. (신중국은 이자성을 봉건 질서를 타파한 영웅으로 간주하여 북경의 서북쪽에 위치한 팔달령 만리장성에 가는 길목에 이자성 동상을 세우기도 하였으나 2023년 들어 그 동상을 없앴다. 이를 두고 민중들의 반란을 부추길 수 있는 촉매제가 될 수 있어 없앴다는 풍문이 돌았다) 때마침 동북방에서 흥기한 후금(후일 청나라로 개칭하였다)이 명나라를 무너트리고 중원을 지배하게 되었다.

2) 다양한 민족을 통치해야 했던 청 왕조의 균형과 타협

새로운 왕조인 청 왕조는 북방 유목민족의 후예다운 왕조였다. 명 왕조를 정복하여 중원의 땅을 차지한 청 왕조는 이에 그치지 않고 서쪽으로는 위구르족의 무슬림들이 살던 지역(새로 확보한 땅이라는 의미에서 신강이라고 불렀다)과 서남부의 티베트 고원지대, 북방의 몽골 일대 등으로 영토를 확장하였다. 이에 따라 청 왕조는 전혀 다른 습속과 문화를 가진 다양한 민족을 다스려야 했다.

어느 왕조이던 이렇게 거대해진 땅덩어리와 전혀 다른 습속을 가진 여러 민족을 통합하여 한 나라로 유지하기 위해서는 통치자의 권력이 지방 곳곳에 미칠 수 있는 강력한 중앙집권을 실현하거나 아니면 미국 연방제의 모토처럼 '여럿으로 이루어진 하나'라는 구성원 간의 정체성을 창출해낼 수 있어야 한다.

그러나 청 왕조는 강력한 중앙집권을 온전히 실현하지도 못하였으며 각기 다른 민족들이 모두 하나라는 집단적 정체성을 창출하지도 못하였다. 중원 땅의 한족에 대해서는 지배 엘리트인 만주족의 문화와 전통을 강요하는 대신 한족 고유의 문화와 전통을 존중하는 가운데 과거 시험을 통해 한족 관리를 선발하여 한족을 통치했다. 소위 이한치한以漢治漢 정책이다.

명 왕조를 붕괴시키는 데 청나라와 협력했던 명나라의 한족 장수들은 청 왕조 초기 별도의 영지와 번왕의 칭호를 받아 자신들의 영지 내에서 독자적인 행정권을 행사할 정도의 강력한 권한을 가지고 있었다. 윈난과 구이저우를 영지로 받은 평서왕 오삼계, 광둥을 영지로 받은 평남왕 상가희, 푸젠을 영지로 받은 정남왕 경계무 등이 그들이다. 후일 이들은 이들 영지에 대한 세습권을 요구하였다가 청 왕조가 이에 불응하자 반란(삼번의 난 이라 한다)을 일으키기도 하였다.

한편 영토 확장에 따라 청나라의 지배하에 들어온 다양한 문화적 배경과 습속을 가진 여러 민족을 통치함에 있어서도 이들 민족 고유의 전통과 문화를 존중하면서 통치하는 방식을 채택했다. 청나라의 이러한 통치 방식은 중화인민공화국이 건국된 이후에도 자치구 형태로 남아있다. 티베트 자치구, 신강 자치구, 내몽골 자치구 등이 그것이다. 자치구는 중국의 행정단위인 성과 같은 1급 지역행정기구이다.

이처럼 청 왕조는 자신들의 통치하에 들어온 여러 민족을 통일 제국의 신민으로 통치하지 못하고 여러 민족과의 개별적인 타협을 통해 정치 질서를 유지했다. 그러나 이러한 정치질서 하에서는 청 황실의 권력이 약화하여 각 민족과 타협을 유지할 힘이 없게 되면 그 정치질서는 혼돈에 빠질 운명이었다.

19세기 이래 지속되어 온 서양 열강의 중국 침탈 속에 중앙권력의 통제력이 약화되어 가는 가운데 1911년 쑨원과 그의 추종자들이 '한족 민족주의'와 '민권주의'(군주제에서 공화제로의 정체 변화를 의미했다)를 기치로 일으킨 신해혁명으로 청 왕조는 급격히 몰락하게 되었다.

6. 중국 역사상 가장 강력한 중앙집권 국가를 실현한 현대 중국

1) 중앙에서 지방까지 일사불란한 통치체제를 실현한 현대 중국

1949년 공산주의라는 새로운 이데올로기를 전면에 내세워 건국된 중화인민공화국은 역사적 관점에서 보면 과거 중국 왕조의 어느 시대보다도 가장 강력한 중앙집권을 실현했다고 볼 수 있다.

비록 과거 왕조와 같은 중앙집권의 정점에 자리 잡고 있던 황제는 없어졌지만 중국공산당의 최고책임자인 총서기가 공산당이라는 조직을 통해 중앙과 지방을 획일적으로 통제할 수 있는 막강한 정치 시스템을 구축했다는 점에서 그렇다.

중국의 지방 행정 단위인 성, 시, 현, 향, 진의 책임자들은 모두 공산당원들로서 중국공산당이 중앙으로부터 지방 소도시와 농촌까지 체계적으로 조직되어 통치하고 있다.

공산당 중앙의 결정은 지방 곳곳까지 일사불란하게 전달되어 정책집행이 이루어진다. 1950년대 말 마오쩌둥이 실시한 집단 인민공사제도는 정책적으로는 실패한 것으로 드러났지만 그것은 고도로 중앙집권화된 국가체제의 전형적인 사례였다.

2) 토지와 교육의 국가 독점

중화인민공화국 건국 후 단행된 토지의 국유화는 오늘날 중국을 고도로 중앙집권화된 국가로 만드는 결정적 요인이 되었다. 중국 역사 이래 가장 중요한 생산수단이었던 토지의 소유권 문제는 황제의 권력이 제대로 작동하는지에 관한 중요한 지표였다. 황제의 권력이 약해지면 지방의 대지주인 귀족들의 토지 소유가 늘어나면서 귀족들의 권력이 강화되고 동시에 지방의 힘도 강화되곤 했기 때문이다.

오늘날 중화인민공화국은 모든 토지를 국유화함으로써 국가는 개인을 고도로 통제할 수 있는 수단을 갖게 되었다. 이러한 토지 국유화는 중국 역사상 어느 왕조도 완벽하게 실현한 적이 없었다는 점에서 오늘날 중국이 과거 어느 왕조보다 더 중앙집권화된 권력을 갖게 되었다고 할 수 있다.

청 왕조 시기만 하더라도 청 왕조는 북경 일대의 일부 지역에서 토지를 황실이 점유하거나 농민들에게 재분배한 적이 있으나 대부분 지역에서는 지주들의 반발로 기존 지주의 소유권을 인정해주는 수밖에 없었다. 이런 점에서 오늘날 중국이 토지국유화를 할 수 있게 된 것은 개인에 대한 국가의 절대적 우위를 증명해주는 것이라 할 수 있다.

한편 국민 개개인에 대한 국가의 개입은 교육제도 측면에서 거의 완벽하게 완성되었다. 중국 왕조 시기 교육은 한 왕조 이래 기본적으로는 국가가 운영하는 교육기관에서 국가가 필요한 인재를 길러내는 역할을 하였다. 그럼에도 불구하고 송 왕조 시기에는 도학을 가르치고 공유하기 위해 설립된 서원들이 국가에서 운영하는 교육기관과 병행하여 교육기관으로서의 역할을 하였다. 이들 서원들의 운영방식은 중앙의 후원을 받기는 하였지만 기본적으로는 자체적인 역량으로 운영되었다는 점에서 반관반민의 성격을 지니고 있었다.

이러한 전통은 청나라 말기까지 지속되어 국가와는 별도로 사적인 영역에서 인재를 길러내는 역할을 하였다. 청나라 말기에는 공교육이 무너지자 일부 선각자들이 사립학교를 만들어 인재를 양성하기도 하였다. 대표적으로 저우언라이가 다닌 천진 소재 남개대학은 19세기 후반에 세워진 사립 교육기관이었다.

그러나 중화인민공화국 건국 이후 오늘날까지 중국에서는 소학교부터 대학교까지의 모든 교육은 전적으로 국가의 통제 아래 있다.

이는 국가가 국가의 필요에 맞는 인재를 일정한 틀에 맞추어 주조해낼 수 있다는 것을 의미한다. 이런 점에서 중국은 하버드 대학 등 사립 교육기관이 인재 양성의 대부분을 책임지는 미국 같은 나라와는 근본적으로 다르다.

3) 사영기업의 역할 확대와 국가의 통제

경제체제 측면에서는 마오쩌둥 시기에는 국가가 완벽히 주도하는 경제체제였으나 1978년 시작된 등소평의 개혁개방정책 이래 서구식 사영기업이 허용되면서 사적 경제가 국가 경제의 중요 부분을 차지하는 형태로 변화되기 시작했다.

특히 개혁개방정책의 심화와 더불어 사적 경제 영역에서 활동하는 기업인들의 국가 경제에서의 중요성이 확대되면서 장쩌민은 중국공산당이 무산계급의 이익만이 아닌 자본가의 이익도 대변하는 정당이 되어야 한다는 '3개대표론'을 중국공산당의 헌법이라 할 수 있는 당장에 삽입하는 등 국가 경제에서의 사적 경제 영역의 역할을 공인하고 고무하였다.

그러나 국가의 주요 기간산업은 여전히 국가가 통제하는 국영기업의 손에 있다. 특히 2012년 시진핑이 당 총서기가 된 이후 사적 경제활동의 영역에 대한 국가의 개입과 통제가 다시 강화되고 있다. 중국 알리바바 그룹의 창업자로서 세계 최대 핀테크 기업이던 앤트 그룹의 마윈 회장이 2020년 10월 중국 당국의 금융 규제를 정면 비판한 이후 정부 당국의 미운털이 박히면서 회장직에서 물러나야 했던 사례가 대표적이다.

이처럼 사적 경제 영역에서도 중국은 국가가 개입하고자 마음만 먹으면 언제든지 개입할 수 있다는 점에서도 국가의 힘은 개인을 압도하고 있다.

4) 홍콩에 대한 통제 강화

한편 홍콩에 대한 중국 중앙정부의 통제도 강화되고 있다. 홍콩의 주권은 1997년 영국에서 중국으로 이양되었으나 당시 영국과 중국 간에는 홍콩의 정치 및 경제체제는 최소한 향후 50년간은 1

국 양제라는 대원칙 아래 홍콩인에 의한 홍콩 통치가 이루어져야 한다는 데 합의가 이루어졌다. 그러나 중국 중앙정부는 시진핑 시대에 들어와 홍콩 내의 민주화 시위 등을 통제할 목적으로 홍콩에 대한 중앙정부의 개입을 강화해왔다. 대표적인 사례가 중앙중화인민공화국 홍콩특별행정구 국가안전수호법(통칭 홍콩 국가보안법이라 불린다)을 제정한 것이다.

홍콩 국가보안법 제정에 앞서 홍콩에서는 민주화 요구 시위가 봇물 터지듯 터져 나왔었다. 이러한 시위 중의 하나가 홍콩의 대학생들이 주축이 되어 2014년 9월부터 약 3개월간에 걸쳐 있었던 홍콩 행정 최고책임자인 행정장관의 직접 선출을 요구하는 대규모 민주화 시위(우산 혁명이라고도 불린다)였다. 그러나 이 시위는 중국 당국의 김 빼기 작전에 말려들어 2014년 12월 시위대가 자진 해산함으로써 민주화 투쟁은 물거품이 되었다.

이후 잠잠하던 홍콩의 민주화 요구는 2019년 4월 홍콩 정부가 소위 '송환법(공식 명칭은 범죄인 인도 조약이다)'을 제정하려는 움직임을 계기로 다시 분출하였다. 사태는 전혀 예상치 못한 데서 발단이 되었다. 동 법안을 추진하게 된 계기는 2018년 2월 대만에서 벌어진 홍콩인 살인사건 때문이었다.

당시 한 홍콩인 남성이 여자 친구와 대만으로 여행을 떠났다가 그를 살해하고 시신을 대만에 유기한 뒤 홍콩으로 귀국했다. 홍콩은 대만과 범죄인 인도조약을 체결하지 않아 홍콩 경찰은 그를 체포하고도 대만으로 송환할 수 없었다. 또한 홍콩은 속지주의를 택하고 있어 그의 범죄행위가 대만에서 발생했기 때문에 홍콩 법으로도 처벌할 수 없었다. 이에 홍콩 당국은 범죄인 인도조약을 체결하지 않은 나라에도 범죄인을 보낼 수 있도록 하는 송환법 제정을 추진하였다. 그 대상 국가에 중국 본토, 마카오 등이 포함되어 있었다.

홍콩 시민들은 동 법안이 반중 인사나 인권 운동가를 중국 본토로 송환하는 데 악용될 것을 우려해 이에 반대하는 시위를 시작했다. 그런데 이 시위가 2014년 우산 혁명의 주요 목표였던 행정장관 직선제 요구 등 반反중국 시위의 성격으로 확대되었다. 수세에 몰린 홍콩 당국은 2019년 7월 동 법안의 무조건 철회를 결정함으로써 가까스로 시위를 잠재울 수 있었다.

이후 2019년 11월 실시된 홍콩의 풀뿌리 민주주의라 할 수 있는 홍콩 구의회 선거에서 홍콩의 민주화 운동을 주도해온 민주파 진영이 압승을 거두었다. 민주파 진영은 전체 18개 구의회 중 17곳에서 과반 의석을 확보하였다. 동 선거는 홍콩 민주화 운동에 대한 사실상의 국민투표로 받아들여졌으며 민주화 운동 세력의 승리로 받아들여졌다.

그러나 이러한 홍콩의 정국 동향을 지켜보며 치밀하게 대응방안을 준비해온 중국 당국은 홍콩 국가보안법을 전격적으로 제정하여 홍콩 내 민주화 운동에 대한 중앙정부의 관할 및 통제를 강화할 법적 제도적 장치를 정비했다.

미국 등 서방 여러 나라들은 이러한 중국 정부의 조치를 영국과 중국 간 합의한 1국 양제를 위반한 것으로 보고 각종 제재 조치를 단행했다.

중국은 이러한 미국의 조치에 반발하기는 했으나 격렬하게 반응하지는 않았다. 홍콩 내에서의 반발 움직임도 크게 터져 나오지 않았다. 중국 중앙정부가 홍콩 내 민주화 운동 세력이 격렬하게 반응하지 못하도록 필요한 조치를 사전에 다 해놓았기 때문이다. 이로써 홍콩의 일국양제 원칙은 사실상 무너졌으며 중국 중앙정부는 홍콩 국내문제에 대한 실질적인 통제력을 행사할 수 있게 되었다.

여기서 주목해야 할 점은 홍콩 문제를 중국 정부가 처리해온 방식이다. 2014년 소위 우산혁명 이래 6년여에 걸친 홍콩의 민주화 운동은 나름대로 단계적으로 소기의 목표를 달성해 가고 있는 것으로 보였다.

그러나 중국 중앙정부는 이러한 홍콩의 움직임을 지켜보면서 대응방안을 준비했다. 그중의 하나가 홍콩국가보안법의 제정이었다. 아울러 은밀한 방법으로 홍콩 내 민주파 진영 인사들에 대한 감시와 분리를 통해 민주화 운동의 동력을 약화시키는 것이었다. 이러한 방식은 커다란 대가를 치르지 않고 소기의 목적을 달성한 것으로 나타났다. 홍콩 민주 진영의 인사들에게는 안타까운 일이지만 중국 당국의 관리 능력을 보여주는 것이었다.

자유와 민주주의의 달콤함을 맛본 사람들은 이를 지키기 위해 어떤 대가라도 치를 준비가 되어 있기 때문에 권위주의적 방법으로 이들을 다스리는 것은 어렵다는 견해가 일반적으로 받아들여진다. 그러나 중국 정부는 치밀한 방법으로 홍콩 내 민주화 운동 세력의 반발을 잠재우면서 홍콩에 대한 확실한 통제권을 확보했다.

오늘날 중국의 이런 모습은 서구적인 관점에서 보면 획일화되고 엄격히 통제된 정치사회질서로서 개인은 숨 쉴 공간조차도 없어 보임에도 불구하고 중국 사람들은 이에 큰 거부감 없이 순응하면서 살아가고 있다. 그 배경에는 과거 중국 왕조 시대 이래 황제 1인에게 권력이 집중된 위계적 정치사회질서를 아무런 의심 없이 당연한 것으로 받아들여 온 중국의 정치전통과 관련이 있을 수 있다.

내가 만났던 중국 사람들은 역사에서 분열과 혼란으로 나라가 어지러워졌을 때 가장 큰 피해를 입었던 사람들은 일반 민중이었으며 따라서 국가가 추구해야 할 최고의 덕목은 정치사회 질서의 안정을 유지하는 것이라고 생각하는 경향이 있었다.

이러한 이유로 중국 사람들은 강력한 중앙집권 국가가 필요하다고 여기며 국가가 강해지는 것이 가장 중요하다는 생각을 가지고 있다. 개인보다 국가를 중시하는 공산당 1당에 의한 중앙집권적 지배체제에 중국 민중들로부터 커다란 반대가 없는 이유이다.

이러한 공산당 1당에 의한 지배체제는 과거 왕조 체제보다는 보다 더 영속적인 지배체제로 존속할 가능성이 있다. 왕조 체제하에서는 적장자가 황위를 승계하도록 되어 있어 적장자가 국가를 관리할 능력이 있는지 여부와 상관없이 황위를 승계했기 때문에 잘못될 가능성이 컸었다.

그러나 오늘날 중국공산당 지배체제는 비록 민주적 선거를 통해 지도자를 선출하지는 않지만 지도자가 공산당 내 경쟁을 통해 선출되는 시스템이어서 과거 왕조 체제하의 황제보다는 더 능력이 있는 사람이 지도자가 될 가능성이 크기 때문이다.

4장
중화주의

1. 중화주의와 중국식 발전

1) 중국식 발전을 추구하는 중국

 1991년 구소련 연방의 해체에 따른 동서 냉전의 종료 이후 많은 사람들은 세계가 국가 간 상호의존을 기반으로 하는 평화로운 질서 특히 민주주의와 공산주의 이념의 대결이 끝나고 자유 시장경제와 민주주의를 단일 대오로 새로운 시대가 열릴 것으로 믿었다.
 그러나 오늘날 우리가 목도하는 세계는 여전히 불안정하며 미국을 중심으로 하는 민주주의 국가와 중국과 러시아를 중심으로 하는 권위주의 국가로 양분되어 국가 간 경쟁이 더욱 심화하고 있다.
 특히 바이든 미국 행정부는 2022년 10월 발표한 새 국가안보 전략에서 중국을 국제질서를 재편하려는 의도와 능력을 지닌 유일한 경쟁자로 규정하고 중국과의 경쟁에서 승리하고 러시아를 억제하는 것을 미국 안보 전략의 핵심 목표로 설정했었다. 이는 향후 미중관계가 협력보다는 갈등과 대결의 시대가 될 것임을 예고한 것이었다. 2025년 다시 미국 대통령이 된 트럼프도 중국에 대한 견제를 더욱 강화할 것으로 보인다.

한편 중국은 2022년 10월 개최된 중국공산당 20차 당 대회에서 향후 중국의 국정 운영 방향의 윤곽을 드러냈다. 그 핵심은 중화인민공화국이 창건된 지 100년이 되는 2049년까지 '중국식 사회주의 현대화 강국'을 건설하겠다는 것으로 이를 실현하기 위한 단결과 분투를 강조하고 나섰다.

중국이 '중국식 사회주의 현대화 강국'을 건설하겠다고 하는 것은 서방이 이상적인 정치경제체제 모델로 생각하는 자유민주주의와 시장경제에 기초한 국가발전 방식보다는 중국의 문명과 전통에 녹아있는 방식으로 발전 모델을 추진하겠다는 의지를 표명하는 것이다.

여기서 우리는 시진핑을 중심으로 하는 현재의 중국 지도층이 발전모델로 생각하는 중국식 개념을 구성하는 가장 중요한 요소가 중화 문명이 다른 어느 문명보다도 우월하다고 생각하는 중국인들의 의식 세계인 중화주의에 기반하고 있다는 점을 주목할 필요가 있다.

중국의 발전방식과 관련 이러한 중국식 모델에 대한 생각은 새로운 것은 아니다. 중화인민공화국 건국의 아버지라 할 수 있는 마오쩌둥은 1949년 10월 1일 중화인민공화국 건국 선포식에서 "중국 인민이 다시 일어섰다"고 선언하였다.

　마오쩌둥이 마르크스레닌주의를 강령으로 채택한 진정한 공산주의자라면 '세계 노동자여 단결하라'와 같은 구호가 더 어울릴 것이었지만 그는 중국 인민을 앞세웠다. 이는 중국이 1840년 아편전쟁 이후 서구 제국주의의 침탈로부터 벗어나 중화를 다시 회복하였다는 자부심의 표현이었다.

　마오쩌둥 사후 새로운 지도자로 등장한 덩샤오핑도 1978년 개혁개방을 추진한 이래 경제운영방식으로 서방의 시장경제원리를 받아들이면서도 중국의 정치경제체제를 '중국 특색의 사회주의 시장경제'라는 이름으로 명명했다. 이는 중국이 서방의 정치경제 발전과정을 따르는 것은 아니며 중국 특유의 방식으로 정치경제 발전을 추구하겠다는 의지의 표명이었다.

2) 중화와 이민족을 최초로 구분한 역사가 사마천

　현대 중국의 지도자들이 정치경제 발전방식으로 주장하고 있는 중국식의 의미는 무엇인가? 이를 이해하기 위해서는 중국의 과거로 거슬러 올라가야 한다. 황하를 중심으로 한 중원 지역에서는 주나라의 봉건제가 붕괴한 후 도래한 혼란을 수습하고 기원전 221년 진나라가 천하를 통일하였다.

진나라가 천하를 통일하기 전에는 중국과 다른 외부 집단 간 경계가 불분명했으며 영토적으로나 문화적으로 각각의 정체성도 모호하였다. 특히 중국의 서북방에 근거지를 두고 있던 진나라는 그 지리적 위치로 인해 서북방의 유목민들이 진나라에 유입되어 있었다. 그러나 진나라가 천하를 통일한 후 서북 지역의 유목민들을 북방으로 밀어내기 시작했다.

이러한 상황에서 당시 유목민족 중의 강자였던 흉노가 만주에서 중앙아시아에 이르는 북방의 대초원 지대에 걸쳐 흩어져 있던 유목민들을 흡수하여 대제국을 건설하여 진나라와 맞섰다. 흉노제국은 진 왕조와 한 왕조 초기까지만 하더라도 군사력 면에서는 진, 한보다 우세했다.

한 왕조의 창업자인 유방이 평성(오늘날의 산서성 지역)에서 벌인 흉노와의 전투에서 대패한 후 기원전 200년 흉노제국과 굴욕스러운 조약인 '평성의 조약'을 체결할 수밖에 없었던 사실이 이를 말해준다. 이 조약에서 한나라는 흉노제국에 매년 여성과 식량 등 공물을 바치는 대신 흉노제국은 한나라의 영토를 침략하지 않기로 하였다.

한 무제는 흉노와의 이러한 치욕적인 관계를 청산하기 위해 흉노 정벌에 나섰다. 이처럼 흉노제국에 맞서 싸우는 과정에서 중화와 야만이라는 구분이 생기기 시작했다. 이러한 구분을 관념화한 사람은 한나라 시대의 역사가 사마천이다. 한 무제와 동시대인이자 한 무제로부터 태사공이란 관직을 받았던 사마천은 중국 최초의 역사서인 사기를 남겼다. 그는 사기 흉노열전에 다음과 같은 기록을 남겼다.

"이전 황제의 명에 따르면 장성 이북은 활을 당기는 나라로 선우(흉노족의 지도자 명칭으로 중국의 황제에 해당한다)의 명령을 받고, 장성 안쪽은 관대를 사용하는 나라로 짐의 통치를 받는다."

3) 사마천의 중화 관념

사마천이 정의한 화이관에 따르면 화華(오늘날 한족의 모태인 화하족의 문명 세계를 뜻한다)는 공간적으로는 장성의 안쪽, 문화적으로는 관대를 착용하는, 종족적으로는 황제의 통치를 받는 화하족이다. 반면 이夷(비문명 세계를 의미한다)는 공간적으로는 장성의 바깥에 사는, 문화적으로는 활을 쏘는, 종족적으로는 선우의 통치를 받는 이민족들이다. 사마천은 이 화이관을 통해서 '화'의 세계와 '이'의 세계를 구분해 놓았다.

사마천은 흉노제국을 흉노열전 편에 기록해놓은 것처럼 고조선을 조선열전(우리는 고조선이라고 하나 중국의 사서들은 조선이라고 기록했다. 고조선이란 표현은 후일 우리 역사가들이 조선 왕조와 구분을 위해서 편의상 옛 조선이라는 의미의 고조선이라 칭하였다) 편에 기록해 놓았다. 이는 고조선을 오랑캐의 나라로 간주하고 있었음을 보여준다.

한 제국이 위, 촉, 오 삼국으로 분열된 후 새로이 통일을 이룬 진晉나라의 진수가 삼국지(우리가 소설로 읽고 있는 삼국지와는 다른 위, 촉, 오 삼국의 역사를 다룬 역사서이다)를 쓰면서 동이전(고구려, 부여, 동예, 옥저, 삼한에 관한 기록이 있다) 편을 별도로 쓴 것으로 보아 진수도 고구려, 부여 등을 오랑캐의 나라로 인식했음을 보여준다.

2. 이민족의 화북 지역 진출과 중화 관념의 확장

1) 이민족의 화북 지역 진출

한 왕조가 해체되고 위, 촉, 오 삼국 시대를 거쳐 중원이 한족이 중심이 된 진晉나라에 의해 통일되었으나 진나라의 국력이 약해진 틈을 타 북방의 유목 민족들이 따뜻하고 살기 좋은 중국의 화북과 화중(중원이라고도 불린다) 지역으로 끊임없이 밀려오자 한족들은 회하淮河 이남으로 대거 이주했다.

그 결과 중원을 포함하는 화북 지역은 사실상 유목민들의 나라인 5호16국이 난립하였고 회하 이남의 화남 지역은 한족 중심의 6개 왕조가 흥망성쇠를 거듭하는 혼란이 계속되는 남북조南北朝 시대가 전개되었다.

이 시기 화북 지역에 진출한 이민족 중에는 선비鮮卑족이 많았으며 이들 선비족이 세운 나라 중 가장 강성했던 북위는 처음에는 수도를 오늘날 산서성의 대동에 두었다가 후에 낙양으로 천도했다.

이들 북위의 후예들이 화북 지방을 평정한 후 남조의 화남지역도 평정하여 새로운 통일 왕조인 수隋를 세웠다. 수나라는 고구려와의 전쟁 등으로 국력을 소진하는 바람에 얼마 가지 못하고 같은 선비족 계열의 탁발拓跋족이 수나라를 무너트리고 중원을 차지하여 당唐 왕조를 열었다.

이처럼 비문명 세계로 간주되던 북방의 이민족들이 여러 차례에 걸쳐 문명세계인 중화의 땅이라고 간주되던 중원에 왕조를 세운 후 스스로가 중화임을 자처함에 따라 사마천이 정의한 본래의 의미의 중화는 변질되어왔다.

특히 오늘날 중화인민공화국 시대에 들어와서 관변 역사학자들이 오늘날 중국 땅에서 있었던 과거 모든 민족의 역사를 중국의 역사로 재정의함에 따라 중화의 의미가 재정의되고 있다. 그러나 이러한 중화인민공화국의 역사관은 실제와는 다른 역사의 왜곡이라 할 것이다.

이처럼 중화 관념은 시대적 상황에 따라 변화를 거듭하였다. 한 왕조 멸망 후 이어진 중국 역사에서 화이관을 사마천이 정의한 본래의 좁은 의미로 명확하게 인식하고 행동한 나라는 한족이 중심이 된 송 왕조와 명 왕조 정도였다.

2) 당 왕조 시기의 중화

당나라는 당 태종대에 이르러 북방의 돌궐과 서역 지방의 토번 등 주변의 여러 나라들을 모두 복속시킴으로써 지리적 영토도 확대되었고 민족도 다양해졌다.

이러한 정치적인 상황 변화를 반영하여 당 태종은 황제라는 칭호와 더불어 흉노, 돌궐 등 유라시아 지역에 거주하던 유목민족들의 우두머리란 뜻으로 사용하던 '텡그리 카간(Tengri Khan)'이라는 칭호를 동시에 사용했다. 이는 당 왕조를 구성하는 민족의 다양성, 이에 따른 문화적 다양성을 모두 포괄할 수 있는 정치적 정체성을 만들어내야 할 필요성 때문이었다.

이러한 배경하에서 당 왕조는 대외적으로 개방적인 시스템을 만들었다. 특히 당 왕조는 실크로드를 통한 동서양 간 교류를 추진하고 외국인을 정식 관료로 받아들이기도 하였다. 이러한 관점에서 보면 당 왕조 시기의 중화는 사마천이 화이의 경계선으로 간주했던 영토와 민족 개념을 넘어서는 보다 포괄적인 의미를 띠게 되었다.

3. 송·명 왕조 시기의 중화주의

1) 문명으로서의 중화를 강조한 남송과 도학의 탄생

당 왕조가 내부 분열로 해체된 후 5대 10국의 혼란기를 거쳐 960년 한족 중심의 송 왕조가 세워졌다. 송 왕조는 통일 후 얼마 안 되어 북방 유목민족 국가인 요나라와 금나라의 침입으로 중원을 포기하고 1127년 남방으로 천도해야만 했다.

남방으로 천도한 이 시기의 송 왕조를 남송南宋이라 한다. 이렇게 해서 중화 문명의 발상지인 황하 유역을 포함하는 북 중국은 유목민족의 차지가 되었고 남송은 회하 이남의 남 중국을 겨우 통치할 수 있었다.

남송의 지식인들은 강력한 군사력을 가진 야만적 유목국가들에 의한 실존의 위협 속에서 정신적, 문화적 정체성을 통해 자신들의 정체성을 지키고자 하였다.

이들은 유학의 세계관을 통치 이데올로기로 삼았던 한나라가 멸망한 이래 당 제국에서 번성한 불교 등 외래 문명의 침범으로 중화의 본체인 공자와 맹자의 사상이 사라졌다고 보고 중화 문명을 다시 살려내고자 하였다.

이렇게 해서 도학道學(주자가 집대성해서 주자학이라고도 한다)이 남송에서 탄생했다. 도학은 신유학新儒學이라고도 한다. 공맹의 사상을 재해석했기 때문이다.

이 시기에 유라시아 전역을 제패한 몽골이 금나라를 정복한 후 1279년 남송마저 정복함으로써 중국 전역이 몽골의 통치하에 들어갔다. 몽골제국은 중국 지역에 기반을 둔 원 왕조 이외에도 유라시아 여러 곳에 칸 국을 세웠다. 중원을 지배했던 많은 유목민족의 왕조들이 중화에 동화되어 간 반면 원 왕조는 몽골의 정체성을 유지했다.

원 왕조가 이처럼 몽골의 정체성을 유지할 수 있었던 배경에는 몽골 통치자들이 한족에 대해 강한 불신을 갖고 있었기 때문에 국가를 통치함에 있어 한족 관료조직에 의존하지 않았던데 있다. 몽골 통치자들은 중앙통치기구의 고위직뿐 아니라 지방 관리직 대부분을 몽골 또는 중앙아시아의 색목인色目人으로 채웠고 지방의 하급 관료만 한족을 기용했다.

원 왕조는 철저한 정복 왕조였다. 이러한 결과 인구의 대부분을 구성하고 있던 한족들의 원 왕조에 대한 불만이 깊어진 가운데 원 왕조가 내부 분열로 약화하자 한족에 의한 반란이 이어졌다.

한족이 오랑캐들의 지배를 받을 수 없으며 한족의 나라를 세우겠다고 공언하고 반란을 일으킨 경우는 원 왕조 때가 유일하다. 이러한 사실은 원 왕조가 그만큼 중화에 동화되지 않으려고 했다는 것을 의미한다. 반면에 그러한 정책 덕분에 원 왕조의 지배층이던 몽골족들은 자신들의 정체성을 유지할 수 있었고 북방으로 쫓겨난 후에도 오늘날까지 몽골로 남아있을 수 있었다.

2) 사마천식 자기 완결적 중화를 실현한 명明 왕조

원 왕조 말기는 혼란과 반란의 연속이었다. 원 왕조를 무너트리려는 반란 농민군의 병사 중 한 명이었던 주원장이 몽골을 몰아내고 1368년 명나라를 세웠다. 1127년 북송이 금나라에 망한 지 240년 만에 이룬 한족 통치자에 의한 중국의 재통일이었다. 주원장은 유중원격諭中原檄에서 한족에 의한 중화의 나라를 세우고자 한다는 점을 밝혔다.

> "예부터 제왕이 천하를 다스려서 중국은 만리장성의 안에 있으면서 이적을 제어하고 이적은 밖에 거하여 중국을 받아들였다. 이적이 중국에 거하여 천하를 다스린다는 말은 들어본 적이 없다. 송 왕조가 기울어 남쪽 땅으로 옮김에 따라 원이 북쪽 오랑캐로서 중국에 들어와 주인 노릇을 하였다. (중략) 원의 후예들은 탐욕으로 거칠어져 군신의 도를 잃는데 이르렀다. (중략) 천운이 순환해서 중원의 기가 융성해졌다. (중략) 오랑캐를 몰아내고, 중화를 회복하고 (중략) 한족이 국가 권위를 부활코자 한다. (중략) 하늘은 반드시 우리 중국 사람에게 명하여 우리 중국인을 평안케 하리니 오랑캐가 어찌 다스리겠는가?"

명 왕조의 3대 황제인 영락제는 수도를 남경에서 북경으로 옮기고 오늘날 우리가 보는 만리장성을 완공하는 등 북방 유목민족의 침략에 대비하는 한편 북방 유목민족은 물론 여타 다른 세계와의 교류를 중단했다.

명은 1405년부터 약 30년간 '정화의 원정'으로 알려진 대규모 선단을 해외에 보내기도 했었다. 그러나 15세기 중반에 들어오면서부터는 오히려 외국과의 교류를 금지하는 해금海禁 정책으로 돌아섰다.

이런 면에서 명 왕조는 사마천이 정의한 중화에 정합하는 한족에 의한, 만리장성 이남을 통치 지역으로 하는, 북방 유목민을 포함 외부의 야만 세계와 구별되는 배타적이며 자기 완결적인 중화를 추구했다고 볼 수 있다.

명 왕조 시기인 16세기 중반 포르투갈의 예수회 선교사들이 선교를 위해 마카오에 도착했으나 초기 선교사업은 실패를 거듭하였다. 중화의 정수라 할 수 있는 유교 문화적 전통이 중국 사회에 워낙 뿌리 깊이 박혀 있었기 때문이었다. 16세기 말 마테오 리치 신부가 유교 문화와 중국의 전통을 존중하는 방식으로 선교방식을 바꾸고서야 예수회 선교에 다소의 진전이 있었다.

4. 청 왕조 시기의 중화

1) 문명과 제도로서의 중화를 수용한 청 왕조

17세기 중반 북방의 만주족이 명 왕조를 정복하고 중원에 청 왕조를 세웠다. 만주족의 청 왕조는 사마천이 정의한 의미의 중화의 나라는 아니었다. 조선의 많은 지식인들은 청 왕조가 사실상 중국 전역을 지배하고 동아시아의 중심으로 부상한 이후에도 청나라를 중화의 나라라고 인정하지 않았다. 오히려 조선이 중화를 계승했다고 주장했다. 이는 조선의 지식인들이 한족에 의한 왕조를 중화의 나라라고 인식하고 있었음을 보여준다.

그러나 중화의 관념을 민족적 관점을 벗어나 문명과 제도의 관점에서 바라보면 청 왕조는 중화의 나라였다고 볼 수 있다. 청 황실은 그들 스스로를 천조라고 불렀다. 청 왕조는 도학을 통치이데올로기로 채택하였으며 도학의 경전을 주요 내용으로 하는 과거시험을 통해 한족 관리를 선발하여 통치하는 등 한족 고유의 통치제도를 유지하였다.

한편 청 왕조는 티베트, 신강 및 몽골 등 명 왕조 시기보다 훨씬 광대한 영토와 다양한 민족을 신민으로 두게 되었다. 티베트는 당나라 번영기인 7세기에 당나라와 자웅을 겨룰 정도의 강력한 국가를 건설한 적이 있는 라마 불교를 신봉하는 나라였다. 새로이 정복한 땅이라는 의미의 신강 지역에는 이슬람교를 믿는 위구르인들이 살고 있었다. 몽골 지역은 한 때 유라시아를 제패하는 등 세계 제국을 건설한 몽골족의 후예들이 살고 있었다.

이러한 정치적 상황 때문에 청나라 통치자들은 그들의 지배하에 들어온 지역의 문화와 전통 및 종교를 존중하면서 통치해야 했다. 또한 청 왕조를 세운 만주족 자신들의 언어와 문화, 전통 등도 보존하는 정책을 시행했다. 이런 관점에서 청 왕조의 중화는 청나라의 통치하에 들어온 모든 민족의 고유한 문화와 전통을 포함하는 확장된 의미의 중화였다.

2) 서방의 문호개방 요구에 대한 청 왕조의 대응

18세기 산업혁명으로 항해술이 급속도로 발전한 가운데 서구 유럽 국가들은 경쟁적으로 무역을 통한 부의 증대를 추구했다. 중국은 마르코 폴로의 동방견문록 덕택에 유럽인들에 의해 신비의 나라로 알려져 있었다. 유럽 국가들은 이러한 중국과의 교역 기회를 찾아 나섰다.

영국 왕 조지 3세는 청 왕조 건륭제의 82번째 생일을 축하한다는 명분으로 조지 매카트니를 전권 대사로 하는 사절단을 파견했다. 그러나 영국 사절단의 실질적 목적은 청 왕조와의 무역 확대 방안을 모색하는 것이었다. 당시 영국과 청 왕조의 무역은 광동성의 광주 항구에만 한정되어 있었다.

1793년 8월 중국에 도착한 영국 사절단은 때마침 북경의 북쪽에 있는 황제의 휴양지인 피서 산장에서 여름 휴양을 지내고 있던 건륭제建隆帝를 알현하였다. 조지 매카트니는 영국이 외교관을 파견하고 무역을 늘리고자 한다는 조지 3세의 친서를 휴대하고 있었다.

건륭제는 친서를 보내온 영국 국왕에게 답신을 보냈다. 그 답신의 내용은 당시 청 왕조가 갖고 있었던 중화 관념의 백미다.

"그대 나라 사람 하나를 천조天朝에 보내 그대 나라를 대표하게 하고 그대 나라와의 교역을 감독하게 해 달라는 그대의 요청은 모든 관습에 어긋나는 것이고 들어줄 수 없는 것이오."

교역 확대 문제에 대해서는 이렇게 대답했다.

"내가 뜻을 두는 것은 오직 훌륭한 통치를 행하고 천자의 직무를 잘 수행하는 것뿐이오. 진기한 물건이나 값비싼 물건에는 관심이 없소. 그대가 보내온 공물을 내가 받는 것은 머나먼 곳에서 그것을 보내온 그대의 마음을 생각해서일 뿐이오. (중략) 그대의 사신이 직접 보는 것처럼 우리에게는 없는 물건이 없소. 나는 기이하고 별난 물건에 관심이 없으며 그대 나라에서 나는 물건을 필요로 하지 않소."

영국을 대표하는 외교관을 상주시키고 무역을 확대하라는 조지 3세의 임무를 완수하는 데 실패한 조지 매카트니는 그의 일기에 이렇게 적었다.

"중화제국은 낡고 다루기 어려운 초대형 전함과 같은 존재다. 운이 좋아서 뛰어난 선장과 유능한 선원들을 계속해서 만나 왔기 때문에 지난 150년간 물 위에 떠 있을 수 있었다. (중략) 그러나 무능한 선장에게 한

번 걸리기만 하면 기강이고 안전이고 흔적도 없어질 것이다."

조지 매카트니는 조지 3세로부터 받은 임무 관철에는 실패했으나 그것은 조지 매카트니의 수완이 모자라서 그런 것은 아니었다. 청 왕조의 중화 관념이 워낙 깊이 뿌리박혀 있었기 때문에 실패한 것이었다. 그러나 청 왕조의 실상에 관한 그의 관찰은 비교적 정확했던 것으로 후일 역사가 증명해주고 있다. 낡고 고루한 중화의식에 사로잡힌 청 왕조는 그가 예측한 대로 변화하는 세계에 적응하지 못한 채 표류하는 난파선처럼 천천히 무너져 갔다.

3) 청 왕조의 개혁에 장애가 된 중화

1839~1842년간 있었던 아편 전쟁에서 청 왕조가 일방적으로 패배한 것은 청 왕조가 쇠퇴하고 있음을 보여준 실증적 사건이었다. 아편 전쟁에서 패배한 후 청나라의 지식인들 사이에서는 서양 열강에 대한 대응 방식을 놓고 크게 두 개의 큰 흐름이 형성되었다.

그 하나는 장지동의 중체서용론이다. 중화의 본체는 유지하면서 서양의 기술과 과학을 이용하여 산업의 발전을 꾀하자는 주장이다. 양무파라 불리는 증국번, 이홍장 등 고위 관료들이 장지동의 중체서용론에 바탕을 둔 개혁 조치를 단행했다. 이들 양무파

관료들은 서양의 기계와 기술을 받아들이는 데 열심이었다. 장지동 자신은 무한에서 주물공장과 제강소를 직접 운영하기도 하였다. 그러나 이 양무운동은 1894년 청일전쟁에서 패배함으로써 실패한 것으로 판명되었다.

양무운동의 실패는 담사동, 강유위, 양계초 등으로 대표되는 변법파의 등장을 가져왔다. 이들 변법파는 세계에 영원불변하는 본질 같은 것은 없으며 모든 것은 시대적 상황에 따라 바뀐다는 관점 위에 서 있었다. 이들 변법파는 청 왕조의 개혁을 위해서는 서양의 기술과 과학을 배우는 것만으로는 충분치 못하며 시대와 상황이 바뀐 만큼 과거 중국 왕조 역사에서 어느 누구도 의문부호를 달지 않았던 중국식 군주제를 서구식 입헌군주제로 바꾸는 것을 포함하여 서양의 법과 제도를 수용하여야 한다고 주장하였다.

황제 광서제는 변법파 지식인들을 고위 관료로 등용하여 일련의 개혁을 시도하였다. 그러나 1898년 서태후 등 전통주의자들이 주도한 무술년의 쿠데타(무술정변이라 한다)로 광서제는 유폐되고 변법파의 이론가였던 담사동은 사형에 처해졌다. 강유위, 양계초는 일본으로 망명하였다. 이로써 서구식 개혁을 추구한 변법운동은 물거품이 되었다.

양무파는 중화의 본체는 유지하면서 서양의 기술만 도입하여 개혁을 하려고 시도한 데 반해 변법파는 중화의 본체도 바꾸어야 진정한 개혁을 이룰 수 있다고 한 점에서 양자 간에는 현저한 입장 차이가 있기는 하였다. 그러나 이들 모두 개혁을 통한 청 왕조의 근대화를 추구했다는 점에서는 동일선상에 있었다고 할 수 있다. 문제는 이들의 개혁 시도가 실패하면서 청 왕조는 쇠락을 거듭했고 이제 곧 몰락할 것이었다.

5. 현대 중국과 중화 민족주의

1) 마오쩌둥의 중국식 농민혁명

1911년 신해혁명은 몰락해가던 청 왕조를 붕괴시키는데 결정타를 날렸다. 신해혁명에서 주도적인 역할을 한 쑨원은 혁명의 목표로 '삼민주의(민족주의, 민생주의, 민권주의)'를 내세웠다.

쑨원이 주장한 '민족주의'는 만주족의 지배를 반대하는 '한족 민족주의'였다. 쑨원의 이러한 '한족 민족주의'는 비록 만주족의 청 왕조가 한족 지배 엘리트의 도움을 받아 한족의 문화와 전통을 존중하면서 중국을 통치했지만 한족의 심리 기저에는 문명 세계의 한족이 야만 세계의 만주족에 의해 지배를 받는 데 대한 반감이 한족들 사이에 팽배해 있었던 것을 반증한다.

신해혁명으로 청 왕조가 붕괴된 이후의 현대 중국 역사는 향후 중국을 어떻게 이끌어갈지를 놓고 1921년에 창당된 마르크스주의를 신봉하는 중국공산당과 신해혁명을 통해 중국 왕조 역사에서 처음으로 공화국을 건국하고자 했던 쑨원의 후예들인 국민당이 각축을 벌인 역사이다. 중국공산당이 이 각축에서 승리하여 1949년 중화인민공화국을 건국하였다.

새로이 건국된 중화인민공화국은 만주(동북3성 지역)와 티베트, 신장 및 몽골 일부 등 청 왕조가 정복했던 광대한 영토를 거의 모두 자국의 영토로 편입하였다. 반면 중국 역사 이래 가장 광대한 영토를 다스렸던 만주족은 중화의 지리적 영역을 만리장성 이북과 중앙아시아 일대로까지 확장해 놓는 역사의 아이러니를 만들어 놓고 정작 자신들은 역사의 무대에서 사라졌다.

사실 이러한 역사적 경험은 만주족의 청 왕조에만 해당하는 것은 아니다. 과거 중원을 지배했던 대부분의 북방 유목민족이 역사 속으로 사라졌다. 문명적으로 우월했던 중화 문명에 스스로 동화된 측면도 있고 한족이 인구의 절대다수를 차지하고 있어 종국적으로는 한족이 중원의 주인이 될 수밖에 없었던 요인도 있다.

19세기 중반 영국과의 아편 전쟁에서 청 왕조는 힘 한번 쓰지 못하고 패전했다. 아편 전쟁에서의 패전으로 청 왕조는 홍콩섬을 영국에 할양했다. 1899년 발생한 의화단 사건으로 인해 발발한 청나라와 서구 열강의 연합군 간 전쟁에서도 청 왕조가 패하여 청나라는 홍콩섬 맞은편에 있는 구룡九龍반도와 신계新界 지역을 영국에게 99년간 조차하여 주었다. 이후 홍콩은 영국의 통치하에서 아시아의 용으로 발전하였으나 1997년 중화인민공화국에 반환되었다.

중국은 경제적인 번영을 구가하는 홍콩을 코도 풀지 않고 다시 찾은 것이다. 마치 만주족의 청 왕조로부터 만주족들의 본거지였던 동북 만주와 과거 중원 왕조의 골칫거리였던 주변 나라들인 티베트, 신강 등을 공짜로 물려받은 것과 같다.

1949년 중화인민공화국 건국을 이끈 마오쩌둥은 마르크스주의를 중국이 지향할 이데올로기로 받아들이면서도 마르크스주의를 중국의 상황에 맞게 적용하여야 한다고 생각했다.

인간의 경제적 사회적 조건이 인간의 의식을 결정한다는 마르크스의 유물론적 역사관과는 달리 마오쩌둥은 노동자가 소수이고 농민이 다수인 중국에서는 농민의 강한 의지가 중국의 미래를 결정할 것이라고 보았다.

마오쩌둥이 생각한 공산혁명은 마르크스가 생각했던 그런 프롤레타리아 혁명이 아니라 중국식 농민혁명이었다. 그런 연유로 중국의 공산혁명 방식을 둘러싸고 소련식 공산주의를 전 세계에 수출하려던 소련과 마오쩌둥 간에는 커다란 갈등이 있었다.

중국공산당 내 소련이 지도하는 혁명 노선인 도시노동자를 혁명 세력으로 삼아 혁명 투쟁을 하자는 세력과의 노선투쟁에서 승리한 마오쩌둥은 자신의 논리에 따라 농촌에 혁명의 근거지를 만들어 투쟁하는 중국식 농민혁명을 성공적으로 이끌었다. 이러한 농민동원 방식은 과거 중국에서의 왕조 교체의 전형적인 방법이었다.

2) 중화민족다원일체론

1949년 중화인민공화국이 건국된 후 중국의 역사학계 일부에서는 중화민족 형성의 기원에 대해 '다양한 기원을 가진 각 민족이 근대 이후 자각해 중화민족을 형성했다'는 중화민족다원일체론을 주장해왔다. 이 주장의 핵심은 오늘날 중국 영토 내에서 일어났던 과거의 모든 역사는 모두 중국의 역사이며 따라서 현 중국의 영토 내에서 있었던 전쟁 등 모든 문제는 중국 내부의 문제라는 것이다.

이 주장에 따르면 과거 수나라와 고구려, 당나라와 고구려 사이의 전쟁도 중국의 내부 문제이지 외부 세력과의 전쟁이 아니다. 청 왕조의 건국 세력인 만주족도 중화민족의 일부로 둔갑한다. 이러한 역사관에 따르면 엄연한 우리나라의 역사였던 고구려 역사도 중국 내 소수민족 역사의 일부로 둔갑된다. 중국이 추진했던 동북공정은 바로 이런 새로운 중화 역사 만들기의 일환이었으며 지금도 진행 중이다.

현대 중화인민공화국의 관방학자들이 이처럼 중화의 민족적 개념을 한족을 넘어 현 중국 영토 내에 있는 모든 민족이라는 넓은 의미로 확장하고자 하는 이유는 통일국가로서의 중국의 정체성 유지를 위한 것이다.

만주족의 청나라가 중원을 지배한 후 청나라의 영토가 된 만리장성 이북의 몽골 일부와 만주 지역, 중앙아시아의 신장 및 서남아시아의 티베트 등에 대한 영유권을 거의 모두 승계한 현대 중국으로서는 중화의 민족적 개념을 사마천이 정의한 한족으로 한정할 경우 중국의 관할에 들어온 소수민족 지역 통치에 어려움이 가중된다.

이처럼 중화의 지리적, 민족적 개념은 역사적인 상황과 조건에 따라 변천해왔다. 특히 중화인민공화국 시대에 들어와 중화의 내용이 넓은 의미로 확장되어 지리적으로는 현대의 중국 영토를 민족적으로는 현대 중국의 영토에 사는 모든 민족을 포괄하는 의미로 확장되었다.

또한 중화의 본질적 요소인 문명으로서의 중화, 즉 중화 문명이 그 어느 문명보다 우월하다는 인식도 여전히 현대 중국인의 의식 속에 뿌리 깊이 박혀 있다.

1976년 마오쩌둥 사후에 중국의 새로운 지도자로 등장한 등소평의 개혁개방정책도 서구의 자본주의적 요소를 받아들여 중국의 경제를 발전시키려는 것이었을 뿐 민주주의나 법치주의와 같은 서구식 법과 제도를 온전히 채택하려는 것은 아니었다.

등소평의 개혁개방정책이야말로 중체서용이라는 사상적 기반 위에 추진된 청나라 말기 개혁주의자들인 양무파의 정책 노선과 유사하다 할 수 있다.

3) 시진핑 시대의 통치 구호 중국몽과 중화민족주의

오늘날 중국의 정치지도자들은 청 왕조가 1840년 아편 전쟁에서 패전한 이후 1949년 중국공산당에 의해 중화인민공화국이 건국될 때까지 서양 열강에 의해 국권이 사실상 침탈된 시기를 백년국치라고 규정하고 이 치욕의 역사를 잊지 말자고 강조하여 왔다.

중국인들의 서구에 대한 이러한 인식은 우리나라가 일본에 의해 국권이 상실된 것을 잊지 말자는 것과 동일선상에 있는 것으로 오늘날 중국과 서구와의 관계에 영향을 미치고 있다.

특히 시진핑 국가주석은 "중화민족의 위대한 부흥이 곧 중화민족의 꿈이다"라는 중국몽을 정치적 슬로건으로 내세우는 등 중화민족주의에 불을 지피고 있다.

시진핑 국가주석은 중국몽을 실현하는 방안으로 중국만의 사회주의(중국의 길), 애국주의와 창조혁신을 두루 겸한 시대정신(중국의 정신), 중국 전 인민이 단결해 만든 역량(중국의 역량)을 제시했다. 이는 중국적인 방식을 통해 중국의 꿈을 달성하겠다는 것으로 중화주의에 뿌리를 두고 있다.

한편 시진핑 국가주석은 2015년 9월 유엔총회에 참석하여 한 연설에서 중국은 미국의 자국 우선주의와 보호무역주의에 맞서 자유주의 경제체제를 견지할 것이며 인류운명공동체를 건설하기를 원한다고 역설하였다.

시진핑 시대 중국이 국제질서와 관련 거대 담론으로 제시한 인류운명공동체 주장이 어떤 형태로 구체화할지는 앞으로 중국이 대외적으로 취하는 행동들을 지켜보아야 하겠으나 그 저변에는 중화주의가 깔려있다고 볼 수 있다.

이처럼 시진핑이 통치 구호로 중국몽을 전면에 내세우고 새로운 국제질서의 대안으로 인류운명공동체와 같은 거대 담론을 제시하는 것은 중국인들의 마음속에 뿌리박혀 있는 중화 문명이 최고라는 중화 의식을 중국 민중들에게 일깨워 자부심을 고취함으로써 국민적 단결을 모색하려는 의도인 것으로 보인다.

진, 한 이후 중국의 모든 왕조가 자신들이 문명 세계의 중심인 중화였다고 생각해 온 점을 고려하면 시진핑이 통치 구호를 중국몽으로 내세우는 것은 그리 특별한 일은 아니다.

문제는 이러한 통치 구호로서의 중국몽이 중국의 문명과 중국적인 것이 우월하다는 심리적 기제에 바탕을 두고 있어 대외관계에 있어 타국과의 마찰을 불러일으킬 가능성이 농후하다는 점이다. 특히 이러한 우월 의식은 타국을 존중하지 않고 타국에 중국을 따를 것을 강요하는 행태로 나타날 가능성이 크다는 것이다.

5장
농업 위주의 문치사회 전통과 방어적 대외관계

1. 한족 왕조의 기원

1) 농경을 기반으로 한 초기 한족 문명

중국의 한족 왕조의 기원은 황하 유역에서 정착하여 농경문화를 일군 신석기 시대로 거슬러 올라간다. 중국 섬서성의 서안에서 그리 멀지 않은 동쪽 지역인 반파라는 곳에 기원전 3000년경의 것으로 추정되는 신석기 시대의 유적이 있다(나는 이 유적지를 1994년 여름 방문한 적이 있다).

이 유적지에서 수수, 기장 등이 발견된 점으로 미루어 이들 반파 거주자들은 농경 생활을 한 것으로 추정되고 있다. 이들이 일군 문화를 앙소문화라고 한다. 곡물을 담아 두었던 것으로 추정되는 채색 토기들도 발견되어 채도 문화라고도 불린다. 앙소문화에 이어 용산문화가 황하 중부 유역을 중심으로 발굴되었는데 이들 문화는 신석기 중, 후기의 문화이고 이들도 주로 농경 생활을 한 것으로 밝혀졌다.

한편 중부 황하 유역의 낙양 인근에 위치한 이리두에서 거대한 규모의 왕궁 유적이 1959년 발굴되었다. 이 문화를 이리두 문화라고 한다. 이리두 문화를 일군 사람들은 앙소문화와 용산문화를 계승한 집단들로 추정되고 있다. 이리두 일대에서 발굴된 유물들을 방사성 탄소연대 측정법으로 측정한 바에 의하면 이리두 문화는 기원전 2000년 전후에 존재했다. 이 문화의 주인공이 사마천의 사기 등 역사서에 나오는 하나라로 추정되고 있으나 학계에서 아직 공식적으로 받아들여지고 있지는 않다.

사기에 의하면 하나라는 기원전 1600년경 상나라에 의해 대체되었으며 상나라의 마지막 수도가 은허이기 때문에 은나라라고도 불린다. 은허 지역은 오늘날 하남성의 안양 지역이다. 이 곳 안양에서 은나라 시기의 많은 청동제 제기 등 다량의 유물들이 발견되었다. 1920년대에 이 유적지에서 발굴된 유물들은 사마천이 사기에 기록해놓은 상나라에 관한 역사가 사실임을 확인해주었다.

2) 농경문화로서의 초기 한족 문명의 특색

앙소문화와 용산문화를 포함하는 중국의 초기 문명을 일군 사람들이 농업에 종사하던 사람들이었다는 것은 중국 문명의 특색을 결정짓는 주요 요인이 되었다. 농경은 1년 4계절을 이용해서 이루어지기 때문에 한 지역에 정착해야만 가능하다. 농경사회에서는 당연히 농업이 사회적 부의 원천이다. 따라서 사회적 부의 증대는 농업 생산성의 증대에 달려 있었다.

이러한 농업사회 전통은 처음으로 중국을 통일한 진나라와 진나라를 뒤이은 한나라에도 계승되었다. 농업이 중시되는 경제사회구조의 특성 때문에 중국 사회는 사(문인), 농(농민), 공(수공업자), 상(상인)의 신분 질서가 형성되었다.

사士 계층은 주로 유교 경전과 시, 부, 곡 등 문학에 통달한 지식인들로서 중국 왕조에서 정치적으로 주도적인 역할을 한 정치 엘리트 계층이었다. 마오쩌둥은 문화대혁명 기간 중 구질서인 봉건 질서를 타파해야 한다는 명분으로 대학생과 교수 등 지식인들을 모두 지방으로 내려보내 공장일이나 농사일을 하도록 하는 소위 하방 운동을 전개했다. 이는 전통 중국사회의 사 계층에 해당하는 지식인들의 정치적 영향력을 차단하기 위한 것이었다. 이러한 문화대혁명의 결과 대학은 문을 닫고 대학 교육은 사실상 붕괴하였다.

마오쩌둥 사후 덩샤오핑 시대에 들어와 대학 교육이 재건되었으나 1990년대까지만 해도 대학교 교수의 월급이 평균적으로 노동자의 월급에도 미치지 못할 정도였다. 당시 중국의 대학 교수들은 자기네 월급이 학교 수위 월급보다 작다고 자조적으로 얘기하곤 했었다. 그러나 개혁개방 이후 경제발전과 함께 사회 각 분야의 복잡한 문제들이 대두되었으며 이를 해결하기 위해서는 전문적인 지식이 필요하게 되면서 다시 지식인 집단이 중요한 역할을 하게 되었다.

농민들은 사회의 주요 산업생산력이었던 관계로 지식인 다음으로 중요한 신분 계층이 되었다. 덩샤오핑의 개혁개방 이전까지만 하더라도 중국 인구의 대부분은 농민이었다. 1978년 개혁개방 이후 산업화와 도시화가 진행되면서 많은 농민이 도시노동자와 산업노동자로 변신하였으나 오늘날에도 여전히 농민은 중국 인구의 절대다수를 점하고 있다.

수공업자들은 농민 다음으로 중시되었다. 유가들은 상인들을 생산에 전혀 도움이 되지 않는 사람들로 여겼으며 이에 따라 상업 활동 자체가 억제되고 상인은 천시되었다. 상업을 천시하는 이러한 풍조는 중국이 근대자본주의 시대에 들어와 서양 열강에 뒤처지는 근본 원인이 되었다.

중세의 서양과 일본에서는 사회의 지배계층이자 전문적인 직업군이기도 했던 무사들이 중국에서는 사, 농, 공, 상이라는 직업군에 포함되지도 못할 정도로 천시되었다. 이는 지배계층을 이루고 있던 문인들이 무력을 가진 무사들의 정치적 영향력을 차단하기 위해 의도적으로 배제한 결과이기도 하지만 무력에 의한 통치보다는 예에 의한 통치가 가장 이상적인 통치라는 공자의 언명 이래 문인에 의한 통치가 중시되었기 때문이기도 하다.

반면 일본 사회는 이와 정반대로 중세 이래 명목상의 권한은 천황에게 있었으나 실질적 권한은 무사들의 우두머리인 쇼군이 가지고 있었으며 당연히 무사들이 통치계층의 최상층부에 있었다. 일본 사회도 사, 농, 공, 상이라는 신분 질서가 있었지만 일본 사회의 사 계층은 무사 계층을 의미했다.

역대 중원의 한족 왕조는 농민의 생산력에 의존하는 정착 농민 사회였고 사 계층이 통치계층의 상층부를 점하고 있던 사회였던 관계로 한족 왕조 시기의 대외관계는 예외적인 경우가 있기는 하나 공격적이기보다는 방어적이고 수세적인 경향이 강했다.

2. 한족 왕조와 북방 유목민족 간의 투쟁

1) 한 왕조와 흉노 간의 일진일퇴

반면에 북방의 유목민족은 생존을 위해 말과 양을 치기 좋은 곳을 찾아 나서야 했기 때문에 항상 주변 나라와 싸워 이겨야 하는 호전적이고 공격적인 성향을 가지게 되었다. 특히 추운 겨울 등 악조건의 기후 속에서 물산이 충분치 못하였던 관계로 농업을 위주로 하는 중원의 한족 왕조를 수시로 침략하여 농산물 등 생활필수품을 약탈해야만 했다.

그런 면에서 구조적으로 중원의 한족 왕조와 북방의 유목민족 간의 관계는 유목민족이 중원의 한족 왕조를 약탈하거나 아예 중원을 지배하고자 하였고 중원의 한족 왕조는 방어해야 하는 관계였다.

북방의 유목민족과 중원의 한족 왕조 간의 이러한 관계를 상징적으로 보여준 역사적 사건 중의 하나가 기원전 200년 한나라의 창업자 고조 유방이 평성에서 흉노의 지도자 묵특 선우에게 대패하여 흉노와 평화조약을 체결한 사건이다. 그러나 말이 평화조약이지 한나라는 공주를 흉노의 지도자에게 시집보내고 매년 옷감과 음식을 흉노에게 바치는 반면 흉노는 한나라를 침략하지 않는다는 약속이었기 때문에 한나라로서는 굴욕스러운 조약인 셈이었다.

이후 70여 년이 지나 한나라 무제(기원전 141~87년)는 흉노제국의 배후 기지 역할을 하던 서역의 소국들과 우호관계를 맺은 후 흉노 정벌에 나서 흉노를 북쪽으로 몰아내는 데 성공하기는 하였다. 그러나 한나라의 국력이 약해지면 흉노는 다시 한나라의 변경을 약탈하곤 했다. 한 무제 사후 한나라 황제인 원제(기원전 49~33년)가 자신이 총애하던 후궁이었던 왕소군王昭君을 흉노의 지도자 호한야 선우의 요구에 따라 흉노에게 출가시켜야만 했던 일화는 한 무제가 흉노를 북쪽으로 밀어낸 이후에도 한나라와 흉노와의 관계가 어떠했었는지를 잘 보여주고 있다.

2) 북방 유목민족의 남하와 중원 지배

한나라가 해체된 후 위, 촉, 오 삼국 시대를 거쳐 사마염이 잠시 중원에 한족 왕조인 진晉나라를 세웠으나 진나라는 북방 유목민족들에 의해 중원에서 쫓겨나 회하 남쪽으로 천도해야만 했다. 이후 중원 지역은 북방 유목민족인 5호(흉노, 선비, 갈, 저, 강이라는 5개 민족을 말한다)에 의해 16개 국가가 차례로 들어서는 혼란기가 도래하였다.

회하 이남에서는 중원에서 쫓겨난 진晉나라 (양자강 남쪽으로 쫓겨난 진나라는 국호를 동진東晉이라 하며 중원에 있었던 진나라는 서진西晉이라 한다)와 그 뒤를 이어 송, 제, 양, 진陳나라가 차례로 들어서는 혼란기가 지속되었다. 중국사에서는 이 시기를 남북조 시대라 한다.

북조는 사실상 한화된 북방 유목민족들이 지배했던 나라들이고 남조는 중원에서 쫓겨난 한족이 세운 왕조이다. 남북조시대는 북조의 패자가 된 선비족 계열의 수나라가 589년 남조의 마지막 왕조인 진陳을 멸하고 천하를 통일함으로써 종료되었다.

그러나 수 왕조는 고구려와의 전쟁 후유증 등으로 내분이 일어나 얼마 가지 못하고 618년 같은 선비족 계열의 당나라에 의해 교체됐다. 고구려와의 전쟁을 세 번이나 일으킨 수나라 고구려를 멸망시킨 당나라의 황제들은 그들 스스로 중원의 황제라 칭하였으며 중국의 정통 왕조 역사에 포함되었다. 그러나 수와 당 황실은 종족적으로는 한화한 유목민족의 후예들로서 수, 당 왕조를 오랑캐와 한족이 연합한 호한胡漢 왕조로 보는 역사학자들도 많다.

당나라가 해체된 후 한족이 중심이 되어 세워진 송 왕조는 북방 유목민족이 세운 요나라 및 요나라의 뒤를 이어 강자로 등장한 금나라 그리고 서역 지방의 서하 등 주변 강대국으로부터 끊임없이 위협에 시달렸다. 1127년에는 북방의 여진족 계열의 금나라에 의해 수도 개봉(오늘날 하남성 개봉이다)이 함락당하는 변을 당하고 남쪽으로 천도해야 했다. 이 시기의 송나라를 남송이라 한다.

　그러나 남송마저 몽골 초원에서 일어나 세계 제국을 건설한 몽골에 의해 1279년 멸망하여 역사 속으로 사라지고 중국 전역이 몽골제국의 지배하에 들어가게 되었다. 이처럼 한나라 이후 700여 년 만에 '한족'에 의해 세워졌던 송나라는 북방의 강자로 떠오른 유목민족이 세운 나라들에 의해 지속해서 침략을 당하면서도 이렇다 할 반격을 하지 못하였다. 그 이유는 외부의 위협에 어떻게 대처할지를 놓고 송나라 조정이 사분오열되었을 뿐만 아니라 한족 왕조인 송나라의 문치사회 성격상 송나라의 군사력이 상대적으로 약화한 데 그 원인이 있었다.

3. 정복 왕조인 원·청 왕조와 순수 한족 왕조인 명 왕조의 차이

1) 정복 왕조인 원 왕조의 개방성

송나라를 멸망시키고 중국 전역을 지배하게 된 몽골 왕조의 지배계층은 지리적으로 중원에서 멀리 떨어진 몽골 초원에서 발흥한 몽골계 유목민족으로서 한족 문명에는 전혀 동화된 적이 없는 순수한 정복 왕조였다. 이러한 정복 왕조의 특성 때문에 원나라는 한족을 지배계층에 참여시키지 않고 철저히 피지배 대상으로만 여겼다.

원나라 시기에는 티베트의 라마 불교가 성행하였고 중국 고유의 전통과 문화는 경시되었다. 몽골족의 원나라가 중국을 지배한 시기는 아시아와 유럽에 걸쳐 몽골제국이 성립되었던 시기였을 뿐만 아니라 유목민족의 특성 때문에 중앙아시아를 가로지르는 실크로드를 통한 무역 등 동서양 교류가 활발했었다. 이탈리아의 도시국가인 베니스의 상인이었던 마르코 폴로의 동방견문록이 나올 수 있었던 배경이다.

원 황실이 내분으로 약화하자 몽골제국의 통치 방식에 대한 반감을 지니고 있던 한족들이 전국 각지에서 반란을 일으켰다. 빈농 출신의 주원장이 이민족의 차별적 지배에 항거하여 '한족에 의한 통치'를 내걸고 반란군의 지도자가 되어 원나라를 몰아내고 새로운 왕조인 명나라를 세웠다.

2) 한족 왕조인 명 왕조의 폐쇄성

1368년 건국된 명나라는 한족에 의한 만리장성 이남을 통치 지역으로 한정하는 문명 세계로서의 중화와 비문명 세계로서의 야만을 구분한 마지막 정통 중화 왕조였다. 원나라에 대한 반란의 슬로건 중의 하나가 오랑캐에 의한 통치를 더 이상 좌시할 수 없다는 것이었다. 지배계층인 몽골족에 대한 한족의 반감이 어느 정도였는지 짐작할 수 있다.

한족이 중심이 되어 세워진 명 왕조는 송나라 특히 남송 시대에 학문적으로 꽃을 피우기 시작한 도학을 통치 이데올로기로 채택하였다. 이 도학의 세계관에서도 상업은 천시되었고 농업이 중시되었다.

명나라 3대 황제인 영락제 때에 정화 원정대가 꾸려져 해외 원정에 나선 적이 있다. 1405년부터 1433년까지 7차례에 걸쳐 행해진 이 원정은 1492년의 콜럼버스의 원정대보다 90여 년이나 빨랐다. 콜럼버스 원정대는 불과 선박 3척에 선원 90여 명 규모였다. 그러나 대규모 선단으로 꾸려진 정화 원정대는 식민지를 건설한 것도 아니고 경제적 약탈을 도모하거나 무역 거래를 한 것도 아니어서 왜 그토록 많은 돈을 들여서 원정대를 꾸렸는지 아직도 여전히 수수께끼로 남아있다.

이 원정대가 기껏 한 일이라는 것은 희귀동물인 남아프리카에서 기린을 운반해서 북경으로 가져오거나 인도양 주변 지역 국가에서 명나라에 보내는 일종의 외교사절을 실어 나르는 것이 전부였다.

당시 명 왕조의 국력으로 보아 명 왕조가 19세기 서양 열강처럼 주변 제국을 식민지화하고자 하였다면 얼마든지 할 수 있었을 것으로 보이는데도 불구하고 명 왕조는 이러한 시도를 전혀 하지 않았다.

오히려 1433년에 있었던 마지막 원정 이후 명나라는 돌연 바다로 나가는 것을 철저히 금지하는 해금海禁 정책을 펴 외국과의 해상을 통한 무역이나 교류를 사실상 금지하였다.

한편 명나라는 몽골족의 원나라를 몰아내기는 했으나 북방의 유목 민족들이 다시 침략해올지 모른다는 두려움을 항상 가지고 있었다. 이런 연유로 중국 역사상 최초로 중원을 통일했던 진나라 시황제가 만들어 놓았던 장성을 토대로 오늘날 우리가 보는 만리장성을 다시 축조했다.

이처럼 명나라가 만리장성을 축조하는데 국력을 쏟아부은 것으로 보아 명나라의 대외관이 북방이나 서쪽으로의 영토 확장 보다는 중원을 수성하는 데 있었음을 알 수 있다. 그러나 이러한 대비에도 불구하고 명나라는 금나라의 후예들인 만주족의 청나라(초기에는 금나라의 후예라는 의미에서 후금이라 칭하였다가 후일 청나라로 개칭하였으며 종족의 명칭도 여진족에서 만주족으로 개칭하였다)에게 1644년 정복당하였다.

3) 유목민족의 후예 청 왕조의 영토 확장

만주족이 세운 청나라는 유목민족의 기질을 유감없이 발휘하여 주변 지역의 정복을 통한 영토 확장에 나섰다. 한때 대제국을 건설하고 중원을 지배하기도 했던 몽골과 중원의 한족 왕조를 항상 괴롭혔던 티베트, 위구르인들의 땅인 신강을 정복해서 청나라의 강역으로 삼았다. 이렇게 정복 전쟁을 통해 영토를 확장한 청나라는 한족 중심의 명나라 강역보다 훨씬 큰 대제국을 건설하였다.

만주족의 청나라는 중원의 명나라 침략에 앞서 정묘호란(1627년)과 병자호란(1636~1637년)을 일으켜 조선의 강토를 유린했다. 병자호란에서 완패한 조선은 1637년 2월 왕 인조가 삼전도三田渡에서 후일 청 태종이 되는 홍타이지에게 사실상의 무조건 항복을 하였으며 청나라의 신하가 되기로 약조하였다. 패전의 결과 수많은 조선 백성이 포로로 잡혀가고 일부는 오늘날 중국 동북 지방인 요녕성 심양에 있던 노예시장에서 팔려나가는 수모를 당하였다.

이처럼 중국 왕조 역사를 통시적인 관점에서 보면 한족이 중원을 차지했던 한족 왕조는 대외관계에 있어 한 무제 시기처럼 예외적인 시기가 있기는 하지만 기본적으로는 방어적이고 수세적이었다. 반면에 북방의 유목민족에 의해 세워진 중원 왕조는 보다 공격적이고 공세적이었다.

한족이 세운 왕조와 북방의 유목민족이 세운 왕조가 이와 같이

다른 행태를 보인 배경에는 한족 문명은 농업을 기반으로 하는 정착민 사회이자 무력에 의한 통치보다는 덕과 예에 의한 통치를 중시하는 문치주의 사회였던 데 있다. 반면 유목민족 사회는 그 특성상 새로운 목초지를 찾아 이동하는 사회로 이러한 환경에서 살아남기 위해서는 힘, 즉 무력이 더 중요시되는 사회였기 때문에 더 공격적이었다.

천고마비天高馬肥라는 말이 중국에서 하늘이 높고 여름철 내내 잘 먹어 말이 살찐 가을이 되면 북방의 유목민족들이 겨울철에 먹고 살 식량을 마련하기 위해 중원 지역의 곡창지대를 약탈하러 내려오니 이에 대비하라는 의미로 사용된다는 사실에서 중원의 한족들이 얼마나 유목민족의 약탈에 시달렸는지를 알 수 있다.

2부

현대 중국의 외교와 외교행태

6장
현대 중국의 외교

1. 현대 중국의 외교에 영향을 끼치는 주요 요인들

각 나라는 나름의 특징적인 기질이라 할 수 있는 국민성을 가지고 있다. 예를 들어 같은 유럽 국가라도 독일이나 영국 사람들은 바늘로 찔러도 피가 안 나올 것 같은 매우 차가운 느낌을 준다. 감정적이기보다 이성적이다. 반면에 프랑스나 이탈리아, 스페인 사람들은 매우 감정이 풍부하고 열정적이다. 이성적이기보다 감성적이다.

같은 유럽 문화권에서도 이런 차이가 나는 이유로 어떤 사람들은 기후 탓일 것이라고 주장한다. 영국과 독일 같이 해가 적고 구름이 많이 끼는 나라 사람들은 나가 놀기보다는 집에서 책을 보거나 하면서 지내는 시간이 많다. 자연스럽게 이성적인 사고체계가 발달한다.

프랑스나 이탈리아, 스페인 같은 나라는 지중해를 끼고 있고 태양도 작열한다. 나가 놀기에 딱 좋은 조건이다. 감성이 풍부해진다. 파리나 로마 같은 도시는 자기들 나름대로의 규칙에 따라 자동차를 운전하겠지만 여행객이 보기에는 운전을 엉망으로 하는 것처럼 보인다. 경찰의 통제도 많지 않다. 런던 시내에서는 조금만 규칙을 어겨도 금방 벌금 딱지가 붙는다.

이와 같이 나라마다 독특한 국민성을 가지고 있는 것처럼 나라마다 특유의 외교와 외교행태가 있다. 정치사회제도와 국민성, 과거의 경험 등 여러 요소가 한 나라의 외교와 외교행태에 영향을 미친다. 19세기 중엽 이후 서구열강의 제국주의에 의해 중국의 주권이 침탈되었다는 서방에 대한 피해 의식, 근대 이전에는 중국이 동아시아의 중심이었다는 중화주의, 중국공산당에 의한 1당 통치체제와 구소련의 영향인 비밀주의 등이 오늘날 중국 외교와 외교행태에 영향을 미치는 중요한 요소들이다.

1) 백년국치

19세기 중엽 아편 전쟁에서 영국에 일방적으로 패한 청나라는 동아시아에서 누리던 권위와 영향력을 급속히 상실했을 뿐만 아니라 서구 열강의 함포외교gunboat diplomacy와 이권 침탈 외교 앞에서 청 왕조의 운명은 풍전등화의 위기에 처했다. 이러한 새로운 환경 속에서 청나라의 일부 지식인들은 서구화라 할 수 있는 양무개혁과 변법개혁을 추구하였으나 청 황실과 전통주의자들의 완고한 반대로 개혁 시도가 실패함으로써 중국의 미래는 청 왕조의 해체 이외에는 다른 대안이 없게 되었다. 1911년 쑨원이 주도한 신해혁명은 이러한 배경에서 발생하였다.

신해혁명은 중국의 전통과 정치사상 속에서는 상상할 수 없었던 서구식 공화주의를 지향하는 혁명이었으며 유사 이래 중국에서 지속되어온 정치질서였던 군주제를 무너트리는 기폭제가 되었다. 그러나 쑨원 세력이 추구한 공화제로의 전환은 순탄하게 진행되지 못한 채 중국은 혼란을 거듭했다.

1914년 일어난 1차 대전에 연합국 일원으로 참전한 일본은 참전의 대가로 1919년 파리강화회의에서 독일이 중국에서 가지고 있던 이권인 청도와 교주만에 대한 조차권을 승계하는가 하면 만주 지역에 대한 반영구적 이권 등을 획득하였다.

중국의 주권이 심대하게 침해된 이러한 결과는 미국의 윌슨 대통령의 민족자결주의 등에 힘입어 파리강화회의를 국권 회복의 계기로 삼으려 했던 중국 민중들에게는 실망과 분노 그 자체였다.

때마침 러시아 제국이 새로운 이데올로기로 무장한 레닌 혁명으로 1917년 와해되면서 마르크스레닌주의가 서구에 실망한 중국의 지식인들에게 새로운 희망으로 떠올랐다. 이러한 배경하에서 중국공산당이 1921년 창당되었다. 이후 우여곡절이 있었지만 중국공산당은 쑨원의 후예들인 장제스의 국민당과의 내전에서 승리하여 오늘날 우리가 보는 공산주의를 강령으로 하는 현대 중국을 건국하였다.

이처럼 아편 전쟁 이후 현대 중국이 건국되기까지 서구와 서구를 흉내 낸 일본 제국주의에 의해 사실상 국권이 침탈당했던 약 100년간의 이 시기를 오늘날 중국인들은 백년국치라고 하면서 이를 절대 잊어서는 안 된다는 의식을 공유하고 있다. 이러한 근대에 대한 인식으로 인해 오늘날 중국은 서방에 대해 부정적 인식을 가지고 있으며 서방의 대중국 정책을 의혹의 시선으로 바라보고 있다.

이 백년국치의 시기 동안 강압에 의해 서방 여러 나라들과 어쩔 수 없이 불평등 조약unequal treaty을 맺어야 했던 경험으로 인해 오늘날 중국은 서방과의 관계에서 평등equality과 상호주의reciprocity를 금과옥조로 주장하고 있다. 마오쩌둥이 건국 이후 근대에 서구 열강과 맺었던 모든 조약을 폐기한 것은 이들 조약이 불평등하게 맺어진 조약이었다는 관점 때문이었다.

아울러 이러한 역사적 경험으로 인해 중국은 오늘날 미국 등 서구 유럽 국가들의 중국에 대한 정책도 중국공산당을 해체하려는 음모와 의도가 아닌가 하는 의혹의 눈초리로 바라보고 있다. 서구의 대중국 정책을 중국의 제도와 체제를 서구의 입맛에 맞게 변화시키려는 소위 화평연변和平演變 정책으로 바라보는 것이다.

이러한 근대 100년에 대한 중국인들의 피해 의식이 대외문제에 있어 중국으로 하여금 강경한 태도를 취하게 하는 요인이 되고 있다. 이는 마치 우리나라 국민들이 일본과의 문제에 있어 강경한 태도를 취하는 경향이 있는 것과 같다.

2) 중화주의와 중화제국

기원전 3세기 건국된 한漢나라 이래 중원에 세워진 중국 왕조는 자신들이 문명국으로서 세상의 중심이라고 생각했다. 중국이라는 한자의 뜻 자체가 가운데 있는 나라라는 의미를 담고 있다.

이 문명 세계의 중심에는 황제가 있었다. 황제는 하늘의 아들로서 이 문명 세계의 유일무이한 존재였다. 황제의 통치하에 들어오지 않은 주변 나라들은 모두 야만의 세계로 여겨졌다. 중원 왕조가 세상 문명의 중심이라는 중화주의 관념이 중국인들 사이에 역사 초기부터 형성되었다.

제국의 의미를 광대한 영토에 걸쳐 여러 다른 민족을 지배하는 국가를 의미한다고 정의할 때 이러한 형태의 제국이 중국 역사에 등장한 것은 한나라 무제 이후라고 볼 수 있다. 한 무제 이전의 한나라나 진나라는 아직 중원의 한족을 통합하는 단계에 있었다.

한 무제 이전까지만 하더라도 한나라는 흉노와 화친 정책을 유지하고 있었다. 한나라 무제에 이르러 한나라와 흉노 간 전세가 역전되었다. 흉노가 내부 분열 등으로 그 세력이 약화한 반면 한나라는 무제의 부국강병 정책을 통해 경제적으로 군사적으로 강력해졌기 때문이다.

한 무제는 흉노가 분열된 틈을 타 흉노 정벌에 나섰으며 흉노의 일부 세력은 한 나라의 통치하에 들어오고 일부 세력은 북쪽으로 쫓겨났다. 우리 역사의 뿌리인 고조선도 이 시기에 한 무제에 의해 정복당하였으며 고조선이 통치하던 지역이 한나라의 직접 통치하에 들어가기도 하였다.

다만 과거 중국에서는 제국이라는 개념은 없었으며 청나라 말기부터 제국이라는 용어가 쓰이기 시작하였다. 기록상으로는 청일전쟁을 마무리하는 시모노세키 조약에서 처음으로 대청제국이라는 용어가 등장하였다. 이것도 일본이 대일본제국이라는 국호를 쓰자 청나라도 처음으로 조약문에 대청제국이라고 썼다.

존 페어뱅크는 〈중국의 세계질서〉에서 과거 중국과 동아시아 여러 나라와의 관계를 중국 중심의 조공체제로 설명하였다. 페어뱅크에 의하면 조공체제는 조공국은 자신들의 토산품이나 조공품을 중원의 황제에게 규칙적으로 바치고 황제는 이에 대한 답례의 선물을 하는 등 조공무역을 허락함으로써 중원의 황제를 중심으로 하는 상하관계인 중국적 질서를 주변국이 받아들이는 일종의 외교적 행위였으며 이는 조공국이나 중원의 황제 모두에게 실익이 있었다고 한다.

조공체제 내에 있는 조공국은 조공 행위를 통해서 중원의 황제에 대한 권위를 인정하는 대신 자국의 안전을 보장받았으며 중원의 황제는 조공이라는 일종의 외교적 행위를 통해 권위를 확보하고 조공국 통치자에 대한 자신의 영향력을 유지함으로써 외부 세력이 중원을 침략하려는 마음을 먹지 못하도록 하는 효과가 있었다는 것이다.

그러나 이러한 중국 중심의 조공체제에 대한 반론이 없는 것은 아니다. 진나라 이후 한족이 중원을 차지하여 지배한 역사는 전체 중국 역사에서 절반 정도도 되지 않고 북방의 유목민족들이 중원을 차지한 역사가 절반 가까이에 이르므로 과거 동아시아의 국제관계를 중화제국과 주변국 간의 조공-책봉 체제로 설명하는 것은 실제 현실과 다르다는 주장이 그 하나다.

이 주장은 송나라 시기처럼 중원 왕조가 주변국에 비해 군사적으로 우위를 점하지 못한 경우에는 조공-책봉 체제 자체가 무너지고 오히려 북방을 통일한 요나라나 금나라에 송나라가 세폐를 바치고 형제의 맹약을 맺어야 하는 역전 현상도 발생하기도 하였으며 원나라와 청나라는 몽골족과 만주족에 의한 정복 왕조였다는 점을 그 논거로 내세운다.

그러나 과거에 중원 왕조를 지배한 민족이 어느 민족이었는지를 가지고 그 왕조를 중화제국으로 볼 것인지 아닌지를 논쟁하는 것은 실익이 없어 보인다. 그 이유는 유목민족들이 중원에 세운 왕조 대부분이 중화로 자처하는 경향을 보여주었기 때문이다.

이러한 관점에서 보면 과거 동아시아 질서를 이와 같은 중국 중심의 조공체제로 설명하는 것은 대체적으로 타당하다고 보여진다.

　이 조공-책봉 관계를 상징하는 프로토콜 중의 하나는 조공사절이 중원의 황제에게 무릎을 꿇고 머리를 조아리는 예를 취하는 것이었다. 이는 황제의 권위를 인정하고 중화제국을 상국으로 인정하는 행위였다. 이런 연유로 근대에 이르러 서양 열강과 청나라 간 접촉 시 이러한 예의 형식을 놓고 많은 논란이 있었다.
　1793년 영국 국왕의 사절단으로 온 조지 매카트니가 건륭제를 알현하고자 할 때에도 건륭제에게 예를 표현하는 방법을 두고 옥신각신했다. 청나라 황실은 매카트니에게 무릎을 꿇고 머리를 조아리는 예를 황제에게 표할 것을 요구했다. 청 황실은 주변 나라에서 온 외교사절을 황제의 권위를 인정하는 조공사절로 생각했기 때문이다.
　매카트니가 자신은 영국 국왕의 신하이지 청나라 황제의 신하가 아니라며 이를 거절하는 바람에 건륭제를 알현하는 것 자체가 무산될 뻔하였다. 그러나 건륭제 뒤에 영국 국왕의 초상화를 걸어 놓고 한쪽 무릎만을 굽힌 채 건륭제의 손에 입맞춤하는 영국식 의례를 취하는 것으로 양측 간 합의가 이루어져 알현이 실현되었다.

　조문사절은 중국 중심의 조공체제를 보완하는 다른 형태의 외교였다. 중원의 황제가 죽으면 주변 나라는 조문사절을 보내 애도의 뜻을 표함으로써 주변국은 중화제국의 권위를 인정하였다.

당나라 고종과 중국 왕조 역사상 유일무이한 여황제인 측천무후의 합장묘인 서안 서북쪽에 있는 건릉에는 고종 장례식에 조문사절로 온 주변국들의 외교사절 122명의 석조 인물상이 남아 있다.

이 조문사절의 규모는 당시 당나라와 주변국 간의 관계가 어떻게 작동했는지를 유추해볼 수 있는 하나의 단면이다. 유감스럽게도 이 석조 인물상 대부분은 문화대혁명 당시 홍위병들에 의해 목이 잘려 나가는 등 훼손되었다. 당시 통일신라에서 파견된 조문사절의 석조상도 목이 잘린 채 남아있다.

통상 중화제국의 권위를 인정하는 주변국의 통치자는 황제라는 용어를 사용할 수 없었다. 황제는 천하에 단 한 명밖에 없다고 생각되었기 때문이다. 주변국의 통치자는 왕궁을 지을 때도 중원 황제의 황궁보다 커서는 안 되었다. 명나라 때 창건된 황궁인 북경의 자금성 건물들의 지붕 모서리에는 잡상이라는 것이 조각되어 있는데 건물의 중요도에 따라 잡상의 수가 정해져 있다.

명나라의 황제가 공식 집무실로 사용하던 자금성 태화전 건물 지붕 용마루에는 10개의 잡상이 있다. 조선시대 왕궁인 경복궁 건물 용마루에도 잡상이 있는데 9개 이상의 잡상을 조각하지 않았다. 중화제국 황제의 책봉을 받는 나라였던 조선의 통치자가 사용하는 건물에 있는 잡상은 북경에 있는 황궁 건물의 잡상 수보다 적어야 했기 때문이다.

이러한 중화주의와 중화제국의 유산은 오늘날 중국과 주변국 간의 관계에 문제를 일으키는 배경이 되고 있다. 오늘날 국제사회를 구성하는 국가 간의 관계는 주권을 상호 존중하는 평등을 기초로 한 관계인 데 반해 오늘날 중국인들 가운데 중화제국 의식이 아직도 남아있어 오늘날 중국과 주변국 간 관계를 이러한 틀 속에서 바라보고 있기 때문이다.

심지어 과거의 이러한 조공-책봉 관계를 실질적 지배 관계로 왜곡해서 인식하는 경우도 있다. 이처럼 근대 이전 중국이 동아시아의 중심이었다는 생각이 중국인들의 잠재의식 속에 뿌리박혀 있으며 이러한 잠재의식이 오늘날 중국의 외교 행태에 영향을 끼치고 있다.

반면 서구 유럽은 근대국가가 성립되기 시작한 이래 특히 17세기 체결된 베스트팔렌 조약에 의거 나라가 크든 작든 그 크기와 관계없이 주권은 평등하다는 인식이 생겨나기 시작하였으며 국제사회는 평등한 국가 간의 관계라는 관념이 오늘날 보편화되었다. 이러한 역사적 배경의 차이 때문에 중국과 서구 국가들 간 외교 행태가 다르게 나타난다.

3) 공산주의 이데올로기와 구소련의 영향을 받은 비밀주의 유산

1978년 개혁개방 이후에는 등소평의 실용주의 노선에 따라 중국의 외교는 마오쩌둥 시기 공산주의 이데올로기를 추구하던 경

향에서 벗어나 실용주의 외교로 전환되었다. 그러나 중국의 외교 시스템 속에 공산주의 이데올로기와 소련의 영향을 받은 비밀주의가 여전히 만연해 있다.

1990년대 및 2000년대 초 주중한국대사관의 주요 관심 사항 중의 하나는 북한 권력의 안정성을 파악하는 것이었다. 특히 1990년대 후반 북한이 식량난 등으로 북한붕괴론이 대두된 상황이었기 때문에 식량 등 중국의 대북 무상원조 현황을 파악하는 일이 지대한 관심사항이었다.

당시 중국공산당 대외연락부나 외교부, 연구소의 북한 전문가들과 만나 중국의 대북 무상지원 규모가 어느 정도인지를 알아보기 위한 많은 노력을 기울였으나 중국 측은 우리 측에 구체적인 사항을 알려주지 않았다. 우리 측에 이를 발설하면 아마도 비밀누설죄로 처벌받기 때문이었을 것이다.

대사관은 당시 여러 정보를 종합하여 중국이 연간 원유 50만 톤 규모 정도를 북중 간 연결된 파이프라인을 통해서 무상으로 원조하고 있으며, 식량은 수시로 주요 인사의 방북 시 또는 북한 인사의 방중 시에 일정 규모를 원조하는 것으로 파악하였으나 이러한 정보들조차 불확실했다. 엄격한 비밀주의 산물이다.

북중관계에 관한 정보도 대사관의 주요 관심사항이었다. 김정일은 1994년 김일성이 사망한 후 소위 3년 상을 명분으로 내세우며 대외적으로는 물론 대내적으로도 공개적인 행보를 하지 않고 있었다.

특히 김정일은 북한을 경제적으로 지원해주던 소련이 해체된 상황에서 북한이 처한 경제적인 어려움을 극복하는 데 지원 세력이 될 수 있는 중국도 방문하지 않고 있었다. 이런 상황에서 김정일이 언제 중국을 방문할지가 지대한 관심사항이었다. 이를 통해 김정일 권력의 안정성을 판단할 수 있기 때문이다.

2000년 5월 예정되어 있던 최초 남북정상회담을 앞두고 김정일의 중국 방문이 전격적으로 실현되었다. 당시 중국 측은 김정일의 중국 방문이 한창 진행되고 있는 상황에서도 우리 측의 김정일 방중 확인 요청에 답변을 회피였다. 중국 측은 김정일의 방문이 다 끝나고 귀국한 다음에야 우리 측에 김정일의 방중 사실을 공식 통보하여 왔다.

이후 있었던 김정일의 여러 차례 방중 시에도 중국은 똑같은 행태를 보였다. 이러한 중국 측 태도에 대해 우리 측은 항의성 문제 제기를 했었다. 중국 측은 북한 측이 방중이 끝나기 전까지는 대외적으로 공개하지 말 것을 요청해서 어쩔 수 없다는 볼멘소리를 하면서 북한 측이 김정일의 신변 우려 때문에 비공개를 요구하는 것 같다고 대답했었다.

이러한 불필요한 비밀주의는 북한 측의 요청도 있었겠지만 공산주의 정권의 속성과도 관련이 있다. 공산주의 정권의 속성 중의 하나는 비밀주의이다. 권력의 세계가 비밀스럽게 유지되어 권력의 세계 내에서 무엇이 일어나는지를 대중들이 모르게 하는 것이 공산주의 정권의 권력 유지 방법의 하나이기 때문이다. 서방은 구소련이나 개혁개방 이전 중국의 비밀스럽고 음험한 세계를 크렘린 또는 죽의 장막이라는 표현으로 묘사했었다.

중국의 이러한 비밀주의 때문에 중국공산당의 심장이라 할 수 있는 중남해(중국공산당 고위 지도자들의 사무실과 주거지가 밀집되어 있는 곳이다. 자금성이라 불리는 베이징 고궁 인근에 있다)에서 무슨 일이 일어나고 있는지를 아는 것은 하늘의 별자리를 관측하는 것보다 더 어렵다.

시진핑 국가주석의 신임 하에 2022년 11월 중국 외교부장에 임명된 친강秦剛이 2023년 6월 공식 석상에서 갑자기 사라진 후에 한 달여 만에 면직되었다는 공식 발표가 있었다. 그러나 그 배경을 두고는 여전히 설왕설래할 뿐 정확한 사실은 아직까지 알려지지 않았다.

2006년 6월 중국 외교부의 리빈 조선반도사무 특사(그는 2001년부터 2005년 상반기까지 주한중국대사를 역임한 후 외교부에 복귀하여 조선반도사무 특사라는 직위를 가지고 근무하고 있었다)가 산둥성 웨이하이시 부시장으로 갑자기 전보되었다. 당시는 북한 핵 문제를 논의하는 6자 회담이 한참 진행되고 있던 시점이어서 의아하게 생각되어 그 이유를 알아보고자 했으나 알 만한 사람들 모두 입을 꾹 닫아서 확인할 방법이 없었다.

그는 웨이하이시 부시장으로 간 지 얼마 되지 않은 2007년 초 해직되어 공직 일선에서 물러났다. 당시 중국 외교부의 친강 외교부 대변인은 "리빈은 '조리원직調離原職(원래의 직위인 웨이하이시 부시장 겸 외교부 부국장 직위를 박탈당했다는 의미)'되었다"고만 밝혔을 뿐 그 사유는 밝히지 않았다. 그가 북한 관련 정보를 한국 측에 제공한 스파이 혐의를 받아 그렇게 된 것이라는 소문들만 무성했었다. 역사가 흘러 그에 관한 당안(당에서 관리하는 개인 신상기록)이 공개될 때에나 확인이 가능하게 될 것이다.

이 무렵 중국공산당 대외연락부의 장류청 조선처 처장(남북한 문제를 담당하는 과의 책임자로 우리의 과장급에 해당하며 그는 한국어가 능숙하여 중국 지도자들의 한국어 통역을 도맡아 하였다)도 갑자기 보직 해임되었다. 관계자들을 만나 그 배경을 알아보려 하였으나 모두 함구하여 알 수 없었다.

다만 관계자들이 일체의 언급을 회피하는 것을 보고 무언가 큰 문제가 생겼다는 것을 짐작할 수밖에 없었다. 후일 홍콩의 빈과일보가 그가 북한 관련 정보를 한국 측에 누설한 혐의로 사형 언도를 받았다고 보도한 바 있으나 이 또한 지금까지 공식적으로 확인할 길은 없다.

이처럼 개혁개방을 통해 외부 세계와 접촉이 이루어진 지 오래된 오늘날에도 중국 외교에 비밀주의 유산이 여전히 남아있다. 이러한 중국의 특성 때문에 중국에서는 대외문제를 담당하는 부문에서 일하는 사람들과 만나는 것 자체가 쉽지 않다.

설령 면담 약속이 이루어져도 중국의 외교부 직원들이나 당 관계자들은 혼자서 면담에 나서는 법이 없었다. 최소 두 명이 나온다. 혼자서 다른 나라 외교관을 만났다가 나중에 비밀누설 혐의 등 무슨 봉변을 당할지 알 수 없기 때문일 것이다.

중국 외교부나 당 관계자들은 한국의 관계자를 만날 때 본인 사무실로 외부 인사를 데리고 가는 경우가 없다. 보통 건물 1층에 마련된 접견실에서 외부 인사를 만난다. 내부 사무실은 전체가 보안 구역이기 때문에 외부 인사를 사무실로 안내할 수 없다. 중국 측 관계자들과 친해진 후 일부러 사무실을 좀 가보자고 한 적이 있는데 사무실이 너무 비좁아서 데려갈 수가 없다는 대답이 돌아왔다. 이러한 중국의 외부 인사 면담 관행도 모두 비밀주의의 산물이다.

보통 미국 등 서방 국가들의 외교관들은 상대국 외교관들이 업무 협의차 사무실을 방문하면 공식 회담이 아닌 한 자신의 방으로 안내해서 얼굴을 맞대고 업무협의를 한다. 한국 외교부도 그렇게 한다.

업무내용과 관련해서도 중국 측 인사들은 내부적으로 정해진 원칙만 반복해서 얘기한다. 정치지도자들조차도 내부적으로 정해진 원칙이나 방향만 언급할 뿐 실질적이고 구체적인 대안을 가지고 논의하지 않는다.

국가주석이나 전인대 상무위원장(우리의 국회의장에 해당한다) 같은 국가지도자급 인사를 만나도 실무자들과 똑같은 얘기만 한다. 내부적으로 정해진 원칙과 방향을 벗어나서 잘못 얘기하면 지도자급 인사라도 비판을 받을 우려가 있기 때문이다.

중국 측 인사들의 같은 말을 반복하는 이러한 행동 패턴에 익숙하지 않다 보니 우리는 중국 측 인사들과 만나 협의할 때 답답하게 느낀다. 면담 내용이 양국 간 협상에 관한 것이라면 우리는 괜히 조급해서 우리의 협상안만 먼저 노출하고 만다.

2. 중화인민공화국 시기 대외관계

1) 시기별 대외관계의 특징

1949년 중화인민공화국 건국 이후 중국의 외교는 국가 최고지도자의 성향에 의해 좌우되는 외교행태를 보였다. 국가권력이 최고지도자 1인에게 집중되어 있는 정치체제이다 보니 생기는 현상이다.

마오쩌둥 시기에는 반제국주의, 반패권주의 같은 이념과 혁명이 우선시 되었다. 그러나 마오쩌둥은 집권 후반기에는 소련으로부터의 안보 위협에 대응하기 위해 미국과 손을 잡는 현실주의자의 면모를 보여주었다.

등소평과 그의 충실한 후계자인 장쩌민, 후진타오 시기에는 중국의 국익을 최우선시하는 실용주의 외교가 중시되었다. 이는 등소평의 외교 판 흑묘백묘론이었다.

시진핑 시기 중국의 외교는 국가이익과 위신을 위해 압력과 보복을 구사하는 전형적인 강대국 외교의 행태를 보여주고 있다.

2) 마오쩌둥 시기

부뚜막을 바꿔라

1949년 10월 1일 신중국 건국을 선포한 중국공산당의 최고지도자 마오쩌둥은 신중국의 외교 방침으로 "부뚜막을 바꿔라. 청소를 깨끗이 한 후에 손님을 청해라. 외교는 편파적이어야 한다"는 3대 방침을 제시했다. 이 외교 방침에 따라 중화인민공화국은 과거 청나라가 서구 열강과 맺은 모든 불평등 조약을 전면 파기하는 등 부뚜막을 바꾸는 작업을 했다.

소련일변도 외교

한편 건국 직후인 1949년 12월 마오쩌둥은 모스크바를 방문하여 2개월여 협상 끝에 중소우호동맹상호원조 조약을 체결하였다. 스탈린은 1930년대 이래 마오를 신뢰하지 않고 있었다. 이런 이유로 스탈린은 국공내전(중국 국민당과 중국공산당 간 내전)에서도 온전히 마오를 지지하지 않았다. 오히려 장제스의 국민당 편에 서 있었다.

 당시 스탈린은 장제스와 협상을 벌여 대련 및 여순 항구 사용권을 확보하고 북만주 지역에서의 소련의 이익을 보장받았다. 이러한 사정을 누구보다도 잘 아는 마오는 스탈린을 믿지 못하였다.

 그러나 마오는 미국에 대해 더 깊은 불신을 갖고 있었다. 국공내전에서 국민당을 전폭 지원했던 미국이 공산화된 중국에 어떠한 태도를 취할지 예측 불가능한 시기였다. 국가 생존이라는 절대 명제 앞에서 마오는 스탈린에 대한 불유쾌한 과거의 기억 따위는 중요하지 않았다. 소련과의 동맹조약 체결을 위해 스탈린에 간청하다시피 매달려 동맹조약을 맺었다.

 1950년 6월 북한의 남침으로 발생한 한국전쟁은 2차 대전 후의 국제질서가 냉전체제로 고착화되는 전환점이 되었을 뿐만 아니라 중국의 대외정책 전반에도 결정적인 영향을 끼쳤다.

 한국전쟁 전까지만 하더라도 미국은 알류산열도-일본-오키나와-필리핀으로 이어지는 극동 방위선을 구상하고 있었다. 한국과 대만은 미국의 이 방위 선상에서 제외되어 있었다. 한국과 대만이 제외된 이유는 한국과 대만은 방위를 위한 미군 주둔 등의 소요 경비가 많이 드는 데다 방어하기도 어렵다는 판단과 극동 방위선을 지키는 것만으로 미국의 국익 확보가 충분하다는 것 등이 그 이유였다. 1950년 1월 애치슨 미 국무장관의 미국 전국기자클럽에서의 연설은 이러한 미국의 안보 구상을 대외적으로 확인해주는 계기가 되었다.

그러나 한국전쟁 발발로 미국은 이러한 방위정책을 전면 수정하게 되었다. 해리 트루먼 미국 대통령은 북한에 의한 남침 직후 공산주의 세력의 확장야욕을 분쇄하기 위해 한국 방위에 나섰다. 나아가 미 제7함대를 대만해협에 전격적으로 파견하여 대만의 국민당 정부 보호에도 나섰다.

미국은 2차 대전 종전 후 약 4년간의 국공 내전 기간 중 장제스의 국민당 정부에게 천문학적 규모의 군사적 경제적 지원을 하였으나 국민당 정부가 부정부패와 무능으로 중국공산당에 패배하자 이에 실망하여 타이완으로 철수한 국민당 정부에 대해 미적지근한 태도를 보이고 있었다.

트루먼 행정부 대외정책의 극적인 변화였다. 이로 인해 마오쩌둥은 타이완의 국민당 정부를 무력으로 무너트리고 중국을 온전히 통일하려던 계획을 수정해야 했다.

마오쩌둥과 한국전쟁

한편 한국전쟁 초기 베이징의 정치군사지도자들 대부분은 국공내전으로 피폐해진 국가의 재건이 급선무이며 당시의 중국 능력으로 미국과 맞서는 것은 불가능하다는 생각에 한국전 참전에 반대했다. 그러나 전략적 균형을 중시한 마오쩌둥의 생각은 이들과 달랐다. 특히 미국 주도의 유엔군이 인천 상륙작전 성공에 이어

38선 이북으로 진격하자 이런 상황에 대비하고 있던 마오는 중공군을 보내 미국과 맞서기로 결정했다.

마오의 이러한 결정은 임진왜란 당시 조선이 일본 전국을 통일한 도요토미 히데요시의 영향력 아래 들어가 명나라의 안보에 위협이 되는 것을 막기 위해 명나라가 조선에 군대를 보내 지원하였던 것과 같은 배경 하에서 이루어진 결정이었다.

조선 말엽 1894년에 일어난 동학혁명을 계기로 벌어진 청일전쟁도 청의 영향력 안에 있던 조선이 일본의 영향력 아래로 들어가 청나라의 안보에 위협이 되는 것을 막기 위해 일본과 일전을 벌인 것이었다.

1953년 7월 휴전협정으로 한반도에서의 전쟁행위는 중지되었으나 국제질서는 미소 양 초강대국이 지배하는 냉전 질서로 고착화되었다. 미국은 중국을 소련의 꼭두각시 정도로 생각했다. 한국전쟁의 최대수혜자는 소련이었다. 소련은 김일성의 야욕을 뒤에서 승인만 해주고 전쟁은 중국과 미국이 하도록 만들어 미국과 중국 간 불신의 골을 깊게 만들었다. 자신들은 미국과 중국이 한반도에서 싸우는 사이 동구라파에서의 영향력을 확대했다.

1953년의 휴전협정에 따라 한반도 문제의 평화적 해결방안을 논의하기 위한 제네바 정치회담이 열렸으나 미중 간 상호 불신으로 아무런 결과도 얻지 못한 채 종료되었다. 이후의 미중관계는 대사급 접촉 등 간헐적인 접촉에도 불구하고 1972년 2월 닉슨 미 대통령의 방중이 있기 전까지 이렇다 할 진전을 이루지 못하였다.

중소관계의 악화와
미소 두 초강대국과의 대결

중소관계는 1953년 스탈린 사망 후 새로운 흐름이 형성되었다. 스탈린을 이어 권좌에 오른 흐루쇼프는 1956년에 열린 제20차 소련 공산당 대회에서 스탈린 격하운동을 점화했다. 대외정책에 있어서도 스탈린과 달리 미국 등 서구와 평화공존을 모색했다.

반제국주의, 민족해방전쟁이 대세이며 결국에는 승리할 것이라 믿고 있던 혁명가 마오쩌둥은 서구와의 평화공존노선을 주장하는 흐루쇼프를 수정주의자라고 비난했다. 흐루쇼프는 이러한 마오쩌둥을 교조주의자라고 비난했다. 두 지도자 간의 불신은 공산권 국가 내 주도권을 둘러싼 이념 투쟁으로 확전되었고 중소관계도 악화되었다.

마오쩌둥의 비난에 화가 난 흐루쇼프는 스탈린 시대 중국에 제공하던 경제 원조를 중단하고 1959년에는 중국에 파견되었던 소련의 과학기술자들도 모두 철수시키는 초강경 정책으로 중국에 압박을 가했다.

마오쩌둥은 이에 굴하지 않고 자력갱생으로 대응했다. 자력갱생은 중국의 오랜 전통과도 궤를 같이하는 것이었다. '자력갱생 초영간미自力更生 超英趕美' 자기 힘으로 영국을 추월하고 미국을 따라잡겠다는 마오쩌둥의 새로운 혁명의 시작이었다. 1958년 시작한 대약진운동과 집단인민공사제가 그렇게 시작되었다.

그러나 대약진운동과 집단인민공사제는 참담한 실패로 귀결되었다. 수천만 명의 아사자가 발생했다고 알려져 있으나 아직도 정확한 숫자는 모른다. 대약진운동의 실패로 소위 주자파가 득세하여 마오쩌둥의 권력이 무너질 위기에 봉착했다.

마오쩌둥은 불굴의 의지의 소유자였다. 자신의 권력 기반이 위기에 처하자 문화대혁명(1966~1976)을 촉발했다. 이를 통해 정적을 모두 제거하고 자신의 권력을 다시 공고히 할 수 있었다.

소련의 위협 앞에서 미국과의 관계개선 전략을 택한 마오쩌둥의 현실주의

혁명정신으로 재무장한 마오쩌둥은 미소 두 초강대국과의 전쟁도 불사하겠다는 태도로 미국과 소련이라는 두 초강대국에 맞서는 동시에 중국식 공산 혁명을 인근 국가에 수출하기도 했다. 북베트남을 적극 지원하여 남베트남을 지원하던 미국에 대항했다. 미얀마, 캄보디아, 태국, 말레이시아, 인도네시아, 필리핀 등의 공산 게릴라 반군을 훈련시키는 등 미국과 대결했다. 이 시기에 중소관계는 더 악화하여 1968년 중소 국경지대인 우수리강 진보도(러시아 명 다이만스키) 섬에서 무력충돌이 발생하는 사태에까지 이르렀다.

진보도에서의 무력 충돌로 소련으로부터의 실제적 안보 위협을 느낀 마오쩌둥은 문화대혁명이라는 전대미문의 정치적 혼돈의 와 중에 대외정책 방향의 대전환을 모색했다.

그것은 미국과의 협력을 통해 소련으로부터의 군사적 위협에 대처하는 것이었다. 미국도 베트남 전쟁 개입에 반대하는 국내 여론이 비등해져 더 이상 베트남 전쟁을 수행하는 것이 어렵게 되었다. 또한 미국은 당시 소련의 팽창정책에 대처하는 데 있어 버겁게 느끼고 있었다. 미국과 중국의 이해관계가 맞아떨어졌다.

닉슨은 미 공화당 내에서도 지독한 반공주의자였다. 그러나 이러한 대내외적 여건 속에서 1969년 취임한 닉슨 미국 대통령은 중국과의 관계 개선을 통해 돌파구를 마련하기로 결정했다. 1972년 닉슨의 전격적인 중국 방문이 성사되었고 미중관계는 해빙무드가 조성되었다. 그러나 미중관계 개선을 추진했던 미국의 닉슨 대통령이 1974년 워터게이트 사건으로 사임하면서 미중관계 개선 속도는 지지부진했다.

3) 개혁개방 시기

1976년 마오쩌둥의 사망 후 중국은 국내적으로 정국의 주도권을 놓고 두 세력이 격돌했다. 이념과 사상 투쟁보다는 경제발전을 중시했던 덩샤오핑 세력이 문화대혁명을 주도했던 극좌 성향의 강청 등 소위 4인방 세력을 제거하고 정국의 주도권을 장악했다.

소련은 아직도 여전히 팽창정책에 몰두하고 있었다. 새로운 지도자 덩샤오핑은 마오쩌둥의 자력갱생으로부터 서방의 자본과 기술을 활용하는 개혁개방으로 정책의 대전환을 추진했다. 대외관계에 있어서는 소련의 여전한 안보 위협에 맞서 미국 등 서방과의 관계 개선에 온 힘을 기울였다.

덩샤오핑의 적극적인 정책으로 지지부진했던 미중관계에 돌파구가 마련되었다. 1979년 1월 미중은 마침내 수교에 합의했다. 덩샤오핑은 미중수교에 맞추어 미국을 방문했다. 미국과의 관계 강화를 원한다는 메시지를 미국 조야에 천명한 것이다. 이에 앞서 덩샤오핑은 1978년 일본과 싱가포르 등 동남아 국가를 방문했다.

키신저에 의하면 덩샤오핑의 미국 방문은 미국과의 관계 개선을 가속화 하려는 목적이었지만 얼마 후에 있을 중국의 베트남 침공에 대한 중국의 계획을 미국에 사전에 알려서 미국이 중국의 의도를 오판하지 않도록 하려는 의도도 있었다.

베트남 북부 도시 점령-
공세적 억지

1979년 2월 덩샤오핑이 미국 방문을 마치고 돌아온 후 얼마 지나지 않아 중국 군대가 중국-베트남 국경을 넘어 베트남의 북부 국경지대 도시 일부를 장악했다.

당시 베트남은 1975년 월남을 흡수 통일한 후 인도차이나반도의 맹주가 되려는 야심을 갖고 있었다. 그리고 이 베트남의 야심을 소련이 후원하고 있었다. 베트남 이외에도 소련은 아프가니스탄에서 세력을 확장하고 있었다. 모두 중국의 남서부에서 국경선을 맞대고 있는 나라들이다. 북쪽의 중소 국경지대인 우수리강 진보도에서 있었던 1968년의 무력 충돌 이후에도 소련은 여전히 중소 국경선에 대규모 병력을 배치하고 있었다.

중국은 이러한 모든 움직임이 소련의 중국 포위 전략이라고 의심했다. 중국은 이러한 소련의 안보 위협이 현실화하기 전에 먼저 선제적으로 대응하여 소련의 공세를 저지하기로 마음먹었다. 중국의 안보를 위해서는 베트남이 더 이상 소련으로 기울어 중국을 봉쇄하는 일원이 되는 것을 막고자 한 것이다.

중국은 베트남에 대한 제한된 전격전을 수행한 후 곧바로 철수를 결정했다. 이는 소련이 개입할 명분과 시간을 주지 않으면서 베트남에 대해서는 중국에 대항하려는 생각을 하지 말라는 중국의 결연한 태도를 보여주기 위한 것이었다.

베트남 전쟁 당시 국내적 어려움에도 불구하고 북부 베트남에 대한 경제적 군사적 지원을 아끼지 않았던 중국이 통일 베트남을 상대로 전격적인 군사행동을 한 것은 중국이 주변국으로부터 안보 위협을 어떻게 인식하는 지를 보여준 것이었다.

이는 한국전쟁에서 미국 주도 하의 유엔군이 38선을 넘어 북한으로 진격하자 한국전에 참전하여 북한을 지원한 것과 유사한 안보적 관점에서 행동한 것이다. 헨리 키신저는 중국의 이러한 대응을 중국식 공세적 억지 전략이라고 평가했다. 상대국에게 중국의 단호한 의지를 보여줌으로써 상대국이 행동을 재고하도록 하는 전략이다. 우리의 사드 배치에 대해 중국이 각종 보복 조치를 취한 것도 이러한 전략으로 볼 수 있겠다.

이후에도 소련으로부터의 안보 위협은 계속되었다. 중국은 미국과의 전략적 협력을 지속함으로써 소련의 위협을 상쇄하고자 했다. 그러나 1980년대 말 동구권 공산주의 국가들이 몰락하고 1991년에는 소연방까지 해체되면서 미국이 세계의 유일한 초강대국이 되었다. 엎친 데 덮친 격으로 중국에서는 1989년 천안문 사태가 발생하였다.

동구권 공산주의 국가들의 해체와 천안문 사태라는 미증유의 대내외적 위기에 직면한 덩샤오핑은 유혈진압을 통해 천안문 사태를 마무리한 후 권력을 다음 세대의 지도자들에게 넘겨주기로 결심했다. 덩샤오핑 같은 정치적 실권자가 스스로 은퇴하기로 한 결정은 중국 역사상 전무한 일이었다.

소련 해체와 천안문 사태라는 미증유의 위기 속에 취한 수세적 대외방침

덩샤오핑은 1990년 최고지도자에서 물러나면서 중국이 당면한 대외 위기를 극복하기 위한 전략 방침(20자 방침이라 한다)을 다음 세대의 지도자들에게 남겼다.

"냉정하게 관찰할 것冷靜觀察, 서두르지 말 것穩住刻步, 침착하게 대응할 것沈着應付, 어둠 속에서 조용히 실력을 기를 것韜光養晦, 꼭 해야 할 일이 있는 경우에만 나설 것有所作爲."

이는 중국에 아주 어려운 정세가 조성되었으니 모든 문제를 신중하게 처리하면서 중국의 실력을 키우는 데 집중하라는 당부였다.

덩샤오핑에 이어 다음 세대의 지도자로 등장한 장쩌민은 덩샤오핑의 방침을 따라 신중한 대외 행보를 취하면서 중국의 힘을 키우는 데 집중했다. 그러나 천안문 사태가 중국의 발목을 잡고 있었다. 가장 큰 난제는 천안문 사태 직후 중국주재 미국대사관으로 피신하여 망명을 요청한 세계적인 물리학자 팡리즈 교수의 신병 처리 문제였다. 1년여의 협상 끝에 중국은 미국 측 요구대로 팡리즈 교수를 외국으로 추방하였다.

이와 같은 조치는 중국으로서는 국가주권을 훼손하는 것으로 중국으로서는 수용하기가 어려웠다. 그러나 천안문 사태로 악화한 미국 등 서방의 중국에 대한 비판 여론을 잠재우고 미국 등 서방과의 관계를 정상화하기 위해 취한 불가피한 조치였다.

이후 중국은 서방과의 협력을 통한 경제발전에 주력했다. 외교도 2000년대 중반까지 중국의 경제발전을 지원하기 위한 국제환경 조성에 집중했다.

미국의 리더십 약화와
중국의 적극적 외교로의 전환

2008년 발생한 금융위기로 인해 미국의 리더십은 커다란 타격을 입게 되었다. 반면 2008년 9월 베이징 올림픽을 성공적으로 마친 중국은 한껏 고무되었다.

베이징 올림픽 직후 미국 학계와 언론계에서는 미국의 시대를 상징하던 워싱턴 컨센서스라는 용어 대신 베이징 컨센서스라는 용어가 회자될 정도였다.

이러한 대내외 흐름 속에서 자신감을 갖게 된 중국은 천안문 사태 이후 일방적으로 끌려가던 미국과의 관계를 대등한 관계로 재조정하고자 했다. 이러한 대미 관계의 재조정 시도는 신형대국관계 주장으로 나타났다.

2008년 12월 다이빙궈 당시 외교 담당 국무위원이 워싱턴 소재 브루킹스 연구소가 주최한 미중수교 30주년 기념 연설에서 "미중 관계는 제로썸zerosum 게임이 아니라 윈윈win-win 관계이며, 서로 다른 사회체제와 문화를 가지고 있고 발전의 단계도 다른 두 대국인 중국과 미국 양측은 21세기에 조화와 공동의 발전을 위한 관계를 만들어 나가야 한다"는 입장을 개진하였다.

시진핑도 2012년 초 국가부주석 자격으로 미국을 방문하였을 당시 오바마 대통령에게 상호존중과 공동번영, 그리고 서로의 핵심이익을 존중하는 신형대국관계를 확립하자는 입장을 표명하였다. 이러한 정지작업 위에 후진타오 국가주석은 제4차 미중 전략경제대화(2012년 5월, 베이징)에서 신형대국관계를 공개적으로 제의했다.

미국은 이에 대해 별다른 반응을 보이지 않았다. 오히려 힐러리 클린턴 국무장관이 아시아로의 회귀(Pivot to Asia) 구상(2011년 11월)을 밝힌 이후 미국 정부는 아시아 지역에서의 중국의 영향력 확대를 견제하기 위한 조치를 강화하기 시작했다.

미국의 이러한 정책전환은 이라크, 아프가니스탄에서의 대테러 전쟁이 종결 수순에 접어들고 미국의 금융위기도 어느 정도 진정되면서 대외정책의 중점을 아시아로 이동할 수 있는 여력이 생긴 데 따른 것이었다. 중국의 신형대국관계 구상은 사실상 거부당한 셈이었다.

그러나 이 시기 미국은 중국의 부상에 대응하면서도 미국이 주도하는 세계질서에서 중국을 배제하려 하지는 않았다. 미중 간 전략경제대화(이 대화채널에는 양국의 외교안보경제문제 책임자들이 참석하였다)가 오바마 행정부 시기 여전히 지속된 데에서 이러한 미국의 속내를 읽을 수 있다.

이후 중국은 신형대국관계라는 용어를 폐기처분하고 신형국제관계라는 새로운 외교방향을 제시하였다. 중국이 새로이 제시한 신형국제관계는 국가 간 평등한 질서를 구축하자는 주장이나 이면에는 미국 주도의 일방적 국제질서에 끌려가지 않겠다는 의도가 담겨 있다.

4) 시진핑 시기

중국 특색의 대국외교

2012년 11월 시진핑習近平이 제18차 중국공산당 대회를 통해 당 총서기에로 선출되고 2013년 3월 전국인민대표대회에서 중화인민공화국 국가주석에 선출되어 중국의 최고지도자가 되었다. 시진핑은 국가목표로 중국몽을 제시하였다. 중국몽은 두 가지 차원의 비전을 담고 있다.

하나는 대내적 차원으로 중국공산당 창당 100주년이 되는 2021년까지 중국 인민들의 삶이 소강(모든 인민이 중진국 정도의 삶을 영위할 수 있는 경제사회를 건설한다는 의미에 가깝다)상태에 이르도록 하고 중국 건국 100주년이 되는 2049년까지 사회주의 현대화 강국을 건설하는 등 중국 인민들의 삶을 향상하겠다는 비전이다.

다른 하나는 대외적 차원으로 중국이 더 이상 국제무대의 주변부에 머물러 있는 것이 아니라 강대국으로 세계의 중심에 우뚝 서겠다는 비전이다. 시진핑의 이러한 생각은 19차 공산당 대회(2017년 10월)에서 마오가 중국을 일어서게 했고站起來 덩이 중국을 번영케 했으며富起來 자신은 중국을 강하게 했다强起來는 발언에 잘 나타나 있다.

시진핑 시대 중국외교의 특징은 중국 특색의 대국외교라는 기치 아래 신형국제관계(기존의 제로섬 게임과 승자독식의 대립적 국제관계를 거부하고 협력을 바탕으로 하는 상호 win-win을 지향하는 민주적 국제관계라고 중국은 주장한다), 인류운명공동체 등 이상주의적이고 도덕주의적인 요소를 대외적으로 강조하고 있다. 중국은 비록 대국이지만 서방 특히 미국의 강권 정치와는 달리 상호협력의 국제질서를 추구한다는 주장이다.

방어적 외교에서 공세적 외교로

그러나 이러한 주장에도 불구하고 시진핑 시대 외교는 덩샤오핑 이래 중국이 취해 온 방어적 외교에서 벗어나 공세적 외교행태를 보이고 있다. 서방 국가들에 의해 전랑 외교라는 딱지가 붙여진 시진핑 시대 외교는 거친 언어와 물리적 강제력 사용 위협을 특징으로 한다. 시진핑 시대 공세적 외교행태의 특징들을 보자.

첫째, '이에는 이 눈에는 눈' 전략으로 미국의 견제에 강경히 맞서는 외교 행태를 보여주고 있다.

2021년 미 바이든 행정부가 들어선 이후 미국 정부가 글로벌 산업 공급망, 반도체, 인공지능 등 첨단기술 분야에서 중국을 견제하는 각종 조치를 취했다. 틱톡 자산의 강제매각도 추진했다.
이에 대해 중국은 '눈에는 눈, 이에는 이' 전략으로 맞서 왔다. 미국의 틱톡 자산 강제 매각 조치 시도에 대해서는 타인의 좋은 물건을 자기 것으로 삼으려는 건 완전히 강도 논리라고 비난했다.

2025년 2월 트럼프 행정부가 출범한 이후 취한 중국에 대한 천문학적인 관세부과에 대해서도 중국은 이에 굴하지 않고 맞대응에 나서고 있다. 결코 미국에 주도권을 뺏기지 않겠다는 태도다.

트럼프 1기 미국의 중국에 대한 관세 부과 시에는 중국 측이 양보하는 모양새로 협상을 통해 종결되었다. 그러나 트럼프 1기와 바이든 대통령의 중국 견제를 거치면서 중국의 맷집은 더 강해졌다.

중국은 장기전에 대비하고 있는 모양새다. 공산당 기관지인 인민일보까지 나서서 미국의 태도를 비난하면서 국민적 단결을 도모하고 있다. 심지어 관영언론 등을 통해 마오쩌둥 시기의 대미 항전 결사 의지를 재소환하고 있다. 트럼프 2기 미중 간 관세전쟁은 중국의 강력한 반발로 미국의 일방적 승리보다는 모두가 상처를 입은 채 끝날 개연성이 크게 되었다.

둘째, 대만 문제에 대해 하나의 중국 원칙을 근거로 강경 대응하고 있다.

중국은 하나의 중국 원칙을 미중관계의 마지노선으로 간주하여 왔다. 문제는 하나의 중국 원칙의 내용이 모호하여 구체적 내용이 확정되어 있지 않다는 데 있다. 이러한 이유로 대만 문제는 미국을 포함한 모든 나라의 중국과의 외교관계에 있어 잠복되어 있는 갈등 사안이다.

1972년 2월 닉슨 미 대통령의 방중 시 대만 문제 관련 합의가 이루어지지 않았다. 이에 따라 미국과 중국은 상하이 코뮈니케(제1 공동 코뮈니케라고도 불린다)에서 각각 자국의 입장을 밝히는 형식으로 문제를 해결했다.

이때 중국은 '하나의 중국' 원칙을 밝히면서 '대만 문제 해결을 위한 무력 사용 불 배제' 입장을 밝혔다. 미국은 '대만 문제는 평화적으로 해결되어야 한다'는 입장을 밝혔다.

1978년 12월 외교관계 수립에 관한 공동성명(제2 공동 코뮈니케라고도 불린다)에서 '하나의 중국' 원칙이 합의되었다. 이 표현에 합의하는 데 약 7년이 걸렸다.

수교 직후인 1979년 4월 미 의회가 미국-대만 간 상호 대표부 설치와 방어용 무기의 대만 판매를 허용하는 대만관계법을 제정함으로써 하나의 중국 원칙 문제를 둘러싸고 외교 갈등이 노출되었다. 당시 중국은 미국의 대만관계법 제정이 하나의 중국 원칙의 위반이라고 반발했으나 실제적인 대응조치는 취하지 않았다.

1980년 미 대통령이 된 레이건은 보수주의자 중의 보수주의자였다. 레이건은 대만이 스스로 방어할 수 있도록 대만에 무기 판매를 하고자 하였다. 중국은 이를 하나의 중국 원칙을 위반하는 것이라고 반발하였다. 그러나 소련으로부터의 안보 위협을 여전히 느끼고 있던 중국으로서는 타협을 할 수밖에 없었다. 이러한 여건 속에서 1982년 대만에 대한 방어용 무기 판매 문제에 관한 미중 간 합의(제3 공동 코뮈니케라고도 불린다)가 채택되었다.

그러나 양측의 이견을 조정하는 과정에서 모호한 내용의 합의가 이루어졌다. 이로 인해 오늘날 미국이 대만에 무기를 판매할 때마다 중국은 미국이 이 합의를 위반하고 있다고 강력히 반발하면서 미중관계가 위기에 빠지곤 한다. 그럼에도 불구하고 시진핑 이전의 지도자들은 협상을 통한 해결에 방점을 두었다.

시진핑 시대의 대만 문제 입장은 협상과 대결이 혼재되어 있다. 2016년 12월 트럼프 미국 대통령 당선자와 차이잉원 대만 총통 간 전화 통화가 이루어졌다. 대만 총통이 조만간 대통령에 취임하게 될 트럼프와 전화 통화를 가진 것은 미중수교 이후 첫 번째 사례였다. 하나의 중국 원칙의 중대한 위반이라고 볼 소지가 있었다.

그러나 중국은 비교적 신중하고 절제된 태도로 반응했다. 강력히 항의한다는 중국 외교부 대변인의 논평이 전부였다. 트럼프 취임 초기임을 감안하여 트럼프를 자극할 필요가 없다는 계산 하에 막후에서의 조용한 협상을 택한 것일 것이다.

2017년 2월 트럼프-시진핑 간 첫 통화가 이루어졌다. 이 통화에서 트럼프가 하나의 중국 원칙을 견지할 것이라고 하였다고 중국 언론들이 일제히 보도했다.

이후 2017년 4월 차이잉원 총통이 트럼프와 전화 통화를 추진했으나 미국 측에서 이를 받아들이지 않아 통화가 불발되었다는 언론 보도가 나왔다. 이 언론 보도가 사실이라면 트럼프도 차이잉원과의 통화는 미중관계의 기초를 흔드는 것으로 이해했기 때문일 것이다. 이후에 차이잉원 총통과 트럼프 간 전화 통화가 이루어졌다는 보도는 없었다.

바이든 대통령이 2021년 취임한 이후에도 차이잉원 총통과의 통화가 있었다는 언론 보도는 없었다. 차이잉원 총통과의 전화 통화는 하나의 중국 원칙을 위반하는 일종의 레드 라인이라는 중국 측의 요구를 미국 정부가 받아들인 결과로 해석되는 대목이다.

2022년 8월 초 낸시 펠로시 미국 하원의장이 대만을 방문하였다. 1979년 미중수교 후 미국 하원의장의 첫 번째 대만 방문이었다. 중국은 하나의 중국 원칙을 어긴 것이라며 이에 대한 맞대응 차원에서 펠로시 의장의 대만 방문이 끝난 직후 대만봉쇄를 가상한 군사훈련을 실시하였다.

대만봉쇄는 중국이 군사력에 의한 대만통일 시도 시 취할 수 있는 군사적 옵션의 하나로 거론되어는 왔으나 대만봉쇄를 가상한 실제적인 군사훈련은 이때가 처음이었다.

이에 앞서 1995년 리덩후이 당시 타이완 총통의 미국 방문(공식적인 방문이 아니라 이등휘 총통의 모교인 코넬 대학 연설을 위한 사적 방문이었다)을 이유로 중국은 대만해협에서 미사일 발사 훈련 등 군사적 압박을 가한 적이 있기는 하다.

그러나 전면적 대만봉쇄라는 군사적 압박 카드를 사용한 것은 과거의 대응들과는 차원을 달리하는 것이었다. 이는 군사력 사용도 배제할 수 없다는 강경 메시지를 전달함으로써 미국의 개입을 저지하기 위한 강경 대응의 일환이었다. 일종의 중국식 공세적 억지전략이라 볼 수 있다.

셋째, 남중국해에서 중국의 주권을 강화하기 위한 행동을 구체화하고 있다.

덩샤오핑 이후 중국은 남중국해의 주권이 중국에 속해 있다고 주장하면서도 관련 당사국들과 해저자원을 공동개발 한다는 방침 하에 당사국들과의 직접적인 마찰을 회피해 왔다. 2002년에는 동남아 국가들과 남중국해 영토 문제를 대화를 통해 평화적으로 해결하고 무력 사용을 자제한다는 남중국해에서의 당사국 행동선언 Declaration on the Conduct of Parties in the South China Sea에 합의하기도 했다.

이후 잠잠했던 남중국해 문제는 2009년 이후 갈등에 휘말려 중국-동남아 국가 간 충돌이 점증하는 가운데 중국은 2014년 이후 남중국해의 여러 암초에서 간척사업을 벌이는가 하면 활주로 및 군사시설을 세우는 등 인공 섬 건설을 추진했다. 중국의 이러한 조치는 영토 주권 공고화 작업의 일환으로 간주되었다.

필리핀 정부는 이에 대응하여 2013년 1월 헤이그 상설중재재판소에 중국이 주장하는 9단선의 국제법적 지위와 중국이 설치한 해상 구조물의 성격 등에 관한 법적지위 해석을 요청했다. 2016년 7월 헤이그 상설중재재판소는 9단선의 역사적 근거가 국제법적으로 인정되지 않으며, 남사군도에는 200해리 배타적 경제수역을 선포할 수 있는 어떤 구조물도 없다고 결정함으로써 필리핀의 손을 들어주었다. 이에 필리핀, 미국 등 국제사회는 동 판결을 존중하라고 중국 측에 압력을 가했다.

그러나 중국 외교부는 "판결은 무효이며, 아무 구속력을 갖지 못한다. 중국은 이 판결을 받아들이지도 인정하지도 않는다"는 성명을 발표함으로써 국제사회의 요구를 일축했으며 남중국해에 있는 바위들에 인공 섬 건설을 지속적으로 추진하고 있다.

넷째, 경제적 제재, 군사적 위협 등 물리적 강제력을 사용하여 상대국을 압박하는 외교 행태를 구사하고 있다.

한국이 2016년 사드 배치를 결정하였을 때 중국이 경제적 제재를 포함하는 유무형의 제재와 압박을 구사한 것이 그 대표적인 예이다. 호주 정부가 2020년 코로나19 진원지에 대한 국제조사를 촉구하자 중국은 호주산 소고기, 와인, 목재 등에 대한 수입제한 등 호주에 대한 경제제재 조치를 취하기도 하였다. 2012년 9월 센카쿠(중국명 디아오위다오)섬을 일본이 국유화(그 이전에는 개인소유였다)하자 중국은 희토류 수출제한 등으로 일본을 경제적으로 압박하고 해양 순시선을 주변 해역에 파견하여 사실상의 무력시위를 하였다.

다섯째, 중국의 영향력을 강화하기 위한 새로운 국제제도를 중국 주도하에 만들어 나가고 있다.

시진핑 집권 초기부터 중국은 21세기판 육상 실크로드와 해상 실크로드를 구축하기 위해 일대일로 구상을 밝힌 이래 대규모의 자본을 투자하고 있다. 일대일로 구상은 중국의 경제력을 발판으로 세계적 차원에서 중국을 중심으로 하는 무역 및 경제교류 네트워크를 만들려는 계획이다.

이 구상이 성공한다면 모든 길은 로마로 통한다는 격언에 버금가는 모든 세계무역은 중국으로 통한다는 새로운 격언이 만들어질지도 모른다. 중국이 일대일로 참여국들로부터 자금공여와 기술공여를 대가로 경제적 이권을 약탈해간다는 비판이 있음에도 불구하고 일부 국가들에서는 프로젝트가 잘 추진되고 있기도 하다.

중국은 일대일로 사업의 성공적 추진을 위해 2016년 베이징에 본사를 둔 아시아인프라투자은행AIIB을 설립하기도 하였다. 아시아인프라투자은행은 에너지 및 운송 프로젝트를 추진 중이며 앞으로 수도시설과 정보통신기술 부문 등으로 확대할 계획이다. 이와는 별도로 2014년 말 설립된 400억 달러 규모의 실크로드 펀드는 중앙아시아와 파키스탄의 일대일로 및 인프라 프로젝트를 지원하고 있다.

또한 중국은 브릭스BRICS 국가들과 함께 2015년 신개발은행도 설립했다. 상하이에 본부를 둔 신개발은행은 베이징에 본부를 둔 아시아인프라투자은행과 함께 서방 선진국이 주도하는 아시아개발은행이나 국제통화기금의 대항마 성격으로 간주되고 있다.

안보 영역에서도 아시아에서의 새로운 안보질서 구축을 추진하고 있다. 시진핑이 2014년에 아시아교류 및 신뢰구축회의에서 아시아의 안보는 아시아 국가들에 의해 지켜져야 한다는 아시아 신안보 구상을 제기한 것이 대표적인 사례다.

중국 정부는 공식적으로는 부인하고 있지만 아시아 신안보 구상은 아시아 안보에서 미국의 역할을 중국이 대체하겠다는 의도가 깔린 것으로 간주되고 있다. 물론 아시아 국가들의 중국에 대한 의혹의 눈초리로 인해 이 구상이 당장 실현될 가능성은 희박하지만 중국의 아시아 안보에 대한 새로운 구상의 일단이라는 점에서 주목할 필요가 있다.

한편 중국이 주도하여 창설한 상하이 협력기구는 회원국의 확대 발전 및 회원국 간의 공통 이해를 확대해나가고 있다. 중국 주도하에 창설된 상하이 협력기구는 1996년 창설 당시에는 러시아 및 소연방 해체로 독립 국가가 된 중앙아시아 3국(카자흐스탄, 키르기스스탄, 타지키스탄) 등 5개 국가 간 국경지대에서의 군사적 신뢰 강화를 통해 국경에서의 충돌을 방지하기 위한 실제적 협력 필요성에서 출발하였다.

이후 2001년 우즈베키스탄, 2017년 인도, 파키스탄, 2023년 이란이 가입하는 등 회원국이 확대되었고 협력의 범위도 정치, 경제, 군사, 문화 등 폭넓은 분야로 확대되었다. 2024년 현재 상하이 협력기구는 정회원국 (9개국) 이외에 몽골, 벨라루스가 옵서버로, 투르크메니스탄, 동남아시아 국가 연합이 초청 국가(기구)로, 스리

랑카, 튀르키예, 아르메니아, 아제르바이잔, 캄보디아, 네팔, 이집트, 카타르, 사우디아라비아, 바레인, 쿠웨이트, 몰디브, 미얀마, 아랍에미리트가 대화 파트너로 참여하고 있다.

여섯째 홍콩에 대한 관할권 강화 및 미국 등 서방의 대 중국 제재에 대한 대응을 위한 국내법적 기초를 마련해 왔다.

2020년 7월 중국 정부는 홍콩 국가보안법(정식 명칭은 홍콩중화인민공화국 홍콩특별행정구 국가안전수호법이다)을 제정하였다. 동 법에서는 국가 분열, 국가 정권 전복, 테러 활동, 외국 세력과의 결탁 등 4가지 범죄를 최고 무기징역형으로 처벌할 수 있도록 규정하고 있다.

이어 홍콩 입법원이 2024년 3월 홍콩판 국가보안법을 제정하였다. 동 법은 반역과 국가 분열, 반란, 불복종 선동, 정부 전복, 국가기밀 절도, 간첩행위 등 홍콩 안보와 관련된 39개 죄목과 구체적인 처벌 수위 등을 담고 있다.

또한 중국은 2023년 7월 중화인민공화국 대외관계법을 제정 공표하였다. 대외관계법은 중화인민공화국은 국제법과 국제관계의 기본 준칙을 위반하고 중화인민공화국의 주권, 안전 및 발전 이익을 위협하는 행위에 대해 필요한 반격 및 규제 조치를 시행할 수 있다고 규정하고 있다.

이 규정으로 중국은 미국 등 서방 국가들이 국내법에 근거하여 중국의 기업과 개인에 대해 중국이 보기에 부당하다고 생각되는 법을 집행할 경우 중국 측도 이 국내법에 근거하여 강력히 대응하겠다는 의도를 드러냈다. 문제는 주권, 안전, 발전 이익을 위협하는 행위라는 내용이 모호하여 중국에서 활동하는 외국 투자기업들의 활동에 제약이 될 수 있다는 점이다.

이외에도 2023년 7월 기존의 반간첩법을 개정하여 간첩행위의 범위와 처벌 규정을 크게 강화하였다. 기존 법률에서는 반간첩법이 국가기밀에만 적용되었으나 개정 법률에서는 국가안보 및 국가이익과 관련된 각종 문건과 정보 및 데이터의 정탐, 수집, 매수, 불법적인 제공 등을 간첩행위로 규정함으로써 간첩행위를 포괄적으로 규정하였다.

7장
현대 중국의 외교행태 (1)

1. 상대방 마음 사기

1) 팽임 외교와 문화적 유산 활용

중국의 외교행태 중에 가장 특징적인 것 중의 하나가 상대방의 마음을 얻기 위해 전심전력을 기울인다는 것이다. 1992년 한중수교 직후 우리나라에서는 중국 열풍이 불어 중국과의 교류가 폭발적으로 증가하였다. 정부 관계자들은 물론이고 여야 정당 대표단들이 중국 정부나 중국공산당 대외연락부의 초청으로 중국을 자주 방문했다. 국회의장을 비롯한 국회 대표단도 중국 전국인민대표대회의 초청으로 수시로 방문했다.

지금도 그렇지만 당시 미국 등 서구 나라의 정당이나 국회들은 중국공산당이나 중국 전국인민대표대회와의 교류를 금기시했다. 미국이나 서구 유럽의 의회 또는 정당 대표단이 중국의 초청을 받아 중국을 방문한 적이 없다. 중국공산당은 서구의 정당들과 교류를 원했지만 서구의 정당들이 중국공산당과의 교류를 꺼렸기 때문이다.

물론 미국 등 서구의 정당이나 의회는 대표단을 엮어 우리나라처럼 의원외교라는 이름으로 다른 나라를 방문하는 사례가 거의 없기는 하다. 이와는 반대로 우리나라의 정당이나 국회는 중국의 상대 기관과 교류하는 데 열심이었다.

중국공산당이나 전국인민대표대회도 우리 국회나 정당과의 교류에 열심이었다. 중국공산당 입장에서는 우리나라와 같은 민주주의 국가의 정당이나 국회와 교류하면 중국공산당이나 중국 정치체제에 대한 서구의 편견을 해소하는 데 도움이 될 것으로 생각했을 것이다.

우리나라 정당이나 국회 또는 정부 대표단이 중국을 공식 방문하면 중국의 관련 부서는 지방 일정을 포함하여 중국의 문화유적지 방문과 고위 인사 면담 및 만찬 일정 등 최대한의 성의를 다해 대표단을 대접한다. 이러한 중국 측의 일정 마련이나 연회 등은 우리 측 인사들이 다른 나라에 가서는 경험할 수 없는 그야말로 칙사 대접이다.

중국 인민대회당에서 중국 국가주석이나 고위 지도자가 주최하는 연회는 성대하기 그지없다. 처음 참석하는 사람들은 우선 그 규모에 놀란다. 음식도 산해진미가 나온다. 그것도 모자라 마오타이 같은 최고급 술을 곁들인다.

이처럼 중국은 방문하는 외빈을 융숭하게 대우한다. 그러다 보니 중국 측 초청으로 중국을 방문했던 우리 대표단은 칙사 대접을 받았다는 느낌을 받는다. 이런 대접을 받고 나면 중국에 대해 호감을 갖기 마련이다. 이에 비해 미국이나 유럽의 경우에는 우리 정당이나 국회 또는 정부 대표단이 방문해도 중국이 하는 것처럼 그런 대접을 해주지 않는다. 그냥 카운터파트라고 할 수 있는 인사와의 공식적인 면담 일정이나 한 번 있고 대략 끝이다.

1972년 이루어진 닉슨 미 대통령의 중국 방문은 냉전 이후 굳게 닫혀 있던 미중관계의 개선을 알리는 신호이자 국제관계의 대변동을 예고하는 대사건이었다. 그러나 일반인들의 뇌리에는 마오쩌둥이 마오타이로 닉슨 대통령을 대접했다는 일화만 깊게 각인되어 있다.

이처럼 중국은 연회를 외교에 잘 활용한다. 항우가 유방을 초대해 칼춤을 선보였던 홍문연鴻門宴도 연회였다. 그만큼 중국은 외교에 있어 연회를 손님의 마음을 사는 중요한 수단으로 활용한다. 어느 서구의 관찰자가 이러한 중국 외교를 팽임烹飪외교(일종의 미식 외교이다)라 이름 붙였다.

중국은 외교에 활용할 수 있는 풍부한 문화적 유산도 가지고 있다. 미국의 대통령이 중국을 방문하면 중국은 섬서성 서안(당나라 시대의 수도로 당시에는 장안으로 불렸다)에 있는 진시황릉의 병마용과 북경의 자금성, 만리장성 방문 일정을 단골로 주선한다. 레이건과 클린턴 미국 대통령은 진시황 병마용을 방문했다. 오바마 대통령은 자금성과 만리장성을 방문했다. 최대 강대국인 미국에게 중국의 찬란했던 과거 역사와 문화를 보여줌으로써 은연중에 중국의 잠재력을 과시하는 것일 터이다.

2) 칙사 대접: 과거로부터의 전승

외빈을 이처럼 융숭하게 대접하는 중국의 문화는 중국 왕조 시대로부터 기원한다. 중국 최초의 통일 왕조였던 진나라가 무너진 후 건국된 한漢나라는 북방의 흉노 등 유목 민족들로부터 항상 침략의 위협에 시달렸다. 한 무제 시대에 일시적으로 대규모 군사를 동원하여 흉노를 북방으로 몰아내는 데 성공한 적이 있기는 하지만 한 무제 이후 여전히 흉노의 침입으로 항상 골머리를 앓았다.

한나라는 이들 유목민족을 달래서 변경을 안정적으로 유지하는 것이 한나라에 더 유리하다는 생각을 하게 되었다. 이러한 유목민족 달래기를 중국은 문명적으로 우월한 자신들이 자비를 베푸는 것이라고 포장했지만 실제로는 군사적으로 열세였기 때문에 취한 일종의 유화정책이었다. 한나라의 한 관리가 북방의 흉노를 달래기 위해 취해야 할 방안을 기록으로 남겨 놓았다.

"좋은 옷과 마차를 주어서 그들의 눈을 멀게 하라. 맛있는 음식을 주워서 입을 즐겁게 해라. 음악과 여자로 귀를 솔깃하게 해라. 그들이 배를 채울 수 있도록 곡식 창고를 열어 주어라. 귀순하러 오는 자들에게는 황제가 친히 주연을 여는 등 호의를 베풀어야 한다."

2023년 5월 중국 섬서성 서안에서 제1차 중국-중앙아시아 5개국 정상회의가 개최되었다. 정상회의 하루 전날 저녁 시진핑 중국 국가주석이 당나라 황실 정원 터에 조성한 민속 테마파크인 대당부용원大唐芙蓉園에서 대규모 공연과 환영 연회가 개최되었다. 연회에는 카자흐스탄·키르기스스탄·타지키스탄·투르크메니스탄·우즈베키스탄 대통령 부부가 참석했다.

이 회의에 참석한 5개국은 광의의 의미에서 옛 흉노와 돌궐의 후손들이다. 이날 시진핑이 주최한 연회는 2,000여 년 전 한나라의 황제가 흉노의 지도자를 위해 열었을 연회와 어쩌면 비슷했을지도 모른다. 중앙아 전통음악과 화려한 옷을 입을 무용수의 무용과 맛있는 음식이 준비된 연회였으니 말이다.

아울러 중국은 한나라가 흉노에 곡식 창고를 열어 그들의 환심을 샀듯이 이 회의에서 중앙아시아 국가들에 대한 대규모 투자를 약속했다.

3) 비공식 초청을 통한 우호 인사 만들기

중국은 이러한 공식적인 외빈 초청과는 별도로 중국인민외교학회라고 불리는 단체(사실상 중국 외교부의 산하기관이나 마찬가지이다)

가 주요 인사를 초청하여 중국 알리기와 친중 인사 만들기에 열심이다. 이 단체의 초청으로 가장 많이 방문한 인사라면 헨리 키신저 전 미 국무장관을 꼽을 수 있다. 그는 1971년 미중관계 개선의 물꼬를 트기 위해 북경을 비밀 방문한 이래 야인이 되어서도 수시로 중국인민외교학회의 초청으로 중국을 방문하곤 했다.

키신저는 2023년 7월 100세의 나이에도 불구하고 중국인민외교학회의 초청으로 중국을 방문하였다. 당시 시진핑 국가주석은 중국의 영빈관인 조어대에 머물고 있던 키신저를 찾아가서 면담하는 파격을 보여주었다. 중국은 세상을 곧 떠나게 될 키신저에게 그동안 미중관계 발전을 위해 헌신해 준 데 대해 감사를 표함으로써 당시 중국의 부상을 견제하는 외교를 펼치고 있던 미국에 우호적인 메시지를 보내려는 의도였을 것이다. 미중관계 개선의 돌파구를 연 닉슨 전 미국 대통령도 야인이 된 이후 중국 인민외교학회의 초청을 받아 중국을 여러 차례 방문했다.

2. 지도자 면담,
중국 방문 허가 등을 외교 우위의 수단으로 활용하기

1) 지도자 일정 마련에 시간 끌기

어느 국가가 다른 나라의 대통령이나 총리 등 정상을 초청하면 일반적으로 초청국은 방문국의 정상을 최대한 환대하는 일정을 마련한다. 그런 면에서 중국은 독보적이다. 그런데 아이러니하게도 중국은 지도자 면담 일정 등을 활용해서 협상에서 우월한 위치에 서기 위한 외교행태를 보인다.

1994년 3월 김영삼 대통령이 중국을 국빈 방문했다. 당시 중국의 정치체제는 장쩌민 국가주석이 국가를 대표하는 국가원수였지만 리펑 총리와 챠오스 전국인민대표대회 상무위원장 등 3인이 함께 권력을 분점하는 집단지도체제였기 때문에 우리 측은 3명의 지도자 모두를 만나는 일정 마련을 중국 측에 요구했다.

결과적으로는 동 3명의 지도자를 모두 만나는 공식 일정이 마련되기는 하였지만 중국 측은 3명의 지도자 모두를 면담하는 것이 가능한 지 여부를 확정해주지 않고 우리 측을 애태우다가 김영삼 대통령이 중국에 도착하기 직전에야 알려주었다.

당시 중국의 이러한 일 처리 방식이 고의로 일정 확정을 늦춘 것인지 아니면 3명의 지도자 모두와의 회동 일정을 마련하는 것이 중국 측 관행상 가능한 것인지에 대한 정책 검토 때문이었는지는 불분명하다. 다만 나는 중국 측이 우리 측을 애타게 해서 협상에서 우위에 서기 위해 고의로 일정 확정을 늦추었을 것으로 추측하고 있다.

그렇게 추측하는 이유는 내가 중국 측 관계자들에게 고위 지도자 면담 같은 중요한 일정을 마지막 순간에 가서야 알려주는 일

처리 방식을 불평한 적이 있다. 그때 중국 측 관계자들은 "그것은 아무것도 아니다"라고 하면서 중국의 고위대표단이 북한을 방문할 때 김정일 면담을 요청하면 북한 당국은 평양에 도착할 때까지도 지도자 면담 일정을 확정해주지 않다가 평양 체류 중 갑자기 김정일 면담 일정이 잡혔다고 통지해오는 것이 다반사라고 하였다.

 나는 북한 측의 이런 행동 패턴을 김대중 대통령의 2000년 5월 방북 시에 참고하도록 본국 정부에 보고한 적이 있다. 아니나 다를까 김대중 대통령이 첫 남북정상회담을 위해 2000년 5월 평양을 방문할 당시에 김정일이 애초 예정에 없던 평양 순안공항에 영접을 나오는 깜짝 쇼를 벌였다. 당시 우리 언론은 이를 마치 김정일이 김대중 대통령을 파격적으로 대우한 것으로 대서특필하였다. 그러나 이는 김정일과 북한의 치밀하게 계산된 행동이었다.

 중국의 고위 지도자 면담과 관련한 중국의 이러한 일 처리 방식은 과거 중원 왕조들의 유산에서 유래되었을 수 있다. 과거 중원의 황제는 자신들이 천자로서 지구상의 유일무이한 존재이며 주변 나라들은 신하의 나라로 생각했기 때문에 주변 나라에서 파견되는 사절단을 자신의 신하로 간주했다.

 조선에서 명, 청의 황제 생일 등을 축하하기 위해 파견되는 사절단(조천사라 하였다)이 북경에 도착하면 황제를 알현하는 일정이 잡힐 때까지 하염없이 기다리거나 심지어 황제가 더운 여름을 피하고자 별장에 가 있으면 그곳까지 가서 알현해야 했다. 이러한 일은 당시에는 교통 여건상 사절단이 언제 북경에 도착할지 모르기 때문에 미리 일정을 잡을 수도 없어서 그리 했을 수도 있다.

그러나 당시 조선은 형식적으로는 신하의 나라였기 때문에 황제가 사절단을 접견하는 것 자체를 마치 사절단에게 호의를 베푸는 것처럼 보이게 함으로써 황제의 위신을 높이고자 하려는 의도에서 시작되었을 것이다.

중국의 이러한 행태는 다른 나라와의 관계에서도 종종 나타났던 모양이다. 헨리 키신저에 의하면 1972년 1월 닉슨 미 대통령이 베이징 숙소에 도착하여 샤워를 하려고 하고 있을 즈음 마오쩌둥과의 회동 일정이 잡혔다고 갑자기 연락이 왔었다고 한다. 그때까지는 일정이 안 잡혀 있었다는 얘기다.

이에 앞서 1971년 7월 키신저가 비밀리에 중국을 방문하여 닉슨 대통령의 방중 문제를 협의할 때 저우언라이 총리가 마오쩌둥과 닉슨 간의 회동은 대만 문제가 해결되어야 가능할 것이라는 어조로 언급하였다고 한다.

이에 키신저가 마오쩌둥과의 회동이 대만 문제와 연계되어 있는 것인지를 반문하자 저우언라이 총리가 꼭 그런 것은 아니라고 하면서도 마치 전제조건인 것처럼 큰 방향에 대해서는 해결되어야 한다고 했다고 한다.

닉슨 대통령이 북경을 방문할 경우 마오쩌둥을 만나는 것을 당연한 것으로 생각하고 있었을 키신저에게 마오쩌둥과의 회견을 주선하는 것 자체를 대만 문제와 연계시킴으로써 대만 문제에 대한 미국의 양보를 얻어내려는 의도였을 것이다.

2) 중국 방문 희망 인사의 심리를 역으로 이용하기

중국은 중국 방문 허용 여부라는 수단을 활용하여 자신들의 외교 목적을 달성하는 행태를 보이기도 했다. 2000년대 초를 전후하여 우리나라 불교계가 티베트의 정신적 지도자인 달라이라마의 방한 초청을 여러 차례 추진했다.

당시 중국 측은 달라이라마 방한 초청 사업을 추진하던 우리 측 불교계의 관련 인사들을 접촉하여 달라이라마 방한을 추진할 경우 중국 불교계와의 교류는 하지 못하게 될 것이라고 엄포를 놓곤 했다.

중국 불교계와의 교류를 희망하던 우리 불교계의 심리를 역이용하여 달라이라마 방한 추진 저지의 수단으로 활용한 것이다. 그 당시 우리 불교계로서는 중국 불교계와의 교류가 중요한 사업이었기 때문에 중국 불교계와의 교류를 포기하면서까지 달라이라마의 방한을 적극 추진하기가 어려웠다.

중국 측은 우리나라의 주요 인사가 대만을 방문하려고 할 때에도 이를 좌절시키기 위해 이들 인사를 접촉하여 대만을 방문하면 중국 방문을 불허하겠다고 압박하곤 했다. 정치인을 포함한 우리나라의 주요 인사들은 이러한 압박을 받으면 중국과의 관계를 고려하여 이를 받아들였다.

김영삼 전 대통령은 예외였다. 김영삼 대통령은 퇴임 이후 대만을 3차례나 방문하였다. 천수이볜 대만 총통도 면담하였다. 당시 중국 측은 김영삼 대통령 측을 접촉하여 대만 방문을 자제할 것을 요청하였으나 김영삼 대통령은 이를 거절하고 대만을 방문했다. 김영삼 대통령은 이미 퇴임한 마당에 중국을 다시 방문할 마음이 없었기 때문에 이러한 결정을 했을 것이다.

당시 중국 측은 우리 정부에도 김영삼 대통령의 대만 방문에 문제를 제기했었다. 우리 측은 김영삼 대통령은 전직 대통령일 뿐이므로 김영삼 대통령의 대만 방문이 '하나의 중국' 원칙과는 관련이 없다는 논리로 중국 측의 문제 제기가 과하다는 자세를 취했었다.

중국의 국가주석이나 총리가 참석하는 다자 국제회의인 아태경제협력체 및 아세안 정상회의 등 계기에 개최되는 한중정상회담 추진과정에서도 중국 측의 이런 외교행태는 수시로 나타났었다. 우리 대통령실은 위와 같은 다자 국제회의 시 중국 측과 특별히 협의할 만한 의제가 없어도 한중 정상 간 회담을 추진하는 경향이 있었다.

이처럼 국제회의 계기에 중국과의 양자 회담을 우리 측에서 관행적으로 추진하다 보니 중국 측은 우리 측이 정상회담을 제안할 때까지 기다리다가 우리 측이 회담을 제의하면 그때 가서야 마지못해 응하는 모습을 보이곤 했다. 나아가 중국 측은 우리 측이 회의를 제안했으므로 회담은 중국이 마련하는 회담장에서 하자고 하면서 우리 대통령이 중국 측이 마련한 회담장으로 와 달라고 요구하곤 하였다.

우리 측은 이런 중국 측의 요구는 상호주의와 예양에 어긋난다는 논리를 내세워 서로 번갈아 가며 회담장을 주선하자고 하여 이를 관철한 적도 있기는 하다.

그러나 실제적으로는 우리가 중국 측이 마련한 회담장을 찾아가 회담을 하는 경우가 훨씬 더 많았다. 그것은 우리가 중국 측에 관행적으로 정상회담을 하자고 매달리다 보니 생긴 결과였다. 우리가 반성해야 할 점이다.

3. 철저한 상대국 입장 탐색과 손님 먼저

1) 상대국 입장 탐색의 수단으로서의 도청과 스파이

상대국 입장 탐색은 외교의 가장 기본이 되는 행위이다. 상대국 입장을 파악하기 위해 동원하는 방법은 은밀한 방법과 공개적인 방법이 있다. 은밀한 방법은 전화 도청이나 스파이 활동 등 다양한 수단이 있을 수 있다.

미국 같은 민주주의 국가도 주요 동맹국들의 입장을 파악하기 위해 전화 도청을 했다는 사실이 언론에 보도되어 외교가를 흔드는 사건들이 종종 발생하곤 한다.

중국도 외교협상이나 주요 인사 면담 등에 앞서 상대국의 입장을 사전에 파악하는 일에 공을 들인다. 1990년대 주중대사관과 중국을 방문하는 우리 대표단에 대한 중국 당국의 전화 도청은 만연해 있었다. 지금도 아마 그럴 것이다.

중국 측의 이러한 정보수집 활동에 대비하여 주중대사관은 중국을 방문하는 우리 정부의 협상대표단에게 협상과 관련된 정부 입장을 담은 일체의 서류는 하나도 호텔 방에 놓아두지 말라고 당부하곤 했다. 호텔 방에 놓아둔 서류는 사실 중국 측에 협상에 임하는 우리 입장을 미리 알려주는 것이나 마찬가지이기 때문이다. 이런 서류는 중국 측의 가장 손쉬운 먹잇감이 된다.

정부대표단이 주요 현안과 관련한 호텔 내에서 구수회의를 할 때는 라디오나 티브이를 틀어 놓아 내부의 회의내용이 도청되지 않도록 주의를 기울이라고 당부하곤 했다.

대사관 사무실 전화로 외부와 연락할 때도 항상 도청된다는 생각으로 전화를 해야 했다. 1990년대만 하더라도 중국의 도청 기술이 시원치 않아서 그랬는지 전화를 하다 보면 음량이 뚝 떨어지는 경우가 종종 발생하곤 했다. 그러면 전화기에 대고 그만 좀 도청하라고 큰 소리를 내면 음량이 원래대로 돌아오는 경우가 있었다.

2) 김정일의 건강 정보를 습득하기 위해 모든 수단을 동원한 중국

국가 지도자의 건강 문제는 모든 나라가 국가 비밀로 다룬다. 특히 북한 같은 비밀에 싸인 나라의 지도자의 건강 문제는 모든 나라의 관심사다. 중국에게도 초미의 관심사다. 2000년 5월 김정일이 중국을 방문했다. 김일성의 사망으로 북한의 최고 통치자가 된 후 6년 만에 이루어진 첫 중국 방문이었다. 중국 측은 김정일의 방중 기간 중 그의 건강 상태를 알아보기 위해 모든 수단을 동원했고 북한 측은 이를 막기 위해 모든 노력을 기울였다.

그 중 압권인 스토리는 북한 측이 김정일의 소변과 대변이 중국 측에 넘어가지 않도록 하기 위해 모든 조치를 다 했다는 것이다. 반면에 중국 측은 이를 확보하기 위해 온갖 노력을 다했었다는 것이다. 이처럼 국가 간에는 기상천외의 정보전이 난무한다. 외교 현장은 그야말로 총성 없는 전쟁터이다. 그러니 국가 간 외교 현안을 놓고 상대방 국가의 입장을 탐색하려는 온갖 비밀스러운 방법이 동원되는 것은 어찌 보면 당연하다 할 것이다.

3) 손님 먼저 말 하세요

중국의 정치지도자들은 중국을 방문하는 우리 대표단과의 면담 시 항상 우리 대표단에게 손님으로 왔으니 먼저 말하라고 제안

한다. 이러한 제안을 받으면 대표단은 어쩔 수 없이 먼저 발언하게 되는데 이는 우리 대표단의 입장을 먼저 공개하는 셈이다.

이러한 중국의 대화술은 상대방이 무슨 생각을 하고 있는지를 알아내기 위한 방법 중의 하나이다. 일종의 지피지기 전술인 셈이다. 또한 상대방의 실력을 테스트하는 과정이기도 하다.

중국의 고위 지도자를 만나는 행사는 대개 중남해(中南海, 중국 공산당의 고위급 인사들의 사무실과 거주지가 있는 곳이다. 자금성 인근의 특별 구역으로 그 안에 외빈 접견실 등도 있다) 또는 인민대회당에서 이루어진다. 중남해나 인민대회당 회견장은 웅장하고 화려해서 대표단이 회견장에 들어서면 그 분위기에 압도당하기 쉽다. 이러한 상황에서 먼저 발언하라고 제안을 받으면 대표단으로서는 얘기를 풀어나가기가 쉽지 않다. 중언부언하다가 우리 입장을 먼저 다 얘기해버리고 만다.

1998년 2월 김종필 당시 자민련 명예총재가 중국을 방문한 적이 있다. 그는 중국 지도부 인사들과 일 합을 겨룰 수 있는 대화의 달인이었다. 당시 김종필 총재는 장쩌민 주석을 중남해에 있는 회견장에서 만났다. 그 회견장 벽면에는 고목의 매화나무에 매화꽃이 피어 있는 대형 그림 한 점이 걸려 있었다. 김종필 명예총재는 장쩌민 주석과 인사를 나눈 뒤 그림을 가리키며 "고목봉춘枯木逢春이라는 글귀가 쓰여 있습니다. 공산주의 체제하에서 시장경제를 하자는 뜻 같아 보입니다. 중국이 나아갈 방향을 제시했던 덩샤오핑 지도자의 생각이었던 겁니까"라는 해석을 달면서 그 뜻을 물었다.

이 말을 듣고 장쩌민 주석은 놀라는 표정을 지으며 자기보다 그림 해석을 더 잘하는 것 같다고 응수하였다. 김종필 명예총재의 중국 방문이 끝난 후 김 명예총재를 초청했던 중국공산당 대외연락부 관계자들로부터 중국 지도부 인사들이 김종필 명예총재의 박학다식함에 놀랐다는 후일담을 들었다. 김종필 명예총재는 중국의 어느 지도자를 만나도 담대하게 행동하고 얘기할 줄 아는 보기 드문 걸출한 인물이었다.

우리는 중국이 공산당 나라라고 해서 중국을 좀 무시하는 경향이 있는데 중국의 지도자급 인사들은 물론 일반인들도 인문학적 교양이 대단히 뛰어나다는 점을 항상 염두에 두고 중국인을 대해야 한다.

그러나 다행히도 오늘날 한중 간 공식적인 회담에서는 중국 측은 더 이상 이런 방식에 의존하지 못한다. 사전에 양측 실무협의를 통해 회담에서 논의할 사안을 미리 확정하고 사안별로 어느 측이 먼저 의견을 개진할지 등도 확정해 놓기 때문에 실제 회담은 사전에 짜놓은 각본대로 진행된다.

4) 공개 정보 활용에 능한 중국

비밀스러운 방법 이외에 중국은 상대방 국가의 공개적인 입장 표명이나 과거 협상 기록 등 공개된 자료를 잘 활용한다. 중국이 공개된 자료를 잘 활용할 수 있는 이유는 중국이 지역별 또는 분야별 전문가 외교관을 양성하는 시스템을 잘 갖추고 있기 때문이다. 북한이나 한국 문제를 담당하는 중국의 외교관들은 평생을 한국과 북한 및 중국을 오가면서 한반도 문제를 다룬다.

지금은 달라졌지만 과거에는 아예 고등학교 졸업생 가운데서 선발하여 북한의 대학교에 가서 공부시킨 후 중국 외교부에 채용했었다. 그러다 보니 한국과 북한 문제를 다루는 중국 외교관들은 한국이나 북한의 실상을 아주 잘 안다. 과거에 있었던 사건의 사실관계나 주요 현안에 대한 과거의 협상 내용 등에 대해서도 빠삭하게 알고 있다.

중국은 이처럼 상대국의 입장에 대한 많은 정보를 바탕으로 협상에 임한다. 우리는 그만큼 조직적으로 대응하는 체계가 되어 있지 않다. 협상 대표자의 개인기에 의존한다. 어느 쪽에 승산이 있을지는 자명하다.

4. 신중하고 세심하면서도 단호함

마오쩌둥은 냉전 시기 "동풍이 서풍을 압도"한다고 하는 등 서방과의 전쟁이 발생하면 중국이 서방을 이길 수 있다는 허풍을 떠는 발언을 수시로 했다. 이러한 마오쩌둥의 허풍 때문에 중국의 외교행태가 신뢰하지 못할 외교라는 인식을 서방에 심어주었다.

그러나 중국은 1978년 개혁개방 이후에는 서방 국가들로부터 스마일smile 외교라는 평가를 듣기도 했다. 서방의 이러한 평가는 그만큼 중국이 세련된 외교행태를 보였다는 것을 의미한다.

이러던 중국에서 시진핑 시기에 들어와 중국 외교부 대변인과 고위외교관들의 강경 발언이 이어지면서 서방에서는 이러한 중국 외교행태에 전랑 외교戰狼外交라는 딱지를 붙이기도 했다.

그럼에도 불구하고 중국 외교는 신중하며 사실관계 확인도 치밀한 편이다. 중국 외교의 주춧돌을 세운 주은래 전 총리는 중국 외교관들에게 '신중함과 절제'를 강조했었다.

오늘날 국가주석 등 중국 고위지도자들의 발언 자료는 관련 각 부처의 엄격한 검증을 거쳐 매우 신중한 언어로 작성된다. 최고지도자라 할지라도 사전에 정리된 입장을 언급할 뿐 개인적인 의견을 함부로 말하지 않는다.

중요한 이슈에 대한 결정은 최고지도자 혼자 결정하는 것이 아니라 공산당 정치국 상무위원회의 결정을 통해 이루어지기 때문에 최고지도자라도 마음대로 발언할 수 없다. 1인 지배를 확립했던 마오쩌둥의 발언이나 행태는 오히려 예외적인 것으로 보아야 한다.

1) 한국인 마약 제조업자 신모 씨 사형집행 사건

한국인 신모(당시 41세) 씨가 헤이룽장성 하얼빈 소재 사형장에서 사형(2001년 9월 25일)된 사실이 집행 한 달여가 지나 언론을 통해 알려졌다. 신 모 씨는 중국에서 마약사범으로 적발돼 사형이 집행된 첫 번째 한국인이었다. 한국의 언론들은 동 사건을 대대적으로 보도했다.

언론 보도가 있고 난 뒤에야 이 사실을 인지하게 된 우리 정부는 당시 주한중국대사였던 리빈 대사를 외교부로 불러 이 사건이 한국 국민의 감정에 큰 영향을 미치고 있다고 엄중하게 유감을 표하는 한편 사실관계 확인을 요청했다. 동시에 주중한국대사관 고위관계자도 중국 외교부의 고위관계자를 면담하여 유감을 표명하고 사실관계 확인을 요청했다.

사법부 최고책임자이던 대법원장도 나서서 영사 관계에 관한 비엔나협약에 의하면 상대국 국민을 체포하거나 사망한 경우 즉시 상대국 영사기관에 통보하도록 되어 있는데도 중국 정부가 재판 진행 과정이나 사형집행 사실을 한국에 알려주지 않은 것은 몹시 유감스러운 일이라는 취지의 언급을 내놓았다.

외교 사안으로서의 이 문제의 핵심은 신모 씨의 사형집행 전에 중국 측이 영사관계에 관한 비엔나협약에 따라 신모 씨에 대한 사형집행 예정 사실을 한국 측에 사전 통보할 의무를 이행하지 않고 사형을 집행하였느냐의 여부였다.

만약 중국 측이 사전 통보를 하지 않았다면 이는 비엔나협약을 위반한 것으로 우리 측은 중국 측에 유감 표명 및 사과와 함께 재발 방지 요구를 할 수 있는 입장에 있었다.

우리 측의 사실관계 확인 요청에 대해 중국 외교부의 고위관계자는 주중한국대사관 고위관계자와의 면담에서 신모 씨에 대한 사형이 중국 법원의 최종심에서 확정되었다는 사실과 동인에 대해 사형을 집행할 예정임을 주중한국대사관에 팩스로 통보한 사실이 있다고 하면서 중국 외교부가 보냈다는 팩스 문서의 사본을 우리 측에 제시했다.

우리 측이 중국 측의 통보를 받고 난 후 중국 측이 보냈다는 팩스 문서를 우리 대사관 영사부가 수신했는지를 일일이 체크했으나 팩스 수신기록 대장에 기재되어 있지 않고 문서철에서도 관련 팩스가 발견되지 않았다.

이에 우리 측은 중국 측이 팩스로 보냈다고 제시한 문건이 외교 현안으로 대두된 후에 위조된 것으로 의심하여 중국 측과의 협의 과정에서 문건의 진위 여부를 둘러싸고 공방을 벌였다.

우리 측이 중국 측에 동 문건의 진위에 대해 의구심을 표명하자 중국 측은 어처구니가 없다는 반응을 보이면서 한국대사관에 분명히 보냈다고 주장하였다. 이런 와중에 국내 언론으로부터 질타를 받고 있던 외교통상부는 중국 측이 우리 측에 관련 사실을 팩스 문서로 사전에 통보했다고 주장하고 있으나 우리 측 조사 결과 중국 측에서 보냈다는 팩스 문서는 발견되지 않았다고 언론에 설명하여 버렸다.

이로써 마치 중국 측이 거짓말을 하고 있다는 인상을 주었으며 중국 측이 사전에 관련 내용을 통보했는지의 문제가 중국 측이 보냈다는 문서가 진짜 문서인지의 문제로 변질되었다. 외교통상부가 언론에 이러한 설명을 할 때까지만 해도 우리 측은 중국 측이 사건의 책임으로부터 벗어나기 위해 문서를 위조하였을 가능성에 무게를 두고 있었다.

그런데 중국 측이 팩스 문건이 진본이며 위조는 있을 수 없다고 계속해서 완강히 주장함에 따라 우리 측이 대사관 영사부의 모든 문건을 다시 샅샅이 점검한 결과 중국 측이 보내온 팩스 문건이 발견되었다.

결과적으로 우리 측이 문건도 제대로 접수처리를 하지 않은 데다 사건이 불거진 다음에도 문건을 제대로 찾아내지 못하는 바람에 사실관계의 착오로 엄청난 실수를 하게 되었고 우리는 중국 측에 유감을 표명해야 했다.

일이 이렇게까지 된 이유는 우리가 중국의 말과 행동을 별 이유

없이 신뢰하지 않고 있기 때문이었다. 헨리 키신저는 중국과의 협상 과정에서 중국 측 일 처리의 치밀함과 꼼꼼함에 놀라움을 느꼈다고 술회한 바 있다. 우리 외교가 참고해야 할 일이다.

2) 황장엽 망명 사건

1997년 2월 황장엽 북한 노동당 비서가 주중대사관 영사부에 망명 신청을 하였다. 한중 양측은 1개월여의 외교협상을 통해 황장엽 비서를 제3국으로 강제 출국시킨다는 원칙에 합의했다. 그런데 강제 출국 원칙에 대한 합의 이후 절차상의 문제가 불거져 협상은 마지막 단계에서 다시 우여곡절을 겪었다.

중국 측은 황장엽 비서의 중국 출발 전날 저녁 그가 머무르고 있던 대사관 영사부에서 데리고 나와 중국 측이 마련한 특수시설에서 1박 후 중국 측 비행기에 태워 목적지 국가로 출국시키겠다는 방침을 우리 측에 전달해왔다.

우리 측은 중국 측의 제안을 검토한 결과 황장엽 비서의 안전한 출국에 문제점이 발생할 수 있다고 보고 중국 측이 마련한 숙소와 중국 측 비행기에 우리 측이 지정하는 의사 및 동행 요원 등이 동반할 수 있어야 한다는 입장을 제시했다. 그러나 중국 측은 이러한 우리 측의 제안을 받아들일 수 없다는 입장이었다.

사실 이 문제는 본질적인 문제라기보다는 절차적인 문제였다.

그런데 이런 절차적인 문제로 협상에 난관이 봉착 이유는 중국의 의도를 우리가 의심했기 때문이었다. 우리는 무엇보다 황장엽을 중국 측이 약속한 목적지로 출국시키는 대신에 북한으로 빼돌릴 가능성에 대해 우려했다.

황장엽 비서가 중국을 잘 이해하고 있는 사람이지만 갑자기 중국 인사들로만 둘러싸여 있게 될 경우 심리적으로 불안을 느껴 예상외의 행동을 할 수도 있다는 우려도 있었다.

협상에 나선 탕자쉬엔 당시 외교부 부부장은 송환 절차상의 문제에 대한 중국의 입장은 중국의 고위 지도자들이 종합적이고 신중한 검토와 국제법과 국제관례에 따라 내린 '주권적 결정'으로서 북한과는 아무런 관련이 없다고 전제한 후 "한국 측은 중국을 반드시 신뢰해야 함. 중국은 황장엽을 필리핀에 보내기로 이미 약속하였는바 言必信, 行必果 (말에는 신뢰가 있어야 하고 행동에는 결과가 따른다)는 위대한 외교가 주은래 전 총리의 명언(논어에 나오는 말이다. 주은래가 이 말을 자주 인용했다)을 강조하고자 하며 황장엽을 이송하는 비행기는 목적지 국가로 가기 위해 남쪽으로 갈 것이며 북쪽으로는 가지 않을 것임. 중국 측이 황장엽을 전날 제3의 장소로 이동하는 것은 안전, 보안, 공항 도착 편의를 위한 것이며 어떠한 다른 것은 없음"이라고 강조하였다.

탕 부부장은 '주권적 결정'이라는 표현을 통해 중국의 입장에 변경이 있을 수 없다는 중국 측의 단호한 입장을 표명하면서도 중국의 약속은 신의에 바탕을 두고 있음을 강조함으로써 우리 측의 우려를 해소하고자 한 것이었다. 결과적으로 우리 측 의사 1명이 황장엽 비서와 동행하는 것으로 양측 간 합의되었다.

이와 같은 우리의 중국에 대한 불신은 1960년대 문화대혁명 과정에서 수많은 중국 사람들이 없는 죄를 뒤집어쓰고 역사의 뒤안길로 사라졌다는 사실 등으로 인해 중국공산당이 지배하는 중국은 목적 달성을 위해서는 거짓말을 밥 먹듯이 한다는 편견을 우리가 갖게 된 것과 관련이 있다.

그러나 문화대혁명 시기의 중국은 중국 역사에서 일탈의 시기로서 특정한 어느 시점에 있었던 중국의 모습을 전체 중국의 모습으로 일반화하는 것은 중국에 대한 그릇된 인식을 초래할 수 있다.

또한 중국은 공산당 국가라서 거짓말을 밥 먹듯이 할 것이라는 일반화도 중국에 대한 인식의 오류를 초래할 수 있다. 공산당이 지배하는 중국이 민주주의 국가에 비해 비밀스럽고 내부의 의사 결정도 투명하지 않기 때문에 외부 관찰자의 입장에서는 중국을 알기가 어렵고 그러다 보니 중국이 하는 여러 행태에 대해 신뢰하기가 어려운 측면이 있는 것은 사실이다.

그럼에도 불구하고 중국은 사마천 이래 오늘날까지 그들의 역사를 기록해온 나라이다. 물론 왜곡된 역사의 기록도 있겠지만 말이다. 사마천 이전에도 시경, 서경 등을 통해 은나라와 주나라 시대의 민속과 왕실의 칙령 등을 기록해 후대에 전승하여 왔다. 이렇듯 중국은 기록의 나라라는 것을 우리는 기억할 필요가 있다.

3) 싱하이밍 주한중국대사의 발언을 둘러싼 논란

주한 중국대사 중에서 많은 대사들이 강성 발언으로 설화를 남겼다. 이 중에서 가장 많은 설화를 남긴 대사는 싱하이밍 대사로 1992년 수교 이후 한중 외교사에 길이길이 남을 것 같다. 한 번은 윤석열 대통령이 직접 나서서 싱하이밍 대사를 비난하는 취지의 발언을 함으로써 싱하이밍 대사는 아주 거물급 외교관이 되는 행운 아닌 행운을 누렸다.

사태의 발단은 이렇다. 싱하이밍 대사가 당시 이재명 민주당 대표를 주한 중국대사 관저로 초청하여 만찬(2023년 6월)을 하는 자리에서 "미국이 전력으로 중국을 압박하는 상황 속에 (한국 내) 일각에서 미국이 승리하고 중국이 패배할 것이라는 베팅을 하고 있다. 단언할 수 있는 것은 현재 중국의 패배에 베팅하는 이들이 나중에 반드시 후회한다는 점"이라고 발언한 것이 알려진 것이다.

싱하이밍 대사의 발언이 알려지자 이는 내정 간섭적인 발언으로서 도저히 묵과할 수 없는 발언이며 싱하이밍 대사를 비우호적인 기피인물(외교 용어로 persona non grata라고 한다)로 지정하여 추방해야 한다는 여론이 일기도 했다. 그러나 우리도 중국의 고위 관리나 중국 외교관의 발언을 특별하게 꼬집어서 트집 잡거나 침소봉대하는 경향이 있다. 이는 중국이 우리를 소국으로 대하거나 무시했다는 역사 속에 기억된 중국에 대한 우리의 불편한 감정이 우리 마음속에 내재되어 있기 때문이다.

싱하이밍 대사의 이 발언은 주재국과의 우호 관계 증진을 제1사명으로 하는 외교관으로서는 해서는 안 될 발언으로 비난받아야 마땅하다. 그러나 싱 대사의 발언은 윤석열 정부의 대중정책에 대한 중국의 불만을 표현하기 위한 것이었다는 점에서 우리의 대응 방법은 좀 더 치밀했어야 한다. 당시 우리의 대응과 중국의 반응을 보면 싱 대사의 발언을 놓고 벌어진 외교전에서 우리가 완패했다.

싱하이밍 대사의 발언이 언론에 공개되자 한국 외교부와 대통령실은 물론 여당이었던 국민의 힘과 주요 언론이 모두 싱하이밍 대사 때리기에 여념이 없었다. 싱하이밍 대사의 문제의 발언 하루 뒤 한국 외교부 차관이 싱하이밍 대사를 외교부로 초치하여 "외교사절의 본분에 벗어나지 않도록 처신하라"며 "모든 결과는 본인의 책임이 될 것"이라고 경고했다.

한국 측의 경고에 대해 중국 외교부는 부장조리(한국의 차관보에 해당)가 주중한국대사를 중국 외교부로 불러 "싱 대사가 한국 각계 인사들과 접촉하고 교류하는 것은 그의 업무"라고 설명하며 "한국 측이 현재 양국 관계의 문제점이 어디에 있는지 되돌아보고 진지하게 대하길 바란다"는 우려를 표명하였다.

우리 측이 싱하이밍 대사를 외교부에 불러들여 경고를 한 상황에서 중국 측이 주중한국대사를 불러들여 우려를 표명한 것은 중국으로서도 국가 위신의 문제가 있기 때문에 예상되는 불가피한 반응이었다.

중국의 반응이 괘씸해 보일 수는 있지만 외교에는 완승과 완패란 있을 수 없고 문제를 일으킨 장본인에게 경고를 전달했기 때문에 우리로서는 충분한 조치였다.

이런 외교 사단이 발생하는 경우 상대국이 사과를 하거나 유감을 표명할 것으로 기대하는 것은 외교협상에서는 거의 불가능하다. 국가 간의 관계에서 어떤 외교적 사건을 놓고 한 나라가 상대국 정부에 사과를 하거나 유감 표명 또는 재발 방지 약속을 하는 것은 그 국가의 위신의 문제이자 사실상의 외교적 패배로 받아들여지기 때문에 그런 일은 아주 특수한 상황을 제외하고는 거의 일어나지 않는다. 그런 일은 전쟁에서 패배하여 무조건 항복을 하는 경우에나 있을 수 있는 일이다.

그러나 이러한 외교적인 공방 이후 우리의 대처는 황당무계했다. 중국 측의 반응을 불쾌하게 생각했던 대통령실 고위관계자가 언론에 나서서 싱하이밍 대사를 본국으로 송환하는 조치를 취할 것을 요구하는 뉘앙스의 발언을 하였다.

나아가 윤석열 대통령이 국무회의 석상에서 싱 대사를 "외교관으로서 상호존중이나 우호 증진의 태도가 있는 것인지 의심스럽다" "싱하이밍 대사의 부적절한 처신에 우리 국민이 불쾌해하고 있다"고 발언한 사실이 언론을 통해 흘러나왔다.

이처럼 대통령실과 대통령까지 직접 나서서 개입하는 바람에 싱하이밍 대사에 대한 외교적 조치 문제가 한중 간 서로 물러설 수 없는 한 판 승부의 외교 현안으로 급변하게 되었다.

문제는 대통령실의 반응이 이 사태를 어떻게 결말을 지을지를 감안하면서 나온 것이 아니라 언론과 우리 국민들의 반중 정서에 편승하면서 매우 감정적으로 대응한 것처럼 보였다는 사실이다.

윤석열 대통령을 포함한 대통령실의 이런 강경 반응에 대해 중국도 강경하게 나왔다. 중국 외교부 대변인이 한국 측의 조치 요구에 대한 중국의 입장 문의에 대해 "한국 측이 표명한 입장을 알고 있으며 일부 한국 매체가 싱하이밍 대사 개인을 겨냥해 사실과 다르고 더 나아가 인신공격성 보도를 한 것을 확인했다"면서 "이에 대해 유감스럽다"고 밝혔다. 나아가 "싱하이밍 대사가 한국의 각계각층 인사들과 광범위하게 접촉하고 교류하는 것은 그의 직무"이며 "이를 요란하게 부풀리는 화제로 삼아서는 안 된다"고 우리 측 주장을 정면으로 비난하는 발언을 내놓은 것이다.

한국 측은 이러한 중국 측의 강경 반응을 보고 이 문제를 가지고 더 확전하는 것은 별무소득이라고 판단했는지 대통령실 국가안보실장이 싱하이밍 대사의 발언과 중국 측의 반응에 대한 우리 정부의 입장 문의에 대해 "한중관계의 건강한 발전에 도움이 안 되고 역행하는 그런 일들은 없어야"라는 절제된 대답을 내놓았다.

결과적으로 중국 외교부 대변인 말처럼 우리는 요란하게 떠들기만 한 결과가 되었다. 한 판 승부에서 완패를 당한 것이다. 우리나라의 큰소리만 치는 무대뽀('無鐵砲'라는 일본어이다. 도쿠가와 막부를 연 이에야스는 포르투갈에서 들어온 철로 만들어진 총인 철포를 가지고 싸워 일본 전국시대 최후의 승자가 되었다. 철포도 없이 활과 창으로만 싸우던 상대측의 무모함을 빗댄 뜻이다) 외교행태를 보면서 과연 중국이 무슨 생각을 했을지 생각해보면 두렵기만 하다. 싱하이밍 대사는 이후에도 1년여를 한국에서 더 근무하다가 본국으로 되돌아갔다.

5. 속내를 파악하기 어려움

대사관에서 활동하는 외교관의 주요 임무 중의 하나는 주요 외교 사안에 대한 주재국 정부의 입장을 파악함으로써 우리 정부의 외교정책 수립에 참고토록 하는 것이다. 그런데 중국 외교관들은 민감한 사안들에 대해서는 자국의 입장을 마지막까지 드러내지 않거나 아니면 완곡하게 표현하기 때문에 실제 그들의 입장이 무엇인지를 정확히 알기가 어렵다.

물론 대부분 국가의 외교관들은 기밀로 분류되어 있는된 사안들을 다루어야 하는 직업의 특성상 자국의 입장을 직설적으로 표현하지 않기는 한다. 그러다 보니 완곡한 어법으로 자국의 입장을 표현하는 경향이 있기는 하다. 그래서 종종 의사 전달이 명확하지 않아 혼선을 빚기도 한다. 중국은 특히 그러한 경향이 더 하다. 그 이유는 아마도 국가기밀을 엄수할 것을 요구하는 중국의 정치체제 때문일 것이다. 중국 측 발언의 속내를 알기 위해서는 당시의 중국의 국내정세와 중국의 외교 방향 등 큰 흐름을 잘 알고 있어야 한다.

1) 반기문 유엔 사무총장 후보 지지 교섭

2006년 2월 한국 정부가 반기문 당시 외교통상부 장관을 유엔 사무총장 후보로 추천하기로 공식화한 후 한국 외교부는 반기문 후보 지원 캠페인에 들어갔다. 유엔 사무총장으로 선출되기 위해서는 유엔 안보리의 5개 상임이사국의 지지가 필수적이다. 미, 영, 불, 중, 러시아 5개 상임이사국 중 어느 1개국이라도 반대하면 안보리 경선에서 다수표를 얻어도 사무총장으로 선출될 수 없다. 이들 5개국에 거부권이 주어져 있기 때문이다. 따라서 이들 5개국의 지지를 얻는 것이 중요했다.

2006년 6월 말 반기문 장관이 중국을 방문했다. 반기문 장관의 중국 방문 목적이 북한 핵 문제 등 한중 간 주요 현안 협의를 위한 것이었지만 유엔 사무총장 후보로서 중국의 입장을 파악하고 나아가 중국의 지지를 얻기 위한 목적도 있었다. 리자오싱 당시 중국 외교부장 및 탕자쉬엔 외교 담당 국무위원과의 회동에서 유엔 사무총장 선출과 관련한 의견 교환이 있었다.

2006년 7월에 안보리 15개 이사국의 1차 예비 투표가 있을 것으로 예상되었기 때문에 반기문 장관의 방중 결과가 매우 중요했다. 1차 예비 투표에서 경쟁자 가운데 다수표를 얻어 기선을 제압하면 세계 언론의 주목을 받아 대세를 형성할 수 있기 때문이다.

당시 한중 협의에서 중국 측의 반응이 의외였다. 탕자쉬엔 국무위원은 반기문 장관을 치켜세우면서도 중국 측 입장에 관한 아무런 언질을 주지는 않았다. 그러면서 미국을 잘 설득하는 것이 중요하다고 여러 차례 반복했다. 미국은 우리의 동맹국이고 반기문 장관은 미국통 외교관으로서 미국이 당연히 지지할 텐데 무슨 소린지 의아했다.

한중 간 협의가 끝나고 나서 장관과 대사관 관계 직원이 모여 중국 측 입장에 대해 구수회의를 했다. 참석자 대부분이 아직 잘 모르겠다는 반응이었다. 그땐 나도 잘 판단이 서질 않았다. 그런데 나중에 곰곰이 생각해 보니 당가선 국무위원의 속뜻을 헤아릴 수 있었다. 미국을 잘 설득하라는 얘기는 중국 측이 미국 측과 협의한 바에 의하면 미국 측의 입장이 아직 미정인 것 같으니 미국 설득에 주력하라는 얘기를 함으로써 중국은 반기문 장관을 지지할 것이라는 속내를 밝힌 것으로 해석되었다.

반기문 장관이 유엔 사무총장 후보로 출마했을 때는 한중관계가 원만하던 시기였다. 당시 사무총장 후보군에는 반기문 장관 이외에도 4~5명 이상의 아시아 지역 출신 후보들이 있었다.(그 해의 유엔 사무총장은 지역별 순환 원칙에 따라 아시아 지역 출신 인사가 선출되도록 되어 있었다) 아시아 지역 후보의 출신 국가들을 놓고 볼 때 당시 중국 입장에서 한국이 가장 중요한 나라였다. 중국은 반기문 장관을 지지했고 반 장관은 유엔사무총장이 될 수 있었다.

2016년 사드 사태 이후의 한중관계처럼 양국 관계가 꼬여 있었더라면 그리고 미중관계가 2020년대처럼 냉전에 버금가는 갈등과 대결을 벌이는 상황에서 한국이 미국 편에 서 있는 형세였더라면 반기문 후보는 중국의 지지를 얻지 못했을 가능성이 크다. 그러면 아마 반기문 유엔 사무총장은 탄생하지 못했을지도 모른다.

2) 2002년 월드컵 개최지 선정 관련

한국과 일본이 공동 개최한 2002 월드컵의 열기는 우리 국민의 뇌리에 아직도 생생하다. 일본은 2002년 월드컵 유치를 위해 1989년 월드컵 조직위를 결성했고 이에 자극을 받은 한국도 1994년 월드컵 조직위를 결성하여 월드컵 유치 경쟁에 뛰어들었다.

월드컵 개최지 선정은 국제축구연맹FIFA의 집행위원들의 투표로 결정되는데 당시는 24명의 집행위원이 있었고 아시아 지역 집행위원은 4명이 있었다. 아시아 집행위원 중 2명이 중국인이었는데 중국 본토 인사 1명, 홍콩 인사 1명이었다.

우리는 일본보다 늦게 유치 경쟁에 뛰어들었던 관계로 초반의 형세는 일본이 우리보다 우세하다는 것이 일반적인 평가였다. 그러나 본격적인 유치 경쟁이 시작되면서 우리나라가 일본을 추격하는 양상이 전개되었다. 이처럼 한일 간 유치 경쟁이 격화되자 일부 FIFA 집행위원들 사이에서 한일 공동 개최 방안이 대두되기 시작했다. 그러나 일본은 단독 개최를 주장했다.

이러한 상황 속에서 우리로서는 더 많은 집행위원의 지지를 확보하여 일본을 압박해야 했다. 그런데 FIFA 윤리 규정은 집행위원들이 각국의 정부 인사들을 접촉하는 것을 허용하지 않고 있었다. 외교관들이 FIFA 집행위원들을 만나는 것 자체가 불법으로 간주될 소지가 있었다. 집행위원이 있는 나라의 정부도 집행위원의 결정에 관여해서는 안 되는 것으로 간주되고 있었다. 이런 상황 속에서 FIFA의 윤리 규정 위반을 피하면서도 중국 국적의 두 집행위원의 표를 어떻게 확보할 것인가가 중요 과제로 대두되었다.

당시 한중관계는 수교가 이루어진 지 얼마 되지 않은 상태에서도 경제적 교류를 포함하여 모든 방면에서 교류가 폭발적으로 증가하는 등 협력관계가 심화하는 추세에 있었다. 우리는 이러한 한중관계를 활용하여 우회적으로 중국 측 집행위원들의 지지를 확보하는 방안을 구상했다. 중국 측 관계자들과의 면담 기회를 활용하여 우리의 관심 사항을 전달하고는 있었으나 좀 더 확실한 방법이 필요했다.

당시 중국 최고지도자에게 대통령 명의의 서한을 보내 중국의 관심을 요청했다. 1996년 5월로 예정된 FIFA 집행위원들의 투표를 앞두고 중국 최고지도자로부터 한국 측의 관심 사항을 잘 알고 있다는 답신이 왔다. 우리는 이를 보고 중국의 FIFA 집행위원들이 한국을 지지할 가능성이 클 것으로 예상했다.

일본은 단독 개최를 지속해서 주장하다가 투표에서 승리를 장담하기가 어려웠는지 마지막에 가서 한일 공동 개최에 동의하였다. 이로써 투표 없이 2002년 월드컵 한일 공동 개최가 확정되었다.

3) 마오쩌둥의 대미 접근 의도를 이해하지 못한 미국

1960년대 중반 마오는 미국과 소련이라는 두 초강대국과의 대결을 불사하겠다는 허풍을 떨면서도 소련의 위협이 현실화함에 따라 미국과의 관계 개선이라는 새로운 전략을 모색하기 시작했다.

마오는 1930년대 위기에 처해있던 중공을 살려내는 데 커다란 역할을 했던 에드거 스노를 통해 이러한 자신의 생각을 미국에 전달하기로 마음먹었다. 1965년 스위스에서 사실상의 망명 생활 (국공내전에서 중국공산당이 승리하여 중화인민공화국이 건국된 후 미국에서는 국무부 고위 관리를 포함하는 각계의 많은 인사들을 공산주의에 우호

적이며 반국가적 활동을 했다는 이유로 공격을 하는 매카시즘 광풍이 불었으며 이때 에드거 스노도 여러 차례 조사를 받은 후 스위스로 가서 망명 아닌 망명 생활을 하고 있었다)을 하고 있던 스노를 북경에 초청하여 회견을 가졌다.

마오는 이 회견을 통해 미국을 더 이상 적국으로 생각하지 않고 있다는 점을 밝힘과 동시에 당시 미국이 우려하고 있던 베트남 전쟁에 중국이 직접 참전하지는 않을 것임도 시사했다. 그러나 중국을 불신하고 있었던 미국은 마오의 숨은 뜻을 헤아리지 못했다. 미중관계 개선을 위해서는 몇 년의 시간이 더 필요했다.

6. 여론전에 능한 중국 외교

1) 중국공산당을 구한 책 '중국의 붉은 별'

1911년 청나라의 멸망의 도화선이 된 신해혁명을 주도하고 중국 국민당을 창당한 쑨원은 1917년 10월 혁명으로 러시아 제정을 전복하고 세계 최초로 공산주의 정권을 수립한 소비에트 러시아에 대해 호감을 갖게 되었다. 그 이유는 소비에트 러시아가 반제국주의 노선을 취하면서 제정 러시아 시기 러시아-중국 간 맺은 불평등 협정을 폐기했기 때문이었다. 한편 혁명 이후 서구 자본주의 국가들의 간섭에 직면했던 소비에트 러시아는 중국과의 협력을 필요로 하고 있었다.

이러한 배경에서 소비에트 러시아는 중국공산당과 쑨원의 국민당 간 합작을 추진하였다. 그 결과 1924년 제1차 국공합작이 이루어지게 되었다. 이로써 중국공산당원 일부는 개인 자격으로 중국 국민당에 입당하여 국민당 당원으로 활동할 수 있게 되었다.

그러나 당시 중국 국민당 내에는 중국공산당과의 협력을 중시하던 국민당 좌파세력과 중국공산당에 대해 부정적인 국민당 우파세력이 있었다. 1925년 3월 쑨원의 급작스러운 사망 이후 국민당 우파세력을 대변하던 장제스가 쑨원의 후계자가 되었다.

장제스는 국민당의 지도자가 된 후 북벌을 통해 중국 전역에서 실권을 장악하게 되자 1927년 4월 전격적으로 국공합작 파기를 선언하고 중국공산당 소탕 작전에 나섰다.

장제스의 공세 앞에서 세가 불리했던 중국공산당은 1934년 10월 국민당의 포위망에서 벗어나기 위해 홍군 8만여 명과 함께 대장정을 시작하였다. 1년여 대장정 끝에 중국공산당과 홍군은 산시성 옌안에 도착하여 새로운 근거지를 만들었다.

그러나 대장정에서 살아남은 사람이 불과 7천여 명에 불과할 정도로 커다란 타격을 입는 등 1921년 공산당 창당 후 최대의 위기에 봉착하였다. 이러한 위기에 직면하여 중공 특히 마오쩌둥은 여론전을 통해 중국의 젊은이들을 대거 중공에 끌어들여 공산당과 홍군의 조직을 재정비했다. 이어진 장제스의 국민당과의 내전에서 승리하여 중국 대륙을 차지했다.

혁명 시절 중공에는 선전 전문가들이 많았다. 가장 탁월한 사람이 마오쩌둥이었다. 대장정 중에 사실상의 최고 실권자가 된 마오쩌둥은 홍군과 공산당의 진면목을 대내외에 알림으로써 공산당의 존재 이유를 부각시키는 것이 중요한 급선무라고 생각했다.

그러나 장제스의 국민당이 중국 전역을 장악하고 있는 상황에서 언론을 통해 중국공산당을 알리는 것이 사실상 불가능했다. 마오는 장제스의 통제 밖에 있는 외국 기자를 활용하는 방법을 모색했다.

당시 중국에서 활동하던 외국 기자 가운데서 에드거 스노가 대상자로 선정되었다. 에드거 스노는 마오쩌둥의 초청으로 연안을 방문하여 중국의 서북 지역 일대에서 활동하고 있던 홍군의 실체를 직접 눈으로 보고 마오쩌둥과도 회견을 하였다.

이후 그는 베이징에서 '중국의 붉은 별'이라는 책을 출간하였다. 이 책은 마오쩌둥과 홍군이 그리는 중국의 미래상을 대내외에 알리는 기폭제 역할을 했다. 스노의 책을 본 수많은 중국의 청년들이 중국공산당과 함께 미래 중국의 주역이 되겠다고 연안으로 몰려들었다. 고사 직전의 중국공산당이 기사회생하는 계기가 되었다.

2) 담담타타 타타담담

마오쩌둥은 국민당과의 투쟁에서 협상 중에도 뒤에서는 전쟁을 준비하고, 전쟁 중에도 협상을 추구하는 담담타타談談打打 타타담담打打談談 전술을 구사했다. 마오는 이 전략으로 항일투쟁 과정에서 공산당의 영향력을 증대했으며 2차 대전 종전 후 국공내전에서 군사력에서 우세한 위치에 있던 국민당을 밀어내고 대륙을 장악할 수 있었다.

마오쩌둥에게 협상이란 투쟁 과정의 일부였을 뿐이다. 한국전쟁에 참전한 후 중국은 마오쩌둥의 이 전술을 따랐다.

1950년 11월 한국 문제 토의를 위한 유엔 회의에 참석한 중국 대표단장 우슈촨은 유엔 안보리 회의장에서 "전 중국 인민을 대표해 이 자리에 나왔다. 중국 영토인 대만과 우리의 인접국 조선을 무력 침략한 미국 정부를 고발한다"며 평화애호 국가로서의 중국의 이미지를 생산했다. 그러나 우슈촨이 유엔 안보리에서 평화를 외치던 그 시각 중국의 인민지원군은 장진호 전투에서 유엔군을 밀어붙이고 있었다.

1951년 7월 유엔군 사령부 측의 제안으로 한반도에서의 전쟁을 중지하기 위한 정전회담이 시작되었다. 마오쩌둥은 협상의 막후 지휘자로 정보 분야에서 잔뼈가 굵은 리커능을 낙점했다. 마오쩌둥은 리커능에게 "회담 대표는 조선인민군 대표가 맡아야 한다. 그래야 훗날 조선이 미국과 직접 담판하기에 용이하다. 미국은 세계 최강이다. 말을 적게 하고 상대를 궁지에 몰지 마라. 당장은 속 시원해도 이로울 게 없다. 전투를 중지하고 하는 담판이 아니다. 펑더화이와 문무文武를 분담하라"는 지침을 주었다. 마오의 전형적인 담담타타 타타담담 전술이었다.

3) 개혁개방 시기 출세의 가도가 된 중국 외교부 대변인

개혁개방 시기 중국 외교부 대변인은 출세의 지름길이 되었다. 중국 외교부 대변인이 중요한 이유는 중국의 정치체제가 경직되어 있는 것과 관련이 있다.

정치체제가 경직되어 있다 보니 중국의 정치상황이나 외교정책에 대한 정보가 자유민주주의 국가들에 비해 턱 없이 부족하다. 거의 없다고 보는 것이 더 정확한 표현이다.

그러다 보니 중국의 국내외 정세에 관한 정보를 접할 수 있는 유일한 공식 통로인 외교부 대변인의 발언이 중국에 관한 가장 중요한 1차 정보 원천이다.

문화대혁명 시기에는 정부 기능이 사실상 마비되어 있었기 때문에 마오쩌둥의 발언을 통해서만 중국 정부의 생각을 알 수 있었다. 그러나 개혁개방 이후 정부의 역할이 제 자리를 찾으면서 중국 정부의 대변인 역할을 하는 외교부 대변인의 역할이 중요해졌다.

2024년 석연치 않은 이유로 중도에 낙마했던 친강 외교부장이 대변인 출신이다. 그가 대변인이던 2010년대 초 주중대사관에서 공사로 근무하던 나는 그와 논의할 일이 많았다. 잘생긴 외모에 언변이 좋았던 외교관이었다. 그때는 강성 외교관 이미지가 아니었는데 시진핑 시기에 들어와 전랑 외교의 선두 외교관이 되었다.

1990년대에 부총리 겸 외교부장을 역임한 첸치천도 대변인 출신이다. 1997년 5월 베이징 조어대에서 열린 한중 외무장관회담에서 그가 한 말이 기억에 남아 있다. 당시 회담의 주요 의제는 한반도 평화체제 논의를 위한 4자회담 개최에 대한 것이었다. 1996년 4월 한미가 4자회담을 제의한 지 1년이 지나도록 북한이 이에 대해 아무런 반응을 보이지 않고 있었다. 당시 우리 측 유종하 외무장관이 위성 정보 등 객관적인 데이터를 인용하면서 북한이 식량난 등 어려움을 겪고 있어 탈출구가 필요한 상황이며 따라서 4자회담에도 적극적으로 나올 개연성이 있다고 본다고 평가하면서 중국 측의 협력을 요청했다.

이러한 우리 측 평가에 대해 첸치천 외교부장은 "(북한이 경제적으로 식량난 등 어려움을 겪고 있으니 4자 회담에 적극적으로 나올 것이라는 객관적 분석보다는) 북한의 마음을 사는 것"이 더 중요할 것이라는 취지로 얘기했다. 이 말을 듣고 외교관으로서 주재국에서 일할 때 마음속에 새겨야 할 자세라고 생각한 적이 있다.

2011년 12월 12일 한국 해경 소속 이청호 경장이 소청도 일대 해역에서 불법조업 중이던 중국어선을 단속 하는 과정에서 중국 선원이 휘두른 흉기에 찔려 사망하는 사건이 발생했다. 사건 발생 직후 한국 외교부 차관이 장신썬 주한중국대사를 외교부로 불러 "중국 정부의 사과와 재발 방지 대책 마련"을 요구했다. 장신썬 대사는 "한국 정부의 입장을 본국 정부에 상세히 보고하겠으며 사건 관련 자료를 제공해 달라"는 입장을 밝혔다.

사건발생 당일 중국 외교부 대변인은 "중국은 관련 부처를 통해 어민 교육과 어선 관리 대책, 규정 위반행위 방지 대책을 여러 차례 취했다. 한국 정부도 중국 어민의 합법적 권리를 보장하고 인도주의적 대우를 해주길 바란다"는 적반하장격 논평을 내놓았다.

중국 측의 이 같은 태도에 한국 내 여론이 들끓었다. 한국의 주요 언론들이 중국 외교부 대변인의 발언을 놓고 중국 정부의 후안무치한 행태라고 비난했다. 나는 중국 외교부 영사국장을 면담하여 사건 발생 위치 등 상세 자료를 제공하면서 중국 정부의 뜨뜻미지근한 태도로 한국 내 여론이 악화하고 있어 중국 측의 사과 표명 등 진정성 있는 조치가 조속히 이루어질 필요가 있음을 강조했다.

중국 외교부는 대변인을 통해 사건 발생 하루 뒤일 유감regret을 표명하였다. 중국 측이 당초의 입장을 변경하여 비교적 신속하게 유감을 표명한 것은 우리 측의 상세한 관련 자료 제시로 사건의 실상을 알게 되고(특히 사건 발생 위치가 한중 어업 협정상 한국 측 어업 관리수역인지의 문제를 중국 측이 중시했는데 우리 측이 위성사진을 통해 사건 발생 위치에 대한 중국 측의 의구심을 해소했다) 한국 언론의 중국에 대한 비난 수위에 놀라 이를 빨리 해결하는 것이 중국에 유리하다는 판단 때문이었을 것이다.

중국 측이 동 사건에 대해 재빨리 유감을 표명한 것은 매우 이례적이었다. 어느 나라가 외교 현안을 놓고 상대국에 유감을 표명하거나 사과를 하는 것은 매우 어려운 외교 행위이다. 유감이나 사과apology를 표명하는 것은 그 나라의 위신과 관계되는 문제이기 때문이다. 2001년 4월 발생한 미국 정찰기의 중국 하이난다오 불시착 사건 해결 과정이 이를 잘 보여준다.

2001년 4월 1일 미국의 EP-3 정찰기가 중국 하이난다오海南島 부근 해역에서 정찰 비행 중 중국 측 전투기와 충돌한 후 하이난다오 링수이 공항에 불시착하는 사건이 발생했다. 이 충돌로 중국 측 조종사 1명이 사망하였다.

이 사건 해결을 위한 외교협상 과정에서 중국 측은 미국 정찰기가 중국의 배타적경제수역에서 불법 정찰 활동을 벌이다 중국 전투기와 충돌하였다고 주장하면서 이에 대한 항의와 함께 미국 측의 사과와 재발 방지를 요구하였다.

미국 측은 처음에는 이 사건에 대해 사과를 거절하였다. 그러나 협상 결과 당시 중국 주재 미국대사이던 조세프 푸루어가 탕자쉬안 외교부장 앞으로 유감과 사과의 중간 정도에 해당하는 미안sorry하다는 의미를 담은 대사 개인 명의의 편지를 전달함으로써 협상이 종료되었다.

4) 시진핑 시기 거칠고 투박하게 변한 중국 외교부 대변인

시진핑 시기 들어와서 서방의 중국 비판에 대해 중국 외교부 대변인과 고위 외교관들은 언론 브리핑과 소셜 미디어 등을 통해 거칠고 투박한 언어로 중국의 입장을 적극 옹호하고 나서고 있다.

이는 그동안 서방으로부터의 비판과 비난에도 서방과 대립하기보다는 협력을 우선시하던 중국이 시진핑 시대에 들어와 중국몽 실현을 최우선 국가 목표로 설정하면서 중국의 외교도 공세적 행태로 변한 데 따른 현상이다.

이러한 중국의 공세적 외교행태를 두고 서방 국가들은 전랑 외교(이 용어는 중국에서 제작된 애국주의적인 액션 영화인 특수부대 전랑 2에서 유래되었다)라는 딱지를 붙여 중국을 경계하기 시작했다. 시진핑 시기 중국의 이러한 외교행태는 개혁개방 시기 동안 중국이 쌓아 올린 스마일 외교라는 좋은 이미지를 갉아먹고 있다.

8장
현대 중국의 외교행태 (2)

1. 중국의 현실주의 외교

1) 손자병법과 중국의 현실주의 외교

춘추 시대의 병법서로 알려진 손자병법은 전쟁은 국가 대사로서 국가 생존의 문제이기 때문에 심사숙고해야 한다고 가르쳤다. 나아가 손자는 싸우지 않고 이기는 것, 적의 전략과 외교력을 무너뜨려 승리하는 것이 최상의 병법이라고 주장했다.

전쟁을 하기 전에 전략과 외교에서 우위를 확보함으로써 전쟁할 필요 없이 사실상 무혈로 승리하는 것을 최상의 병법이라고 본 것이다. 군대를 동원하여 싸우고 성을 공격하는 직접적인 전투 행위는 하책이라고 보았다.

"최상의 전법은 적의 전략을 깨뜨리는 것이요,
그 다음이 적의 외교 관계를 무너뜨리는 일이요,

다음의 방법이 군대를 치는 것이요,

가장 하책이 성을 공략하는 일이다." (손자병법 모공편)

손자병법의 이러한 사상체계는 전쟁보다는 전략과 외교를 중시한 사상체계이다. 이러한 사상체계를 물려받은 과거의 중원 왕조들은 주변 나라들과의 관계에 있어 무력 동원보다는 외교적 책략을 통해 중원 왕조의 중심성과 안전을 추구하고자 했다. 물론 예외적인 시기는 있었다.

역사적으로 중원 왕조가 왕조의 중심성과 안전을 위해 동원한 외교적 책략은 조공-책봉 관계 및 합종연횡, 분리-독립 책략이었다.

조공-책봉 관계는 중원 왕조가 주변 나라들과 평화적 관계를 유지하기 위한 외교적 수단이었다. 중원 왕조는 중원 왕조의 중심성을 인정하는 주변국에 대해 조공을 허락하고 주변국의 통치자에 대해서는 책봉함으로써 중원 왕조는 자신들의 안전을 확보하고 주변국의 통치자는 자국 내에서 통치의 권위를 확보하였다. 이러한 조공-책봉 관계는 진, 한 시대까지 거슬러 올라간다. (백제 무령왕은 521년 중국 남조의 양무제로부터 사지절도독 백제제군사 영동대장군이라는 작호를 받았는데 이는 넓은 의미의 책봉이었다. 무령왕릉에는 지석이 남아있어 우리나라의 삼국시대 왕릉 중에 유일하게 주인공이 누구였는지를 알 수 있는 왕릉이다. 지석에 양무제로부터 받은 작위명이 기록되어 있다)

반면 중원 왕조의 중심성을 인정하지 않고 중원 왕조를 침탈하려 하거나 위협하는 주변 나라들에 대해서는 중원 왕조는 합종연횡 및 분리-독립 외교 책략으로 이들 주변 나라들의 힘을 약화시켜 중원 왕조의 안전을 확보하고자 했다.

이처럼 중원 왕조가 무력 동원보다는 조공-책봉 관계나 합종연횡 및 분리-독립의 외교 책략을 구사하여 중원 왕조의 중심성을 유지하려고 한 것은 지극히 현실주의적인 외교 행태였다고 할 수 있다.

국가의 안전을 이처럼 현실적 사고에 기반하여 확보하려는 중국적 외교 전통은 현대 중국의 외교에도 이어져 왔다. 예외가 없었던 것은 아니다. 마오쩌둥은 혁명의 열정으로 고양되었던 문화대혁명 시기 공산주의 사상과 이념을 주변국에 전파하는 데 전념한 적이 있다.

그러나 마오쩌둥 시대 중국 외교의 지휘자 역할을 한 저우언라이는 "외교에는 사소한 것이 없다. 우왕좌왕하거나 충동적인 말과 행동은 금물이다" "싸우면서 연합할 방법을 모색하고 연합한 상태에서 싸울 날을 대비하는 것이 외교다" 등의 말을 남겼다. 외교에 대한 저우언라이의 이러한 인식은 지극히 현실적으로 외교를 보고 있음을 보여준다.

현대 국제사회에서는 조공-책봉 관계라는 외교적 틀은 더 이상 존재할 수 없다. 그러나 합종연횡과 분리-독립의 현실주의적 외교 책략은 현대 중국의 외교에 전승되었다.

2) 합종과 연횡의 외교 전통과 현대 중국의 외교

기원전 8세기경 봉건제를 근간으로 했던 주 왕조의 왕실의 힘이 약화한 계기로 진, 초, 연, 제, 한, 위, 조의 7개국이 중원의 패권을 놓고 다투는 전국 7웅의 시대가 전개되었다. 전국 7웅은 군사력 강화를 추진함은 물론 대외적으로 치열한 외교전을 전개하였다. 여기서 합종과 연횡이라는 외교 전략이 태동했다. 합종과 연횡은 오늘날 국제정치 용어로 말하면 동맹 외교라 할 수 있다.

합종合從은 소진이라는 사람이 고안한 것으로 여러 약한 나라들이 동맹을 맺어 강한 나라에 대항하는 전략이다. 당시 진나라는 7개 국가 중 가장 강한 나라로서 서쪽에 자리 잡고 있었고 나머지 6개국은 진의 동쪽에 위치하면서 남에서 북으로 이어지는 종렬의 형태로 진나라와 국경을 맞대고 있어 진나라의 공격을 받기 쉬웠다.

소진은 진나라에 비해 국력이 비교적 약한 동쪽의 여섯 나라를 돌아다니며 합종(가장 힘이 센 진나라의 동쪽에 남북 종렬로 늘어서 있는 여섯 나라가 진나라의 공격에 대비하기 위해 힘을 합치자는 전략)을 해서 진나라에 맞설 것을 제안하였으며 그 결과 여섯 나라가 군사동맹을 맺게 되었다.

그러나 진나라의 책사 역할을 하던 장의는 연횡連衡 전략으로 합종 전략을 무너뜨렸다. 장의는 진나라의 동쪽에 있는 여섯 나라를 상대로 강한 진나라와 연횡(동쪽의 각 나라가 서쪽의 진나라와 동서로 화친을 맺자는 전략)을 맺어야 나라의 안전을 확보할 수 있다고 설파하였다. 결국 동쪽의 여섯 나라(초, 연, 제, 한, 위, 조나라)가 진나라와 각각 손을 잡게 되었고 진나라는 여섯 나라를 차례로 멸망시켜 최초로 중국 전역을 통일하게 되었다.

합종과 연횡의 외교 책략은 '어제의 적이 오늘의 친구가 되고 오늘의 친구가 내일의 적'이 되는 오늘날의 국제관계에서도 여전히 유용하다. 신중국 건국 이후의 중국 외교는 합종과 연횡이라는 과거 중국의 외교 전통을 이어받았다.

1949년 중화인민공화국 건국 초기에는 안보와 경제적 필요상 공산주의 종주국 역할을 하던 소련에 일방적으로 의존하는 외교를 하였다. 그러나 1950년대에 중국은 비동맹 외교를 중국 외교의 근간으로 삼으면서 비동맹 외교의 맹주 역할을 하였다. 이를 통해 미, 소의 패권 추구에 반대하는 나라들 간의 연대를 강화하여 미, 소에 비해 상대적인 국력이 약했던 중국의 위상을 제고할 수 있었다.

1950년대 후반 들어 소련과의 관계가 악화하기 시작한 후 1968년에 이르러서는 중소 국경 지역인 진보도(러시아명 다만스키)에서 포격전이 발생하는 등 소련으로부터 현실적으로 안보 위협을 느끼게 되었다. 마오쩌둥은 이러한 소련의 안보 위협 앞에서 불구대천의 원수로 여기던 미국에 전격적으로 화해의 손을 내밀어 상황을 일거에 역전시켰다.

1972년 닉슨 미 대통령의 중국 방문 시에 채택된 미중 공동성명에서 패권 반대에 한 목소리를 냄으로써 중국은 미국의 힘을 빌려 소련의 위협도 극복하고 서방과의 관계도 개선하는 계기를 만드는 합종연횡 외교의 백미를 보여준 것이었다.

덩샤오핑이 1978년 개혁개방정책을 추진한 이래 50여 년의 지속적 경제발전으로 중국이 경제적, 군사적 대국으로 부상하자 미국은 중국을 미국의 패권에 도전할 수 있는 능력을 갖춘 경쟁자로 보고 중국을 견제하기 시작했다.

중국은 미국의 이러한 견제에 대한 대응책으로 합종과 연횡 전략을 적극적으로 구사하고 있다. 중국은 중국의 거대시장을 필요로 하는 유럽 국가들에 당근을 제시하여 유럽 국가들을 중국으로 끌어들이고 미국의 대중 견제에 틈새를 벌리는 갈라치기 외교 책략을 구사했다.

그 결과 바이든 미 대통령의 중국 견제가 한창 이던 2022년 11월 독일 숄츠 총리가 중국을 방문하고 마크롱 프랑스 대통령도 2023년 4월 중국을 방문하여 각각 중국과의 관계 강화 방침을 밝혔다. 이로써 미국의 중국 견제의 한 축인 유럽 전선에 틈새가 발생하였다. 이에 자극을 받은 미국도 방향을 선회하여 블링컨 국무장관이 2023년 6월 중국을 방문하고 이어 옐런 재무 장관도 2023년 7월 중국을 방문하는 등 외교안보 및 경제문제를 둘러싼 미중 양국 간 고위급 협의 채널이 복원되었다.

2023년 5월 산시성 시안에서 제 1차 중국-중앙아시아 5개국 정상회의가 개최되었다. 시진핑 국가주석은 환영 만찬에서 "중국과 중앙아시아의 관계는 좋은 이웃에서 전략적 동반자로 역사적 도약을 했다"면서 "중국·중앙아시아 관계의 새 시대가 열렸다"고 강조했다.

중국은 동 정상회의에서 중앙아시아 국가들의 인프라·자원·무역 개발 등을 위해 약 5조 원(260억 위안) 규모의 유무상의 원조를 제공하겠다고 밝혔다.

중국의 중앙아시아 국가들에 대한 이러한 접근은 석유, 가스 등 자원 부국이자 인접국인 중앙아시아 역내 국가들과의 협력 확대를 통해 미국의 중국 견제를 무력화시키기 위한 일종의 합종연횡책이었다.

2023년 9월 남아공에서 열린 브라질·러시아·인도·중국·남아공이 주도하는 협의체인 브릭스BRICS 정상회의에서 아르헨티나·이집트·에티오피아·이란·사우디아라비아·아랍에미리트 6개국이 새로운 회원국으로 가입했다. 2025년 1월에는 인도네시아가 가입했다.

중국은 미국의 견제 전략에 대응하기 위해 브릭스 회원국의 확대 및 회원국 간 협력 강화를 추구했었다. 중국 외교의 소리 안 나는 성과였다.

이들 국가 대부분은 2022년 2월 시작된 우크라이나 전쟁에서 미국이 주도하는 대러시아 제재에 동참하지 않고 있다. 브릭스의 확대 강화는 미국 입장에서는 적지 않은 외교적 타격이다.

3) 이이제이와 분리지배의 외교 전통과 현대 중국의 외교

진나라를 뒤이은 한나라가 제국적 성격을 지닌 왕조가 된 이래 중국에서 출현한 제국적 성격을 가진 모든 왕조들은 제국을 유지하고 확대하기 위해 이이제이以夷制夷와 분리지배分離支配 책략을 구사했다. 단명에 그친 진 제국의 뒤를 이어 중원을 통일한 한나라는 당시 북방의 강자였던 흉노제국과의 경쟁에서 흉노를 물리치고 제국을 건설하였다.

한 제국은 흉노를 상대로 시기에 따라 상황에 맞는 다양한 외교술을 구사하였다. 한나라는 초기에는 군사력의 열세로 인해 북방의 강자였던 흉노제국으로부터 수시로 약탈당해야 했다.

초기의 한나라는 이러한 흉노의 위협으로부터 살아남기 위해 흉노와의 대결보다는 흉노와 화친하는 태도를 취했다. 한나라는 화친의 표시로 흉노가 필요로 하는 식량과 옷 등을 흉노에게 공물로 바치기로 약조했다. 중국의 역사학자들은 이를 흉노에 대한 화친 정책이라는 이름으로 포장하고 있으나 실제로는 군사력의 차이로 어쩔 수 없이 흉노에게 굴종해서 살아남는 전략이었다.

이러한 굴욕을 버텨내던 한나라는 무제(기원전 141~87년 간 황제로 재위) 때에 이르러 내부 정비를 통해 경제력과 군사력을 강화한 후 흉노와의 대결로 방향을 선회했다. 이를 위해 기원전 139년 흉노의 배후 지대이자 흉노의 세력권에 속해 있던 서역 지방에 장건을 보내 서역 나라들과의 관계를 구축하였다. 이렇게 서역에서 흉노 세력을 약화한 후 흉노 본거지에 대한 군사적 공세를 취해 흉노를 북방으로 밀어내는 데 성공했다.

이후 한 제국은 흉노제국이 왕위 계승권 문제 등으로 북흉노와 남흉노로 분열되었을 때 남흉노를 지원함으로써 흉노 내부를 분열시키는 계책을 통해 흉노제국의 힘을 약화하는 분리지배 책략을 구사하였다. 한나라는 남흉노를 이용하여 북흉노를 서기 89년 완전히 제압하였으며 남흉노는 한동안 형식적으로 존재하다가 한 제국에 동화되어 편입되었다.

한편 서기 8년(고구려 2대 왕인 유리왕 27년) 중국 대륙에서는 왕망王莽이 한나라의 왕위를 찬탈하여 나라 이름을 신新이라 하고 15년간 중국을 지배(서기 8~23년)했다. 왕망의 왕위찬탈 사건을 계기로 한漢은 전한前漢(기원전 209년~서기 8년)과 후한後漢(서기 25~220년)으로 나누어진다.

왕망이 신을 건국한 직후 대륙이 혼란한 틈을 타 북방 변경으로 밀려나 있던 흉노가 신을 대대적으로 공격해오자 왕망은 고구려 유리왕瑠璃王에게 군사를 출병하여 흉노를 공격하는 데 협력하라고 요구한다.

왕망의 이러한 책략은 흉노의 공세를 고구려의 힘을 이용해 막으면서 새로이 부상하고 있던 고구려의 힘을 약화시키고 흉노와 고구려의 연합 전선 가능성도 차단하려는 일종의 이이제이 전략이었다.

> "왕망(이 정권을 찬탈한) 초기에, 고구려 군사를 동원해 오랑캐(범엽의 '후한서'에는 흉노라고 기록되어 있다)를 정벌하려 하였다. (그때 고구려의 용병들이) 가지 않으려 하는 것을 억지로 파견했더니, 모두 도망쳐 요새를 나가 노략질을 일삼는 것이었다. 요서(군)의 대윤(직책 이름이다) 전담이 그들(고구려의 용병들)을 추격했지만 도리어 살해당하고 말았다."(삼국지 위지 동이전)

신이 망하고 후한이 성립된 직후 고구려는 옛 고조선 땅에 있던 한4군漢4郡인 현도군과 낙랑군을 공격하는 등 후한에 대해 군사적 공세를 취했다. 이에 대응하여 후한은 121년 유주 자사 풍환의 지휘하에 대규모 군사를 이끌고 고구려를 공격했다.

이에 앞서 후한은 결혼 동맹을 통해 고구려의 배후에 있던 부여扶餘와의 관계를 강화했다. 후한과 고구려 사이에 일진일퇴의 공방전이 있었으나 고구려 후방에서 후한을 지원한 부여 때문에 고구려는 완패했다.

이처럼 한 제국은 주변 나라들인 흉노제국과 부여, 고구려 등을 상대로 이이제이와 분리지배 외교 책략을 통해 주변 나라의 힘을 약화함으로써 자신들의 제국을 유지했다.

 흥미로운 사실은 고구려가 강성해져 부여가 생존의 위협을 받게 되자 부여는 중국 대륙의 후한과 긴밀한 관계를 유지하면서 오히려 고구려를 견제하려 하였다는 것이다. 비록 부여와 고구려가 같은 종족적 배경을 가지고 있었지만 부여는 자국의 이익을 위해서는 같은 종족이라는 혈연적 배경보다는 자신의 생존을 지켜줄 후한과의 관계를 더 중시했던 것이다.

> "부여는 본래 현토군에 속해 있었다. 후한 말기에 공손도가 발해 동쪽에서 기세등등하게 세력을 확장하여 군사의 위력으로 국경 너머의 오랑캐들을 복속시키니 부여의 왕 위구태가 요동군에 속하였다. 당시는 고구려와 선비가 강했으므로 공손도는 부여가 두 오랑캐 사이에 위치해 있는 데 주목하여 부여 왕에게 자기 가문의 딸을 출가시켰다."(삼국지 위지 동이전)

 한 제국이 분열된 후 삼국 시대와 남북조 시대를 거쳐 중원을 다시 통일한 북방의 선비족 계열의 수 왕조는 단명으로 그치고 같은 선비족 계열의 당 왕조로 교체되었다. 당 왕조가 중원을 통일할 즈음 중원의 혼란을 틈타 북방에서는 돌궐이 강력한 세력으로 등장하였다. 당 태종 이세민은 분열 책략을 동원하여 돌궐 세력을 약화하였다.

 북방의 돌궐 세력을 약화한 후 이세민은 서역 공략에 나섰다.

634년에는 토욕혼을, 638년에는 토욕혼 지역으로 세력을 뻗어온 토번(오늘날 티베트이다)을 공략하여 서쪽 변경을 안정시켰다. 640년에는 고창국을 정벌하여 안서도호부를 두고 당이 직접 통치하게 되었다.

이로써 당은 중국 전역을 확보하고 북방의 돌궐 세력과 서쪽의 이민족을 거의 모두 제압할 수 있게 되었다. 이제 당 태종 이세민으로서는 당 중심으로 천하의 질서를 수립하기 위해서는 동북방에서 위세를 떨치고 있는 고구려를 정복하는 일만 남게 되었다.

당시 고구려에서는 수와의 전쟁을 사실상 승리로 이끌었던 영양왕이 618년 사망하고 동생인 영류왕이 즉위했다. 영류왕은 영양왕과는 달리 중국에 새로운 세력으로 부상한 당과의 협력을 추구했다. 당 왕조도 대내적으로 안정이 필요했고 수가 고구려를 침공하다가 내란에 휩싸여 멸망하였다는 사실을 잘 알고 있어 고구려와의 협력을 추구했다.

이러한 상호 필요성에 의해 619년 영류왕은 당에 사신을 보냈고 622년 고구려와 당은 수-고구려 전쟁 당시의 포로를 교환하기도 했다. 이후에도 영류왕은 640년에 태자를 사신으로 당에 보내고 당의 태학(일종의 교육기관)에 귀족의 자제들을 보내 당의 문화를 배워오게 하는 등 당에 대한 우호 정책을 지속 추진했다.

그러나 고구려와 당의 우호 관계는 그리 오래 가지 못하였다. 고구려에서 642년 유혈 정변을 통해 당에 우호적이었던 영류왕을 폐위하고 보장왕을 세운 연개소문이 대막리지가 되어 사실상 정권을 장악한 후 당과 대결적 자세로 전환했다.

한편 이 시기 한반도에서는 고구려, 백제, 신라 간 주도권 장악을 위한 대결이 치열하게 전개되었다. 고구려, 백제, 신라 3국 중에서 가장 늦게 고대국가로 발전한 신라는 6세기 진흥왕 대에 이르러 가야를 병합하는 등 강력한 세력으로 등장했다.

551년(진흥왕 12년) 신라는 백제 성왕과 연합한 가운데 북진하여 고구려로부터 한강 상류를 빼앗았고 백제는 고구려에게 빼앗겼던 한강 하류를 탈환했다. 그러나 553년 신라는 고구려와 밀약을 맺어 배후를 든든히 한 후 백제를 기습해 백제가 차지한 한강 하류를 점령함으로써 고구려의 남진에 대응하기 위해 백제와 신라가 맺었던 나제동맹이 깨지게 되었다.

이에 백제 성왕은 신라에 빼앗긴 땅을 되찾기 위해 554년 보복전을 전개했으나 관산성 전투에서 성왕이 전사하는 등 대패했다. 이 싸움으로 신라와 백제는 불구대천의 원수가 되었다. 642년 백제 의자왕은 대군을 이끌고 신라를 침공하여 40여 개의 성을 빼앗았고 대야성을 탈취하였다. 이 대야성 전투에서 후일 신라의 태종 무열왕이 되는 김춘추의 딸과 사위가 전사하였다.

백제의 공세에 밀린 신라는 김춘추가 642년 겨울 고구려를 비밀리에 방문하여 신라-고구려 동맹을 제안하였으나 연개소문은 이를 거절하였다. 이제 신라로서는 당나라와의 동맹 이외에는 다른 대안이 없었다. 643년(신라 선덕여왕 12년) 신라는 당에 사신을 파견하여 고구려와 백제의 공격을 막아줄 것을 간청하였다. 당 태종은 644년 초 고구려에 사신을 보내 신라에 대한 공격을 중단하라고 요구했다.

> "신라는 우리나라에 귀의해 조공이 끊이지 않으니, 너희는 전쟁을 중지하라. 만약 또다시 신라를 친다면 군사를 동원해 너희 나라를 칠 것이다."(삼국사기 고구려본기)

그러나 연개소문은 당의 요구를 받아들이지 않았다. 당 태종 이세민으로서는 힘으로 고구려를 굴복시키는 이외에는 다른 선택의 여지가 없게 되었다.

645년 봄 당 태종 이세민은 고구려 정벌을 위한 1차 원정에 나섰으나 이세민은 압록강도 건너지 못한 채 철수하였다. 이후 이세민은 2차 원정계획을 추진하다가 1차 원정의 후유증으로 사망하여 2차 원정계획은 실행되지 못하였다.

이세민은 사망 직전에 요동 정벌을 중지하라는 조칙을 내린 것으로 역사는 기록하고 있다. 1차 원정의 실패에서 얻은 교훈이었을 것이다. 이로써 북방의 돌궐제국과 서역을 모두 제패했던 당 제국의 고구려 정벌 계획은 수포가 되는 듯했다.

백제 왕조의 마지막 수도였던 부여에는 정림사 5층 석탑(지금은 절은 없어지고 그 터만 남아 있다)이 외로이 홀로 서 있다. 이 석탑에는 당의 백제 원정군 총지휘관이었던 소정방이 자신의 이름과 함께 백제 점령을 기념하기 위해 새겨 넣은 글귀가 남아있다.

오늘을 사는 우리는 그 글귀에서 백제가 멸망한 그 날을 기억해 낸다.

의자왕 대에 이르러 백제는 군사력에서 신라를 압도하고 있었는데 왜 백제가 신라와의 싸움에서 패배했을까? 신라가 당과 맺은 동맹이 결정적 이유였다. 이 신라-당 동맹의 결성으로 고구려, 백제, 신라 3국 간 형세가 신라에 유리하게 기울기 시작한 것이다.

643년에 신라가 당 태종에게 사신을 보내 백제와 고구려의 공세를 막기 위해 군사적 도움을 줄 것을 요청하였으나 당은 소극적 태도를 보인 바가 있었다.

그럼에도 불구하고 신라는 다시 당과의 동맹을 추진했다. 648년(진덕여왕 2년) 신라의 김춘추가 비밀리에 당에 가서 당 태종 이세민에게 동맹을 다시 제안한 것이다.

645년 고구려 정벌에 나섰다가 대패했던 이세민이 신라의 동맹 제안을 받아들였다. 고구려를 정벌하기 위해서는 신라와의 협력이 불가피하다고 판단했기 때문이었을 것이다.

당 태종은 신라와 동맹을 맺은 지 1년 후인 649년 사망하고 아들 이치가 황위에 오르니 그가 660년 백제를 멸망시킨 당 고종이다. 당과 동맹을 맺는 데 성공한 신라는 이 동맹을 발판으로 그동안의 약세에서 벗어나 한반도에서 주도권을 쥘 수 있게 되었다.

648년 당과 동맹을 결성한 이후 신라는 당과의 외교 관계에 진력했다. 650년(신라 진덕여왕 4년)에는 왕이 당을 찬양하는 시 태평송太平頌을 써서 당 고종에게 바치기도 했다.
이때부터 신라는 고유의 연호를 버리고 당 고종의 연호를 쓰기 시작하는가 하면 관리들의 복식마저 당의 복식을 따르기 시작했다. 그만큼 신라는 당의 협력을 절실히 필요로 했던 것이다.
654년에는 진덕여왕이 사망하고 당과의 동맹 결성에 밀사 역할을 했던 김춘추가 왕위에 올랐다. 태종 무열왕이다.
당-신라 동맹 이후 신라는 백제의 공세에 대응할 당 군대의 파병을 간절히 요청했음에도 불구하고 당은 뜨뜻미지근한 반응만 보였다. 그 이유는 당의 국경을 위협하는 고구려에 대한 군사 공격을 하고 있었기 때문이었다.
658년 6월 당군이 고구려를 공격했으나 패하여 돌아갔고 659년 3월에는 요동을 공격하였으나 이 또한 성과가 없었다.

당 고종은 이러한 독자적인 고구려 공격이 계속 실패하자 백제를 먼저 정복한 후 고구려를 공격하는 것으로 방향을 바꾼다. 신라의 끈질긴 군사 동원 요청과 당의 셈법이 맞아떨어진 것이다.

마침내 당은 660년 3월 소정방을 총지휘관으로 하는 백제 원정군을 파견하였다. 신라로서는 온갖 수모를 겪어가며 필사적으로 외교적 노력을 기울인 끝에 당과 동맹을 맺은 지 12년 만에 그 결실을 보게 되는 순간이었다. 그해 7월 신라-당 연합군의 총공세 앞에 백제의 역사는 조종을 고하였다.

660년 8월 신라의 무열왕과 소정방은 백제 사비성을 점령한 후 주연을 크게 베풀어 병사들을 위로했다.

> "왕(태종 무열왕)은 소정방 및 여러 장수들과 함께 대청에 앉고, 의자(왕)와 그 아들 융은 마루 아래에 앉게 했다. 그리고 의자(왕)으로 하여금 술을 따르게 했다. 이에 백제의 좌평 등 여러 신하들이 목이 메어 울지 않는 자가 없었다."(삼국사기)

백제 멸망 후 의자왕과 태자 및 수많은 백성이 당에 포로로 끌려갔다. 당나라에 끌려간 의자왕은 죽은 후 낙양의 북망산에 묻혔다고 알려져 있다.

부여가 고향인 김종필 전 총리는 1998년 1월 중국을 방문했을 때 개인적인 관심이 있었는지 비공식적인 자리에서 중국 측에 여러 차례 의자왕의 묘지를 찾아봐 달라고 부탁한 적이 있다. 찾을 수도 없겠지만 중국 측이 굳이 찾으려 하는 것 같지 않았다. 지금 와서 찾아봤자 중국 입장에서 골치만 아플 것이라고 생각했기 때문일 것이다.

신라와의 협공으로 백제를 무너트린 당은 이제 고구려를 정벌할 수 있는 절체절명의 기회를 잡게 되었다. 그동안 당이 창건된 이래 당 태종의 고구려 정벌을 위한 친정이 실패하는 등 여러 차례 고구려 정벌을 위한 원정군을 보냈으나 모두 성공하지 못하였다. 그 주된 이유는 장거리 원정에 따른 군량 확보의 어려움 때문이었다.

그러나 백제 멸망 후 옛 백제 땅에 주둔하고 있던 당의 군사가 신라의 지원을 받아 고구려를 남쪽에서 공격하는 것이 가능하게 되자 당의 고구려에 대한 공격은 과거 북쪽에서만 공격하는 것보다 훨씬 쉽게 되었다. 게다가 신라로부터 군사적 지원이 가능하게 되었다.

한편 고구려는 665년경 연개소문이 죽은 후 그 아들들 사이에 분란이 발생하였다. 연개소문의 장남인 남생은 동생 남건 및 남산과 함께 고구려를 이끌어 가는 것이 불가능하다고 생각했는지 당에 측근 염유를 보내 원조를 요청했다. 당시 남생은 요동 지역의 방어를 책임지고 있었고 동생 남건과 남산은 평양성을 책임지고 있었다.

일치단결하여 당의 대공세에 대응해도 나라를 보존할 수 있을지 불확실한 상황에서 형제간 권력다툼에 눈이 멀어 적전분열을 하고 있었으니 고구려의 멸망은 시간문제나 다름없었다.

이러한 고구려의 정세 혼란은 당에 고구려 정벌을 위한 천재일우의 기회를 제공하였다. 당 고종은 남생을 요동대도독 겸 평양도 안무대사로 임명했다. 666년 12월 당은 고구려 원정군을 일으켜 1년 10개월에 걸친 전쟁 끝에 668년 9월 마침내 고구려 최후의 보루인 평양성을 함락시켰다.

신라의 문무왕이 지휘하는 신라군도 평양성 함락에 합세했다. 당은 평양에 안동도호부를 설치하고 설인귀를 안동도호로 임명해서 고구려의 수도였던 평양을 포함 고구려가 지배하던 지역을 직접 지배하였다. 나라를 잃은 고구려인들은 이리저리 뿔뿔이 흩어져야 할 운명이 되었다.

한반도의 남동쪽 모퉁이에서 가장 늦게 국가로 성장하면서 고구려와 백제로부터 시달림을 당했던 신라가 당과 동맹을 맺고 당의 군사력을 끌어들인 것을 비판적 시각에서 바라보는 견해들이 있다.

그러나 그러한 견해는 당시의 고구려, 백제, 신라를 국가 간의 관계로 보지 않고 오늘날의 관점에서 보기 때문에 생기는 착시 현상이다.

삼국이 서로 패권을 다투고 있던 당시의 상황을 고려한다면 삼국 중 가장 약했던 신라가 자신의 생존과 안전을 위해 당연히 주변국 중에서 가장 강력했던 당과 동맹을 맺은 것은 아주 자연스럽고 당연한 것이다.

4) 오늘날 중국의 남북한 이중적 외교 행태

오늘날 중국의 남북한에 대한 정책도 과거 중원 왕조의 이러한 외교전통과 맞닿아 있다. 오늘날 중국은 남북한 사이에서 어느 한쪽에 기울지 않는 균형을 유지하려는 정책을 펴고 있다.

이는 중국 입장에서 보아 중국의 국익을 실현하는 데 가장 바람직한 방법이다. 이러한 정책을 통해 중국은 남북한 양측이 중국에 의존하게 함으로써 한반도에서의 영향력을 최대화 할 수 있다. 중국이 북한의 불법적 행위들을 비호하는 행태를 보이는 이유이기도 하다.

북한의 불법행위를 비호하는 중국의 외교 행태에 대해 우리는 중국을 비난한다. 그러나 이는 외교라는 행위가 국가이익을 추구하는 행위라는 점을 도외시하고 외교를 도덕적으로 이해하기 때문에 생기는 잘못이다.

오늘날 중국의 남북한에 대한 이중적 외교 행태는 중국 입장에서 보면 현실에 기초하여 자국의 국가이익을 확보하기 위한 외교를 하고 있는 셈이다. 이러한 중국의 정책이 우리로서는 달갑지는 않지만 그렇다고 중국을 비난할 수는 없다. 그것이 국가관계의 진면목이기 때문이다.

중국의 중원 왕조가 이처럼 외교를 경험적으로 체득해온 반면에 우리나라는 신라에 의한 삼국 통일 이래 통일신라, 고려, 조선 등 사실상 세 왕조가 1,300여 년을 지배하면서 외교라는 것을 체득할 기회가 거의 없었다. 특히 통일신라와 조선 왕조(고려 왕조 시기는 중원 왕조인 송나라와 북방의 유목민족이 세운 요, 금나라가 팽팽히 균형을 유지하고 있었으며 고려는 이 사이에서 균형 외교를 구사했다) 시기에는 중원을 통일한 강대한 세력이 동아시아의 질서를 유지하고 있었기 때문에 이에 편승하여 생존했다.

그러나 19세기 말 20세기 초 서구 제국주의의 동양 진출로 정세가 급변하게 되었다. 조선이 의존하던 청나라는 서구 제국주의 열강의 희생의 제물이 되어가고 있었다. 이러한 정세변화에 둔감했던 조선 말엽의 위정자들은 여전히 청나라에 편승하여 조선 왕조의 생존을 도모하고자 하였다.

대원군 같이 청에 저항하면서 동시에 쇄국을 통해 왕권을 지키려던 정파도 있었으나 이 또한 당시 국제 정세에서는 성공할 수 없는 정책이었다. 1882년 갑신정변을 주도한 일부 정파처럼 내정개혁을 통해 새로운 나라를 만들려는 세력도 있었으나 이들도 주체적인 역량 없이 일본의 힘에만 의존하려 하였으며 결과적으로 실패하였다.

청나라의 힘을 빌려 왕권을 겨우 유지하고 있던 고종은 1894년 청일전쟁에서 청이 패배하자 부동항을 찾아 극동에 진출하려던 러시아의 힘을 빌려 조선의 독립을 유지하고자 하였다. 그러나 이 또한 1905년의 러일 전쟁에서 러시아가 일본에 패전함으로써 무위로 끝나는 결과가 되었다.

결과적으로 고종이나 당시의 위정자들은 내정개혁은 말할 것도 없고 외교에도 실패하여 조선 왕조는 1910년 일본에 의해 병합되어 망하는 비극을 맞게 되었다.

1945년 2차 대전의 종료와 함께 1948년 한반도의 남쪽과 북쪽에 각각 대한민국과 조선민주주의인민공화국이 건국된 이후 미국과 소련을 축으로 하는 동서 진영 간 냉전 질서가 형성되었고 우리는 미국을 중심으로 하는 서방 진영에 편승하여 생존하는 외교 전략을 구사했다.

당시의 냉전 질서 하에서는 그렇게 할 수밖에 없는 여건이었고 그것은 우리의 발전에 도움이 되었다. 다만 각국의 이해관계가 충돌하는 외교 현장에서 진정한 외교를 해볼 수 있는 경험을 축적하지는 못하였다.

1990년대에 이르러 냉전 질서가 해체되면서 우리나라는 구소련 및 동구권 국가들과 외교 관계를 맺을 수 있었고 1992년에는 중국과도 외교 관계를 수립함으로써 전 세계를 상대로 외교다운 외교를 할 수 있는 여건이 마련되었다. 우리는 이러한 국제적 환경을 국가발전의 동력으로 활용하기도 하였다.

그러나 2010년대 중반 이후 경제적으로 부상한 중국을 전략적 경쟁자이자 잠재적 위협으로 간주하기 시작한 미국이 중국을 견제하는 정책으로 전환하자 중국이 이에 강력히 반발하면서 미중관계가 지난 50여 년간의 협력적 관계에서 갈등과 대결의 관계로 바뀜에 따라 우리 외교는 다시 시험대에 놓이게 되었다.

이러한 새로운 국제 정세에서 2022년 출범한 윤석열 정부 외교의 핵심 과제는 미국의 동맹국으로서 미국과 궤를 같이하면서도 한중수교 이후 지난 30여 년간 경제적, 정치적으로 발전시켜온 중국과의 관계를 어떻게 발전시켜 나갈 수 있을 것인가 하는 것이어야 했다.

그러나 윤석열 정부는 미국과의 관계가 우리나라 외교의 모든 것인 양 미국과의 동맹관계 강화에만 올인하고 중국과의 관계는 소홀히 취급했다. 이러한 윤석열 정부의 외교는 마치 냉전 시기 미국에만 의존하던 우리의 외교를 상기시킬 정도로 미국에 편승하는 외교였다.

윤석열 정부가 이러한 외교 노선을 설정하게 된 이유는 미국의 강한 요구에 직면하여 미국의 눈치를 보아야 하는 사정도 있었다. 그러나 근본적으로는 외교정책을 객관적인 국제 정세에 대한 현실적 분석을 기초로 추진하기보다는 이념에 종속시킨 결과였다.

2. 포괄적 원칙 내세우기

중국은 난해하고 민감한 외교 현안을 협상할 때 포괄적 원칙을 내세우는 경향이 있다. 외교 현안을 협상할 때 중국이 내세우는 원칙은 일종의 협상의 가이드라인으로서 이는 협상에서의 주도권을 잡기 위한 전략이다.

헨리 키신저는 중국이 외교협상에서 원칙을 중시하기는 하지만 그렇다고 터무니없는 원칙을 주장해서 외교협상을 어렵게만 하는 것은 아니며 그러한 원칙에 대해 상호 합의에 이르면 실질적인 문제는 오히려 쉽게 합의하는 경향이 있다고 술회한 바 있다.

문제는 이 포괄적 원칙에는 함정이 도사리고 있어 주의가 필요하다는 점이다. 중국은 포괄적 원칙에 합의한 후 이행 문제로 인해 갈등이 생기는 경우 상대방에 그 책임을 돌리며 이때 포괄적 원칙을 원용하는 경향이 있다. 또한 중국에 불리한 민감한 외교 현안이 생기면 포괄적 원칙에 대한 합의를 통해 급한 불을 끄고 실제 문제 해결은 뒤로 미룬 후 이를 이행하지 않는 경향이 있다.

1) 대만 문제와 '하나의 중국' 원칙

중국은 대만 문제에 대해 중국은 하나의 중국 원칙을 일관되게 주장해 오고 있다. 이 주장의 핵심은 이 지구상에 중국은 하나뿐이며 대만은 중국의 불가분의 일부라는 주장이다. 중국은 이 원칙을 지키기 위해 1971년 헨리 키신저의 방중 이후 8년에 가까운 협상을 벌였다.

그런데 하나의 중국 원칙의 구체적 내용이 무엇인지에 대해서는 사실 해석이 고무줄 잣대처럼 다양해질 수 있다. 중국은 대만과 수교하고 있던 나라가 중국과 수교하기 위해서는 이 원칙을 받아들여 대만과의 모든 공식적인 외교 관계를 단절해야 한다고 주장한다. 그런데 모든 공식적인 외교 관계의 의미가 매우 광의적으로 해석할 수 있다.

중국은 이 원칙에 의거 중국과 수교하고 있는 미국이나 서방 국가들이 대만과 여러 형태의 관계를 맺는 것을 하나의 중국 원칙을 파기하는 것이라고 비난하는가 하면 필요시에는 보복 조치를 취하기도 한다. 나아가 중국은 대만 문제에 대한 각국의 특정한 입장 표명에 대해서도 하나의 중국 원칙 위반이라고 강경하게 반응한다.

바이든 미 대통령이 2021년 2월 취임 이후 시진핑 중국 국가주석과 가진 첫 화상 정상회담(2021년 11월)에서 바이든 대통령이 대만 문제와 관련해 "미국은 하나의 중국 정책을 유지하고 있지만 대만해협에 걸쳐 현상을 변경하거나 평화와 안정을 훼손하는 일방적 행동은 강력히 반대한다"는 입장을 표명하였다. 그런데 이 표현은 미국이 '대만 문제는 평화적으로 해결되어야 한다'고 해온 그동안의 외교적 표현보다 한 발 더 나간 것이었다.

이에 대해 시진핑 국가주석은 "대만 당국이 미국에 의지해 독립을 도모하려 하고 미국 일부 인사가 의도적으로 대만으로 중국을 견제하려고 있기 때문에 대만해협 정세에 새로운 긴장이 조성되고 있다. 이런 추세는 매우 위험하며 이는 불장난을 하는 것으로 불장난을 하는 사람은 스스로 불에 타 죽는다"는 격한 표현을 써서 강경하게 반발했다.

한편 윤석열 대통령은 미국 공식 방문을 앞두고 가진 로이터통신과의 인터뷰(2023년 4월 19일)에서 대만 문제에 대해 "우리는 국제사회와 함께 힘에 의한 현상 변경에 대해 절대 반대한다"며 "(대만 문제는)단순히 중국과 대만만의 문제가 아니고 남북한 간의 문제처럼 역내를 넘어서서 전 세계적인 문제"라는 입장을 밝혔다.

이에 대해 중국 외교부 대변인은 다음 날(4월 20일) "타인의 말참견을 허용하지 않겠다"는 강경한 입장을 내놓았다. 나아가 "북한과 한국은 모두 유엔에 가입한 주권 국가이다. 한반도 문제와 대만 문제는 성질과 경위가 완전히 달라 서로 비교할 수 있는 성질이 아니다"라고 지적함으로써 윤석열 대통령을 정면으로 비난했다.

중국은 외교채널을 통해서도 항의를 했다. 쑨웨이둥 외교부 부부장(차관)이 주중한국 대사를 중국 외교부로 불러 "윤석열 대통령의 발언은 도저히 받아들일 수 없으며 중국은 엄중한 우려와 강한 불만을 표시한다"는 중국 입장을 전달한 것이다. 또한 그는 "대만 문제는 순전히 중국의 내정이고 중국의 핵심 이익 중 핵심이다. 대만 문제를 해결하는 것은 중국 자신의 일로 어떤 외부 세력의 개입이나 간섭을 절대 허용하지 않는다."는 강경한 중국의 입장도 표명했다.

친강 외교부장까지 나섰다. 그는 상하이에서 개최된 한 포럼(4월 21일)에서 "대만 문제로 불장난을 하는 자는 반드시 스스로 불에 타 죽을 것"이라는 위협적인 언사로 한국 측을 압박했다.

중국 외교부 대변인의 언급(4월 20일)에 대해 한국 외교부 대변인은 "중국의 국격을 의심케 하는 심각한 외교적 결례"라고 강하게 비난하였다. 또한 한국 외교부 고위관계자가 주한중국대사를 외교부로 불러 중국 측이 우리 대통령에 대해 무례한 발언을 한 것은 외교적 결례임을 지적하고 강력히 항의했다.

이 외교 공방에서 주목해야 할 점은 중국 측은 원칙과 논리로 접근한 데 대해 우리 측은 감히 대통령의 발언을 문제 삼았다는 비논리적이고 감정적인 방식으로만 대응했을 뿐 왜 윤석열 대통령이 그렇게 발언했고 그러한 발언이 정당한 것인지에 대해서는 유감스럽게도 아무런 설명을 내놓지 못했다는 것이다.

윤석열 대통령이 로이터통신과의 인터뷰에서 대만 문제를 "중국과 대만만의 문제가 아니고 남북한 간의 문제처럼 역내를 넘어서서 전 세계적인 문제"라고 발언한 것은 나가도 한참 나간 발언이었다.

중국 측의 강경한 반발 때문이었는지 워싱턴에서 가진 한미정상회담(2023년 4월 26일) 공동선언문은 "양 정상은 역내 안보와 번영의 필수 요소로서 대만해협의 평화와 안정 유지의 중요성을 재확인하였다"는 과거의 레토릭으로 사실상 되돌아갔다.

2023년 8월 미 바이든 대통령의 초청으로 캠프 데이비드에서 개최된 한미일 정상회담에서 채택된 캠프 데이비드 원칙도 "대만해협에서의 평화와 안정의 중요성을 재확인한다. 대만에 대한 우리의 기본 입장에 변화가 없음을 인식하며, 양안 문제의 평화적 해결을 촉구한다"는 과거의 표현으로 돌아갔다.

2) 황장엽 비서 망명 및 탈북자 문제 관련 중국이 내세운 처리 원칙

2001년 6월 장길수 가족 탈북자 일행이 북경에 있는 유엔고등난민판무관실UNHCR에 진입하여 정치적 난민임을 주장하며 한국 송환을 요청하여 한국행이 이루어졌다. 이후 2002년 3월 주중스페인 대사관 진입을 시작으로 탈북자들의 주중 외국공관 진입 사건이 이어졌다.

이처럼 주중한국대사관을 포함하여 주중 외국공관에 진입하였던 탈북자들 모두는 외교적 협상을 통해 한국행에 성공하기는 하였다. 그러나 이들 모두는 국제법상의 '난민 지위에 관한 협약'에 규정

된 난민 자격으로 한국에 들어오지 못하고 외교적 협상을 통해 중국 정부가 제3국으로 강제 추방을 하는 형식을 거쳐 한국에 입국하였다.

당시 중국 정부는 "탈북자는 난민이 아니며 단순히 경제적인 이유로 중국 국경 내로 진입한 불법 월경자"라 규정하면서도 "국내법, 국제법, 인도주의" 원칙에 따라 이들을 제3국으로 강제 추방한다는 입장을 밝혔다.

이에 앞서 1997년 2월 황장엽 북한 노동당 비서가 주중대사관에 들어와 한국 망명을 요청하였었다. 우리 측은 "국제법 및 국제관례와 인도주의 원칙 및 황장엽 본인의 자유의사" 및 '난민 지위에 관한 국제협약'에 따라 황장엽 비서가 한국에 송환되어야 한다는 원칙을 가지고 중국 측과 협상을 했었다.

송환 형식과 관련해서는 북경에서 한국으로의 직접 송환 입장을 가지고 협상하였다. 그러나 한 달 여의 협상 결과는 황장엽 비서를 한국으로의 직접 송환이 아니라 제3국으로 강제 추방하는 것으로 마무리 되었다.

당시 중국 외교부의 탕자쉬엔唐家璇 외교부 부부장은 황장엽 비서를 제3국으로 강제 추방한다는 중국 정부의 결정을 우리 측에 통보하면서 이러한 결정은 "국제관례 및 인도주의" 원칙에 기초한 것이라고 설명하였다.

또한 황장엽을 제3국으로 강제 추방하는 형식을 취하는 이유로 북한의 반발을 완화하기 위해서임을 밝히면서도 중국이 탈북자들의 한국 입국을 위한 통로가 되는 전례가 만들어질 것을 우려하였기 때문임도 밝혔었다.

황장엽 비서 망명 사건 처리 방식을 결정하는 데 향후 발생할 유사한 사건들을 염두에 두고 있었던 것이다. 실제로 2000년대 들어 주중 외국공관에 진입한 탈북자들은 황장엽 사건 처리 시의 방식대로 제3국으로 강제 추방된 후 한국에 입국했다.

이처럼 중국은 황장엽 사건을 처리하면서 장기적으로 어떤 영향을 미칠지를 가늠하면서 원칙을 앞세워 처리했다. 이와 관련 우리로서는 협상이 어려울 수는 있었겠지만 황장엽 비서를 한국으로 직접 송환하는 방안에 대해 우리가 집요하게 중국 측과 협상했었더라면 하는 아쉬움이 있다.

반면 중국은 황장엽 비서라는 거물급 인사를 한국 측에 송환하면서도 제3국으로 강제 추방하는 형식을 취함으로써 북한 자극을 최소화하는 외교적 노련함을 보여주었다. 아울러 제3국으로의 강제 추방이라는 선례를 세움으로써 2000년대 초 발생한 탈북자 문제 해결의 준칙이 되었다.

3) 북한의 핵실험 등 북한의 도발에 대해 중국이 내세우는 원칙

중국은 북한의 핵 및 미사일 실험 등 도발적 행위로 한반도 정세가 긴장 국면이 조성될 때에는 항상 '한반도와 동북아의 평화와 안정 유지, 한반도의 비핵화, 협상과 대화를 통한 평화적 해결' 등 3개 원칙을 금과옥조처럼 내세우고 있다.

중국이 내세우는 3개 원칙은 그럴듯한 말로 포장되어 있으나 그 이면을 들여다보면 많은 함정이 도사리고 있다. 한반도의 평화와 안정 유지 및 협상과 대화를 통한 평화적 해결을 원칙으로 내세우는 것은 북한이 도발적인 행동을 하더라도 북한의 그런 행태를 인정하는 결과로 이어질 수 있기 때문이다.

실제로 중국의 이러한 정책은 결과적으로 도발을 일삼는 북한의 방패막이가 되고 있다.

외교 담당 국무위원과 외교부장을 역임한 탕자쉬안은 외교부 부부장으로 재직하던 1990년대 후반 북한이 일으키는 각종 도발에 대해 한국 측이 인내심을 가지고 북한을 다룰 것을 주문하곤 했다. 그러면서 그는 인내의 인忍 자가 심장을 칼로 도려내는 아픔에도 참으라는 의미라고 덧붙이곤 했다. 이는 우리 측에 그 정도로 인내해달라는 주문이었다.

이러한 중국 측의 태도는 2010년 3월 북한이 천안함 폭침이라는 불법 행위를 저질렀을 때에도 중국이 북한을 지목하여 비난하기보다는 관련국의 냉정과 자제만 강조한 데서 잘 나타난다.

천안함 피격 사건에 대한 조사 결과가 발표된 지 얼마 지나지 않아 한국을 방문했던 원자바오 총리는 이명박 대통령과의 회담 (2010년 5월 28일)에서 "냉정과 절제를 통해 사태의 악화와 충돌 발생을 막아야 한다."고 강조하였다. 더 이상 문제를 확대하지 말자는 것이다.

이러한 중국의 입장 때문에 천안함 피격 사건과 관련한 북한을 비난하는 유엔 안보리 의장성명 채택 시 북한을 공격당사자로 지목하는 표현이 들어가지 못했다. 중국이 공격행위자로 북한을 지목하는 표현에 극구 반대하였기 때문이었다. 중국은 이러한 주장을 하면서 만약 북한을 공격당사자로 지목할 경우 북한을 자극해 한반도의 안정과 평화가 위험해질 수 있다는 논리를 폈었다.

한편 중국은 북한 핵 문제에 대해 '반도의 비핵화'라는 원칙을 일관되게 주장해 왔다. 중국은 이러한 '반도의 비핵화' 원칙에 의거 북한의 핵실험에 대해 규탄하는 성명을 내기도 하고 유엔안보리의 대북 제재에 동참하기도 하였다. 6자회담 주최국으로서 북한 핵 문제 해결에 나름대로 적극적 역할을 하기도 하였다.

그러나 중국이 북한 핵 문제라 하지 않고 '반도의 비핵화'를 원칙으로 내세우는 이면에는 북한의 입장을 반영하기 위한 측면도 있지만 향후 우리나라가 자체 핵무장을 추진할 경우에를 대비한 중국 측의 장기적 포석도 깔려있다.

만약 우리나라가 장래에 상황변화로 자체 핵무장이나 미국 전술핵무기의 반입 등을 추진해야 할 경우 중국은 '9.19 공동성명' 상의 반도 비핵화 원칙을 내세워 반대할 것이고 논리적으로는 중국이 우위에 서게 될 것이다.

3. 지구전持久戰 외교

1) 헨리 키신저가 본 미국과 중국 외교 스타일의 차이

헨리 키신저는 중국과 미국의 외교 스타일의 차이점을 바둑과 체스에 빗대어 설명한 바 있다. 바둑은 집짓기 게임으로 한 집이라도 더 많이 지으면 이기는 게임이다. 대부분은 아슬아슬한 승부로 결판이 나며 적장(왕)이 없어 완승할 필요가 없는 게임이다. 바둑은 일종의 논 제로섬 게임이다. 다 두어봐야 결과를 알 수 있다.

반면에 체스는 아무리 많은 병사가 남아도 적장이 도망갈 길이 없어 죽게 되면 게임이 끝난다. 체스는 왕이 죽느냐 사느냐로 게임이 결정되기 때문에 완전한 승리 또는 완전한 패배로 결말이 난다. 제로섬 게임이다.

바둑은 상대의 힘을 서서히 빼고 내 힘을 서서히 길러서 게임의 주도권을 장악해가는 전략을 쓴다. 반면에 체스는 정면충돌을 통

해 왕이 피할 길을 막아서 승리하는 외통수 전략을 쓴다.

2) 마오쩌둥의 지구전론과 중국의 지구전 외교

중국의 외교는 바둑이 포석을 중시하는 것처럼 전략을 중시한다. 그리고 이 포석 위에 인내심을 가지고 자기 집을 쌓고 상대방의 집을 서서히 허물어 가는 것처럼 장기적인 전술을 구사한다. 이를 위해 우군을 서서히 확대하고 상대방의 전략적 우위를 천천히 허물어 간다.

중국의 이런 외교행태는 마오쩌둥의 '지구전론持久戰論'과도 유사하다. 지구전론은 1938년 중일전쟁이 일본에 유리하고 중국에 불리하게 전개되던 시기 마오쩌둥이 전쟁의 열세를 극복하기 위해 고안한 전략이다.

그 핵심은 일본은 군사적·경제적·정치적 조직력은 강하지만 인적·물적 역량도 불충분하고 국제관계도 불리한 국면에 처해 있다. 반면 중국은 군사적·경제력·정치조직은 비교적 약하지만 '지구전'을 지탱할 수 있는 대국大國이란 조건을 지니고 있다는 형세 판단에 근거하고 있다.

마오쩌둥은 이러한 형세 판단에 근거하여 유격전으로 일본의 우세한 힘을 빼는 장기전에 들어가면 중국이 이길 수 있다고 주장했다.

마오쩌둥은 냉전 시기 미국과 구소련이라는 두 초강대국을 상대로 할 때에도 이러한 전략을 구사했다. 마오쩌둥은 이들 두 초강대국과의 전쟁에 대비하여 기존의 연안 지역에 있던 중화학 공업단지를 사천성 등 중국의 내륙지방으로 옮기거나 내륙지방에 새로이 건설하였다.

경제 이론으로만 보면 연안 지방에 그러한 공장이 있어야 생산적이고 효율적이겠지만 그 경우 적국의 공습에 취약하다는 것이 그 논거였다.

3) 서울의 한자 표기 변경 협상

조선시대 중엽 이래 우리는 오늘날의 서울을 한성漢城으로 표기해 왔는데 대한민국이 건국된 후 순수 우리말인 서울로 표기가 바뀌었다. 중국은 한중수교 이후에도 서울을 과거 우리가 한자어로 사용하던 한성으로 줄곧 표기해왔다.

2005년 초 정부는 서울의 한자표기를 수이(首爾, 중국 발음으로 서울에 가까운 한자)로 바꾸기로 결정했다. 주중대사관은 서울의 한자표기를 바꾸어줄 것을 요구하는 외교 노트를 만들어 중국 외교부에 송달하고 교섭을 시작했다.

중국 측과 교섭을 시작할 당시 우리는 그리 큰 어려움은 없을 것이라고 예상했었다. 외교 현장에서는 나라 이름이나 도시 이름이 바뀌었다고 하면서 과거 사용하던 명칭을 중지하고 새로운 명칭으로 사용해 달라고 요청하는 경우가 가끔 발생하며 그런 경우 상대국의 요청을 받아들이는 것이 외교 관례이기 때문이다. 버어마를 오늘날 미얀마라고 부르는 것, 터어키를 오늘날 튀르키예라고 부르는 것 등이 이에 해당한다.

교섭을 시작한 후 중국 측에 중국의 공식 답변을 여러 차례에 걸쳐 촉구해도 중국 측은 뜨뜻미지근한 반응만 보일 뿐 답변을 차일피일 미루었다. 교섭 과정에 중국 측으로부터 과거처럼 한성이라 쓰면 안 되겠느냐는 의견 제시도 있었다.

우리 측이 그 이유를 물으니 서울의 한자 명칭을 바꾸기가 행정적으로 쉽지 않다는 것이었다. 그러면서 중국 측은 중국 전역에 있는 공항과 전국에 표시된 지도, 초중고와 대학 교과서 등 모든 표현을 다 바꾸어야 하는데 그게 전국적으로 이행되는 과정에서 커다란 혼란이 초래될 것이라는 거였다. 아울러 거기에 소요되는 예산도 그리 간단한 문제가 아니라고 덧붙였다.

중국 측의 이런 설명을 듣고 중국은 나라가 크다 보니 그럴 만도 하겠다는 생각을 한 적이 있다. 우리 같으면 그 정도 바꾸는 것은 식은 죽 먹기일 텐데 중국은 그렇지 않았던 것이다. 결과적으로 오랜 협상 끝에 중국 측은 우리 측의 요구를 받아들여 2005년 9월 서울의 한자 표기를 우리 측 요구대로 바꾸어 쓰기로 결정했다고 알려 와서 협상이 종결되기는 하였다.

이에 반해 우리나라는 1960년대 시작된 산업화와 도시화의 물결 속에 빨리빨리 문화가 우리 국민성의 한 특징이 되었다. 이 빨리빨리 문화는 우리의 급속한 경제발전의 원동력이 되었고 오늘날같이 변화무상한 환경 속에서 시의적절하게 대응하는 데 긍정적인 역할을 했다. 2000년대에 들어와 우리나라가 IT 발전에 있어서 세계의 선두주자가 될 수 있었던 데에는 이 빨리빨리 문화가 영향을 끼쳤다는 견해들도 있다.

그런데 우리의 이 빨리빨리 문화는 외교에는 심각한 부정적 영향을 미친다. 외교는 하루아침에 결과가 나타나지 않는다. 우리 혼자서 결정하고 행동하는 것이 아니고 상대국이 있으며, 국가적 이해관계가 충돌하는 지점에 외교가 있기 때문에 외교적인 사안들을 해결하는 것은 생각보다 복잡하고 많은 시간을 필요로 한다.

2차 대전 종전 후 이스라엘이 건국되었는데 이후 이스라엘과 중동의 아랍국가 간 여러 차례 전쟁이 있었다. 최근에는 이스라엘과 이슬람 과격단체 간 갈등이 수시로 발생하여 중동 평화가 위협받고 있다.

미국은 중동에서의 평화 질서 구축을 위해 그동안 심혈을 기울여 왔으나 지금까지 해결의 기미가 보이지 않고 오히려 더 악화되어 왔다. 이처럼 상호이해가 첨예하게 대립하는 외교 사안들은 한 세기가 되어도 해결되지 못하는 경우가 허다하다.

그런데 우리는 이와 같이 복잡한 외교적인 사안들을 빨리빨리 해결하려고 한다. 특히 5년 단임제 하의 우리나라 대통령은 임기

초반에 외교에서 성과를 내려고 서두른다. 그러다 보니 장기적이고 전략적인 차원에서 접근해야 할 외교적인 사안들이 국민들에게 성과를 보여주기 위해 희생양이 되는 경우가 허다하다.

일제 강점기 강제 징용자 문제와 위안부 문제에 대한 외교적 해법이 시도 때도 없이 바뀌어 온 것이 대표적인 사례이다. 박근혜 정부에서 국내적 합의 과정이 충분치 않은 상태로 다급하게 합의한 위안부 문제가 문재인 정부 때 번복되었다가 윤석열 정부하에서는 일본 측에 아예 면죄부를 주었다. 그 과정에서 대일 외교는 온탕 냉탕을 오갔다. 결과적으로 보면 우리에게 돌아온 것은 하나도 없다. 정부가 바뀔 때마다 문제 해결에 조급해 외교적으로 나아갈 큰 방향에 대한 합의 없이 정권 입맛대로 분탕질 외교만 한 셈이다.

4) 위안부 문제 등 일본 제국주의 피해에 대한 중국의 대응 방식

중국은 1972년 일중 수교 당시에 과거 역사문제를 이유로 우리가 일본으로부터 받았던 배상금(우리는 경제협력자금이라는 이름으로 돈을 받았다. 배상금이라 하면 일본이 한국을 불법 점령한 것을 인정하는 것이 되기 때문에 일본은 배상금이라는 용어를 사용하기를 거부했다)을 한 푼도 받지 않았다.

과거 일본이 중국을 침탈한 불법적 행위를 돈으로 환산해서 받

아 내면 역사적 관점에서 일본이 저지른 과오를 지적하는 데 그 정당성을 잃을 것을 우려했기 때문이었을 것이다. 장기적인 관점에서 문제를 보는 중국식 해법이다.

1990년대 말 위안부 문제가 한일 간 현안으로 본격적으로 대두되었을 당시 우리는 중국 측에 위안부 문제를 거론하면서 중국 측의 입장을 확인해본 적이 있다. 당시 중국 측은 중일전쟁 당시 중국 내에 많은 일본 군 위안소가 있었으며 많은 중국인들이 강제로 위안부 생활을 했던 것으로 이미 알려져 있었음에도 불구하고 위안부 문제를 중일 간 외교 현안으로 다루기를 원하지 않는다고 하였다. 과거의 치부를 드러내고 싶지 않았기 때문일 수도 있다.

그러나 중국은 위안부 문제를 일본에 대해서는 외교 문제로 삼지 않으면서도 일본군이 운영했던 난징의 한 위안소를 2015년에 역사관으로 개관하여 난징대학살 기념관과 함께 과거 치욕의 역사를 가르치는 현장으로 활용하고 있다. 중국은 일본 관동군 731부대가 만주 지역에서 체포한 중국인들을 세균무기 개발을 위해 생체실험을 했던 현장(흑룡강성 하얼빈시에 있다)에 '중국 침략 일본 제731부대 죄증진열관'도 2015년 개관했다.

오늘날 수많은 중국의 젊은이들이 난징대학살 기념관과 위안소, 731부대 진열관을 방문해 과거의 역사를 잊지 않고 기억한다.

4. 철저한 상호주의

1) 양국 간 총영사관 개설 관련 중국 측의 상호주의 주장

중국은 땅덩어리도 큰 나라인데다 삼국지나 수호지 등에 나타나는 주인공들이 모두 영웅호걸의 모습이기 때문에 외교도 호방하게 할 것처럼 보이지만 실제로는 매우 치밀하고 계산적인 외교 행태를 보인다.

물론 어느 나라든지 다른 나라에 아무런 대가를 바라지 않고 공짜로 주는 나라는 없다. 그러나 주어진 상황에 따라 상호주의가 적용될 수 없는 상황에서도 중국은 상호주의를 주장한다.

한중수교 후 양국 간 경제교류와 인적교류가 봇물 터지듯이 늘어나면서 양국이 각 수도에 대사관을 설치한 이외에 경제교류와 인적교류가 늘어나 각 지역에 총영사관을 세워서 이러한 교류를 뒷받침할 필요성이 증대했다. 수교 이후 한중 양국은 부산과 상하이에 주상하이 한국 총영사관과 주부산 중국총영사관을 개설했다.

이후 우리나라는 중국 동북 지역의 요충지인 동북 3성을 담당할 우리나라 총영사관을 개설할 필요가 있어 중국 측에 선양에 우리나라 총영사관 설치를 요청하였다. 그러나 중국은 총영사관 개설은 상호주의에 따라 서로 인정한다고 하면서 우리 측에 추가로 총영사관 설립을 허가해줄 수 없다는 입장이었다.

우리는 우리나라 기업의 대중투자가 늘어나고 있고 우리 국민의 중국 방문도 기하급수적으로 늘어나는 데 중국같이 땅덩어리가 넓은 나라에 한 개의 총영사관만으로는 양국 간 늘어나는 일을 감당하는 것은 불가능하다는 논리로 중국의 정책 변화를 요구했다.

우리의 논리적 문제 제기에 난감하게 된 중국 측은 선양에 한국이 총영사관을 개설하는 것을 당장 허용하기는 곤란한 상황이니 우선 한국기업들이 많이 진출해 있는 칭다오에 총영사관을 설치하고 후에 선양에 총영사관을 설치하라는 의견을 제시했다.

선양에 우리나라 총영사관이 설치되면 우리가 북한 관련 정보 수집에 집중하여 선양 주재 북한 총영사관이나 북한 당국과 문제를 일으킬 것을 우려한 중국이 우리의 선양 총영사관 개설을 지연시킬 방법을 찾기 위해 먼저 칭다오에 총영사관을 설치하라는 미끼를 던진 셈이었다. 우리는 칭다오에도 총영사관을 설치할 필요성이 있어서 우선 칭다오에 총영사관을 설치하기로 결정했다.

이후에 우리 측이 계속해서 선양에도 총영사관을 설치해야 하니 이를 허가해 달라고 요구하자 중국 측은 상호주의까지 양보하면서 칭다오 총영사관을 설치하는 데 동의하였다고 하면서 선양에 총영사관을 개설하는 것은 허용할 수 없다는 입장을 고수하였다.

이러한 중국 측의 상호주의 주장 때문에 우리가 필요로 했던 선양 총영사관 설립이 차일피일 미루어지다가 1998년 김대중 대통령의 방중을 계기로 선양에 총영사관이 아닌 대사관 소속의 영사사무소를 설립을 중국 측이 역제의를 해와 우리 측이 이에 동의함으로써 선양에 영사사무소가 1999년에 설치되었고 과도기간을 거쳐 총영사관으로 승격되었다.

이로써 총영사관 설립에 있어서의 중국의 상호주의 주장이 무너지고 우리나라는 중국의 주요 도시들에 총영사관을 추가로 개설할 수 있었다.

2) 양국 지방자치단체 간 자매결연 관련 중국 측의 상호주의 주장

이러한 중국의 상호주의 주장은 다른 교류 영역에서도 나타났다. 한중수교 후 각 영역별 교류가 폭증하였는데 그중 하나가 우리나라 지방자치단체와 중국 지방정부 간 자매결연 및 상호 교류 협력 문제였다. 중국과의 교류와 협력에 관심이 많았던 우리의 시, 도 지방자치단체들은 중국의 성, 시 지방정부와 자매결연을 희망했다.

그런데 우리보다 중국이 큰 나라이다 보니 지방자치단체의 숫자도 중국이 훨씬 많다. 이러한 상황을 감안 우리의 지방자치단체들은 중국의 여러 성, 시와 복수의 자매결연을 희망하였다. 그러나 중국은 여기에도 상호주의를 적용하여 이를 허용할 수 없다고 주장했다.

우리는 중국 측의 주장에 대해 한국과 교류를 희망하는 중국의 성, 시 중에서 한국과 교류하는 것이 불가능해지고 결과적으로 중국의 지방발전에도 손해가 되는 것이라는 논리로 중국을 설득했다. 오랜 논의 끝에 중국 외교부는 상호주의를 포기하고 한국의 지방자치단체가 중국 성, 시와 복수로 자매결연을 맺는 것에 동의했다.

중국의 이러한 완고한 상호주의 주장은 19세기 말 서양 열강의 중국 진출 시 청나라가 이들 서양 열강들의 압력에 따라 어쩔 수 없이 맺은 조약들이 불평등 조약이었다는 인식과 관련이 있다.

오늘날 중국은 당시 서양 열강에 의해 강요된 이러한 불평등 조약을 다시는 허용할 수 없다는 강박관념이 있으며 이에 따라 중국인들의 생각 속에 외교에 있어 '평등의 원칙'을 고수해야 한다는 생각이 깊이 각인되어 있다.

3) 미국의 휴스턴 중국 총영사관 폐쇄에 대응한 중국의 청두 미 총영사관 폐쇄

2020년 미중 간에 서로 상대국 총영사관을 폐쇄 조치하는 외교적 마찰이 있었다. 미국 정부가 먼저 나섰다. 2020년 7월 미국 정부는 중국 측에 주휴스턴 중국총영사관을 폐쇄할 것을 요구하였

다. 미국 정부는 휴스턴 주재 중국 총영사관 폐쇄 요구 이유를 공개적으로 밝히지는 않았다. 다만 중국 총영사관이 "대규모의 불법 스파이 활동, 국내 정치 간섭, 미국의 업계 지도자들을 강요하고 중국에 거주하는 중국계 미국인들의 가족들을 협박하는 등"의 행위를 벌이고 있다는 미 국무부의 발표가 있었다.

중국 정부는 즉시 청두 주재 미국 총영사관 폐쇄조치로 대응했다. 중국 외교부는 "중국의 주청두 미국 총영사관 폐쇄조치는 미국의 만행에 대한 정당하고 필요한 반응이고 국제법과 국제관계 기본준칙에 부합되며 외교 관례에도 부합된다"고 강조했다. 엄격한 상호주의를 중국이 적용하는 사례였다.

4) 중국의 일방적 비자면제 조치는 상호주의 예외인가?

이러한 상호주의 외교 행태에도 불구하고 중국이 이에 정면으로 반대되는 외교행태를 보인 적이 있었다. 중국이 2023년 11월 독일과 프랑스, 이탈리아, 네덜란드, 스페인, 말레이시아 등 6개국에 대해 1년 동안 일방적으로 비자면제 조치를 취한 것이다. 2024년 11월에는 우리나라에 대해서도 일방적 비자면제 조치를 취하였다. 일본에 대해서도 똑같은 조치를 취하였다.

중국의 이러한 일방적 비자면제 조치는 중국이 제공할 수 있는 혜택을 활용하여 당시 바이든 행정부의 대중 봉쇄망을 뚫기 위한 심모원려였다. 이는 겉으로 보기에는 엄격한 상호주의를 중국 측이 포기한 것 같아 보이지만 실제로는 더 큰 목표를 달성하기 위해 달콤한 사탕을 내민 중국의 현실주의적이고도 실용주의적 외교행태라 볼 수 있다.

5) 한중 간 비자면제 문제

현재 한중 간에는 외교여권과 관용여권에 대해서는 상호 비자면제가 되어 있으나 일반여권에 대해서는 비자면제 협정이 없다. 이와 관련 중국이 우리나라에 대해 비록 일시적이지만 일방적으로 비자면제 조치를 취한 것처럼 중국인에 대해 비자면제를 해 달라고 요청해올 수 있다. 또한 중국 측이 우리 측에 상호 비자면제 협정을 제기해올 수도 있다.

이와 관련 이 문제를 다룰 때 대만과 홍콩의 사례들을 잘 살펴볼 필요가 있다. 관광 목적의 여행인 경우 홍콩과 대만인은 중국에 비자 없이 출입이 가능하다. 홍콩과 대만도 중국인에 대한 비자를 요구하고 있지는 않다. 서로 한 나라임을 주장하기 때문에 논리적으로는 비자를 요구하지 않는 것이 맞다.

그런데 비자가 필요 없다는 이유로 어느 날 홍콩이나 대만으로 13억이나 되는 중국인 입국 러시 현상이 발생한다면 대만과 홍콩은 이를 감내하기 힘들 것이다.

그런 연유로 홍콩과 대만은 일정한 기간에 입국할 수 있는 중국인 여행객의 최대 규모를 정해 놓아 중국인이 어느 날 갑자기 대규모로 입국하여 통제 불능 상태가 되지 않도록 통제하고 있다.

한국과 중국 간 상호 비자 면제 협정이 체결되어 13억이나 되는 같은 중국인이 우리나라에 쇄도해 들어온다면 일시적으로는 관광산업 등에 도움이 되겠지만 사회적으로 커다란 문제가 될 것이다. 따라서 일반여권 소지자에 대한 한중 간 비자면제 협정은 고려의 대상이 되어서는 안 된다.

5. 전문가 중심의 중국 외교

냉전 시기 소련을 포함하는 구공산권 국가들은 외교관을 특정 분야나 지역의 전문가로 양성했다. 중국도 구공산권 국가들처럼 외교관들을 특정 분야나 지역의 전문가(스페셜리스트라고 한다)로 양성했고 지금도 그러하다. 이에 비해 서구권 국가들은 보편적인 외교 지식을 갖춘 외교관(제너럴리스트라고 한다)을 양성해 왔다.

외교가에서는 외교관을 스페셜리스트로 양성하는 것이 바람직한지 아니면 제너럴리스트로 양성하는 것이 좋은 것인지에 대한 의견이 분분한데 각각 장점과 단점이 있다. 스페셜리스트는 특정 분야나 지역에 대한 전문적인 식견은 있으나 외교관으로서 필요한 균형 감각이 좀 부족할 수 있다. 반면에 제너럴리스트는 다양한 지역과 분야에서 경험을 쌓은 덕택에 사안을 균형감 있게 바라볼 수 있으나 특정한 사안이 발생할 경우 전문적인 식견이 부족하다는 단점이 있을 수 있다.

1) 주한중국대사 임명에 대한 국내 언론의 비판

2001년 10월 중화인민공화국 특명전권대사로 리빈 대사가 임명되었다. (당시 나는 외교부에서 중국을 담당하는 동북아2과의 과장이었다) 리빈 대사는 당시 45세로 중국의 재외공관장 중 가장 젊은 편에 속했다. 리빈 대사는 김일성종합대학에서 유학한 후 한중수교 당시 중국 외교부 아주국의 조선처 처장(남북한 및 몽골을 담당하는 과의 과장에 해당)을 역임한 한반도 문제 전문가였다.

그는 김일성이 중국을 방문하거나 중국의 주요 지도자들이 북한을 방문할 때 통역을 도맡아서 하던 실력을 인정받고 있던 인물이었다. 그런데 그가 40대 중반의 나이에 주한중국대사로 임명되자 한국의 언론들은 이를 한국을 무시하는 처사라고 대대적으로 비판을 했다.

당시 국내 언론들은 리빈 대사의 연령이 40대 중반에 불과하다는 점과 한국은 장·차관급 인사를 주중대사로 파견하는데 중국이 부국장 내지는 국장급 인사를 주한중국대사로 보내는 것은 상호 간 격이 맞지 않는다는 점과 북한에는 부부장(우리의 차관에 해당한다)급 인사를 대사로 보낸다는 점을 주로 지적해서 비판했다.

조선일보는 사설을 통해 "중국 정부는 북한에는 언제나 차관급 인사를 보냈다. 그런데 한국에는 초대 대사를 비롯해 현 우다웨이 대사까지 모두 부국장급이다. (중략) 한반도와 남북관계의 특수성에서 볼 때 중국이 차관급을 서울에 대사로 보내더라도 우리로선 성이 차지 않을 일이다"라고 매섭게 비판했다.

한 국내 언론은 리빈 대사 임명을 '중국 황제의 소년 칙사勅使 임명'이냐고 하면서 명, 청과 조선 시대에 비유하여 중국의 태도를 비판하기도 했다.

그런데 이러한 비판은 중국의 실상을 모르고 하는 우리 얼굴에 우리 스스로 침을 뱉는 일이다. 중국은 외교관을 양성할 때 철저하게 지역별, 기능별 전문 인력을 양성한다. 지역별 전문가는 미국 전문가, 일본 전문가처럼 언어별, 국가별 지역 전문가이다. 기능별 전문가는 국제법, 국제기구, 군축 등 업무 기능별 전문가이다.

이렇게 양성된 외교관들은 자신의 전문 영역에서 평생을 근무하게 되고 대사도 그러한 인재 풀 중에서 선발하여 보낸다. 당시는 한중수교가 이루어진 지 얼마 되지 않아 한국 전문가 풀 중에서는 상위 직급 외교관이 없다 보니 어쩔 수 없이 리빈을 주한대사로 내정하게 된 것이었다.

문제는 지금도 중국 외교부 내에서 한국 전문가들이 승진할 수 있는 고위급 자리가 부국장 급 밖에 없다 보니 여전히 한국에 대사로 올 수 있는 중국 외교관의 인력 풀이 제한되어 있다는 것이다.

2) 과거에 국왕이나 국가원수의 측근을 대사로 보낸 이유

과거 통신이나 교통이 발달하지 않았던 시대에는 본국 정부와의 업무 협의를 수시로 원활하게 할 수 없었기 때문에 대사는 그야말로 파견국의 국왕이나 대통령 등 국가원수의 특명전권을 가진 사람으로서 국가원수를 대신해 모든 책임을 지고 주재국과 관련된 업무를 단독으로 처리해야 했다. 이런 필요 때문에 국가원수의 측근들 대사로 임명되는 관행이 생겼다.

그러나 오늘날 같이 교통통신이 발달한 시대에는 주재국과 관련된 모든 정책 결정은 본국 정부와 대사관 간 사전 협의를 통해서 이루어진다. 따라서 대사의 주요 역할은 주재국의 정세나 정책을 정확히 파악하고 이를 바탕으로 본국 정부와 긴밀한 협의를 거쳐 주재국에 대한 외교 대책을 수립하는 역할을 한다.

이런 점을 감안하면 오늘날 대사는 과거처럼 국가원수의 측근일 필요가 없으며 오랜 경험에 바탕을 둔 전문적인 식견을 가진 사람이 더 적절하다. 그런 이유로 유럽은 물론 일본, 중국, 러시아

등 대부분의 나라는 외교관으로서 오랜 경험을 쌓은 전문가들을 대사로 임명하는 새로운 관행이 정착되었다.

오늘날 대사를 외교적인 경험이 없는 사람 중에서 정치적으로 임명하기도 하는 나라는 미국이 거의 유일하다. 미국의 이러한 관행은 엽관제(정치적 후원과 지지에 대한 대가로 공무원을 임명하는 제도)를 오래 시행해온 미국 특유의 공무원 임용 제도와 궤를 같이 한다.

미국 같은 강대국은 외교적 의제를 스스로 선정해서 실행할 수 있는 국력이 있기 때문에 비록 비전문가가 대사 직책을 수행해도 그리 큰 문제가 되지 않는다. 그런 미국도 오늘날은 거물급 정치인을 정치적 보은의 성격으로 대사를 보내는 관행은 없어지고 전문 외교관들을 대사에 임명하는 경향이 강해졌다.

3) 우리나라의 대사 임명 시스템이 더 문제다

우리나라는 외국에 대사를 파견할 때 외교 경험이 전혀 없는 인사들을 임명하는 경우가 허다하다. 특히 소위 미, 일, 중, 러 4대 강국에 파견되는 대사들의 경우 정치적으로 임명하면서 소위 거물급 인사를 보내는 경우가 허다하다. 이러한 관행은 과거 군사정권 시절 시작되어 오늘날 민선 대통령 시대에 이르기까지 지속되고 있다.

우리의 이러한 주요국 대사에 대한 정치적 임명 관행은 일종의 정치적 보은 인사로 우리 외교의 질을 좀먹게 할 뿐만 아니라 우리의 국격을 우리 스스로 떨어뜨리는 행태다.

무엇보다 중국이나 일본, 미국에 우리나라의 이런 저런 거물급 인사를 대사로 보내는 것은 우리 스스로 약소국임을 자임하는 것이다. 우리나라가 파견하는 거물급 대사라고 해서 가봤자 주재국에서의 카운터 파트는 차관보나 차관이다. 중국 주재 우리나라 대사의 카운터 파트는 중국 외교부의 부부장(우리의 차관이다) 또는 부장조리(우리의 차관보급)다. 그런데 중국 외교부는 부부장이 6~7명이기 때문에 사실 우리나라의 차관보급이나 마찬가지다. 그런데 그 카운터 파트조차도 만나기가 쉽지 않다.

이런 상황인데도 우리는 주요국 대사에 거물급을 보내 우리 스스로 격을 낮추어 놓고 상대방 국가에서 거물급을 대사로 보내지 않는다고 비판한다. 자가당착이자 소아병적 자세이다.

중국이나 일본만 하더라도 미국 등 주요국에 파견하는 대사를 자국의 외교부나 외무성에서 잔뼈가 굵은 전문직 외교관을 대사로 파견하지, 정치인이나 학자들을 뜬금없이 대사로 보내지 않는다.

전 세계에서 우리나라만큼 외교가 중요한 나라도 없다. 그런데 아직도 우리나라는 대사를 정치권의 논공행상의 자리 정도로 치부하고 있다. 앞으로는 대사 임용에 있어 외교에 경험이 사실상 전무한 정치적 보은 성격의 인사를 하는 관행을 과감히 탈피해야 한다.

3부

한중관계

2차 대전 종전 후의 냉전 질서는 대한민국과 중화인민공화국 간의 외교 관계 수립을 지체시킨 요인이었다. 특히 1950년 발생한 한국전쟁과 이로 인한 남북 분단의 고착화로 한중 간 외교관계 수립은 요원하게 되었다.

냉전 질서 아래서도 많은 서구 국가들이 중국과 국교를 수립하는 등 일정한 관계를 유지하였다. 특히 1972년 닉슨의 중국 방문으로 미중관계가 해빙기를 맞이하면서 서구 대부분 국가가 중국과 외교 관계를 수립하였다. 그러나 우리는 남북 분단이라는 특수한 요인으로 인해 한중수교가 이루어지기까지 닉슨의 중국 방문 이후에도 20년이라는 시간이 더 필요하였다.

1992년 이루어진 한중수교는 1991년 구소 연방의 해체로 상징되는 냉전 질서의 종료와 1976년 마오쩌둥 사후 중국의 새로운 지도자로 등장한 덩샤오핑이 개혁개방을 통한 경제발전을 국가 정책목표의 최우선 과제로 설정함에 따라 한국과의 경제협력을 중시하게 되면서 북한이라는 변수를 극복하고 가능케 되었다.

이러한 사실에서 한중 외교관계 수립에 커다란 영향을 끼친 요인은 주요 강대국 간 국제질서, 중국의 국가 정책목표와 대외 인식, 북한이라는 것을 알 수 있다. 이러한 요인들은 오늘날 한중관계에도 여전히 중요한 변수이다.

한중수교 후 양국관계는 경제통상 분야는 물론 외교안보와 사회문화 등 제 방면에서 괄목할 만한 발전을 이룩하였다. 그러나 오늘날 한중관계는 강대국 간 국제질서의 변화 속에 새로운 도전에 직면해 있다. 특히 갈등과 대결이 심화되는 미중관계, 중국의 강대국으로의 부상에 따른 한중 양국 간 힘의 비대칭성, 북한 문제를 둘러싼 상호 이해관계 차이 등으로 인해 한중관계의 갈등적 요소가 증대하였다.

한편 수교 초기에는 양국 국민 간 호감도가 높은 편이었으나 오늘날은 정치, 경제, 역사 및 문화 등 제반 분야에서의 갈등과 마찰이 누적되면서 상호 호감도가 하락하여 왔다.

특히 윤석열 정부에 들어와 양국 국민 간 부정적 감정을 완화하기 위해 노력하기보다는 오히려 부정적 감정을 조장함으로써 중국에 대한 호감도가 더욱 악화되었다.

중국도 시진핑 체제가 들어선 이후 대내적 단결을 위해 중국몽을 내세우는 등 중국인들의 자부심을 고취한 결과 중국 대중들의 대외인식이 강경해지면서 우리나라에 대한 인식에도 부정적인 영향을 끼쳐왔다.

이처럼 한중관계의 기초가 되는 양국 국민 간 상호인식 내지는 호감도가 부정적으로 변한 것도 오늘날 한중관계 발전에 커다란 장애요인이 되고 있다.

그러나 수교 이후 오늘날까지의 양국 관계를 돌이켜 보면 한중관계가 오늘날 우리가 목도하는 것처럼 서로를 부정적으로만 볼 필요가 없다는 것을 알게 된다. 수교 이후의 한중관계는 양국 모두에게 부정적 결과보다는 긍정적 결과를 더 많이 가져왔기 때문이다.

국가 간 관계에서 어느 한 나라에게 백 퍼센트 만족할 수 있는 관계는 있을 수 없다는 점을 인식할 필요가 있다. 만약 그렇다면 상대국은 백 퍼센트 불만족할 것이기 때문이다.

3부에서는 한중수교 이후 양국 간 있었던 주요 외교 사안과 사건들을 살펴보고자 한다. 이를 통해 미래의 바람직한 한중관계를 도출해낼 수 있을 것이기 때문이다.

9장
문민정부 시기

1. 국제 정세 및 양국관계 개관

1992년 8월 한중 수교가 이루어진 지 얼마 안 되어 1993년 문민정부가 들어섰다. 문민정부 시기 한중관계는 경제 및 인적 교류 등 분야에서 눈부신 발전을 이룩하였다.

문민정부 시기 중국은 1989년 발생한 천안문 사태로 인해 미국 등 서방의 경제 제재를 받고 있었다. 중국은 이러한 경제 제재의 영향으로 서방으로부터의 자본과 기술 도입이 사실상 봉쇄되어 있었다. 바로 이 시점에 한중 수교가 이루어졌다. 중국 입장에서는 한국이라는 구세주를 만난 셈이었다.

당시 한중 간 고위 인사 회담의 주요 화두는 한국 기업의 중국 투자 문제였다. 중국 측 인사들은 한국의 주요 인사를 면담할 때마다 한국 기업들이 중국에 와서 투자를 하도록 격려해달라고 요청했다.

한국 기업들 입장에서는 중국이 보유한 풍부한 양질의 노동력과 지리적 근접성 그리고 산업구조의 보완성으로 인해 중국은 매력적인 투자처였다. 나아가 중국은 인구가 14억에 달하는 매력적인 잠재시장이었다. 양국의 이러한 상호 필요성은 한중관계가 제 방면에서 급속하게 발전하는 원동력이 되었다.

결과적으로 우리 기업에는 중국을 생산기지로 활용하여 재도약할 수 있는 기회가 되었다. 중국 입장에서는 한국의 기술과 자본을 수입하여 중국이 직면하고 있던 경제적 난관을 극복할 수 있는 여력을 갖게 되었다. 이런 점에서 이 시기 한중관계는 경제적으로 상호 윈윈win-win 관계였다고 할 수 있다.

한편 이 시기에 양국 주요 정치지도자 간 빈번한 교류도 이루어졌다. 특히 중국의 주요 지도자들이 연이어 한국을 방문했다. 1995년 11월 장쩌민 중국 국가주석의 방한이 있었다. 장쩌민 주석의 방한에 앞서 1994년 10월 및 1995년 4월 리펑 총리 및 차오스 전인대 상무위원장이 각각 방한했다.

당시 중국은 상기 3인이 삼두마차를 형성하여 중국을 이끌고 있었다. 중국의 핵심 지도급 인사 3인 모두가 수교한 지 얼마 안 되어 한국을 방문한 것은 중국이 한국과의 관계를 어떻게 보고 있는지를 보여준 상징적 사례였다.

1994년 3월 말에는 김영삼 대통령이 장쩌민 국가주석 초청으로 중국을 방문했다. 1992년 8월 한중수교 직후인 9월 노태우 대통령이 중국을 방문한 적이 있기는 하였다. 그러나 김영삼 대통령의 방중은 수교 이후의 한중관계를 어떻게 발전시켜 나갈지를 가늠하는 첫 단추를 끼우는 방문이었다는 점에서 미래 한중관계의 이정표가 될 수 있는 방중이었다.

2. 주요 외교 사안 및 사건

1) 김영삼 대통령 방중과 황병태 대사의 '미중 간 균형적 접근' 발언

김영삼 대통령의 방중은 형식면에서나 내용 면에서 성공적이었다. 그런데 예기치 않은 곳에서 커다란 사단이 발생했다. 당시 황병태 주중대사의 미중 간 균형적 접근 발언 때문이었다.

황병태 주중대사는 김영삼 대통령-장쩌민 주석 간 정상회담 다음 날 저녁(94년 3월 29일) 기자단으로부터 정상회담 성과에 대한 코멘트 요청을 받고 "이제부터는 한국과 미국, 그리고 중국이 처음부터 함께 북한 핵 문제를 논의하게 됐습니다. 북한 핵 문제에 관한 한중 간 논의는 과거 한미 간에 구체적인 협의를 끝낸 뒤 중국 측에 이를 통보하고 협조를 구하던 방식에서 벗어나 이제는 중국과도 처음부터 같이 논의하고 행동해 나가기로 했습니다. 우리

외교도 대미, 대일 일변도에서 탈피해야 합니다. 중국이 적극적인 역할을 하기로 했습니다"란 요지로 발언한 것이다.

황병태 대사의 동 발언이 대외적으로 알려질 경우 미국과의 관계에 부정적 영향을 끼칠 것을 우려(당시는 북한의 IAEA 복귀 문제를 놓고 북미 간 제네바협상이 막바지에 이르렀을 때였다)한 대통령실이 나서서 "황 대사의 발언은 중국 정부의 기대를 전한 것에 불과하며 우리 정부가 한미 공조 체제와 같은 수준으로 중국과 협의한다는 얘기는 전혀 거론된 적이 없습니다"라고 해명에 나섰으나 이미 엎질러진 물 다음 날 조간신문들이 황병태 대사의 발언을 대대적으로 보도했다.

황병태 대사의 이 발언으로 김영삼 대통령의 방중이 미중 사이에서의 외교 방향 논쟁으로 비화되었다. 황병태 대사는 여, 야 양측으로부터 사면초가에 몰렸다.

그러나 동 발언이 북한 핵 문제 등 북한 문제를 미국과의 협의에만 의존하던 기존의 외교 패턴에서 벗어나 새로운 방향을 모색해보자는 화두를 던졌다는 점에서 나름대로 의의가 있었다고 할 수 있다. 황병태 대사의 이러한 관점은 김영삼 정부에서 1996년 4월 한미 공동제안으로 시작된 4자회담으로 되살아났다.

황병태 대사는 후일 공직을 떠난 후 한 언론과의 인터뷰에서 "내가 (당시) 주장한 균형 접근론은 미일 중심의 외교 전략 전반을 바꾸자는 얘기가 아니라 대북정책에 관한 한 미국과 중국을 동등

한 파트너로 생각하자는 것"이었다고 술회한 적이 있다. 황병태 대사의 이 발언은 오늘날 미중관계 속에서 우리나라의 외교 좌표를 어떻게 설정해야 할지와 같은 화두와도 연결이 되어있다고 볼 수 있다.

2) 힐러리 클린턴과 손명순 여사의 베이징 세계여성대회 참가

1995년 9월 189개 국가가 참석한 가운데 제4차 세계여성대회가 중국 베이징에서 개최되었다. 세계여성대회는 유엔이 1975년을 '세계여성의 해'로 제정한 후 멕시코 멕시코시티, 덴마크 코펜하겐, 케냐 나이로비에서 3차례 개최되었었다.

1995년 당시 중국은 1989년 천안문 사태를 폭력적으로 진압한 후유증에서 외교적 고립을 아직 벗어나지 못하고 있었다. 천안문 사태의 폭력적 진압을 이유로 미국 등 서방 국가들은 중국의 인권 개선을 촉구하는 중국 인권결의안을 유엔인권위원회에 제출하는 등 중국의 인권 문제에 대한 압박을 가하고 있었다.

중국 정부는 서방의 이러한 중국 인권에 대한 비판에 대해 반발하면서도 중국의 인권 문제에 대한 서구의 비판적 시각을 완화할 수 있는 방안을 모색하고 있었다. 개혁개방정책을 성공적으로 추진하기 위해서는 미국 등 서방 국가의 자본과 기술이 절대적으로 필요하던 시기였는데 중국의 인권 문제가 발목을 잡고 있었기 때문이다.

 마침 유엔이 후원하는 베이징 세계여성대회를 1995년에 개최하기로 되어있던 중국 정부는 동 대회의 성공적 개최에 올인 하였다. 1989년 천안문 사태 이후 중국 내에서 처음으로 개최되는 여성의 인권 향상을 위한 대규모 국제회의였기 때문에 이의 성공적 개최를 통해 중국의 인권 문제에 대한 미국 등 서구 국가들의 비판적 시각도 어느 정도 완화할 수 있기를 중국 정부는 기대했을 것이다.

 당시 중국 정부는 우리 측에 김영삼 대통령 부인 손명순 여사가 동 회의에 참석해주기를 요청하고 있었다. 미국 측에 대해서도 클린턴 미 대통령의 부인 힐러리 클린턴의 참석을 요청하고 있었으나 미국 측은 이에 대해 유보적인 태도를 보이고 있었다. 아마도 힐러리 클린턴이 동 대회에 참석할 경우 중국의 인권 문제에 눈을 감고 중국을 방문했다는 미국 내 비판을 우려해서였을 것이다. 빌 클린턴 대통령은 1992년 미 대통령 선거에서 경쟁자였던 조지 부시 대통령이 중국의 인권 문제에 눈을 감았다고 신랄하게 비판한 적이 있었다.
 마침 김영삼 대통령이 미국을 방문(1995년 7월 22일)하여 클린턴 미 대통령과 정상회담을 가질 예정이었다. 대통령 면담자료에 장쩌민 등 중국의 지도부가 개혁개방정책의 성공적 추진을 위해 미국 등 서방 국가들과의 관계 개선을 절실히 원하고 있다는 점과 힐러리 클린턴 여사가 베이징 세계여성대회에 참석하게 되면 체면과 위신을 중시하는 중국은 이를 두고두고 고마워할 것이라는 요지의 자료를 포함시켰다.

방미한 김영삼 대통령은 한미 정상회담에서 베이징 세계여성대회에 힐러리 클린턴 여사가 참석하는 문제에 대해 클린턴 대통령과 의견을 교환했다. 한미 정상 간 의견교환의 결과인지는 알 수 없으나 이후 미국 정부는 힐러리 클린턴의 베이징 세계여성대회 참석을 결정하였다. 베이징 세계여성대회는 힐러리의 참석으로 세계적인 주목을 받으며 성공적으로 개최되었다.

베이징 세계여성대회가 끝나고 3년이 지난 1998년 6월 빌 클린턴 미국 대통령이 1989년 천안문 사태 유혈진압 이후 미국 대통령으로서는 처음으로 중국을 8박 9일간 공식 방문했다. 힐러리 클린턴도 동행했다.

클린턴 대통령은 첫 도착지인 중국의 고도 시안의 남성문 앞에서 도착 연설을 통해 "미국과 중국은 21세기를 맞아 전 세계의 평화와 안정을 위해 서로 협력해야 한다. 양국의 유대는 세계의 미래를 위해 중요하다"는 메시지를 냈다. 아울러 "중국은 한반도를 비롯한 아시아의 평화와 안정에 기여해왔다. 미국은 중국의 이 같은 노력을 높이 평가하고 있다"는 입장을 밝혔다.

클린턴 대통령의 방중은 미중관계가 천안문 사태의 후유증을 극복하고 건설적 협력관계로 나아가는 전환점이 되었다.

3) 장쩌민 국가주석 방한과 김영삼 대통령의 '일본의 버르장머리를 가르쳐놓겠다'는 발언

장쩌민 중국 국가주석이 김영삼 당시 대통령 초청으로 4박 5일 일정으로 국빈 방한(1995년 11월 13~17일)했다. 1992년 한중수교 후 리펑 총리와 차오스 중국 전국인민대표대회 상무위원장이 이미 방한하였던 터이므로 장쩌민 국가주석의 방한으로 당시 중국을 이끌어가던 중국의 주요 지도자 3명이 수교 후 3년 만에 모두 방한한 셈이 되었다.

장쩌민 주석은 방한 기간 중 수원 삼성반도체 공장 및 울산 현대중공업 등 한국의 주요 산업 현황을 둘러보고 주한중국대사관에 한국의 경제발전과정을 깊이 연구해서 보고하라는 지시를 할 정도로 우리나라 경제발전에 대해 깊은 인상을 받았다. 장쩌민 주석의 한국에 대한 이러한 평가는 한중 간 경제협력의 기반이 되었다.

물론 한중 간 경제협력의 바탕 위에 북한 문제를 포함하는 외교안보 문제에서의 협력 기반도 확대되었다. 장쩌민 방한 시 한반도 안보와 관련 현안이던 정전체제 유지 문제(당시 북한은 정전체제 무력화를 시도하면서 한반도 평화체제 수립을 주장하고 있었다.)에 대해 중국 측은 한반도에서 평화체제가 수립되기 이전에는 정전체제가 유지되어야 한다는 입장을 공개 표명하였다. 중국의 이러한 입장 표명은 당시 정전체제 무력화를 시도하던 북한에 대한 일종의 압력이 되었다.

장쩌민 주석의 방한을 계기로 북중 간 군사동맹조약인 북중 우호협조 및 상호원조에 관한 조약에 대한 중국의 입장도 대외적으로 공개되었다. 장쩌민 주석을 수행해 방한 중이던 중국 외교부 대변인이 북한-중국 동맹조약의 자동개입조항에 대한 한국 기자의 질의에 대해 동 조항은 사실상 유명무실하다는 입장을 표명한 것이다.

당시 우리 측은 외교채널을 통한 비공개 논의 시 러시아가 북한과 맺은 동맹조약 파기하였는데 중국도 북중 동맹을 파기해야 하지 않느냐에 대한 우리 측의 문제 제기에 중국 측 당국자들은 북중 동맹조약은 사실상 사문화된 것이나 다름없다는 입장을 표명하곤 했었다.

그런데 김영삼 대통령과 장쩌민 국가주석이 너무 의기투합하는 바람에 엉뚱한 곳에서 사단이 발생했다. 장쩌민 주석 방한 직전에 토 다카미 당시 일본 총무청 장관이 "식민지 시절 일제가 한반도에 좋은 일도 했다"는 망언을 하는 등 일본 정치인들 가운데 일본의 식민 지배를 정당화하는 발언들이 이어졌었다.

일본의 일부 정치인들의 이러한 역사인식 문제와 관련 한중 정상회담 이후 진행된 공동기자회견에서 공동발표문을 통해 "양국 정상은 일본이 아시아 여러 나라에 대한 침략 행위 등 과거사에 대한 올바른 역사인식을 가져야만 한국과 중국 등 인접 국가와 미래를 향한 선린우호 관계를 맺을 수 있다는 데 의견을 같이 했다"는 입장을 표명하기로 사전 합의하였었고 여기까지는 잘 진행되었다.

문제는 기자들의 질의응답 과정에서 발생했다. 한 한국 기자가 장쩌민 국가주석에게 일본 정치인들의 역사인식 문제에 대해 질의를 한 데 대해 장쩌민 주석이 "그 어떤 역사도 말살될 수 없다"며 "우리는 일본의 소수 군국주의 세력을 경계해야 하며 일본으로 하여금 역사를 똑바로 인식하고 나가도록 해야 한다"고 언급한 것이다.

이러한 장쩌민 주석의 발언은 중국 외교부 대변인 등이 일본 정치인들의 과거사 미화 발언에 대해 이를 비판하는 논평 등을 내기는 하지만 최고지도자가 직접 나섰다는 점 그것도 한국의 대통령과 공동으로 하는 기자회견에서 나왔다는 점에서 이례적이었다.

이어 한 중국 기자가 김영삼 대통령에게 정상회담에서 한반도 평화안정 방안에 대해 논의한 구체적인 내용이 무엇인지를 질의한 데 대해 김영삼 대통령은 원론적인 답변을 한 후 일본의 역사인식 문제에 대한 강 주석의 발언을 언급하면서 다시 거론하고 나섰다. 김영삼 대통령이 "일본의 망언 문제는 한중 양국은 물론, 지역 및 세계평화와도 직결되는 문제라서 장쩌민 국가주석과 깊이 있게 논의했다" "이번에 버르장머리를 기어이 고치겠다"고 발언한 것이다.

김영삼 대통령의 이 발언은 당시 준비된 자료에는 없었던 것으로 위안부 문제 등에 대해 강경한 입장을 가지고 있던 김영삼 대통령이 장쩌민 주석의 발언을 보고 더 강경한 입장을 표명한 것으로 보였다. 김영삼 대통령으로서는 당시 국내의 반일 정서를 감안하면 장쩌민 주석이 이 문제에 대해 강경한 발언을 하는 것을 보고 자신도 강경하게 발언하지 않을 수 없었을 것이다.

　양국 정상의 일본 역사 왜곡에 대한 발언은 언론의 1면을 장식할 만한 호재였다. 국내 언론들이 일본의 역사 왜곡에 대한 양국 정상의 비판을 1면 톱으로 비중 있게 다루면서 정상회담의 실질 내용은 뒷전으로 밀려난 채 마치 한중 정상이 일본 역사문제에 대해 공동 대응하기로 한 것처럼 비추어졌다.
　정상회담 의제 준비를 위한 중국과의 실무협의 시 일본 정치인들의 역사 왜곡 발언 문제가 우리나라나 중국에서 초미의 관심사였기 때문에 정상회담의 의제로는 포함하기로 하였으나 그렇게 비중을 두어 다루지는 않았다. 김영삼 대통령과 장쩌민 주석 간 공동기자회견에서 이런 발언이 있었지만 이후에 대통령실로부터 한중 외교부 간 일본의 역사 왜곡 문제에 대해 공동 대응을 하라는 등의 지침은 없었으며 실무선에도 일본의 역사 왜곡 문제에 대한 대처 문제를 두고 중국과 외교적 협의를 한 적은 없다.

4) 한미의 4자회담 제의 - 북한에 대한 중국의 영향력은 우리가 생각하는 만큼 크지 않을 수 있다

1993년 3월 북한이 핵무기확산금지조약NPT 탈퇴와 함께 국제원자력기구IAEA에 의한 핵 사찰을 거부함으로써 1차 북한 핵 위기가 발생하였다. 1993년 10월 말 한승주 당시 외무부 장관이 북한 핵 문제 협의차 북경을 방문하여 첸치천 중국 외교부장과 회담을 갖고 북한 핵 문제에 대해 의견을 교환하였다.

한승주 장관은 북한과 진행 중인 협의에 진전이 없을 경우 국제사회의 강경한 대응이 불가피하게 될 것이라는 우리 입장을 밝혔다. 첸치천 외교부장은 북한 핵 문제는 동북아의 안정과 평화에 관련된 사안으로 관련 당사국들이 냉정하게 대처해야 한다는 입장을 밝혔다.

1994년 3월 북미 간 합의에 따라 IAEA 사찰단이 북한을 방문하였다. 그러나 북한이 사찰을 사실상 거부함에 따라 IAEA 사찰단은 성과 없이 철수한 후 북한의 핵 문제를 유엔 안보리에 보고하였다. 이에 따라 유엔 안보리는 3월 말 IAEA에 의한 북한 핵사찰 문제를 논의하고 있었다.

김영삼 대통령이 북한 핵 문제가 이처럼 유엔 안보리에서 긴박하게 논의되고 있던 시점에 중국을 방문했었다. 김영삼 대통령은

한중정상회담에서 장쩌민 주석과 북한 핵 문제에 대해 의견을 교환했다. 장쩌민 주석은 한반도의 비핵화를 지지한다는 입장과 함께 대화를 통해 북한 핵 문제를 해결할 수 있기를 바란다는 원론적 입장을 표명했다.

한중 정상회담 등 고위급 회담에서는 중국은 모든 문제에 대해 항상 원칙적인 방향만 언급한다. 구체적인 사항을 언급하는 경우는 없다.

김영삼 대통령 방중 시 별도로 개최된 한중 외무장관 회담에서 좀 더 구체적 협의가 이루어졌다. 첸치천 외교부장은 당시 유엔 안보리에서 논의 중이던 대북 결의안 보다는 낮은 형태의 의장성명 형식을 통해 북한을 대화로 이끌어낼 모멘텀을 유지해야 한다는 입장을 표명하였다.

당시 미국과 한국은 유엔 안보리의 대북 결의안 추진에 더 무게를 두고 있었는데 이러한 중국의 이러한 입장 때문에 유엔 안보리는 1994년 3월 말 IAEA에 의한 핵사찰을 허용할 것을 북한에 촉구하는 의장성명을 채택하는 데 그쳐야 했다.

북한은 IAEA와 유엔안보리의 이러한 조치에 강력히 반발하여 1994년 4월 말 판문점 군사정전위원회 탈퇴를 전격 선언하였다. 그리고 미국에 새로운 평화보장체제 수립을 요구하는 등 북미 간 직접 접촉을 주장하였다. 북한은 이러한 벼랑 끝 전술로 북미 제네바 합의라는 소기의 성과를 얻었다.

이후 북한은 북미 제네바 합의로 북한에 지어주게 될 경수로 건설비용의 대부분을 우리나라가 지불하게 되어 있었음에도 불구하고 북미평화협정을 계속 주장하면서 우리나라는 상대조차 하지 않으려 하는 소위 통미봉남 전술을 구사하였다.

한국과 미국은 북한의 이러한 외교공세에 대응하기 위해 1996년 4월 제주도에서 개최된 김영삼 대통령과 클린턴 미 대통령 간 정상회담 후 열린 공동기자회견에서 남북한 및 미중이 참여하는 4자 회담을 제의하고 4자회담을 통해 북한이 미국 측에 요구해온 한반도 평화체제 문제 등을 논의할 것을 제안하였다.

이는 한국전쟁 정전 후 처음으로 한반도 평화 문제의 해결방식에 남북한 당사자와 미국, 중국의 참여를 전제로 한 새로운 접근방법이었다. 물론 1953년 휴전협정에 따라 1954년 제네바에서 한반도의 평화 문제를 논의하기 위한 국제회의가 열린 적이 있기는 하다.

4자회담 관련 한미의 제안이 극비리에 진행된 관계로 회담의 당사국이 될 중국 측과 사전 협의를 하지 않았음에도 불구하고 중국 측은 비교적 재빨리 적극적으로 호응했다. 한미가 4자회담을 제의한 바로 다음 날 중국 외교부 대변인이 정례브리핑(4월 17일)에서 "한국이 정전협정의 당사국은 아니나 직접 이해 당사국이며 중국은 정전협정 서명국으로서 한반도 평화와 안정을 위해 건설적 역할을 수행할 것이다"는 입장을 밝힌 것이다. 이는 한국의 입장을 지지한 것으로 북미 간 협상만 주장하던 북한의 입장을 사실상 반대한 셈이었다.

이와 관련하여 첸치천 외교부장은 1996년 6월 중국을 방문한 최우진 북한 외무성 부부장에게 "한반도의 평화와 안정 유지가 동북아 정세안정은 물론 중국에게도 중요한 만큼 중국은 한반도에 항구적인 평화안정보장체제가 수립되는 것이 바람직하다고 생각하고 있다"라는 견해를 표명한 것으로 인민일보가 보도하기도 하였다.

중국이 한반도 평화체제 논의를 위한 4자회담 제안에 이처럼 적극적으로 나온 것은 1994년 4월 북한이 중국 측에 판문점 군사정전위에서의 철수를 요청하여 중국이 군사정전위에서 중국 대표를 철수시킬 수밖에 없었던 사정과도 관련이 있었을 것이다.

당시 북한이 중국에 군정위에서 중국 대표 철수를 요구를 한 배경이 미국과의 평화협정 논의를 위해 군사정전위로 대표되는 정전체제를 무력화시키고자 한 것이기는 하나 한중수교 이후 북중관계가 그만큼 매끄럽지 않다는 것을 보여주는 증표이기도 하였다. 당시 중국은 이러한 북한에 적잖이 실망하였다.

북한은 4자회담 자체에 대해 유보적인 태도였으며 중국의 참여에 대해서도 그다지 탐탁하게 여기지 않았다. 한미가 공동으로 4

자회담을 제안한 후 1년여가 지난 1997년 3월 북한의 요구에 따라 4자회담 제의 배경 등에 대해 한미가 주관하는 설명회가 개최되었을 당시 북한은 중국을 제외한 3자회담을 선호한다는 태도를 보였다.

당시는 북한이 북미 평화협정을 최우선 순위로 생각하고 있었기 때문에 북한으로서는 중국을 포함하는 4자회담을 탐탁하지 않게 생각하지 않았을 것이다. 한미가 오히려 중국도 참여해야 한다고 북한을 설득해야 했다.

이와 관련 우리 국내에서는 그 당시나 지금이나 중국이 북한 문제에 대해 우리가 기대하는 영향력 행사 등 적극적인 역할을 하지 않는 데 대해 중국을 비판적으로 바라보는 경향이 있다. 그러한 논거 중의 하나는 중국이 북한에 대한 경제적 지원을 중단하면 북한 정권이 무너질 것이므로 중국이 북한에 압력을 가하면 북한이 어쩔 수 없이 중국의 압력에 굴복하지 않겠느냐는 논리다.

우리 측은 중국 측 관계자들과 논의 시 이런 입장을 가지고 중국을 압박하곤 했었다. 그런데 우리 입장에서 보면 그럴 수 있기는 하나 이러한 논리가 말이 좀 안 되기는 한다. 왜냐하면 이는 약소국은 강대국의 압력에 굴복해야 한다는 논리이기 때문이다. 이는 역설적으로 말하면 미국이 우리한테 어떤 문제에 대해서 압력을 가해 오면 우리가 미국의 강요를 따라야 한다는 생각에 불과하다.

이러한 추론과는 별개로 1990년대 후반 중국 외교부나 중국공산당 대외연락부 관계자, 연구소의 북한 문제 관련 전문가들은 왜 중국이 북한의 잘못된 행동을 강력히 비판하지 못하는지에 대한 우리의 압력성 질문에 대해 "북한은 자존심이 대단히 센 나라라고 하면서 그게 그렇게 쉬운 일이 아니다"라고 대답하곤 했었다.

이러한 중국 측 인사들의 답변이 얼마나 진실을 얘기하고 있는지는 알 길이 없으나 사실일 개연성이 아주 높다고 생각했었다. 북중 간 과거 역사가 이를 뒷받침한다.

북중은 혈맹으로 맺어진 관계임을 강조해왔지만 북중관계가 항상 긴밀한 것은 아니었다. 중국이 북한에 압력을 가하면 북한이 이에 반발했던 사례들이 많이 있다. 1956년 김일성이 연안파와 소련파 공산당원들을 축출한 8월 종파사건을 둘러싸고 북중 간 발생했던 갈등이 대표적인 사례이다.

8월 종파사건을 계기로 북중관계는 한동안 냉랭했었다. 결국 중국이 북한에 사과를 하고 나서야 북중관계가 회복되었다. 이러한 과거를 잘 아는 중국 사람들은 북한을 대할 때 북한을 만만하게 대해서는 안 된다는 생각을 갖고 있다.

우리는 북한 핵 문제를 포함 북한 문제 관련 중국과의 협의 시 이러한 북중관계, 특히 북한에 대한 중국의 영향력의 정도가 손오공이 여의봉을 휘두르듯 중국이 마음대로 북한을 들었다 놨다 할 수 있는 것처럼 생각하나 북중관계의 실상은 그렇지 않다.

한미의 북한에 대한 설득 끝에 1997년 12월 4자회담 1차 회담이 제네바에서 개최되었다. 중국은 1차 회담 시 외교부 부부장이던 탕자쉬안을 대표단장으로 파견하는 등 적극적인 태도를 보였었다. 그러나 북한은 4자회담 현장에서 미국과의 협의에만 관심이 있었을 뿐 중국과의 협의에는 냉랭했다.

중국을 무시하는 이러한 북한의 태도에도 불구하고 중국이 4자회담에 적극적으로 나선 것은 정전체제를 평화체제로 바꾸는 문제를 포함 한반도 문제에 대해 중국이 주변화되는 것은 중국의 국가이익에 반한다고 판단했기 때문이었을 것이다.

그러나 어렵사리 시작된 4자회담은 한반도 평화구축 방안과 관련된 실질적인 문제에 대한 논의는 해보지도 못한 채 의제와 형식 등을 둘러싸고 샅바싸움만 하다가 6차 회담(1999년 8월) 후에 유야무야 종료되었다.

4자회담의 실패에도 불구하고 4자회담은 정전체제를 평화체제로 바꾸기 위해 4자 대화체를 처음으로 구축해보았다는 점에서 의의가 있었다. 4자회담은 2002년 북한이 우라늄 핵 개발 의혹으로 발생한 2차 북핵 위기 시 미국의 부시 행정부가 추진한 6자회담을 구상하는 토대가 되었다고 볼 수 있다.

5) 제네바 유엔인권위원회에서의 중국 인권결의안 문제

중국 인권 문제는 미중관계에 있어 주요 현안 중의 하나였고 지금도 그렇다. 그러나 중국의 인권 문제에 대한 미국의 외교정책은 시기별로 커다란 간극도 있다. 그 이유는 미국이 중국을 필요로 할 때에는 중국의 인권 문제를 미국 외교의 전면에 내세우지 않는 반면 미중관계가 악화하면 중국의 인권 문제를 전면에 내세워 중국을 압박하는 일종의 도구로 사용하는 경향이 있기 때문이다.

문화대혁명의 절정기에 중국을 방문했던 닉슨 전 대통령은 방중 기간 중 중국의 인권 문제를 전혀 거론하지 않았다. 당시는 미국의 대외전략상 중국을 필요로 하였기 때문이다.

미국의 대중정책에서 중국 인권 문제가 주요 외교 사안으로 떠오르기 시작한 것은 1989년의 천안문 사태에 대한 중국 당국의 무자비한 진압이 언론을 통해 전 세계에 생생하게 보도된 이후부터이다. 그러나 여전히 중국의 인권 문제는 미국의 대중정책에서 최우선의 이슈는 아니었다.

당시 조지 부시 행정부는 중국의 인권 문제를 거론하면서도 이를 미중관계에서의 핵심 이슈로 다루지는 않았다. 1992년 미 대선에서 중국의 인권 문제가 미국 대외정책의 주요 이슈로 등장하였고 클린턴 후보는 중국의 인권 문제에 대한 부시 행정부의 미온적인 정책을 비난하면서 자신은 단호한 태도를 취하겠다는 공약을 내걸었다.

1993년 집권한 클린턴 행정부는 중국의 인권 문제를 중국에 대한 최혜국대우와 연계하는 조치를 취하는 등 중국 인권 문제에 대한 강경책을 구사하였다. 그러나 1년이 지난 1994년 중국의 인권 문제와 무역을 연계하는 정책을 철회하였다.

당시 클린턴 행정부가 이처럼 정책을 변경한 데에는 중국에 이해관계를 가진 미국 기업들의 로비성 압력 때문이었다. 미 행정부로서는 중국과의 경제적 이해관계를 중시하는 미국 기업들의 요구를 무시할 수 없었던 것이다.

그러나 1995년 들어 중국의 인권 문제가 다시 부각되는 사건들이 발생하였다. 중국에서 강제노동 문제를 조사하던 해리 우Harry Wu(중국계 미국 인권운동가)가 1995년 중국에 체포되어 15년형을 선고받는가 하면 중국의 반체제인사였던 웨이징셍이 체포(1995년 12월)되어 하루만의 재판 끝에 14년형을 선고 받은 것이다.

중국 내 인권상황이 이처럼 악화하자 클린턴 행정부는 제네바 유엔인권위원회에서 중국의 인권상황을 비난하는 결의안을 제출하는 등 국제기구를 통한 압박 외교를 구사하였다.

유엔인권위원회에서의 중국인권결의안 추진은 미중 양자 차원에서의 무역제재와 비교해 볼 때 미국의 무역과 투자 기회를 위협하지 않고도 중국에 압력을 가할 수 있는 효율적인 수단이었다. 1996년 4월 미국은 서방과 협력하여 중국 인권 문제 결의안을 제출하였으며 중국은 이에 맞서 불처리 동의안을 상정하였다. 결과는 중국의 불처리 동의안이 채택되고 서방 결의안은 채택되지 못하였다.

중국 측은 서방의 인권결의안 제출과 관련 중국 입장을 지지하여 줄 것을 외교채널을 통해 우리 측에 집요하게 요청했었다. 마침 중국 인권문제가 한참 논의되고 있던 1996년 3월 공로명 외무장관이 중국을 공식 방문하였다. 한중 외무장관 회담에서 첸치천 중국 외교부장이 직접 나서서 중국 인권결의안 문제에 대해 중국 입장을 지지해줄 것을 요청하였다. 반면 미국은 서방측 중국 인권 결의안에 찬성해줄 것을 우리 측에 요청했다.

우리 정부는 한중수교 후 양국관계를 지속해서 발전시켜 나갈 필요성과 북한 문제 관련 중국과의 협력 필요성 등을 감안하면서도 동맹국인 미국 등 서방과의 관계를 감안하여 기권하기로 결정했다. 중국 측은 이러한 우리의 기권 결정을 중국에 대한 지지나 다름없다고 고마워하였다.

당시 중국은 인권 문제에 대한 서방의 결의안이 통과되는 것을 저지하기 위해 모든 외교적 노력을 경주했다. 이는 천안문 사태 이후 중국의 정치정세가 아직도 안정되지 않은 상황을 반영한 것이었다.

이후 중국 인권 문제는 미국 등 서방과 중국과의 관계 추이에 따라 제네바 유엔인권위원회에서 논의되고는 있으나 중국을 비난하는 인권결의안이 통과된 적은 없다. 오히려 중국이 제안하는 중국 인권 문제 불처리 동의안이 통과되고 있다.

6) 황장엽 북한 노동당 비서 망명 사건

1997년 2월 12일 황장엽 북한 노동당 비서와 그의 수행비서 격인 김덕홍이 택시를 타고 주중대사관 (영사부)에 들어와 망명을 요청했다. 당시 주중대사관 (영사부)는 각국 대사관들이 많이 모여 있는 베이징 산리툰 지역의 한 건물에 임차해 있었다.

대사관 구역이라 불리는 산리툰 지역은 평소 중국의 공안(경찰)들이 골목마다 삼엄하게 경계를 서고 있었고 각 대사관 건물 앞에도 공안들이 초소를 만들어 놓고 경비를 서고 있어서 외부인의 대사관 출입이 쉽지 않았었다. 주중대사관은 시내 중심가의 국제무역센터 내에 있었다.

황장엽 비서는 북한의 김일성-김정일 정권을 이념적으로 떠받치는 소위 김일성 주체사상을 만들어 낸 이론가였다. 이러한 인물이 중국 땅에 와서 북한을 버리고 대한민국으로 가겠다고 망명을 요청하였으니 김정일 정권으로서는 청천벽력과도 같은 일이었을 것이다. 중국으로서는 한중수교 후유증에서 아직 벗어나지 못하고 있던 북한과의 관계를 정상화해야 하는 상황에서 매우 난감한 일이 발생한 셈이었다.

중국은 황장엽 비서 망명 사건을 처리함에 국제적인 규범과 황장엽 본인의 자유의사에 따라 대한민국으로의 망명을 허용하라는 우리나라의 입장과 황장엽 비서는 남한에 의해 강제로 납치되었으므로 북한으로 돌려보내라는 북한의 완고한 입장 사이에서 해결책을 모색해야 했다.

중국 측에 의하면 북한은 사건 발생 초기에 황장엽 비서의 망명을 절대로 허용해서는 안 된다고 하면서 중국이 아니라면 무슨 수를 써서라도 황장엽을 북한으로 데려갔을 것이라는 협박성 발언도 했었다.

이에 대해 중국 측은 북한 측에 중국은 주권 국가인 중국 내에서 북한이 중국의 주권을 침해하는 불법적인 행동을 하는 것은 결코 용납하지 않을 것이라고 경고했다고 하였다.

중국 측은 황장엽 망명 사건 초기에 황장엽 비서 망명 사건은 남북한의 문제이니 남북한이 협의하면 안 되겠냐는 황당한 의견을 내놓기도 하였다. 우리 측이 말도 안 된다고 일언지하에 거절하자 중국은 이 의견을 거둬들였다. 그런데 이 중국 측 의견 제시가 진심에서 나온 것인지 아니면 우리 측 의중을 한번 떠보는 정도였는지는 불분명하였다.

중국 측이 황장엽 망명 사건 처리 시 가장 어렵게 생각한 문제는 어떻게 북한을 설득할 수 있느냐 하는 것이었다. 이와 관련 중국은 황장엽 비서 망명 사건이 특히 협상 내용이 한국 언론에 보도되는 것은 사건 처리에 도움이 안 된다는 점을 누차 우리 측에 전달하면서 협상 내용에 대한 비밀 유지를 당부했었다. 이는 한국 언론의 보도가 북한을 자극하여 중국의 북한 설득에 방해가 될지도 모른다는 우려를 했기 때문인 것으로 보였다.

한편 중국 측은 황장엽 비서 망명 사건을 위요하여 남북한 간 중국 내에서 불상사가 일어나는 것을 극도로 경계하였다. 사건 발생 초기 북한 요원들이 우리 대사관 영사부에 잠입하여 황장엽 비서를 납치하여 데려가거나 보복 차원에서 우리 대사관 직원이나 우리 국민을 납치하려 한다는 정보들이 난무하였다. 이와 관련 중국 측은 여사한 사태 발생을 막기 위해 무장 경찰을 대사관과 영사부 건물 주위에 배치하는 등의 조치를 취하였다.

아울러 중국 측은 황장엽 문제로 남북한 간 불상사가 일어날 가능성에도 우려를 하였다. 우리 측은 이러한 중국의 우려를 해소하기 위해 황장엽 비서를 한국에 데려가더라도 북한체제를 비난하는 데 활용하지는 않을 것임을 구두로 약속하기도 하였다.

북한 측은 사건 발생 후 며칠이 지난 2월 16일 조선중앙방송에서 '비겁한 자여 갈 테면 가라'는 가요를 내보냈다. 중국 측 관계자들은 이를 북한 측의 변화로 보인다는 분석을 내놓았다. 북한 측이 방송을 통해 이러한 입장을 내보낸 것은 황장엽 비서를 북한 측 요구대로 북한으로 송환하는 것이 불가능하다는 중국 측의 입장이 확고함을 확인하였기 때문이었을 것이다.

북한의 입장이 정리된 후부터는 한중 간 황장엽 비서의 자유의사 확인 및 출국 방법 등 구체적인 문제에 대한 협상이 진행되었다. 특히 출국 방법과 관련 우리 측은 한국으로의 직접 송환을 요구했지만 중국 측은 이에 완강하게 반대했다.

중국 측은 1989년 천안문 사태 당시 주중미국대사관에 망명했다가 1년여 만에 서방으로 강제 출국 조치되었던 방려지 사건을 예로 들면서 북한을 설득하여 황장엽을 한국으로 보내기로 원칙적 결정을 한 상황에서 출국방식 같은 절차적인 문제로 협상이 늦어지면 황장엽 송환에 몇 년이 걸릴지 모른다고 우리 측에 으름장을 놓기도 했다.

당시 우리는 황장엽의 한국 송환이라는 큰 원칙에 중국이 동의한 이상 한국으로의 직접 송환이냐 제3국으로의 강제 출국이냐 같은 절차적 문제로 중국과 계속 대립하는 것은 불필요하다고 생각하여 제3국을 경유하는 한국 송환에 합의하였다.

중국이 황장엽 비서를 한국으로의 직접 송환이 아닌 제3국으로의 강제 출국을 주장한 데는 북한 측에 황장엽을 한국으로의 송환이 아닌 제3국으로 강제 출국시켰다는 논리로 북한 측을 설득하기 위한 것이었다. 또한 제3국으로의 강제 추방이라는 선례를 만들어 놓아 후에 있을 유사한 탈북자 사건에도 대비하고자 한 것이었다. 중국은 그 당시에 황장엽 비서가 한국으로 직행하는 경우 대규모 탈북사태를 유인할 수 있다는 점을 중국은 우려했다.

황장엽 비서의 망명 사건은 국제적 기준에 맞게 처리된 것으로 볼 수 있다. 다만 중국은 북한과의 관계를 고려하여 북한을 설득하는데 상당한 외교적 노력을 기울였다. 그럼에도 불구하고 북한의 비합리적인 주장에 대해서는 단호한 태도를 보여주기도 했다.

10장
국민의 정부 시기

1. 국제 정세 및 양국관계 개관

1998년 2월 김대중 정부가 들어섰다. 김대중 대통령은 야인 시절 자신이 이사장으로 있던 아태평화재단과 중국인민외교학회 간 교류의 일환으로 세 차례나 중국을 방문하는 등 중국과의 관계에 공을 들였다. 중국 방문 시 중국공산당 권력 서열 1, 2, 3번 같은 주요 정치지도자는 만나지 못했다.

그러나 김대중 이사장은 북경을 방문할 때에는 북경대, 중국사회과학원 등을 방문하여 학생 및 연구원들을 상대로 동북아 및 한반도의 안정과 평화를 위한 한중 간 협력 필요성을 강조하는 강연 등을 통해 자신의 철학을 중국의 청년들에게 밝혔다. 아마도 중국 정치체제상 중국의 주요 지도자들에게도 김대중 이사장의 강연 내용들이 보고되었을 것이다.

외교관계라는 것이 국가이익을 기준으로 각국이 합리적인 선택을 하는 행위의 결과이어야 하지만 그것은 당위적인 측면에서 그런 것이고 실제로는 지도자들 간 관계가 미치는 영향을 무시할 수 없다.

특히 중국과의 관계는 지도자들과의 관계가 매우 중요하다. 그것은 인간관계를 중시하는 중국의 문화적 배경 때문이기도 하고 소수의 정치지도자에게 권력이 집중된 중국의 정치체제 때문이기도 하다.

이런 점에서 김대중 대통령이 대통령으로 당선되기 전에 중국을 여러 차례 방문하여 주요 대학이나 연구소에서의 강연 등을 통해 동북아 및 한반도의 안정과 평화를 위해 한중관계가 중요하다는 점을 강조한 것은 후일 대통령이 되어서 한중관계를 발전시키는 데 나름대로 밑받침이 되었다고 볼 수 있다.

이러한 바탕 위에 김대중 대통령 시기 한중관계는 1998년 11월 김 대통령의 방중을 계기로 21세기를 향한 협력동반자 관계 구축에 합의하는 등 수교 이후 선린우호관계로 정의되던 한중관계가 한 단계 업그레이드되었다.

김대중 정부 시기 한중관계는 협력동반자 수립을 계기로 경제 분야를 중심으로 발전하던 한중관계가 안보, 국방 분야로까지 발전하기 시작했다. 1999년에는 한국 국방장관이 중국을, 2000년에는 중국 국방장관이 한국을 각각 방문하였다. 양국 국방장관 간 교류는 양국 간 협력이 경제를 넘어 안보 분야로까지 확대됨을 의

미하였다.

2000년 10월에는 주룽지 중국 총리의 방한을 계기로 양국 군함의 상호방문에 관한 합의도 이루어졌다. 이 합의에 따라 2001년과 2002년에 한국 군함의 상해 기항과 중국 군함의 인천 기항이 이루어졌다. 2002년과 2003년에는 공군 수송기 상호방문도 이루어졌다.

김대중 대통령은 2003년 퇴임 이후에도 2004년 및 2009년 두 차례에 걸쳐 중국을 방문하여 중국의 정치지도자들에게 동북아와 한반도의 평화와 안정을 위한 중국 역할의 중요성을 강조하였다.

2. 주요 외교 사안 및 사건

1) 중국으로부터의 외환 차입 협의

1997년 하반기 동남아시아에서 시작된 외환위기가 아시아 전역에 전염병처럼 확산하였다. 우리나라도 속절없이 외환위기를 얻어맞았다. 중국도 외환위기에서 자유롭지 못할지도 모른다는 평가들이 있었다. 그러나 중국은 외환위기를 겪지는 않았다.

당시 중국 측과의 비공식적 논의 과정에서 중국 측 인사들로부터 중국은 외환위기를 별로 걱정하지 않는다는 애기를 들었다. 중국 측 인사들은 중국의 경우 자본시장이 자유화되어 있지 않기 때문에 썰물처럼 빠져나갈 투기성 자금이 중국 자본시장에는 없다는 것을 그 근거로 들었다.

당시 중국은 외국기업의 투자를 유치를 통해 경제를 발전시키는데 올인하고 있었다. 이런 이유로 외국자본이 투자 목적으로 중국에 많이 들어와 있기는 하였다. 그러나 이 외국자본들은 모두 중국인민은행(우리나라의 한국은행 격이다)에 예치되고 중국 화폐인 인민폐로 교환되어 중국의 산업시설에 투자되어 있었다.

그러니 외국의 투자기업들이 투자자금을 갑자기 회수할 수가 없었다. 외국기업들의 자본이 산업시설에 투자한 투자자금이었지 주식시장 등에 들어간 단기성 투자자금 내지는 투기자금이 아니었던 것이다.

1997년 12월 정부로부터 주중대사관에 중국이 보유 중인 외환을 차입할 수 있도록 중국 측과 협의 하라는 지시가 하달되었다. 당시 중국은 1400억 미불 정도의 외환을 보유하고 있었다.

주중대사가 중국인민은행장 등 중국의 관계 당국의 인사들을 만나 협의하였다. 그런데 중국 측 인사들이 모두 애매모호하게 대답하는 바람에 중국 외교부와도 협의하게 되었다. 당시 탕자쉬안 중국 외교부 부부장도 애매하고 복잡한 말로 대답하였다. 한국을 포함 아시아의 외환위기 극복에 도움이 되도록 하겠다는 말만 반복했다.

중국 정부가 보유 중인 외화를 우리 측에 빌려줄 수 있는지 대답이 필요한 시점에서 한국에 도움이 되도록 하겠다고만 대답하니 답답할 따름이었다.

나중에 알고 보니 중국은 IMF에 중국의 출자를 늘려 이를 한국 등 외환위기 국가에 IMF가 빌려주는 데 일정한 역할을 하려는 생각이었다. 중국은 IMF에 중국의 출자를 늘리는 것을 한국에 도움이 되는 조치라고 얘기하고 있었던 것이다.

중국이 보유 중이던 달러를 빌려달라는 우리 측 제안에 대한 중국 측의 최종적인 입장은 김대중 정부의 초기 총리 내정자였던 김종필 자민련 명예총재의 중국 방문(1998년 2월) 시 장쩌민 국가 주석과의 면담에서나 알 수 있었다.

당시 김종필 명예총재가 장쩌민 주석에게 중국이 보유 중이던 외환 중 300억 불을 예금하는 셈 치고 우리나라에 빌려줄 것을 요청하였다. 이에 대해 장쩌민 주석은 "(경제문제는 주룽지 총리가 전담하고 있다고 하면서) 주룽지 총리로부터 IMF가 이미 한국에 일정한 지원을 했으며 중국도 IMF에 마땅한 기여를 했다"는 얘기를 들었다고 대답하였다.

한 마디로 한국에 별도로 돈을 빌려줄 수 없다는 얘기를 그렇게 빙빙 돌려서 얘기하고 있었던 것이다. 돌이켜 보면 당시 동아시아 국가들 가운데 외환위기를 겪고 있는 여러 나라가 있었는데 중국이 한국에 외환을 빌려주면 다른 나라들도 중국에 빌려달라고 할 것이므로 중국은 우리에게만 빌려줄 수 없었을 것이라는 생각이 든다.

2) 재외동포의 출입국과 법적 지위에 관한 특례법 추진과 중국의 조선족 동포 문제

1998년 당시 중국의 연변조선족자치주 지역을 포함 동북 3성 지역에는 한민족 혈통의 중국 조선족 200만 정도가 거주하고 있었다. 한민족이라는 용어에 익숙한 우리는 조선족이라는 말에 거부감이 있다.

그러나 조선이라는 고유명사는 중국 최초의 역사가 사마천이 사기에 '조선열전(우리는 우리 역사상의 최초의 나라를 고조선이라 하나 이는 조선왕조와의 구별을 위해서 후일 우리 역사학자들이 붙인 것이며 당시의 나라 이름은 조선이었다)' 편을 기록한 이래 중국의 고대 역사서에서 통용되어 온 용어이다. 오늘날도 중국은 우리가 공식 용어로 사용하는 한반도를 조선 반도라고 표기하고 있다.

오늘날 중국의 동북 3성에 주로 거주하는 중국의 조선족들은 대부분 19세기 후반 함경도에 살던 조선인들이 두만강을 건너 오늘날 연변조선족자치주 지역인 간도 지역으로 이주하기 시작한 이래 일제강점기 시기에 평안도와 경상도(주로 경상북도) 지역에서 중

국의 요녕성과 흑룡강성으로 이주해 간 사람들의 후손이다.

우리는 통칭 조선족 동포라고 하지만 이들 동포들 사이에는 출신 지역에 따라 다소간 알력이 있다. 조선족 동포가 가장 많은 연길 지역에는 함경도 출신들이 많은 반면 심양, 단동 등 요녕성 지역에는 평안도 출신들이 많다. 동북 3성에서 가장 북쪽에 위치한 흑룡강성 지역에는 경상도(경상북도) 출신이 많다.

당시에 경상도 출신 조선인들은 신의주에서 가까운 중국 지역인 단동, 심양 등에 정착하고자 했으나 그 지역에 이미 정착하고 있던 평안도 출신 조선인들의 배척으로 그 곳에 정착하지 못하고 추워서 사람이 살기도 어려운 흑룡강 지역까지 올라가 정착할 수밖에 없었다고 한다.

김대중 정부는 한국계 미국 시민권자들의 요청 등을 반영하여 재외동포의 출입국과 법적 지위에 관한 특례법 제정을 추진하였으며 입법 예고(1998년 9월) 되었다. 이 법의 제정목적은 재외동포와 우리나라와의 연계를 강화하기 위한 것이었다.

입법 예고된 법안에는 외국 국적 동포를 "한민족 혈통을 지닌 자로서 외국 국적을 취득한 자 중 대통령령이 정하는 자"로 포괄적으로 정의하여 중국의 조선족과 중앙아시아 및 구소련의 고려인들도 이 법안의 수혜자로 예정되어 있었다.

중국 정부는 우리 정부의 이러한 방침에 깜짝 놀랐다. 그렇지 않아도 수교 이후 중국의 조선족과 우리나라 간 연계가 긴밀화되는 데 대해 내심 우려를 갖고 있던 중국 정부는 동 법안에 대해 문제를 제기하여 왔다.

중국 정부가 이 법안에 우려를 제기한 이유는 한족 이외에 55개 소수민족으로 이루어진 국가적 특성으로 인해 소수민족의 분리 독립 운동을 아주 민감한 정치적 이슈로 보고 있기 때문이다. 당시는 한중수교 초기로서 중국 정부는 중국보다 잘 사는 모국을 가진 조선족이 한국에 경사되지 않을까 우려하고 있던 때였다.

중국은 동 법안에 대해 문제를 제기해오면서 동 법안이 중국의 조선족에게만 특혜를 주는 것으로 여타 중국인에 대한 차별적 조치라는 논리를 폈다. 중국과의 관계를 중시하고 있던 김대중 정부는 중국 측의 민감한 반응에 놀라 법의 적용 범위를 "대한민국 국적을 보유하였던 자 또는 그 직계비속"으로 수정하였다. 이로써 중국의 조선족과 중앙아시아 지역의 고려인들은 법의 적용 대상에서 제외되는 결과가 되었다.

당시 한국에 가서 돈을 벌려는 열기로 가득 차 있던 중국의 조선족들은 동 법안이 입법 예고되었을 때 한국 입국과 취업이 자유로워질 것으로 한껏 기대했었다. 그러나 법안 추진과정에 중국 측의 반대로 중국의 조선족이 제외되자 조선족 동포들의 한국에 대한 기대는 실망으로 변했다. 우리는 조선족과의 관계에서 신뢰를 잃는 결과만 얻었다.

중국은 동 법안의 적용 범위에서 조선족을 제외하도록 함으로써 중국의 조선족과 한국 간 정치적, 법적 경계선을 확실히 하였으며 조선족들이 정서적으로 한국에 경사되지 않을까 했던 우려도 일거에 해결할 수 있었다. 중국은 두 마리 토끼를 다 잡은 셈이었다.

3) 북한의 대포동 1호 미사일 발사

북한이 1998년 8월 대포동 1호 미사일을 발사하였다. 대포동은 미사일을 발사한 북한의 지역 이름을 따 붙여진 이름으로 북한은 광명성 1호라고 하며 인공위성 발사 시험이라고 주장했다.

북한의 미사일 문제는 핵 문제와 더불어 미국이 가장 중요시하는 안보 사안이었다. 당시 북한은 이미 미사일을 시리아, 이란 등 테러 위험 국가에 판매하고 있어 미국 등 서방의 안보에 간접적으로 영향을 끼치고 있었다.

특히 대포동 1호는 최초의 중장거리 미사일이었기 때문에 국제사회가 주목했다. 당시는 1994년 북미 제네바 합의에 의거 북한에 경수로를 지어주기 위한 협의가 진행 중이었는데 북한이 그러한 시점에 중장거리 미사일 발사 시험을 하였는지에 대해 다양한 추론이 제기되었다.

북한 김정일이 제네바 합의를 통해 핵을 포기하기로 한 상황에서 핵 개발을 주장해왔던 군부 강경파들을 달랠 필요성 때문이었다는 추론이 그중의 하나였다. 미국의 경제제재에 벼랑 끝 전술로 맞서 미국의 양보를 얻어내려는 의도였다는 추론도 있었다.

미국의 클린턴 행정부는 페리 특사를 북한에 보내 협상에 나섰고 북한이 미사일 개발 중단을 선언하는 조건으로 대북 제재를 부분적으로 해제하기로 하는 소위 베를린 합의가 1999년 이루어졌다.

북한은 1993년 핵확산 금지조약 탈퇴라는 벼랑 끝 전술로 미국으로부터 제네바 합의라는 양보를 얻어낸 데 이어 미사일 시험 발사라는 또 다른 벼랑 끝 전술로 대북 제재에 대한 양보를 얻어낸 결과가 되었다.

당시 북한이 발사한 대포동 1호는 사거리가 2,000킬로미터에 달해 일본은 자신들의 안보가 북한에 노출될 것을 특히 우려하였다. 일본은 이러한 이유로 북한의 대포동 1호 미사일 발사 시험을 다루기 위한 유엔 안전보장이사회 개최를 추진하였다.

주중대사관도 중국과의 협의에 들어갔다. 주중대사관 공사가 중국 외교부 사주캉 군축국장을 면담하여 북한의 미사일 발사 시험은 동북아의 안정과 평화를 위협하는 행동으로 중국도 국제사회와 함께 북한의 이러한 행동을 억지하도록 중국이 역할을 하여 줄 것을 요청하였다. 사주캉 국장은 "미사일을 보유하는 것은 모든 나라의 주권적 권리인데 왜 북한이 비난을 받아야 하는지 모르겠다"고 하면서 우리 측 입장을 이해할 수가 없다는 반응을 보였다.

나는 "그런 권리를 북한이 보유한다고 인정하더라도 북한이 미사일 시험 발사 시 그 지역을 지나가는 비행기나 선박의 안전을 위해 사전에 통보하는 조치는 취했어야 하나 북한은 국제사회에 아무런 통보도 하지 않았다"는 것은 큰 문제라고 지적하였다. 그러면서 중국의 경우 1996년 5월 대만해협에서의 미사일 훈련 시 선박과 항공기의 통행 안전을 위해 사전에 모든 훈련내용을 통보한 적이 있음을 거론하였다.

중국은 협상 초기에는 미사일 발사 시험은 모든 국가의 주권적 권리라는 입장을 표명하였으나 북한이 사전 통보 없이 미사일을 발사한 데 대한 우려 표명 및 이와 같은 긴장 고조 행위 자제 촉구 등을 내용으로 하는 유엔 안보리 의장의 구두성명(9월 15일)에는 동의했다.

중국의 이러한 입장 변화는 미국이 미사일 문제에 강경한 태도를 보인 것과 관련이 있었을 것이다. 1998년 6월 클린턴 미국 대통령의 방중을 통해 천안문 사태로 인해 위기에 빠졌던 미중관계가 막 정상궤도에 진입해 있었다. 중국은 미국과의 협력을 중요시하던 시기였다.

4) 남북정상회담(2000년 6월)과 김정일의 전격적인 중국 방문

한중수교 후 1990년대 말까지 북중관계는 엄중한 국면에 처해 있었다. 당시 북중 양국 간 대표단 교류는 간헐적으로 이루어졌으나 최소한에 그치고 있었다.

당시 북한 문제 관련 주중대사관의 최대 관심사는 김정일 권력의 안정성 여부, 북한의 식량난 부족 등 북한 내부 정세에 관한 것이었는데 북한에 대한 중국 측의 정보도 매우 제한된 것으로 보였다.

당시 주중대사관은 중국공산당 대외연락부 대표단 등 중국 대표단이 북한을 방문하고 돌아오면 중국 측 관계자를 만나 방문 결과를 공식적으로 청취하고 오, 만찬 등 계기에 후일담을 들었다.

1998년 상반기에 북한을 방문했던 당 대외연락부 관계자가 "북한이 주석제를 없애고 김정일이 무슨 국방위원장인가 하는 직책으로 통치하게 될 것"이라는 얘기를 북한 측 관계자들로부터 들었다고 하면서 주석도 없이 국방위원장이 어떻게 북한을 통치한다는 얘기인지 북한의 속내를 잘 모르겠다고 얘기한 적이 있다. 북한에 정통한 당 관계자들도 잘 모르겠다는 얘기처럼 들렸다. 나중에 보니 1998년 9월 북한최고인민회의가 주석제를 폐지하고 국방위원장을 나라의 최고 직책으로 규정하는 북한 헌법을 개정하였다.

이처럼 냉랭하던 북한-중국 관계는 2000년 5월 김정일의 전격적인 방중을 계기로 회복되기 시작하였다. 김정일의 전격적인 방중은 김대중 대통령의 2000년 6월 북한방문을 앞두고 중국과 사전 협의차 방문한 것으로 볼 수 있는 대목이었다.

김정일의 전격적인 중국 방문은 북한이 한중수교 후 중국을 배신자라고 공개적으로 비난하였음에도 불구하고 중요한 시기에는 중국에 의존할 수밖에 없는 북한의 현실을 보여주는 사례였다.

김정일은 중국 방문 후 얼마 안 된 2001년 1월 다시 방중 하여 중국의 개혁개방의 상징인 상하이 일대를 돌아본 후 중국이 천지개벽을 하였다고 말하기도 하였다.

2000년 3월과 2001년 7월에는 김정일이 평양 주재 중국대사관을 방문하기도 하였다. 이는 김정일이 신비한 지도자로서의 모습을 연출하던 점을 감안하면 파격적인 행보였다.

김정일의 두 차례 방중 시 중국 측이 방문 사실 자체를 확인해주지 않아 우리 측을 당혹케 했다. 우리 측은 각종 정보를 통해 김정일 전용 열차의 중국 진입을 확인하고는 있었다. 그러나 중국 공산당 관계자는 김정일의 중국 방문 기간 중 내내 함구하다가 방중이 끝나고 나서야 우리 측에 방문 사실을 공식적으로 확인해 주었다.

당시 북중 최고지도자 간 교류는 정부가 아닌 당 대 당 교류 형식으로 이루어졌다. 이러한 전통은 21세기에 들어선 오늘날도 유지되고 있다. 중국의 국가주석이 방북 시에도 북한에서는 노동당 국제부에서 일정 등 행사를 준비한다.

나는 중국 측 관계자들에게 김정일의 방중 사실조차도 중국이 미리 밝히지 못하는 이유를 물어본 적이 있다. 중국 측 관계자들은 북한 측에서 신변안전을 이유로 김정일의 방중 사실 자체를 확인해주지 말라고 요청하기 때문이라고 털어놓았다.

그 얘기를 듣고 철권을 휘두르는 것처럼 보이는 김정일이 신변안전을 그렇게 걱정한다는 얘기를 들으면서 북한의 정치체제라는 것이 우리가 생각하는 것보다 훨씬 불안정한 정치체제일지 모른다는 생각을 했었다.

한편 김정일이 2001년 방중 시 상하이 일대를 둘러본 후 중국이 개혁개방으로 천지개벽을 했다고 한 발언이 중국식 개방정책으로의 변화의 신호인지에 대해 많은 추측들이 있었다. 당시 중국 측 관계자들에게 북한의 속내를 물어보면 자신들도 잘 모르겠다고 했었다.

중국이 북한 측에 개혁개방을 촉구하고 있는지를 물어보면 중국 측 관계자들은 그런 얘기를 직접적으로 북한 측에 하기는 어렵다고 하였다. 그러면서 개혁개방 여부는 북한 사람들이 결정할 일로서 중국은 중국의 개혁개방 실상을 북한 측에 보여줌으로써 북한이 스스로 알아서 하기를 바라고 있다고 대답했었다. 중국이 북한을 얼마나 조심스럽게 대하는지를 보여주는 대목이다.

　북한 핵 문제 등 북한 문제와 관련해서 중국과 협의를 하다 보면 중국이 선문답 같은 얘기를 반복해서 우리는 중국에 대해 실망하곤 한다. 그러나 이러한 중국의 태도는 북한에 대해 이래라저래라 할 수 없는 중국의 현실을 반영하는 측면이 있다. 우리는 중국이 속 시원하게 북한에 대해 무언가를 해주기를 바라지만 중국은 그런 입장에 있지 않을 수 있다는 것을 우리는 생각할 필요가 있다.

5) 장쩌민 국가주석 방북(2001년 9월)과 양빈 체포사건(2002년 9월)

　2001년 9월 중국의 장쩌민 국가주석이 북한을 방문하였다. 김정일의 두 차례 방문에 대한 답방 성격이었다. 이로써 한중수교에 대한 북한의 배신감과 중국의 개혁개방정책에 대한 북한의 부정적 태도(북한은 중국의 개혁개방정책을 사회주의 모자를 쓴 자본주의라고 공격했었다) 등으로 냉랭하던 북한-중국 관계가 정상화되었다.

　그러나 이러한 북중관계의 정상화가 중국의 북한에 대한 일방적인 양보나 지원을 의미하는 것은 아니었다. 중국은 북한에 대해서도 자신들 나름의 계산법 즉 중국의 국가이익이라는 관점에서 행동한다. 중국 당국의 양빈 체포사건이 이를 잘 보여준다.

북한은 신의주를 개발 특구로 지정한 후 2002년 9월 양빈 이라는 중국계 네덜란드 화교를 신의주 특구 행정장관으로 임명하였다. 그런데 북한 측이 양빈을 특구 책임자로 임명한 후 얼마 안 되어 중국이 양빈을 탈세 등 혐의로 전격적으로 체포하였다.

　중국 정부가 양빈을 체포한 이유와 관련 북한이 신의주에 특구를 만든 후 마카오처럼 카지노 사업을 할 것을 중국이 우려했기 때문이라는 정보가 있었다. 또한 신의주 특구가 성공하기 위해서는 서방 자본의 유치가 쉽지 않은 상황에서 중국 자본이 들어가야 하는데 신의주 맞은편 중국 지역인 단동을 포함한 중국 동북3성 지역의 개발도 지지부진하던 상황에서 단동시 정부 등 이 반대했다는 정보도 있었다.

　그러나 실체적 진실은 중국 측이 구체적으로 밝히지 않았기 때문에 알 수가 없었다. (당시 나는 외교부에서 중국 문제를 다루는 동북아2과 과장이었다)

　다만 중국 당국의 양빈 체포사건은 북한이 경제적 난관을 극복하기 위해 무언가라도 해보려 하는 시도에 중국이 재를 뿌리는 사건이었다. 이는 북-중관계가 동맹관계라 하더라도 중국은 중국 나름대로의 국익에 따라 행동한다는 것을 보여준 사례로 해석될 수 있는 사건이었다.

　이와 관련 1999년부터 2000년 상반기까지 심양영사사무소에 근무하던 나는 당시 동북 3성의 중국 측 인사들로부터 북한과 중국 간 경제 교류의 실상을 들을 수 있었다. 당시 동북 3성 지역의 인사들에게 왜 북한과 무역 및 투자 등을 하지 않는지를 물어보면 이들은 북한을 믿을 수 없기 때문이라고 대답하였었다.

이들 중국 측 인사들은 북한 측이 최고 존엄을 위한 선물용이라고 하면서 물건들을 외상으로 사가고 난 후에 함흥차사여서 물품 대금을 못 받는 경우도 있었으며 물품을 트럭으로 북한으로 보내면 어떤 경우에는 물품 대금은 고사하고 아예 트럭까지 돌려보내지 않는 경우도 있었다고 했다. 이런 과거의 경험이 중국으로 하여금 북한과의 무역 및 투자를 꺼리는 요소가 되었음 직하다.

그럼에도 불구하고 중국 정부는 2004~2005년간에 평양 인근에 유리공장을 무상원조 형식으로 건설해 주었다. 총투자 규모는 약 3,000만 미불 규모였다. 이 유리공장은 중국이 북한에 무상원조로 지어준 공장 중에서는 최대 규모로서 북-중 우의의 상징이 되었으며 중국의 주요 인사가 북한을 방문할 때마다 동 유리공장을 방문하곤 한다.

이와 관련 재미있는 사실은 동 유리공장을 지어주었다고 끝나는 것이 아니었다는 점이다. 중국 측 인사들에 의하면 유리공장 준공 후에도 공장의 운영에 필요한 물자와 공장 보수 등 지속적인 지원을 해주어야 한다고 하였다. 그렇게 하지 않으면 공장 자체가 돌아가지 않을 정도라서 중국이 건설해 준 의미가 없기 때문에 어쩔 수 없이 지원해주어야 한다는 것이었다.

북한과의 무역, 투자에 대한 중국의 이러한 태도는 우리의 개성공단 사업에 대한 중국의 태도에서도 엿보였다. 나는 중국 측 인사들과의 비공식 의견 교환 기회에 중국의 기업들이 개성공단에 들어와 투자하면 어떻겠느냐고 물어본 적이 있었다. 중국 측 관계자들은 대체적으로 무심한 반응을 보였다. 그들은 대놓고 얘기하지는 않았지만 북한을 믿을 수 있겠느냐고 그들은 생각하고 있는 것처럼 보였다.

이명박 정부 초기이던 2008년 7월 한국 관광객의 피격 사망 사건이 발생함에 따라 금강산 관광 사업이 중단되었다. 이후 2010년 4월 북한 당국은 "현대와의 관광 합의와 계약이 더 이상 효력을 가질 수 없게 됐으므로 곧 새로운 사업자에 의한 국내 및 해외 금강산 관광이 시작될 것"이라며 우리 측 관리 인력을 추방하였다. 현대아산이 투자한 시설뿐만 아니라 한국 정부 자산인 이산가족 면회소와 소방대 등 4,000억 원 규모의 민관자산을 동결시키기도 하였다.

이후 북한 측이 이들 시설들을 이용하여 외국인 특히 중국인을 상대로 금강산 관광 사업을 추진하려 한다는 정보들이 입수되었다. 동북3성 지방의 일부 신문에는 금강산 관광여행 광고가 게재되기도 하였다.

우리 정부는 북한의 이러한 행위는 우리 자산의 불법사용이므로 이를 용인할 수 없다는 입장이었다. 나는 이러한 정부입장에 따라 중국의 관계 당국에 중국 여행사들이 북한의 금강산 여행에 참여하지 말도록 지도해줄 것을 요구했었다.

중국 측은 공식적인 답변을 해오지는 않았으나 중국인 대상 금강산 관광 사업이 잘 진행되지 못한 것을 보면 중국의 관계 당국이 남북한 갈등이 있는 사업에 중국인들이 관여되지 않도록 조치를 했을 것으로 추측되었다.

북한이 동결했던 금강산 관광지구 내 우리 측 자산들은 관리되지 못한 채 방치되다가 일부 시설물들은 북한에 의해 일방적으로 철거되었다. 중국이 북한과의 교역 투자에 신중했던 그리고 지금도 신중한 이유를 알 수 있는 대목이다.

6) 주룽지 총리 방한 - 정부 수반이 아닌 중국의 총리가 국제회의 대표로 참석하게 된 배경

2000년 10월 서울에서 개최된 제3차 아시아·유럽 정상회의 참석 계기에 주룽지 총리가 공식 방한했다. 중국은 태국에서 처음 개최된 아시아·유럽 정상회의(1996년 3월)와 동남아시아국가연합이 처음 개최한 아세안+한중일 협의(1997년 12월)에 총리를 중국 대표로 파견하겠다고 하였다.

일반적으로 대통령제 국가에서는 대통령이 국가원수Head of State 겸 정부 수반Head of Government이지만 내각책임제 국가들의

경우에는 국가를 대표하는 의례적이고 형식적인 권한만을 갖는 국가원수(국왕 또는 대통령)와 실질적인 권한을 갖는 정부 수반으로서의 총리가 있다.

중국 측에서 위 다자 간 국제회의에 총리가 대표로 참석한다고 하자 중국의 총리가 정부 수반인지의 문제가 대두되었다. 중국이 당시 비록 집단지도체제 형식을 통해 국가 권력을 지도자 간 분담하고는 있었지만 국가주석이 사실상 국가원수이자 정부 수반이라고 보는 것이 타당한데도 불구하고 중국 측은 경제문제는 총리가 전적으로 관장한다는 이유를 들어 총리가 다자회의에 참석할 것이라고 강력하게 주장하였기 때문이다.

동 회의 참가국들은 중국에서 대표가 참석하지 않으면 회의의 의미가 반감되는 사정 등 때문에 어쩔 수 없이 이러한 중국 측 입장을 받아들였다. 이로써 아시아유럽 정상회의, 아세안+한중일 정상회의, 한중일 3국 정상회의 등 경제 문제를 핵심의제로 다루는 다자 정상회의에 중국은 총리가 참석하는 관행이 정착되었다.

그러나 중국이 이와 같은 태도를 취한 실제적 배경에는 다자회의에서 중국의 정치문제 특히 인권 문제가 논의되는 것을 피하려는 의도가 있었다. 1990년대 후반 아시아유럽 정상회의 개최 문제가 논의될 당시 중국 측은 동 정상회의에서 정치 문제는 논의 하지 않고 경제 문제만 논의하는 경우에 참석할 수 있다는 입장이었다.

중국이 그러한 입장을 취한 배경에는 아시아유럽 정상회의가 개최될 경우 중국 인권 문제가 논의될 가능성에 부담을 갖고 있었기 때문이었다. 이러한 이유로 중국은 아시아유럽 정상회의의 주요 의제를 경제 문제로 한정하기를 원하였다.

아세안+한중일 정상회의는 1997년 아시아 각국이 겪고 있던 금융위기 해소를 위한 협력 방안 마련을 위한다는 명분으로 아세안 측이 제안하여 1997년에 처음으로 개최되었다. 이후 1999년에는 아세안+한중일 정상회의 계기에 한중일 정상 간 별도의 3자 회동을 처음으로 가졌다. 이는 오부치 당시 일본 총리의 제안으로 이루어진 것이었다.

한중일 3국 간 정상회의 의제와 관련해서도 중국은 경제문제만을 논의하자는 입장을 취했으며 한국과 일본이 이에 동의하여 경제 문제를 주요 의제로 논의하는 관행이 정착되었다. 이러한 중국 입장은 한중일 3국이 정치문제를 논의하게 되면 북한 문제 등을 논의해야 하는데 이에 대해 중국 측이 부담을 느꼈기 때문일 것이다. 중국은 오늘날도 한중일 정상회의에서 북한 관련 논의를 극구 피한다.

당시 아세안 정상회의에 중국에서는 총리가 참석하는 것이 관행이었기 때문에 한중일 정상회의에도 자연스럽게 총리가 참석하게 되었다. 이에 따라 오늘날 아세안과는 별도로 개최되는 한중일 정상회의에도 중국 측에서는 총리가 참석하는 관행이 정착되게 되었다.

중국이 경제문제를 주로 다루는 여러 다자회의에 총리가 중국 대표로 참석하면서 의전상 문제점도 발생했다. 대표적으로 2008년 중국 베이징에서 개최된 아시아유럽 정상회의에서 중국의 국가주석과 총리 중 누가 회의를 주재하느냐 하는 문제가 대두되었다. 결과적으로는 원자바오 당시 총리가 정상회의를 주재하고 후진타오 중국 국가주석은 개막식에서 연설만 하는 것으로 조정되었다.

이러한 관행 때문에 중국의 총리와 우리나라 대통령 간 회담을 가질 때 격이 달라 우리 입장에서는 불편하지만 어쩔 수 없이 이를 정상회담이라고 칭하며 미국을 제외한 대부분의 다른 나라들도 그렇게 하고 있다. 이처럼 중국 총리는 정부 수반이 아님에도 사실상의 정부 수반의 대우를 받게 된 것이다.

주룽지 총리는 방한 시 김대중 대통령과의 회담에서 양국 간 협력을 '전면적 협력관계'로 발전시켜 나가자고 제안하였다. 김대중 대통령은 주 총리의 이러한 제안을 환영하였다.

이에 따라 양국 군함의 상호방문에 관한 합의도 이루어졌다. 그 결과 2001년과 2002년에 한국 군함의 상해 기항과 중국 군함의 인천 기항이 이루어졌다. 2002년과 2003년에는 공군 수송기 상호방문도 이루어졌다.

외교안보 측면에서 볼 때 상대국 군함의 방문을 허용하는 것은 상대국을 신뢰하고 있다는 상징적 의미가 있다는 점에서 한중 관계가 안보 등 제반 분야에서 신뢰할 만한 관계로 발전하고 있다는 것을 의미했다.

7) 2000년대 초 탈북자 문제

2001년 6월 26일 장길수 가족으로 알려진 탈북자 7명이 북경의 유엔난민고등판무관실에 진입함으로써 탈북자 문제가 처음으로 언론의 주목을 받았다. 그러나 고난의 행군 시기인 1990년대 중반부터 탈북자들이 대규모로 중국에 들어오기 시작하면서 문제는 오래전에 이미 배태되어 있었다.

1990년대에 주중대사관에 탈북자들이 간헐적으로 찾아와 한국으로 가겠다고 하면서 도움을 요청했었다. 당시 주중대사관의 탈북자 업무는 정보 부서에서 나온 팀이 담당하고 있었다.

이들은 탈북자들을 한중 간 공식 협상을 통해 한국으로 보내는 것이 어려울 것으로 판단하였는지 대부분 돌려보냈다. 다만 일부 정보 가치가 있다고 판단되는 탈북자들에 대해서는 제3국을 거쳐 한국으로 입국시키는 데 일정한 도움을 주는 것으로 보였다. 탈북자라도 같은 탈북자가 아니었던 것이다.

잠복하여 있던 탈북자 문제를 수면 위로 끌어 올린 사람들은 탈북자들의 중국 내 체류 또는 제3국을 통한 한국 입국을 암암리에

돕고 있던 민간단체들이었다.

　이들 민간단체는 탈북자들이 늘어나면서 중국 공안의 감시를 피해 탈북자들을 돕는 것이 한계에 부딪히자 이 문제를 공론화하는 것이 문제의 해결방안이라고 보았다.

　장길수 가족 일행을 베이징 주재 유엔난민고등판무관실에 진입시킨 민간단체가 그 효시였다. 장길수 가족을 돕고 있던 민간단체는 장길수 가족을 유엔난민고등판무관실에 진입시키면서 현장을 촬영한 비디오와 함께 성명서를 언론에 공개함으로써 전 세계의 이목을 집중시키는 데 성공했다.

　장길수 가족의 북경 주재 유엔난민고등판무관실 진입이 알려진 후 한국은 물론 미국과 서방의 주요 언론들이 이를 집중적으로 보도하기 시작하자 난감하게 된 중국 정부는 유엔난민고등판무관실과 협의를 신속히 진행하여 사건 발생 3일 만에 제3국으로의 강제 추방을 결정하였다.

　중국 정부가 이처럼 빨리 이들의 추방을 결정한 데에는 전 세계 언론이 주목하는 데 대한 정치적 부담 때문이었을 것이다.

　장길수 가족의 유엔난민고등판무관실 베이징 주재 사무소 진입 이후 잠잠하던 탈북자들이 2002년 상반기부터 베이징과 선양 주재 외교공관들에 연쇄적으로 진입하기 시작했다. 탈북자 25명이 2002년 3월 14일 베이징 주재 스페인 대사관에 진입했다. 4월 25일과 26일에는 독일 대사관에 1명, 미국대사관에 2명이 진입했다.

이들은 1주일도 안 되어 강제 추방 형식으로 제3국을 경유해 한국에 들어왔다.

2002년 5월 들어서는 베이징 주재 한국대사관(영사부)에 진입하기 시작했다. 5월에만 수 명의 탈북자가 베이징 주재 한국대사관 영사부에 진입하였다. 6월 들어 이러한 추세가 더 늘어나는 가운데 탈북자 2명(부자父子지간 이었다)이 6월 13일 한국대사관(영사부)에 진입하다가 아들은 진입에 성공하였으나 아버지는 중국 공안에 강제 연행되었다. 이 과정에서 우리 대사관의 영사와 중국 공안 간에 몸싸움이 발생하여 외교 문제로 비화하였다.

당시 중국 공안에 강제 연행된 아버지 탈북자는 아들과 함께 우리 대사관 영사부에 발을 들여놓을 즈음 우리 영사부가 임차해 입주하고 있던 건물(사실상 중국 정부 건물)을 관리하던 회사의 관리 요원에 의해 강제로 동 건물 외곽에 있던 중국 공안이 운영하는 초소에 인계되었다.

이에 우리 영사부 직원들이 중국 공안초소를 둘러싼 채 공안에 항의하면서 동 아버지 탈북자를 연행해 가지 못하도록 막아섰다. 이 과정에서 중국 공안 요원과 우리 영사들 사이에 몇 시간에 걸친 대치 상태가 지속되었고 몸싸움도 일어났는데 현장을 취재하던 한국 특파원들을 통해 한국은 물론 전 세계에 이 과정이 생생하게 보도되었다. 그럼에도 불구하고 아버지 탈북자는 중국 공안에 의해 강제 연행되었다.

사건 해결을 위한 한중 협상에서의 핵심은 중국 측 공안 요원이 우리 대사관과 영사의 불가침권을 침해하였느냐의 문제였다. 국제법에 의하면 대사관이나 영사관 같은 외교공관과 외교관원은 불가침권을 향유한다.

협상 초기 우리는 이러한 국제법에 근거하여 중국 측이 우리 대사관과 영사의 불가침권을 침해했다고 주장하였다. 반면 중국 측은 한국대사관의 영사들이 공공장소(공안 초소)에서 중국 공안의 공무 집행을 방해했다고 주장하였다.

이처럼 팽팽히 맞서던 양측 입장은 태국에서 개최된 아시아 협력대화ACD에 참석 중이던 최성홍 당시 외교통상부 장관과 탕자쉬엔 중국 외교부장 간 회담(6월 19일)에서 "동 사건의 원만하고 조속한 해결 원칙"에 합의함으로써 해결의 실마리가 풀리게 되었다.

중국 측의 이러한 태도 변화는 동 사건이 한국 언론을 포함, 여러 나라 언론에서 대대적으로 보도되는 데 대한 부담 때문인 것으로 보였다. 중국 측은 협상 과정에서 한국 언론이 동 사건을 대대적으로 보도하는 데 따른 불편함을 우리 측에 제기하곤 했었다.

이후 주중대사관과 중국 외교부 간 협의를 통해 중국 공안이 연행하여 보호 중이던 아버지 탈북자와 대사관 영사부에 5월과 6월에 걸쳐 진입했던 탈북자(23명) 등 24명 모두가 한꺼번에 제3국으로 강제 추방 형식으로 제3국을 거쳐 한국에 들어오게 되었다.

11장
참여정부 시기

1. 국제 정세 및 양국관계 개관

참여정부 시기 한중관계는 2003년 7월 노무현 대통령 방중 시 전면적 협력동반자 관계로 발전시켜 나가기로 합의하여 한 단계 업그레이드되었다. 동 시기 양국관계는 전면적 협력동반자 관계라는 표현에 걸맞게 모든 면에서 급속히 발전했다.

2005년 11월에는 후진타오 중국 국가주석이 방한했다. 후진타오 국가주석 방한 시 양국 정상은 수교 20주년이 되는 해인 2012년까지 양국 간 교역액 규모를 2,000억 미불로 확대해 나가자는 목표에 합의하였다.

당시 중국 측의 최대 관심 사항은 우리나라로부터 시장경제 지위를 인정받는 것이었다. 우리 측은 중국의 시장경제 지위를 인정하는 방침을 통보했다. 중국으로서는 커다란 성과물을 챙긴 셈이었다.

참여정부 시기는 북한 핵 문제 해결을 위한 한중 협력이 긴밀히 진행된 시기였다. 2001년 2월 미국의 부시 행정부가 출범한 지 얼마 안 되어 9/11 테러가 발생했다. 9/11 테러는 건국 이후 미국이 경험한 적이 없는 미증유의 사태였다. 부시 행정부는 9/11 테러를 계기로 테러와의 전쟁을 선포했다. 핵무기 등 대량살상무기가 테러 조직들의 손에 들어가 미국에 대한 공격에 사용될 것을 우려했기 때문이다.

부시 대통령은 2002년 1월 테러와의 전쟁을 선포하면서 이라크, 이란, 북한을 악의 축이라고 규정하였다. 이어 2003년 3월 대량살상무기를 개발하고 있다는 정보를 근거로 이라크에 대한 전쟁을 개시했다.

이런 와중에 미국은 북한이 우라늄농축 핵 개발을 추진하고 있다는 정보를 가지고 있었다. 만약에 이 정보가 사실이라면 이는 북한이 1994년 북미 제네바 합의를 전면적으로 위반한 셈이었다. 2002년 10월 제임스 켈리 미 국무부 차관보가 북한을 방문하여 이 정보를 확인코자 하였다. 북한의 강석주는 방북한 켈리에게 "우리는 핵을 가질 권한이 있다. 그보다 더한 것도 갖게 되어 있다"고 응수한 것으로 알려졌다. 이후 북한이 2003년 1월 10일 핵확산방지조약 탈퇴를 선언하면서 2차 북한 핵 위기가 발생하였다.

1993년 발생한 1차 북한 핵 위기 시에 중국은 북한 핵 문제 해결에 소극적인 태도를 보인 반면 2차 북한 핵 위기 시에는 적극적인 태도를 보였었다. 1차 북한 핵 위기가 발생할 당시의 중국 외교는 아직 수세적이고 방어적이었다. 1989년의 천안문 사태로 인해 미국 등 서방으로부터 경제제재를 받고 있어 자기 코가 석 자였다. 중국 자신의 문제 해결에도 바쁜 시기였다. 북중관계도 한중수교의 후유증에서 벗어나지 못한 상태로 중국이 북한에 대해 이러쿵저러쿵할 여지가 없었다.

그러나 2차 북한 핵 위기가 발생하였을 당시의 중국은 개혁개방을 통해 이룩한 경제적 성취를 바탕으로 대외문제에 있어서 자신감을 갖기 시작하던 시기였다. 미중관계도 장쩌민 국가주석의 방미(1997년 10월)와 클린턴 미 대통령의 방중(1998년 6월)을 통해 안정적으로 발전하고 있었다. 북중관계도 2000~2001년에 걸쳐 최고지도자 간 상호방문이 실현되는 등 한중수교의 후유증에서 벗어나 있었다.

2차 북한 핵 위기가 발생하자 미국의 부시 행정부는 중국 책임론을 들고 나왔다. 부시 행정부는 9/11 사태 이후 아프간 전쟁을 통해 탈레반 정권을 무너트리고 이라크에 대한 전쟁을 개시하는 등 대외문제에 있어 말뿐이 아니라 실제적 행동을 통해 공격적 행보를 보이고 있었다. 중국의 안보 문제 전문가들 사이에서는 북한의 핵 개발을 저지하기 위해 부시 행정부가 군사적 행동을 취하게 될지도 모른다는 우려가 대두되었다.

마침 2003년 중국에서는 장쩌민 국가주석이 물러나고 후진타오가 당 총서기 겸 국가주석으로의 지도부 교체가 이루어졌다. 후진타오 국가주석에게는 북한의 핵 문제를 둘러싸고 벌어지고 있는 한반도 정세의 불안정 상태를 극복하는 것이 중요한 과제가 되었다.

2003년 출범한 노무현 정부도 평화번영정책으로 대표되는 대북 정책의 성과를 거두기 위해서는 북한의 핵 문제 해결이 선결 요건이었다. 북한의 핵 문제 해결이 없이는 부시 행정부의 강경정책에 비추어 대북 평화번영 정책이 한 발자국도 앞으로 나갈 수 없는 여건이었다.

북한 핵 문제를 놓고 한중 양국 간 이해관계가 맞아떨어졌다. 2003년 시작된 6자회담에서 한중 양국이 긴밀히 협력하게 된 배경이다.

참여정부 시기 한중관계는 북한 핵 문제에 긴밀한 협의를 포함 전반적으로 양호한 관계로 발전되었으나 고구려사 왜곡 사건이 발생하여 양국관계가 크게 흔들리기도 하였다. 다행히도 중국의 고구려사 왜곡에 대해 한국의 비난 여론이 비등하자 역사문제는 학자들의 견해일 뿐이라고 치부하던 중국 정부가 외교채널을 통한 수습에 나서 양국 외교당국 간 합의를 통해 급한 불은 껐다.

그러나 양국 간 합의는 근본적인 불씨는 남겨놓은 미봉책이었다. 고구려사의 근본적인 문제해결을 양국 학계의 논의에 남겨놓았기 때문이다. 이후 양국 학계 간 논의는 중국 측의 미온적인 태도로 제대로 진행되지 못한 채 미완의 상태로 남았고 앞으로도 진전을 이룰 가능성이 희박하여 한중 간 잠복된 외교 사안으로 남아 있다.

2. 주요 외교 사안

1) 6자회담과 한중 협력

중국은 6자회담 의장국이자 주최국으로서 대북 설득 및 북미 간 입장 조율에서 중요한 역할을 하였다. 그럼에도 불구하고 중국의 대북 설득 노력이 충분치 못했다는 평가가 대세였다.

그러나 돌이켜 생각해보면 후진타오 국가주석을 포함한 국가 지도자들까지도 북한 핵 문제 해결을 위해 전면에 나섰다는 점을 감안하면 중국이 외교적으로 총력을 기울였다고 평가해야 마땅할 것으로 보인다. 물론 우리나라도 6자회담에서 북미가 합의할 수 있는 창의적인 대안을 만드는 등 중심적인 역할을 했다.

북한 핵 문제 해결을 위한 6자회담은 2003년 8월 1차 회담이 개최된 이후 2008년 12월 사실상 종료될 때까지 5년 여 지속되었다. 6자회담이 성공하였더라면 북한 핵 문제 해결은 물론 오늘날 동북아와 한반도를 둘러싸고 벌어지고 있는 외교적 난국도 해소되어 있을지 모른다. 6자회담의 최종목표가 북한의 핵 문제 해결을 넘어 북미 외교 관계 수립과 한반도 평화체제로의 전환, 동북아 평화구조정착을 위한 다자안보대화기구 창설 등을 염두에 두고 있었기 때문이다.

그러나 8부 능선에 도달했던 6자회담은 결실을 보지 못한 채 좌초되고 말았다. 여기서는 비록 미완성으로 끝났지만 6자회담에서 중국이 했던 순기능적 역할을 중점적으로 들여다보고자 한다.

6자회담에 이르는 길
: 북미중 3자회담(2003년 4월)

2002년 10월 제임스 켈리James Kelly 미 국무부 차관보가 북한을 방문하여 북한이 우라늄농축 핵 개발을 추진하고 있는지 추궁하고 북한이 이에 강력히 반발하는 가운데 미국이 북한에 제공 중이던 중유공급을 중단하였다. 북한은 미북 제네바 합의가 사실상 파기되었다는 선언(12월 12일) 및 핵 동결 해제방침을 밝혔다.

북한의 이러한 강경 대응 조치는 2002년 1월 부시 대통령이 북한을 이란, 이라크와 함께 '악의 축'이라고 비난하는 등 새로이 전개되고 있는 국제 정세에 대한 북한의 판단 특히 미국에 대한 불신이 배경이 되었을 것이다.

당시 중국 측은 북한의 이러한 핵 동결 해제방침을 예상하지 못했었다고 하면서 뜻밖의 일이라는 반응을 보였다. 이러한 중국 측 반응으로 보아 북한이 핵 동결 해제방침을 선언하기 전에 북중 간 협의는 없었던 것으로 보였다.

북한은 1994년 제네바 합의에 따라 IAEA가 조치해 놓았던 5메가와트 원자로의 봉인을 제거(12월 22일)하였다. 이와 관련 중국 측은 북한 측에 대화를 통해 문제를 해결하라는 권유를 하였으나 북한 측은 미국 측 태도를 문제 삼으면서 미국이 북한을 대화상대로 인정하지 않고 있어 대화를 통해 해결하는 것이 어렵다고 주장하였다.

이어 북한이 NPT 탈퇴를 선언(2003년 1월 10일)함으로써 사태는 걷잡을 수 없이 악화되었다. 북한 측은 NPT 탈퇴 하루 전 중국 측에 이를 통보했었다. 당시 중국 측은 북한 측을 설득해 나갈 것이라고 하면서도 관계국들도 북한을 자극하지 않는 것이 중요하다는 입장을 밝혔다.

그러나 북한이 2003년 2월 말 5메가와트 원자로를 재가동하자 부시 행정부는 중국 측에 북한의 폐연료봉 재처리는 '레드 라인'을 넘는 행위라고 하면서 이러한 북한의 행동을 막으라고 중국 측을 압박하기 시작하였다.

이러한 배경 속에서 2003년 3월 중순 첸치천 외교 담당 부총리가 극비리에 북한을 방문하여 김정일을 면담하는 등 적극적으로 움직이기 시작했다. 당시 미국의 부시 행정부는 북한의 핵 문제를 관련국 간 다자회의를 통해서 해결코자 하였으며 북한이 줄곧 주장해 온 북미 양자 간 접촉을 통한 해결은 거부하고 있었다.

첸치천 부총리의 방북 시 북한이 미국의 다자회의 구상에 극구 반대하자 중국 측은 대안으로 북미중 3자회담 방안을 제시하였고 이에 북한과 미국이 동의하여 4월 말 북경에서 3자회담이 개최되었다. 이 과정에서 중국 측은 형식은 3자회담이지만 3자회담이 성사되면 그 틀 안에서 북미 양자 회담이 개최될 수 있을 것이라고 북한 측을 설득하였다.

북미중 3자회담에서 북한 측은 8,000개의 폐연료봉 재처리가 거의 완성 단계에 있다고 하면서 미국 측에 동시행동(미국의 대북 적대시 정책 포기, 북미 외교 관계 수립, 경수로 완공을 약속하면 북한은 핵시설 사찰 허용, 핵시설 해체, 미사일 발사 유보 및 수출 중지를 하겠다는 방안) 방안을 들고 나왔다.

반면 미국 측은 구체적인 협상안을 제시하지는 않고 다자회의를 통해 평화적 방식으로 문제를 해결하고자 한다는 원칙적인 주장을 하면서 다자회의에 한국과 일본의 참여가 필요하다는 입장을 표명했다. 이처럼 베이징 개최 3자회담은 북미 양측이 첨예한 입장 차이를 드러낸 가운데 차기 회동을 위한 일정 합의에도 이르지 못하고 종료되었다.

그러나 3자회담은 북한이 구체적인 협상방안을 제시한 만큼 나름 성과도 있었다. 특히 3자회담은 중국 측이 북한 핵 문제와 관련 그동안의 제3자적 입장에서 벗어나 적극적인 역할을 하기 시작하는 전환점이 되었다.

3자회담이 종료된 후 중국 측은 외교부의 부부장급 인사들을 미국 및 우리나라와 일본, 러시아 등에 파견하여 3자회담 결과를 설명하는 등 전례 없는 외교 노력을 경주했다.

특히 8월 초에는 왕이 외교부 부부장이 북한을 방문하여 당시 미국 측이 주장하던 5개국(북미중 3국+한일)이 참여하는 다자협상 방안에 대해 북한을 설득했다.

왕이 부부장의 방북 직후에는 리자오싱 외교부장이 우리나라를 방문하여 우리 측과 협의하기도 하였다.

1, 2차 6자회담(2003년 8월 및 2004년 2월)과 중국

중국 측이 이처럼 북미 양측 입장을 조율하는 과정에서 북한 측이 러시아를 포함하는 6자회담 방식을 제안하여 이에 합의하게 되었으며 1차 6자회담이 북경에서 개최(2003년 8월 26~28일)되었다.

다만 북한은 6자회담 형식에 합의하면서 6자회담 틀 내에서 북미 회담이 이루어질 것으로 기대하였다. 미국은 별도의 북미 양자회담은 할 수 없다는 단호한 입장을 갖고 있었다. 북미 양측의 이러한 견해 차이는 6자회담 내내 걸림돌이 되었다.

1차 6자회담에서 미국 측은 완전하고 검증 가능하며 돌이킬 수 없는 폐기 및 대량살상무기, 미사일, 인권 문제 등과 같은 우려 사항들이 해소되어야 북한에 대한 안전보장 및 외교 관계 수립을 할 수 있다는 '선 핵 문제 해결 / 후 북한의 우려 사항 해소' 입장을 표명하였다. 이러한 미국의 입장은 북한에 대해 무조건 항복을 요구한 거나 마찬가지였다.

북한은 이에 강력히 반발하였다. 그러나 중국 측이 북한 측을 설득하여 6자회담을 다시 개최하는 데 대해 합의한 가운데 1차 6자회담이 종료되었다. 이후 중국은 2차 6자회담에 북한이 참가하도록 설득하기 위해 다양한 외교 노력을 전개했다. 마침 2003년 10월 말 우방궈 전인대 상무위원장이 방북키로 되어 있었다. 우방궈 상무위원장은 방북 계기에 6자회담 참가를 설득하였다.

한편 왕이 중국 외교부 부부장은 2004년 2월 한국을 방문(2월 13~15일)하여 우리 측과도 협의를 진행했다. 당시 왕이 부부장은 북한 핵 문제가 본질적으로는 북미 간 문제라고 하면서도 문제 해결을 위해서는 한국의 역할이 중요하다고 강조했다.

특히 한국 측이 동맹국인 미국 측을 설득하여 북미 간 접점을 찾을 수 있도록 하는 것이 중요하다고 하면서 6자회담이 소기의 성과를 거둘 수 있도록 한중이 긴밀히 협의해 나가자고 하였다.

이러한 협의과정을 거쳐 2차 6자회담(2월 26~28일)이 개최되었으나 구체적인 성과를 거두지는 못했다. 다만 의장성명을 통해 6자회담을 지속해나가기로 합의함으로써 대화를 통해 북한 핵 문제를 해결하자는 공감대를 모았다는 점에서 의의가 있었다.

2차 6자회담 종료 후 리자오싱 중국 외교부장이 2004년 3월 말 북한을 방문 김정일을 면담하는 등 북한을 설득하기 위한 외교 노력을 경주했다. 당시 북한 측은 6자회담 참가 입장을 명확히 하면서도 북한의 안전보장 및 핵 동결과 폐기에 따른 보상 문제 등 북한의 관심 사항이 여하히 해결되느냐가 중요하다고 중국 측에 주장하였다.

중국이 이처럼 과거와 달리 북한 설득에 적극적으로 나선 이유는 부시 행정부로부터 북한의 핵 문제를 해결하라는 압력을 받았기 때문이었다. 또한 북한 핵 문제로 인해 북미 대결이 악화됨으로써 동북아 및 한반도의 위기가 고조되는 것을 우려했기 때문이었다. 나아가 2000년 5월 김정일의 방중 이후 북중관계가 개선되어 북중 간 협의 채널이 잘 가동되고 있었던 점 및 개혁개방 이후 이룩한 경제발전을 통해 자신감을 갖게 된 점도 중국이 적극적으로 나설 수 있는 배경이 되었다.

**김정일의 방중(2004년 4월)과
3차 6자회담(2004년 6월)**

2004년 4월 김정일 위원장이 중국을 방문(19~21일)하였다. 김정일의 이 방중은 2000년과 2001년 방중에 이은 3번째 방중이었다.

당시 중국 측은 우리 측에 김정일 위원장이 후진타오 국가주석 등 중국 측 인사들과의 회동에서 6자회담에 적극 참여하겠다는 입장을 명확하게 밝혔다고 하였다.

이러한 정지작업을 거쳐 3차 6자회담이 6월 말 개최되었다. 그러나 3차 6자회담에서도 실질적인 문제에 대한 북미 간 현격한 입장 차이로 인해 이렇다 할 진전을 이루지 못하였다. 9월에 회담을 재개한다는 원칙에 합의한 것이 성과라면 성과였다.

3차 6자회담을 통해서 북한은 북중 최고지도자 간 사전 협의와 상관없이 자신들의 국가이익이라는 좌표 속에서 행동하며 중국의 북한에 대한 영향력이 매우 제한되어 있다는 사실이 드러났다.

한편 9월에 재개하기로 되어 있던 6자회담은 예정대로 개최되지 못한 채 표류를 거듭했다. 당시 중국 측은 북중 수교 55주년을 기념하기 위한 북중 고위인사 교류 계획에 따라 리창춘 중앙정치국 상무위원이 9월 중순 북한을 방문한 계기에 김정일 등을 면담하여 북한의 6자회담 참가를 설득했다.

중국 측은 당시 북한 측이 미국이 북한에 대한 적대시 정책을 포기하지 않고 있다는 이유로 6자회담의 조기 재개에 난색을 표명하였다고 하였다. 중국 측은 북한이 이처럼 강경한 자세를 취하는 배경으로 조만간 있을 미국의 대선 결과를 지켜보려는 것 같다고 평가하기도 하였다.

6자회담의 좌초 위기와
왕자루이 중국공산당 대외연락부장 방북

2004년 11월 미국 대선에서 조지 부시 대통령의 연임이 확정되자 중국 측은 6자회담 재개를 위해 북한을 설득하는 외교 노력을 다시 경주했다. 그런데 이 와중에 2005년 1월 부시 대통령이 취임사에서 세계의 압제국가들을 민주화할 것이라고 발언하는가 하면 국무장관으로 내정된 라이스 국가안보좌관이 인준 청문회에서 북한을 폭정의 전초기지라고 언급하는 등 북한을 자극하는 발언들이 연이어 터져 나왔다.

미국의 이러한 강경 발언에 자극받은 북한은 2005년 2월 10일 '자위를 위해 핵무기를 제조했다'고 주장하면서 6자회담에 불참하겠다는 입장을 밝혔다. 북한 측은 이러한 입장을 밝히기 전에 중국 측과 일체 협의도 하지 않은 것으로 알려졌다.

중국 측은 북한의 이러한 태도에 매우 격앙되었다. 중국이 이렇게 격앙된 반응을 보인 것은 호금도 체제가 들어선 이후 중국의 지도부가 전면에 나서서 6자회담을 추진했는데 하루아침에 북한이 불참 입장을 밝혀 중국 지도부의 체면이 크게 손상되었기 때문이었을 것이다.

그럼에도 불구하고 중국 측은 왕자루이 중국공산당 대외연락부장의 방북(2005년 2월 19~22일)을 통해 북한의 6자회담 참가를 다시 설득하였다. 당시 북한 측은 중국 측에 6자회담 불참 발표는 6자회담을 반대해서가 아니라 미국이 북한을 폭정의 전초기지라고 지칭하는 등 여전히 북한에 대한 적대시 정책을 포기하지 않고 있기 때문이라고 하면서 미국의 이러한 태도 변화가 없이는 6자회담에 복귀할 수 없다는 강경한 태도를 고수하였다.

이러한 북한의 완강한 태도에도 불구하고 중국 측은 북한을 설득하기 위한 외교 노력을 지속하였다. 그 결과 4차 6자회담 1단계 회의가 2005년 7월 말 개최되었으며 이어 9월 중순 속개된 2단계 회의에서 9.19 공동성명을 채택하기에 이르렀다. 이로써 북한의 핵문제 해결을 위한 전기가 마련되는 듯했다. 중국의 외교 노력이 빛을 발하는 순간이었다.

**방코 델타 아시아 문제와
후진타오 국가주석의 방북 및 5차 6자회담**

그러나 9.19 공동성명은 마카오 소재 방코 델타 아시아Banco Delta Asia(BDA) 문제로 인해 하루아침에 휴지 조각이 될 운명에 처하게 되었다. 9.19 공동성명이 채택된 직후 미국 재무부가 BDA를 북한의 불법 자금을 세탁하는 주요 우려 대상으로 지정하였기 때문이다.

미국의 조치에 화들짝 놀란 BDA는 약 2,500만 달러의 북한 계좌를 동결하고 북한에 금융거래 중단을 통보했다. 미국 정부의 조치는 BDA에 국한된 것이었지만 북한의 해외자금 거래에 영향을 미쳤다.

마카오 소재 은행은 물론 싱가포르, 스위스 등 다른 지역의 은행들도 미국을 의식하여 북한과의 금융거래를 중단했다. 국제 금융거래 시스템으로부터 사실상 퇴출당한 북한에게 BDA 문제는 사활적인 문제가 되었다.

후진타오 국가주석이 북한을 방문(2005년 10월 25~28일)했다.(이는 1992년 한중수교 후 이루어진 중국 국가주석의 두 번째 방북이었다. 이에 앞서 강택민 국가주석이 2001년 9월 방북했었다) 후진타오 국가주석 방북 시 최대 화두는 돌발변수로 등장한 BDA 문제를 여하히 극복하고 5차 6자회담을 재개할 수 있을 것인가 하는 것이었다.

중국 측은 후진타오 주석의 방북 시 김정일이 그동안의 6자회담 성과를 평가하면서 향후 개최될 6자회담에도 참가하겠다는 의사를 밝혔다고 하였다.

중국은 김정일의 이러한 태도에 고무되어 5차 6자회담 1단계 회담(11월 9일)을 개최했다. 그러나 북한은 회담이 개최되자마자 BDA 문제에 대한 미국의 조치를 비난하면서 이의 해결이 없이는 6자회담에 참석할 수 없다는 강경 입장을 밝혔다.

당시 북한 측이 군말 없이 회담에 참석했던 의도는 9.19 공동성명의 이행을 위한 실질 논의를 위해서라기보다는 BDA 문제를 해결하기 위한 장으로 활용하기 위한 목적이었던 것이다.

미국은 BDA 문제와 6자회담은 별개 문제라는 입장을 밝혔다.

이로써 6자회담은 BDA 문제로 다시 표류하기 시작하였다. 호금도 국가주석 방북 시 김정일이 보였던 6자회담에 대한 적극적인 평가 및 회담 참가 입장은 후진타오 국가주석의 체면을 고려한 의례적인 반응에 불과했던 것이다.

**2006년 1월 김정일 방중 및
4월 당가선 국무위원 방북**

9.19 공동성명 이행을 위한 6자회담이 BDA 문제로 지지부진한 가운데 2006년 1월 초 김정일이 4번째 중국을 방문했다. 동 방문 시 김정일은 후베이성의 우한과 리창 및 광둥성의 선전, 광저우, 주하이 등 지방 도시들을 먼저 방문했다. 이어 베이징서 후진타오 국가주석 등 중국 지도부 인사들과 회담을 가졌다.

북한 측은 동 방중 시에도 중국 측에 김정일의 방중을 극비에 붙여줄 것을 요구했다. 중국 측은 북한 측의 요구대로 김정일의 방중이 종료될 때까지 우리 측에 방중 사실 자체를 확인해주지 않았다. 중국 측은 방중이 종료된 후에야 방중 사실을 확인하면서 김정일이 6자회담에 참가할 것이라고 하였다고 설명했다.

중국 측은 북한 측의 이러한 태도에 비추어 6자회담 재개에 대해 기대하고 있는 것으로 보였다. 그러나 중국 측의 기대는 또다시 헛된 것으로 드러났다. 김정일 방중 직후 북미중 6자회담 수석대표

간 회동이 북경에서 개최되었으나 BDA 문제와 관련 북미의 입장 차이로 한 발짝도 앞으로 나가지 못한 채 종료되었기 때문이다.

북미 간 입장 차이로 인한 6자회담의 교착상태에도 불구하고 중국 측은 4월 중순(4월 18~21일) 후진타오 국가주석의 미국 방문을 수행했던 탕자쉬안 국무위원이 후진타오 국가주석의 중동 및 아프리카 순방 일정을 수행하지 않고 조기에 귀국하였다. 이후 탕자쉬안 국무위원은 극비리에 북한을 방문하여 김정일을 면담하였다.

탕자쉬안 국무위원의 방북 사실은 우리 측도 통보받지 못하였으나 우리 측 정보 당국자들이 탕자쉬안 국무위원 일행이 탄 특별기가 북경 공항을 이륙하는 것을 목격한 후 동선을 추적함으로써 알게 되었다.

당시는 한중 외교채널 간 소통이 원활하게 작동하지 못하고 있었다. 그즈음에 6자회담 중국 측 부대표였던 리빈 전 주한대사와 장류청 중국공산당 대외연락부의 조선처장이 불명확한 이유로 중국 당국의 조사를 받고 있었던 것으로 후일 확인되었는데 아마도 그러한 것이 그 배경이었을 것이다.

탕자쉬안 국무위원은 방북 시 부시-후진타오 회담 결과를 설명하고 6자회담 재개를 위한 북한의 결단을 촉구한 데 대해 북한 측은 9.19 공동성명 이행 의지를 확인하면서도 BDA 문제가 먼저 해결되어야 6자회담에 나갈 수 있다는 입장을 밝힌 것으로 알려졌다.

이로써 BDA 문제가 해결되지 않는 한 6자회담의 순조로운 진행이 어려울 것임이 보다 명백해졌다.

북한의 대포동 미사일 시험발사 및
1차 핵실험(2006년 9월)

이처럼 6자회담이 BDA 문제로 교착상태에 빠진 가운데 북한이 2006년 7월 5일 대포동 2호 미사일 시험발사를 하였다. 미국은 북한의 미사일 시험발사 움직임이 감지된 직후부터 북한 측에 미사일 시험 발사를 하지 말라는 경고를 보냈다. 중국 측도 북한 설득에 나섰다. 그러나 북한은 이에 아랑곳하지 않고 미사일 시험 발사를 하였다.

북한의 미사일 시험 발사에 대해 미국과 일본 등은 즉각 유엔 안보리 결의를 추진하였으며 유엔 안보리의 첫 번째 대북제재 결의(1695호)가 채택되었다. 중국도 이에 동참하였다.

중국은 이전에는 북한의 로켓 발사에 대해 우주의 평화적 이용 권리라고 주장하는 북한의 논리를 비호하면서 대북 제재에는 반대해 왔었다. 1998년 북한의 첫 중거리 탄도 미사일(대포동 1호) 시험발사 시에는 유엔 안보리 논의에서 중국 측이 유엔 안보리 제재 결의 채택에 극구 반대하여 유엔안보리의장 성명에 그치고 만 적이 있었다.

그러나 그로부터 8년이 지난 대포동 2호 시험 발사 시에는 중국 측도 안보리 대북제재 결의에 동의하였다. 이러한 중국의 태도 변화는 중국에게 책임 있는 행동을 요구하는 국제사회의 압력을 계속해서 외면할 수 없는 데다 중국의 대북한 설득 노력에도 불구하고 북한이 제멋대로 행동하는 데 대해 본보기를 보여주어야 한다는 판단도 있었을 것이다.

설상가상으로 북한은 10월 3일 핵실험 계획을 발표하였다. 이는 미사일 발사 시험에 대한 유엔 안보리 결의안 등 국제사회의 대북 압박에도 불구하고 이에 굴하지 않겠다는 의지의 표명이었다. 북한의 핵실험 계획에 대해 미국은 북한이 국제사회의 요구에 반하는 행동을 하면 유엔헌장에 의한 행동이 불가피하다고 경고했다.

중국도 북한의 핵실험은 중국의 국가이익에 반한다는 점을 북한 측에 전달하는 등 북한 설득에 나섰다. 그러나 북한은 이러한 유엔의 경고와 중국의 설득에도 불구하고 10월 9일 첫 핵실험을 감행했다.

북한은 핵실험 몇 시간 전에 중국 측에 통보한 것으로 알려졌다. 분노한 중국은 북한의 핵실험에 대해 "북한이 제멋대로 핵실험을 했다"고 비난하면서 이에 "단호히 반대"한다는 외교부 성명을 발표했다.

유엔 안보리는 북한의 핵실험에 대응하여 북한에 대해 처음으로 경제제재를 가할 수 있도록 하는 결의(1718호)를 채택하였다. 대량살상무기의 이동을 막기 위해 북한에 드나드는 화물 검색 등 필요한 협력을 유엔 회원국에 요구하는 내용도 포함되었다. 동 결의안에는 중국도 처음부터 적극 동참하였다. 이는 북한의 핵실험에 대한 중국의 강경한 태도를 보여주는 것이었다.

다만 중국은 북한에 대한 군사적 제재조치를 포함하는 것에 대해서는 반대하였다. 이는 중국이 설정한 '레드 라인'이었다.

한편 중국 측은 북한에 대한 제재는 제재 그 자체에 목적이 있는 것이 아니라 북한이 핵을 포기토록 하는 데 있으므로 북한에 대해 제재를 하더라도 6자회담을 통해 대화를 통해 북한 핵 문제를 해결하기 위한 목표는 지속되어야 한다고 주장하기도 하였다. 소위 제재는 대화를 위한 수단이지 제재를 위한 제재여서는 안 된다는 주장이었다.

당가선 국무위원의 방미 및
방북(2006년 10월)과 '2.13' 합의

이러한 입장에 따라 중국 측은 북한의 핵실험에도 불구하고 6자회담이 재개될 수 있는 분위기를 조성하기 위한 외교 노력을 재개했다. 탕자쉬안 국무위원이 후진타오 국가주석의 특사 자격으로 미국을 방문(10월 11일)하여 미국 측과 협의를 가진 후 북한을 방문(10월 18일)하였다.

당시 중국 측은 탕자쉬안 국무위원의 방북 계획을 대외적으로 공개하지 않은 채 극비리에 방북했으나 북한의 조선중앙통신이 "호금도 중국 국가주석의 특별대표인 당가선 국무원 국무위원이 중국 특별비행기로 10월 18일 평양에 도착했다"고 밝혀(10월 19일)

알려지게 되었다.

김정일은 동 면담에서 "한반도의 비핵화 원칙에는 변함이 없다. 다만 안보리의 제재를 해제해야 하고 미국이 북한을 돈 세탁 국가로 취급하지 않으면 6자회담에서 협의할 수 있다"는 입장을 밝힌 것으로 알려졌다.

이처럼 중국 측이 탕자쉬안 국무위원의 방미 및 방북 등을 통해 6자회담 재개를 위한 외교적 노력을 전개한 결과 5차 6자회담 2단계 회담(12월 18일)이 재개되었다.

그러나 북한이 미국 측에 BDA 문제를 해결하는 것을 전제조건화하면서 회담은 공전되었다. 다만 6자회담 기간 중 BDA 문제 해결방안에 대해 북미 간 전문가 논의가 이루어져 6자회담의 장애물이었던 BDA 문제 해결의 실마리가 마련되었다는 점에서 성과가 있었다.

이후 북한과 미국 간 베를린에서 개최된 협상(2007년 1월)에서 BDA 문제 해결 방안에 원칙적으로 합의함으로써 5차 6자회담 3단계 회담(2007년 2월 8~13일)이 개최되어 9.19 공동성명 이행을 위한 초기 조치에 관한 2.13 합의가 이루어졌다. 핵심 합의 사항은 60일 이내에 북한은 영변 핵시설을 폐쇄하고 IAEA 사찰관의 복귀를 허용하며, 미국은 중유 5만 톤을 긴급 지원하고 북한을 테러지원국에서 해제하는 과정을 개시하며 북한의 핵 신고와 불능화가 진행되는 동안 95만 톤의 중유를 북한에 지원한다는 것이었다.

BDA 문제를 둘러싼
미중 간 샅바싸움과 10.3 합의

2.13 합의에 따라 6차 6자회담(2007년 3월 19일부터 개최 예정이었다)에 참석하기 위해 북한 대표단을 포함 각국 대표단이 베이징에 도착했다. 그러나 BDA 문제에 대한 북미 간 합의가 아직 이행되지 않았다는 이유로 북한 대표단이 돌연 귀국하여 회담은 열리지도 못한 채 종료되었다.

미국은 BDA에 예치되어 있던 북한 측 자금을 중국은행Bank of China의 북한(조선무역은행) 계좌로 송금하여 이 문제를 일단락 짓고자 했다. 그러나 불법 자금의 꼬리표가 붙은 BDA 북한자금을 중국은행이 받지 않으려 함에 따라 문제가 복잡해졌다. 특히 중국 측은 BDA를 미국이 제멋대로 불법 자금 세탁 우려 은행으로 지정해놓았으니 이 문제도 동시에 해결하라고 요구했다.

사실 미국의 중국은행을 통한 BDA 북한자금 송금 방안은 중국으로서는 받아들이기가 어려운 측면이 있었다. BDA 은행이 비록 마카오 소재 은행이기는 하지만 중국의 관할 하에 있는 은행이라는 점에서 BDA는 제재의 모자를 쓴 채 북한의 불법 자금만 중개하라는 것이었기 때문에 중국으로서는 이를 받아들일 수 없다고 생각했던 것이다.

이처럼 중국과의 협조가 원만치 않자 미국은 뉴욕 연방중앙은행을 내세워 러시아 중앙은행을 거쳐 BDA 북한자금을 북한으로 송금하였다. 이로써 6자회담의 커다란 걸림돌이었던 BDA 문제가 해결되었다. 이러한 바탕 위에 7월 중순과 9월 말 개최된 6차 6자회담(1단계 및 2단계)에서 10.3 합의가 이루어졌다. 핵심 합의 사항은 "2007년 12월 31일까지 (북한은)핵시설 불능화와 핵 프로그램 신고를 완료하며 (관련 당사국은) 반대급부(북한을 테러지원국 명단에서 삭제, 중유 100만 톤 상당 에너지 제공 등)를 제공한다"는 것이었다.

**6자회담의 동력 상실과
왕자루이 대외연락부장 방북(2008년 1월)**

10.3 합의로 6자회담을 통한 북한 핵 문제 해결의 가능성은 다시 살아난 것처럼 보였다. 그러나 10.3 합의를 구체적으로 이행하는 과정에서 또다시 난관에 직면했다. 북한이 10.3 합의에서 약속한 핵 프로그램 신고와 관련하여 미국은 2002년 2차 북한 핵 위기의 시발점이 된 우라늄농축 핵 개발 계획에 대한 북한의 시인을 요구했다. 북한의 우라늄농축 핵 개발 계획 시인은 미국으로서는 최소한 요구였다. 북한이 이를 인정치 않는 데도 그냥 넘어가는 경우 그것은 미국이 그동안 없는 사실을 근거로 북한을 코너로 내몬 셈이 되기 때문이다.

그러나 북한은 미국 측이 우라늄농축을 위해 북한이 수입했다고 주장해온 알루미늄을 수입한 사실은 인정하면서도 그 알루미늄은 우라늄농축을 위한 것이 아니라 다른 군사시설을 위한 것이었다고 주장했다.

이처럼 핵 프로그램 신고 단계부터 북한과 미국은 커다란 의견 차이를 노정했으며 이 의견 차이는 끝내 좁혀지지 않았다. 북한의 핵 신고와 검증 문제를 놓고 북한과 미국 간 샅바싸움이 다시 시작된 것이다.

북미 간 이러한 교착상태를 타개하기 위해 왕자루이 중국공산당 대외연락부장이 2008년 1월 말 북한을 방문하여 김정일을 면담했으나 돌파구는 열리지 않았다.

2008년 3월 한국에서는 이명박 정부가 출범했다. 이명박 정부의 대북정책은 북한이 비핵화를 하면 북한의 경제발전에 협력하겠다는 것이었다. 북한은 미국과의 협상에서 줄곧 동시행동 원칙을 주장해왔는데 북한 측에 먼저 선결 조건으로 비핵화를 하라고 하니 북한으로서는 받아들일 수가 없는 접근법이었다.

이명박 정부 출범 이후 2008년 7월 6자회담 수석대표 회의가 재개되었으나 어떤 합의에도 도달하지 못했다. 동 회의에서 미국은 북한의 모든 핵시설에 대한 강제사찰을 주장했고 북한은 이를 거부했다. 중유 100만 톤과 테러지원국 해제를 대가로 강제 사찰을 허용하는 것을 북한으로서는 받아들일 수 없었다. 2008년 12월 6자회담이 재개되었다. 그러나 동 회담도 핵 물질 샘플 채취 등 검증 문제에 합의하지 못하고 결렬되었다.

마침 미국에서는 민주당의 오바마 대통령이 11월 선거에서 당선되었다. 6자회담의 중요한 중심축이던 미국으로부터의 동력이 사라지기 시작했다.

중국 측도 5년여를 끌어온 6자회담에 피로감을 느꼈다. 이명박 정부도 북미 간 접점을 찾기 위한 외교에 진지하게 나서지 않았다.

2009년 4월 북한은 더 이상 6자회담에 참여하지 않겠다고 선언했다. 5년여를 끌어 온 6자회담은 결국 좌초되고 말았다.

2) 중국의 고구려사 왜곡

중국의 고구려사 왜곡은 중국 국무원 산하의 사회과학원 변강사지연구중심이 2002년부터 5개년 사업으로 시작한 이른바 동북공정으로부터 시작되었다. 동북공정은 고구려사를 중국사라고 강변하는 내용이 주를 이루었다.

이러한 연구 결과를 바탕으로 2003년 6월 중국 광명일보와 China Daily에 "고구려는 중국의 고대 소수민족 지방정권"이라는 요지의 기고문이 게재되었다.

이러한 중국의 고구려사 왜곡 시도가 알려지자 우리 국내에서는 언론과 역사학계 그리고 정치인들이 나서서 고구려사 왜곡 중지 등 중국 정부의 책임 있는 행동을 요구했다. 정부도 외교채널을 통해 중국 측에 우려를 전달했다.

중국 측은 우리의 우려 표명에 대해 역사 문제가 한중관계에 부정적인 영향을 미쳐서는 안 된다고 주장하면서 여사한 기고문은 중국 정부의 공식 입장이 아니고 학자 개인의 견해일 뿐이라고 둘러댔다.

이런 와중에 중국 외교부가 2004년 4월 22일 "서기 1세기 전후 한반도 일대에 신라, 고구려, 백제 등 세 개의 다른 정권이 출현했다"라고 명기되어 있던 외교부 홈페이지 한국 역사 소개란에서 '고구려'를 삭제하고 "서기 1세기 전후 한반도 일대에서 출현했으며 신라와 백제 등으로 분할된 정권이었다"고 변경함으로써 중국 정부의 고구려사 왜곡 의도가 명백히 드러났다.

중국 외교부 홈페이지의 한국 고대사 관련 부분이 변경된 것을 알게 된 직후 우리 측이 홈페이지의 원상회복 및 지방정부 차원의 왜곡, 출판물에 의한 왜곡 금지 등을 중국 측에 요구했다. 중국 측은 고구려사 문제가 한중관계에 부정적인 영향을 미쳐서는 안 된다는 기존의 억지 주장을 계속했다. 7월에 들어서는 한술 더 떠서 신화통신과 인민일보 등 중국공산당 기관지들이 나서서 고구려는 중국 동북 지방에 있었던 소수민족 지방 정권이었다는 억지 주장을 펴는 등 오히려 공세적인 태도로 나왔다.

이러한 중국의 적반하장격 태도에 우리 측이 심각한 우려를 제기하고 학계를 포함 언론에서 중국을 비난하는 여론이 분출되자 중국 외교부는 홈페이지 변경 3개월여 만인 2004년 8월 5일 대한민국 정부 수립 이전의 한국 역사와 관련된 서술을 홈페이지에서 모두 삭제했다.

중국 외교부의 이러한 조치는 고구려사를 중국 역사의 일부로 둔갑시키려는 본래의 의도를 포기한 것이라기보다는 대한민국 정부 수립 이전의 한반도 역사에 대한 서술 자체를 없앰으로써 우리 측 비판의 소지를 없애려는 술책으로 보였다.

중국 외교부의 홈페이지 변경에도 불구하고 우리 국내의 여론이 가라앉지 않자 중국 측은 우다웨이 중국 외교부 부부장이 한국을 방문하여 협상을 하고자 한다는 메시지를 우리 측에 보내왔다.

이에 따라 서울에서 한중외교 차관 간 회담 (8월 23일)이 개최되었다. 동 회담에서는 '5개 항의 구두양해사항'에 대한 합의가 이루어져 한중 간 현안으로 타오르던 급한 불은 껐다.

그러나 5개 항 합의는 고구려사 문제에 대한 최종적인 해결을 학술적 차원으로 남겨놓음으로써 중국 측이 고구려사 왜곡을 지속할 빌미를 남겨놓았다. 양국 간 구두양해 사항에 합의한 이후 우리 측의 양국 간 학술교류 제의에 중국 측은 이런저런 이유로 응하지 않았다. 이후에도 중국사회과학원 변강사지연구중심은 동북공정 사업 결과 보고서를 통해 고구려사가 고대 중국의 지방

정권 역사라는 인식을 여전히 드러냈다.

중국 측의 미온적인 조치에 대해 우리 측은 외교채널을 통해서는 물론 양국 외무장관 회담 등 계기에 중국 측에 시정조치를 지속적으로 주문하였다. 노무현 대통령까지 나섰다. 노무현 대통령은 2006년 10월 중국 방문 시 및 2007년 11월 하노이 APEC 정상회의 참석 계기 후진타오 주석과의 정상회담 등 여러 계기에 고구려사 문제의 원만한 해결을 촉구하였다.

후진타오 주석은 한중 우호 관계라는 큰 틀에서 원만히 해결함으로써 양국 관계를 보다 건강하고 안정되게 발전시켜 나가기를 희망한다는 선문답 같은 대답으로 피해 나갔다.

신중국 건국 이후 중국의 일부 역사학자들은 오늘날 중화인민공화국 영토 내에 존재했던 나라와 민족을 모두 중국의 지방 정권이자 소수민족으로 규정하고 이들의 역사도 중화민족의 역사라고 주장했다. 그러나 이러한 견해는 소수 의견에 불과했다.

사마천이 사기에서 중화와 이적을 구분한 이래 중국의 역사는 화이를 분명히 구분했으며 주변의 민족들을 중화민족으로 인식한 적이 없다. 1990년대까지만 하더라도 중국의 중, 고등학교 역사 지리 교과서는 고구려를 수, 당 왕조와 싸운 외부 세력으로 가르치고 있었다.

이러한 역사인식을 가졌던 중국이 2000년대 들어 중국 내 소수민족의 역사를 중화민족의 역사로 둔갑시키기 시작하였다.

중국은 동북공정에 앞서 서북공정을 진행했다. 이는 과거 티베트와 위구르 등 서북 지역의 소수민족 역사를 중국의 역사로 편입하려는 것이었다. 서북공정을 통해 티베트나 위구르 민족의 과거 역사는 사라지고 중화민족 역사의 일부로 편입되어 버렸다.

동북공정 사업에는 고구려뿐만이 아니라 과거 만주족과 여진, 거란 등의 역사도 중화민족의 역사로 포함되었다. 그런데 고구려사만 문제가 된 이유는 중국의 동북 지역에 있었던 다른 민족이 건설했던 나라들(예컨대 거란족의 요, 여진족의 금, 만주족의 청)은 오늘날 이미 중국에 편입되어 중국의 역사 왜곡에 항의할 주체가 없어졌기 때문이다.

중국은 고구려 역사를 계승한 우리나라(물론 북한도 고구려 역사의 계승자임을 밝히고 이 문제로 중국과 옥신각신해왔다)가 있음에도 불구하고 왜 무리수를 두면서 고구려 역사를 왜곡하여 자국의 역사로 편입하려고 하였을까.

중국 정부는 한국의 역사학자 및 일부 단체들이 1990년대 후반에 백두산과 옛 간도 지방인 조선족 연변 자치주 지역을 방문하여 간도 등 우리의 옛 영토를 회복하여야 한다고 주장하는 데 대해 민감한 반응을 보였었다. 당시 중국 정부는 우리 정부에 중국을 여행하는 한국인들이 이러한 행동을 하지 못하도록 제지해줄 것을 달라고 수시로 요구했었다.

이에 대해 우리 정부는 일부 한국인들의 개인적인 주장일 뿐이라고 대응했다. 우리 측에서 별다른 반응을 보이지 않자 중국 공안은 간도가 우리 땅 이라고 주장하는 한국인 여행객들을 이런저런 혐의로 체포, 구금, 조사하기도 했었다.

우리 측이 외교 채널을 통해 이에 대해 중국 측에 항의하고 이들 한국인들을 석방할 것을 요구하자 중국 측도 이 문제가 외교적으로 시끄러워지는 것을 원하지 않았는지 조사 후 풀어주곤 했다. 중국이 일단 체포 구금 등의 조치를 취한 이유는 한국인 여행객들에게 경고를 주려는 목적이었을 것이다.

이외에 한국의 TV 방송들이 우리의 과거 역사를 주제로 하는 대하사극 드라마인 주몽, 연개소문, 대조영, 태왕사신기 등을 방영하는 데 대해서도 중국 정부는 민감한 반응을 보이면서 우리 정부에 문제를 제기해온 적이 있다. 우리 측은 한국은 언론의 자유가 있는 나라로서 정부가 이런 문제에 간섭할 수 있는 위치에 있지 않다고 중국 측에 대응했다.

한편 1990년대 말 2000년대 초 북한이 식량난 등 고난의 행군을 겪으면서 수많은 탈북자들이 중국 동북 3성으로 밀려들어 왔다. 이때 중국 내 북한 전문가들은 북한 당국의 통제력 상실로 북한이 내부 폭발하여 붕괴할 가능성을 우려하면서 북한의 붕괴 가능성에 대비하여 대책을 마련해야 한다고 주장했다.

이와 같은 중국 측의 민감한 반응들에서 우리는 중국이 내심 무엇을 걱정하고 있는지, 왜 고구려 역사를 중국 소수민족의 역사로 둔갑시키려 했는지 추론할 수 있다. 중국은 미래에 남북한이 통일되어 한 나라가 되었을 때 오늘날 조선족 동포들이 많이 살고 있는 옛 간도 지방에 대하여 역사적 권원을 근거로 영유권 문제를 제기할 가능성을 우려하였기 때문으로 추론할 수 있다.

이런 우려 때문에 중국은 고구려 역사를 아예 소수민족에 의한 중국의 지방 정권으로 편입하여 한-중 간 영유권 문제의 싹을 근본적으로 도려내고자 했던 것으로 볼 수 있다. 이러한 중국 측의 의도를 감안한다면 중국의 고구려사 왜곡은 앞으로도 지속될 것으로 볼 수 있다.

3) 후진타오 주석 방한(2005년 11월)과 중국의 시장경제지위 인정

1995년 세계무역기구WTO가 관세와 무역에 관한 일반 협정 GATT을 대체할 새로운 국제무역기구로 출범하였다. 세계무역기구 출범 당시 중국은 미국 등 서방 국가들의 유보적인 입장 때문에 원회원국이 되지 못하였다.

그러나 장쩌민 국가주석의 미국 방문(1997년) 및 클린턴 대통령의 중국 방문(1998년) 등을 통해 미중관계가 개선되면서 1999년 11월 미중 간 합의에 이르렀다. 이후 EU와의 협상도 결실을 맺으면서 2001년 11월 WTO에 가입했다.

중국은 2001년 WTO에 가입할 당시 '비시장경제개도국'이라는 특수한 지위로 가입하였다. 중국은 시장경제지위로 가입하고자 하였으나 미국 등 선진국들이 중국의 경제체제를 시장경제체제로 볼 수가 없다는 이유로 15년 유예 기간을 거쳐 시장경제지위를 인정하기로 하였다.

중국의 WTO 가입과
시장경제지위 인정 문제

시장경제지위 인정 여부가 중요한 이유는 이를 인정받지 못한 나라에 대해서는 WTO 회원국들이 최혜국MFN 대우 원칙의 적용을 유보하거나 세이프가드조치를 취할 수 있기 때문이다. 중국으로서는 시장경제지위를 인정받지 못하는 일종의 굴욕을 감수하면서도 WTO의 회원국에 가입하였는데 이는 중국이 그만큼 국제경제 시스템의 일원이 되고자 하였음을 보여준 것이었다.

중국은 WTO 가입 후 주요 국가들과 시장경제지위 인정에 관한 협의를 별도로 진행하였다. 특히 중국은 가입 당시 양해사항에 따라 WTO에 가입한 지 15년이 되던 2016년에 시장경제지위를 인정해줄 것을 요구했다.

미국, 일본, EU 등 주요 선진국들은 이러한 중국 측 요구를 받아들이지 않았으며 아직까지도 중국의 시장경제지위를 인정하지 않고 있다. 미국 등 선진국들은 중국의 시장경제지위를 인정하지 않는 이유로 중국이 여전히 국영기업 위주의 경제로서 각종 정부 보조금을 통해 시장가격을 왜곡하는 등 공정한 무역을 방해하기 때문임을 내세우고 있다.

그러나 미국 등이 이를 인정하지 않는 이유는 중국의 경제체제가 시장경제가 아니라는 실질 문제 이외에 중국으로부터 특정 상품의 과도한 수입을 통제하기 위한 정책적인 이유도 있다. 예컨대 미국이나 EU가 자국 산업보호를 위해 중국의 태양광이나 전기차에 대해 고율의 관세를 부과하거나 세이프가드 조치를 취할 때 WTO 규정에 구애받지 않고 국내법에 의거하여 필요한 조치를 취할 수 있기 때문이다.

중국은 우리 측에도 WTO 가입 후부터 중국의 시장경제지위를 인정해 줄 것을 비공식적으로 제기해오다 2004년 들어 공식적으로 요청하기 시작하였다. 이후 중국 측이 한중 경제공동위원회 등 각종 양자협의 시 줄기차게 요청해 와 중국에 대한 시장경제지위 인정 문제가 한중 간 주요 외교 현안으로 부상하였다.

중국이 우리 측에 시장경제지위를 인정해줄 것을 집요하게 요구해온 배경에는 우리가 중국의 시장경제지위를 인정해주면 미국 등 다른 선진국과의 협상에서 이를 유리하게 활용하려는 의도였다.

후진타오 주석 방한 시
중국의 시장경제지위 인정

후진타오 중국 국가주석이 2005년 11월 경주 개최 APEC 정상회의 참석차 한국을 방문했다. 동 계기에 후진타오 주석은 국빈 자격으로 공식 방한(11월 16~17일)도 하여 한중정상회담을 가졌다. 당시 정상회담에서 노무현 대통령은 중국에 대한 시장경제지위 인정 방침을 밝혔다.

우리가 이처럼 미국 등 다른 선진국들에 비해 중국의 시장경제지위를 빨리 인정하게 된 데에는 우리 기업들의 중국 투자 및 양국 간 교역의 급속한 증대라는 배경이 있었다. 아울러 북한 핵 문제 등 북한 문제와 관련 중국과의 협력 필요성 등 정치적 측면도 고려되었다.

12장
이명박 대통령 시기

1. 국제 정세 및 양국관계 개관

이명박 대통령 시기 한중관계는 이명박 대통령의 중국 방문 (2008년 5월)을 계기로 전략적 협력동반자 관계로 격상되었다. 이명박 대통령은 재임 기간 중 7차례(2008년 5월 및 2012년 1월 두 차례 공식 방중과 2008년 8월 북경 올림픽 개회식, 2008년 10월 북경 개최 아셈 정상회의, 2010년 5월 상하이 엑스포 개관식, 2009년 10월 및 2012년 5월 북경 개최 한중일 정상회의 참석차 중국을 방문하였다)나 중국을 방문하였다.

후진타오 국가주석은 이명박 대통령 재임 기간 중이던 2008년 8월 베이징 개최 올림픽 폐막 다음 날 방한하였다. 후 주석의 방한은 이명박 대통령의 방중에 대한 답방 성격의 방한이었지만 2005년 11월 한국을 국빈 자격으로 이미 방문한 적이 있음을 감안하면 한국과의 관계를 중시하겠다는 의도로 읽을 수 있는 대목이었다. 후진타오 주석은 2012년 4월 서울에서 개최된 핵안보정상회의 참석을 위해서도 방한하였다.

이명박 정부 시기 한중관계는 양국 정상의 상호방문이 조기에 실현되는 등 외양상으로 보면 긴밀한 관계로 발전했다. 그러나 천안함 피격 사건 및 연평도 포격사건과 같은 북한의 도발 행동에 대한 대처방안을 두고 한중 간 파열음이 싹튼 시기도 하다.

특히 천안함 피격 사건 및 연평도 포격 사건을 일으킨 북한에 대한 군사적 경고 차원에서 한미가 서해에서 미국의 핵 항모가 참가하는 해상 합동훈련에 대해 중국이 이에 강력히 반발하면서 한중 및 미중 간 안보 인식을 둘러싼 갈등이 발생하였다.

그럼에도 불구하고 경제통상 분야에서의 교류 협력은 지속 확대 발전되었다. 그 이유는 양국 간 경제구조가 여전히 상호보완적이었고 안보 문제에 대한 상호 인식의 괴리로 인한 불신이 경제통상 협력 필요성을 압도할 정도는 아니었기 때문이다. 또한 이명박 정부가 북한의 도발적 행위에 대한 대처에 있어 중국의 소극적 태도에 실망을 하면서도 실용주의적 태도로 접근했기 때문이다.

2000년대 초부터 중국 측이 우리 측에 집요하게 요청해 온 한중 FTA 체결 문제에 대해 이명박 대통령의 2012년 1월 방중 시 협상을 개시하자는 원칙적 합의가 이루어진 것도 이러한 배경 하에서 가능했다.

2. 주요 외교 사안 및 사건

1) 중국 외교부 대변인의 "한미 군사동맹은 지나간 역사의 산물" 소동

이명박 대통령은 정부 출범 직후 미국을 방문하여 부시 대통령과 가진 캠프데이비드 정상회담에서 한미 양국 관계를 가치, 신뢰, 평화구축에 기초하는 21세기 전략동맹으로 발전시켜 나가기로 합의했다. 21세기 전략동맹은 한미동맹을 군사 안보상의 협력을 넘어 경제, 사회, 문화 등 제반 분야로 확대 발전시켜 나가는 한편 테러, 환경 등 범지구적인 문제로까지 확대 발전시켜 나간다는 함의가 내재되어 있었다.

중국 측은 이명박 정부의 이러한 한미동맹 강화 움직임과 관련하여 공식적으로 외교채널을 통해 문제를 제기해오지는 않았지만 (문제를 제기할 성격도 아니다. 우리나라의 외교주권에 관한 문제이기 때문이다) 속으로는 불편하게 생각했을 것이다.

중국의 이러한 속내가 표출된 것으로 보일 수 있는 발언이 당시 친강 중국 외교부 대변인에게서 나왔다. 이명박 대통령이 중국을 방문하기 위해 베이징에 도착하던 당일 중국 외교부 정례브리핑에서 이명박 정부가 한미 군사동맹을 강화하는 것이 동북아 정세에 어떤 영향을 미칠 것으로 보느냐는 기자의 질문에 "한미 군사동맹은 지나간 역사의 산물"이라며 "시대가 많이 변하고 동북아 각

국의 정황에 많은 변화가 생겼기 때문에 냉전 시대의 군사동맹으로 역내에 닥친 안보 문제를 생각하고 다루고 처리할 수 없다"고 언급한 것이다.

친강 대변인 발언 중 문제가 되는 부분은 후반부였다. 전반부의 "한미 군사동맹은 지나간 역사의 산물"이라는 표현은 수교 이후 2000년대 초까지 중국 측에서 사용되어온 사실상 관행적 표현이었다.

친강 대변인의 발언을 우리 언론이 비판하고 나서자 중국 외교부는 "한미동맹이 역사적 산물이라는 것은 역사적 유물이라는 뜻이 아니라 역사의 과정에서 이뤄진 것이라는 뜻이며 한미동맹을 폄하하려는 의도는 전혀 없었다"는 해명을 우리 측에 전달했다. 중국 측의 이 해명은 주한미군 문제에 대한 그동안의 중국 측 입장과 일치되는 것이다.

친강 대변인의 발언 가운데 사실 주목해서 보아야 할 대목은 후반부인 "냉전 시대의 군사동맹으로 역내에 닥친 안보 문제를 생각하고 다루고 처리할 수 없다"는 내용이다. 과거에는 주한미군이나 한미동맹에 대해 언급하면서 이러한 입장을 밝힌 적이 없기 때문이다. 이 부분이 오히려 주한미군과 한미동맹에 대한 중국의 불편한 입장을 적극적으로 표시한 것으로 볼 수 있는 대목이었다.

한미동맹 특히 주한미군에 대한 중국의 불편한 입장은 미국이 2000년대 들어 해외 주둔 미군의 전략적 유연성을 추진하면서 주한미군의 전략적 유연성 문제가 한미 간에 논의되기 시작한 것과 궤를 같이한다.

한미가 주한미군의 전략적 유연성을 합의하게 될 경우 주한미군이 대만해협에서의 위기 발생 시 이에 개입하게 될 가능성을 중국은 우려했기 때문이다.

주한미군의 전략적 유연성 문제가 한미 간 논의될 당시에 중국의 언론들이 우려 섞인 논평을 내놓기 시작했다. 중국의 안보전문가들로부터도 한미동맹의 성격이 지역동맹으로 발전하여 중국을 견제하는 역할을 하게 될 것을 우려하는 목소리가 나오기 시작했다. 우리 국내에서도 이를 우려하는 목소리가 대두되었다.

이러한 점을 고려하여 노무현 정부 당시 한미 외교장관 간 주한미군의 전략적 유연성에 대해 합의(2006년 1월)하면서 "한국은 주한미군의 전략적 유연성을 존중하되 미국은 한국민의 의지와 관계없이 한국이 동북아 지역분쟁에 개입되는 일은 없을 것이라는 한국의 입장을 존중"하기로 하였다. 이는 주한미군의 대만 문제 개입 가능성에 대한 국내외의 우려를 해소하기 위한 것이었다.

중국이 이처럼 주한미군의 역할 변화 가능성에 대해 우려하고 있었음을 감안하면 친강 대변인의 발언은 고도로 계산된 발언으로 보일 수도 있었다. 특히 정례브리핑에서의 발언이 중국 외교부 내 관련 부서 간 긴밀한 협의를 거쳐 정교한 언어로 표출되는 중국 정부의 공식 입장이라는 점을 감안하면 그렇게 해석될 소지가 있었다.

그러나 중국 외교부가 우리 측에 친강 대변인의 발언의 진의를 자세하게 해명해온 것에 비추어 보면 외교 실무자들의 용어 선택의 혼선에서 기인된 단순 해프닝일 가능성도 있었다.

이처럼 사실관계가 여전히 불분명하지만 친강 대변인의 발언은 중국으로서는 예상치 않았던 성과를 얻었다. 한국 언론들이 친강 대변인의 발언을 이명박 정부의 한미동맹 강화 움직임에 대해 중국이 우려를 표명한 것으로 보도함으로써 공식적으로 제기하기 어려운 사안에 대한 중국의 속내를 드러낸 결과가 되었기 때문이다.

2) 전략적 협력동반자 관계와 한중 양국의 동상이몽

이명박 대통령 중국 방문 시 양국 정상은 한중관계를 전략적 협력동반자 관계로 격상시키기로 합의하였다. 전략적 협력동반자 관계로의 격상이 중국 측 제의로 이루어졌다는 점에서 한국을 중시하겠다는 중국의 입장이 표출된 것으로 볼 수 있는 대목이었다. 당시 중국의 대외관계에서 전략적 협력동반자 관계는 중국이 가장 중요시하는 나라들과의 관계를 수식하는 용어였다.

당시 양국 간 교역액은 2007년 기준 1천4백50억 달러로 수교 당시에 비해 22배나 늘면서 한국의 미국 및 일본과의 교역을 합한 수치에 육박하고 있었고 인적교류도 540만 명에 달하고 있었다.

이처럼 경제교류와 인적 교류가 폭발적으로 증대하는 가운데 한중관계를 전략적 협력동반자 관계로 격상시키기로 한 것은 양국의 전략적 관심 사항에 대해 상호 소통을 강화하는 관계로 발전시켜 나가자는 의지를 표출한 것으로 볼 수 있다.

문제는 전략적 협력동반자 관계로 격상하기로 합의하면서 양측이 상호 기대하는 바가 달랐다는 점이다. 중국 측은 한국과의 관계를 강화하면 한국이 중국의 안보이해를 고려하여 행동해줄 것으로 내심 기대했다. 반면에 한국 측은 중국이 북한 문제 등과 관련 한국의 이해를 고려하여 행동해줄 것으로 기대했다.

그러나 그러한 상호 기대는 북한의 천안함 격침과 연평도 포격 도발을 둘러싸고 대응하는 과정에서 동상이몽이었던 것으로 드러났다. 오히려 이러한 기대가 실망으로 바뀌면서 신뢰의 위기가 발생하였다. 특히 천안함 피격 사건과 연평도 사건을 계기로 한미가 계획한 서해에서의 해상 연합훈련에 대해 중국이 강력히 반발한 것은 한중 간 안보 문제를 보는 시각 차이가 엄중함을 보여준 것이었다.

2011년 하반기 한 모임에서 당시 중국 외교부의 부장조리(그가 현직에 있음을 감안하여 이름은 밝히지 않는다)가 "천안함 피격 및 연평도 포격 사건을 거치면서 한국과는 안보 문제와 관련한 협력에 있어서는 일정한 한계가 있겠다는 생각을 했었다"고 나에게 얘기한 적이 있다. 비록 개인적인 차원의 언급이었지만 당시 중국 외교부에 퍼져 있던 일반적인 흐름이었을 것이다.

3) 후진타오 국가주석 방한(2008년 8월)

후진타오 중국 국가주석이 한국을 국빈 자격으로 방문(8월 25~26일)했다. 후진타오 주석의 방한은 베이징 올림픽 폐막식(8월 24일)이 있은 바로 다음 날 한국을 찾았다는 점에서 이례적이었다.

특히 후진타오 주석은 2005년 11월에도 이미 국가주석 자격으로 방한한 적이 있어 국가주석으로 한국을 두 번째 방문하는 셈이었다. 이는 이명박 대통령의 5월 중국 방문 및 8월 베이징 올림픽 개막식 참석에 대한 의례적인 답방 차원이라기보다는 한국을 중시하겠다는 중국 지도부의 생각을 보여준 것으로도 볼 수 있는 대목이었다.

양국 정상은 5월 이명박 대통령 방중 시 합의된 전략적 협력동반자 관계를 실질적으로 이행하는 방안에 대해 중점 협의하였다.

외교안보 분야에서는 양국 고위 지도자들의 빈번한 상호방문 및 접촉 유지 및 양국 외교부 간 고위급 전략대화를 가동하기로 하였다.

경제 분야에서는 2012년까지 2,000억 불 교역을 달성하기로 했던 목표를 2년 앞당기기로 하였다. 또한 한·중 FTA 추진을 적극 검토해 나가기로 하였다. 2010년 상하이 세계박람회와 2012년 여

수 세계박람회의 성공적인 개최를 위해서도 상호협력을 강화하기로 하였다.

한편 양국 간 인적교류 강화를 위해 2010년 및 2012년을 각각 중국 방문의 해와 한국 방문의 해로 정하였다. 중국 측은 한국 측에 따오기 한 쌍을 기증하기로 하였다.

북한 핵 문제와 관련해서는 6자회담 틀 내에서의 협력을 강화하여 9.19 공동성명을 전면적으로 이행하기 위한 외교 노력을 계속 경주하기로 하였다.

4) 북한의 2차 핵실험에 따른 유엔의 대북제재 결의와 중국의 이중적 태도

2008년 7월 우리나라의 금강산 관광객 1명이 북한 측 경비병이 쏜 총에 맞아 사망했다. 우리 정부는 피격 사건에 대한 진상 규명, 재발 방지 및 신변 안전보장 조치를 금강산 관광 재개 조건으로 제시하였으나 북한은 확실한 사과나 재발 방지를 약속하지 않았다. 이에 따라 1998년 시작된 금강산 관광 프로그램이 10년 만에 중단되었다.

2009년 들어 북한은 국제사회를 대상으로 도발을 연거푸 자행했다. 미사일 시험 발사(4월 5일)를 하였으며 6자회담 탈퇴를 선언(4월 14일)하고 2차 핵실험(5월 25일)도 감행하였다.

북한의 2차 핵실험에 대응하여 유엔 안전보장이사회는 북한에 대한 무기 금수 및 수출 통제와 함께 금융지원을 금지한 대북 제재 결의(1874호)를 통과시켰다. 중국은 안보리의 대북 제재결의안에 강하게 반대하지는 않았다.

그러나 유엔의 대북제재 결의에 동참하였음에도 불구하고 중국은 이 시기에 오히려 북한과의 관계를 강화는 이중적 태도를 보였다. 중국의 이러한 이중적 태도는 대북 제재결의안 채택 이후 오히려 북중 지도자급의 빈번한 교류 및 북중 경제협력 강화 추세에서 잘 나타났다.

2009년 10월 원자바오 중국 총리가 북중 수교 60주년을 기념하기 위해 북한을 방문하여 '경제 기술 협조에 관한 협정'을 비롯하여 교육, 소프트웨어 산업, 관광 등 제반 분야에서 교류를 활성화하기 위한 일련의 협정을 맺었다.

김정일도 2010년 5월, 2010년 8월, 2011년 5월 등 1년 사이에 3번이나 중국을 방문하였다. 2011년 5월 방중 시에는 김일성이 다닌 것으로 알려진 지린성 소재 위원毓文중학교와 항일유적지인 베이산北山 공원 등 김일성의 과거 행적들을 방문한 후 북경에서 후진타오 주석 등 중국 지도부 인사들과 회담을 했다.

당시 북중 고위 지도자 간 활발한 교류는 양국 간 경제무역이 확대되는 계기로 이어졌다. 2010년 북한과 중국 간 교역액은 34억 달러로 2009년도보다 30% 급증하며 사상 최대를 기록했다. 2010

년 12월에는 북한 합영 투자위원회와 중국 상무부 간 황금평 및 라선 특구 합작 개발을 위한 양해각서가 체결되었다.

2011년 6월에는 황금평·위화도 경제지대 조중 공동개발 공동관리대상 착공식이 개최되었다. 북한 측에서는 북·중 경제협력을 주도하는 장성택 국방위원회 부위원장 겸 노동당 행정부장이 중국 측에서는 천더밍陳德銘 상무부장이 참석하였다.

또한 중국 훈춘과 북한 나진을 연결하는 도로 건설 및 라선 특구 합작개발에도 북중 양측은 합의했다. 중국 측은 지린성 등의 물류를 원활히 하기 위해 라진 항구개발에 참여하는 대신 일부 부두를 사용하기로 북한과 합의한 것으로 알려졌었다.

북한은 2002년에 위화도와 황금평을 포함한 신의주 일대를 경제특구로 지정하여 50년간 입법·사법·행정 자치권을 부여하는 파격적인 조건을 내세워 개발을 추진한 적이 있었다. 그러나 당시에는 북한이 초대 특구 행정장관으로 임명한 중국계 네덜란드 화교인 양빈楊斌이 중국 당국에 의해 석연치 않은 이유로 구속되면서 무산된 적이 있었다.

중국이 북한의 2차 핵실험으로 유엔 안보리가 대북 제재를 강화하기로 하였음에도 불구하고 왜 이 시기에 북한과의 관계를 강화하기 위한 여러 노력을 진행했는지 의문이었다.

이와 관련 2000년대 중반 북한 핵 문제 관련 6자회담이 한참 진행되던 때에 중국 측 대표는 미국이 강경한 입장을 들고 나오면

"미국이 북한 핵 문제를 협상을 통해 해결하려는 의사가 진정으로 있는 것인지, 북한 핵 문제를 가지고 북중관계를 이간시키려고 하는 것은 아닌지"하는 의구심을 지극히 사적인 자리에서 표명한 적이 있다. 한편 2010년대 초 중국의 안보 문제 전문가들은 6자회담 실패의 책임이 미국 측에 있다는 주장들을 내놓고 있었다.

중국 측 관계자들의 이러한 평가와 의구심들을 감안하면 이 당시 중국 측은 북한 핵 문제 해결을 위한 6자회담이 2009년 사실상 파국에 이른 후에 북중관계를 희생하면서까지 북한 핵 문제 해결에 중국이 나설 필요가 없다는 전략적 평가를 내부적으로 했음 직하다.

2010년대 초 북한 핵 문제의 진전이 없는 상태에서 중국이 북한과의 경제협력 강화에 나선 것은 이러한 중국의 인식이 반영된 것일 수 있다. 동 시기에 공식적으로 확인하기는 어려웠으나 중국공산당 외교영도소조外交領導小組회의에서 '북한 핵 문제와 북한과의 관계'를 분리하여 대북관계를 이끌어 간다는 방침이 정해졌다는 정보들도 있었다.

5) 서해에서의 한미 연합해상 훈련을 둘러싼 미중, 한중 간 마찰

2010년 3월 천안함 피격 폭침 사건이 발생하였다. 우리 장병 46

명이 고귀한 목숨을 잃었다. 천안함 피격 침몰사건은 2008년 7월 금강산 관광 도중 피살된 박왕자 사건으로 인해 어려워져 있던 남북한 관계를 얼어붙게 했을 뿐만 아니라 북한 문제를 둘러싼 한중 간 이해관계의 차이가 극명하게 나타나는 계기가 되었다.

천안함 피격 침몰 사건 발생 직후 미국은 한국에 대한 전폭적인 지지를 즉각 표명했다. 반면에 중국은 관련 국가들의 냉정과 절제를 내놓았다.

천안함 피격 사건이 발생한 지 한 달여 만인 2010년 5월 초 김정일이 중국을 전격적으로 중국을 방문했다. 2006년 1월 방문 이후 4년여 만이었다. 김정일은 후진타오 국가주석 등 중국의 주요 지도자들과 회담을 가졌다. 천안함 피격 사건에 대한 깊은 논의는 없었던 것으로 알려졌다. 아직 천안함 피격사건에 대한 조사 결과가 나오지 않은 상황이기도 하였지만 천안함 피격사건이 북중관계에 영향을 미치지 않도록 하기 위함이었을 것이다.

김정일의 중국 방문 이후 원자바오 총리가 5월 말 방한했다. 원자바오 총리의 방한은 한중일 3국 정상회의 참석차 방한한 것이었으나 별도의 한국 방문도 추진하였다.

원자바오 총리와 이명박 대통령은 양자 회담에서 천안함 사건에 대해 장시간 논의했으나 양측은 평행선을 그었다. 원자바오 총리는 천안함 사건에 대해 냉정하게 처리되어야 함을 강조했다. 이러한 중국 측 태도는 우리 측 입장에서 보아 중국이 북한을 비호하는 것으로 비춰졌다.

우리 정부로서는 북한의 도발적인 행동을 억지하기 위한 최소한의 실질적인 대응이 필요했다. 이러한 상황에서 한미 양국은 천안함 피격 침몰 사건이 발생한 백령도 인근 해역에서 미국의 핵 항모인 조지 워싱턴호가 참가하는 한미 해상연합훈련을 계획했다.

중국은 이에 강경히 반발했다. 중국은 외교부 대변인과 관영 언론의 논평 및 군사전문가들의 인터뷰 등을 통해 한미합동군사훈련이 서해에서 실시되는 것을 반대한다는 강경한 입장을 밝혔다. 중국 관영 영자신문인 China Daily에 실린 한 군사평론가의 기고문(2010년 6월 29일 자) '황해의 미군US military presence in the Yellow Sea'이 중국의 속마음을 잘 드러냈다.

"황해는 한 국가가 자신들의 힘자랑을 할 수 있는 장소가 아니다. 황해는 역사적으로 중국의 앞마당이었다. 1894년 청清 왕조는 여기에서 일본과 해전을 벌였다. 중국인들에게 황해의 중요성은 미국이 멕시코만에 대해 가지는 중요성보다 결코 작지 않다. (중략) 만약 미국 핵 추진 항공모함인 조지 워싱턴호가 한미 해상 연합훈련에 참가한다면 베이징北京과 텐진天津 같은 주요 도시와 동부 연안의 경제발전 지역들이 미군의 군사적인 위협에 노출될 것이다. 미국은 어떤 나라의 대사관에 오폭한 역사를 갖고 있기 때문에 그런 걱정은 결코 근거가 없는 것이 아닐 것이다."

중국 정부도 외교부 대변인을 통해 서해에서의 한미 합동군사훈련에 반대한다는 입장을 공개적으로 밝혔다. 중국 외교부 대변인의 이러한 공개적인 입장 표명은 외교채널을 통한 한중 협의 시 중국 측이 표명해온 입장과 궤를 같이하는 것이었다.

> "중국은 이미 관련국들에 엄중한 관심을 전달했다. 우리의 입장은 일관되고 명확한 것이다. 우리는 어떤 외국 군대의 군함이 중국 근해에서 중국의 안전과 이익에 영향을 미치는 활동을 하는 데 대해 결단코 반대한다."

한편 유엔 안보리는 천안함에 대한 공격을 비난하는 내용의 안보리 의장성명(7월 10일)을 채택했다. 우리는 대북 제재를 포함하는 결의안을 추진했으나 중국의 반대에 부딪혀 의장성명에 그치고 말았다. 특히 중국의 반대로 의장성명 내용에 공격의 주체가 북한임을 지칭하는 내용조차 포함시킬 수 없었다.

한국과 미국이 계획했던 미국 핵 항모 조지 워싱턴호가 참여하는 서해에서의 한미 해상연합훈련 계획은 불발되고 대신 동해에서 실시되었다. 미국 핵 항모가 참여하는 한미 해상 연합훈련에 대해 미국 내에서도 찬반양론이 있었던 것과 중국의 강경한 반발 등이 그렇게 된 배경이었을 것이다.

6) 북한의 연평도 포격 사건과 다이빙궈 외교 담당 국무위원의 방한 및 방북

2010년 11월 북한에 의한 연평도 포격사건이 발생하여 다시 한반도에서 위기가 발생하였다. 우리 측에서는 민간인 2명이 사망하고 군인 2명이 전사했다. 당일 밤 중국의 대표적인 포털 사이트인 '사이나 닷 컴'은 '조선, 한국 연평도 포격'이라는 제목으로 보도했었다. 그러나 하루가 지난 24일에는 '조선과 한국, 상호 포격 朝韓交火'이라고 변경했다.

사이나 닷 컴의 첫 보도가 변경된 이유는 연평도 포격사건을 바라보는 중국 당국의 입장이 반영되었기 때문일 것이다. 남북 모두 잘못이 있다는 양비론을 통해 중국은 북한을 코너로 몰지 않으면서 한국 측에는 냉정과 자제를 요구하려는 의도였을 것이다.

다이빙궈 국무위원이 후진타오 국가주석의 특사 자격으로 한국을 방문(11월 27~28)했다. 이명박 대통령은 다이빙궈 국무위원을 접견한 자리에서 한반도의 위기 상황을 풀어 나가기 위해 중국 측이 합리적이고 이성적인 지도력을 발휘해 줄 것을 강조했다. 이는 중국의 적극적인 대북 설득과 압박을 주문한 것이었다.

다이빙궈 국무위원은 한반도 문제와 관련하여 중국이 밝혀온 원칙적 입장인 냉정과 자제, 대화를 통한 평화적 해결을 강조하고 한반도에서의 위기 해소를 위한 6자회담 재개 필요성을 제시했다.

이명박 대통령은 시기적으로 6자회담 논의가 부적절하다는 입장을 표명했다.

다이빙궈 국무위원은 우리나라를 방문한 데 이어 후진타오 국가주석의 특사 자격으로 북한도 방문(12월 9일)하였다. 중국 측은 다이빙궈 국무위원의 방북 결과를 우리를 포함 미국·일본·러시아 등 6자회담 참가국에게 설명하면서 6자회담 재개를 들고 나왔다. 그러나 한미일이 6자회담에 소극적인 입장을 보이면서 중국 측의 6자회담 추진은 동력을 얻지 못했다.

이명박 대통령은 퇴임 직후 조선일보 기자와의 회견(2013년 2월 4일)에서 "북한의 연평도 도발 이후 중국 측에 '이제부터는 북한의 도발에 대해 공격 발원지는 물론 지원 세력까지 육·해·공군을 동원해 보복하겠으니 그리 알라'는 방침을 전했다"면서 "중국 측에 이를 북한에 전하라고 했고 다이빙궈 중국 외교 담당 국무위원이 북한에 가서 통보한 뒤 북에 통보했다는 사실을 알려줬다"고 언급한 적이 있다.

이명박 대통령의 이 발언은 다이빙궈 국무위원의 방한 시 막후에서 있었던 내용인 것으로 보인다. 다만 중국의 대북 외교행태에 비추어 다이빙궈 국무위원이 이명박 대통령의 당부사항을 북한 측에 액면 그대로 전달했을 가능성은 희박하다. 중국은 아마도 중국식 화법을 동원해 북한에 도발적인 행동을 자제할 것을 촉구했을 것이다.

당시 외교 일선에서 천안함 피격 침몰 사건 및 연평도 포격사건 대응을 위한 중국과의 협의를 진두지휘했던 주중대사는 후일 중국과의 협의가 얼마나 어려웠는지를 "(중국과 얘기를 하는 것이) 마치 벽면에 대고 얘기하는 느낌이었다"라는 말로 표현했다.

7) 김정일 사망(2011년 12월)과 이명박 대통령 방중

2012년 새해 벽두에 이명박 대통령이 국빈 자격으로 중국을 방문(1월 9~11일)했다. 한중수교 20주년을 맞이하여 후진타오 주석이 초청하는 형식이었지만 우리 측 제안으로 이루어졌다. 우리 측이 방중을 추진한 배경에는 2011년 12월 북한 김정일의 사망에 따른 한반도 정세 관련 의견을 교환하기 위한 필요성 때문이었던 것으로 보였다.

정상회담 등 한중 간 고위급 회동에서 북한 문제가 종종 논의된다. 그런데 그동안의 논의 결과를 회고해 보면 북한 문제에 대한 논의는 별 실익이 없어 보인다. 중국 측이 어차피 북한 문제에 대해 깊은 얘기를 하려고 하지 않기 때문이다.

한중 간 논의 시에는 오히려 북한에 대한 우리의 정책을 중국 측에 이해시키려는 노력이 더 중요하다. 이를 통해 북한 문제와 관련 신뢰를 확대해나갈 수 있기 때문이다. 이러한 신뢰관계가 있어야 북한에 급변 사태가 발생할 때 한반도와 동북아의 미래를 중국과 함께 설계할 수 있을 것이기 때문이다.

이명박 대통령 방중의 성과는 한중 FTA 협상 개시에 대해 원칙적인 합의가 이루어진 것이었다. 2011년 말을 기준으로 한중관계는 1992년 수교 당시 양국 간 교역액 64억 달러, 상호방문자 수 13만 명에서 교역액 2,206억 달러, 상호방문자 수 641만 명에 이를 정도로 실질 협력이 크게 확대되어 있었다.

이처럼 확대되고 있던 한중 경제통상 및 인적 교류를 제도적으로 뒷받침하기 위해 한중 FTA 체결 필요성이 중국 측 제안으로 2000년대 초부터 다양한 방식으로 논의되었다. 한중 FTA 논의 10여 년 만에 가시적 결과를 얻은 것이다. 2012년 5월 양국 간에 공식 협상이 개시되었으며 2015년 타결되었다.

13장
박근혜 대통령 시기

1. 국제 정세 및 양국관계 개관

　박근혜 전 대통령은 대통령에 당선되기 전부터 중국의 지도자들과 비교적 오랜 인연을 쌓아온 정치인이었다. 중국은 박근혜 전 대통령에 대해 야당 정치인일 때부터 많은 관심을 가지고 있었다.
　2005년 5월 박근혜 대통령이 당시 야당이던 한나라당 대표로 중국공산당 대외연락부의 초청을 받아 중국을 방문하였다. 당시 박근혜 대표는 후진타오 국가주석을 인민대회당에서 면담하는 등 파격적인 대우를 받았다.
　중국공산당 대외연락부가 여당 대표였던 이회창 신한국당 대표를 초청하여 국가주석 면담 일정을 마련한 경우는 있었으나 야당 대표를 초청한 경우는 없었다. 야당의 지도자급 인사로는 김대중 전 대통령이 1994년 및 1995년에 아태평화재단 이사장 자격으로 중국을 방문한 적이 있고 1996년에도 방문한 적이 있다. 모두 중국 인민외교학회 초청이었다. 중국의 고위급 지도자 면담도 이루어지지 않았다.

나는 중국공산당 관계자들에게 야당 정치인인 박근혜 대표를 초청한 배경을 물어본 적이 있다. 중국 관계자들의 대답은 중국 지도자들이 박근혜 대표에 대해 매우 관심이 많기 때문이라는 것이었다.

당시 중국은 박정희 대통령 시대의 한국 경제개발전략에 커다란 관심을 갖고 벤치마킹하고 있었다. 박근혜 대표에 대한 관심도 그러한 연장선상에 있었을 것이다. 중국 측의 설명은 없었지만 미래 한국의 지도자가 될지도 모른다는 분석도 있었을 것이다.

박근혜 전 대통령의 중국과의 인연은 이후에도 계속되어 2006년에도 중국공산당의 초청으로 중국을 방문하였고 2008년 1월에는 이명박 대통령 당선인의 특사 자격으로 중국을 방문하여 후진타오 주석을 면담하기도 하였다.

한편 박근혜 전 대통령은 야당 대표 시절이던 2005년 시진핑 당시 저장성 서기와 인연을 맺은 적이 있었다. 시진핑 저장성 서기가 한국 외교부의 초청으로 방한(2005년 7월)하였을 당시 시진핑 측으로부터 면담 요청을 받은 박근혜 한나라당 대표가 오찬을 주최한 적이 있었다.

한국 외교부의 초청으로 방한한 인사가 비공식 라인을 통해 야당 대표와의 면담을 요청하는 것은 일반적으로 있는 일은 아니다. 그럼에도 불구하고 당시 시진핑 측에서 박 대표와의 면담을 요청한 것을 보면 시진핑이 정치인 박근혜에 대해 어떠한 생각을 가지하고 있었는지를 짐작할 수 있다.

박근혜 대통령은 퇴임 후 한 언론과의 인터뷰에서 당시 시진핑 저장성 당서기가 박정희 대통령 시기 새마을 운동과 한국의 경제발전에 관심을 표명하여 관련 자료를 시진핑 측에 전달했었다고 술회한 바 있다. 이러한 인연을 갖고 있던 두 사람이 공교롭게도 2013년 각각 한중 양국의 지도자가 되어 양국관계를 이끌어 가게 되었다.

박근혜 대통령 시기 전반기의 한중관계는 제반 분야에서 긴밀한 관계로 발전한 시기였다. 언론들은 한중수교 이후 최상의 관계라는 수식어로 한중관계를 평가하기도 했다.

박근혜 대통령은 2013년 2월 취임 후 5월에 미국을 공식 방문한 데 이어 6월에 중국을 국빈 방문했다. 박근혜 대통령의 중국 방문은 일본 방문에 앞서 이루어진 것이었다. 김대중 정부 출범 당시 김대중 대통령이 미국과 일본을 먼저 방문하고 세 번째로 중국을 방문하자 당시 중국 외교부의 한 국장(아직도 현직에 있어 이름을 밝히지 않는다)은 다음에 출범하는 정부의 한국 대통령은 중국을 두 번째로 방문해주었으면 좋겠다는 취지의 얘기를 농담 반 진담 반 조로 한 적이 있었다.

이런 중국이었으니 박근혜 대통령이 미국 방문 직후 일본에 앞서 중국을 방문한 데 대해 내심 대만족이었을 것이다. 물론 당시는 한일관계가 위안부 문제로 악화되어 있었기 때문에 박근혜 대통령이 일본을 방문하기가 어려운 여건이기는 하였다. 시진핑 국가주석은 박근혜 대통령의 중국 방문에 대한 답방 차원에서 2014년 7월 초 한국을 국빈 자격으로 방문하였다.

한편 박근혜 대통령은 2015년 9월 중국 주최 '항일전쟁 및 세계 반反파시스트 전쟁 승전 70주년 기념행사(약칭 전승절 Victory over Japan Day)'에 미국 등 서방의 유보적 태도에도 불구하고 참석하였다.

이를 두고 국내 일각에서 한국의 중국 경사를 우려하는 목소리가 대두되기도 하였다. 오마바 행정부의 조 바이든 부통령이 2013년 12월 방한 시 박근혜 대통령을 예방한 자리에서 "미국은 계속 한국에 베팅할 것"이라면서 "미국 반대편에 베팅하는 것은 좋은 베팅이 아니다"라고 한 발언도 박근혜 정부의 중국 경사 가능성에 우려를 표명한 발언으로 볼 여지가 있었다.

박근혜 대통령 집권 전반기의 한중관계가 중국 경사 우려를 불러일으킬 정도의 긴밀한 관계로 발전할 수 있었던 데에는 박근혜 대통령과 시진핑 국가주석 간 개인적인 신뢰와 시진핑 체제하의 중국이 북한의 미사일 및 핵 도발에 대해 중국이 전례 없이 강경한 태도를 취하면서 북한의 도발적 행동에 대한 대처방안에 있어 한중 간 공감대가 형성되었던 점 때문이었다.

　북한의 탄도미사일 발사 시험(2012년 12월) 및 3차 핵실험(2013년 2월)이 그 계기가 되었다. 당시 중국은 19차 중국공산당 대회(2012년 10월)에서 시진핑이 당 총서기로 선출되어 후진타오 체제로부터 시진핑 체제로 전환되는 과도기였다.

　시진핑 체제하의 신 지도부는 북한의 탄도미사일 발사 시험에 강경 대응으로 나섰다. 탄도미사일 발사 시험에 대응한 유엔 안보리의 강력한 대북제재 결의(2087호, 2023년 1월 22일)에 중국이 적극적으로 동참한 것이다.

　안보리 결의(2087호)가 통과된 직후 북한은 외무성 성명(1월 23일)을 통해 강력히 반발하였다. 북한은 외무성 성명에서 미국과 한국을 비난함과 동시에 "큰 나라들까지 제정신을 차리지 못하고" 있다고 비난하였다.

　이 비난은 중국을 지칭하는 것이었다. 또한 북한은 "핵 억지력을 포함한 자위적인 군사력을 질량적으로 확대·강화하는 임의의 물리적 대응 조치들을 취하게 될 것"을 경고하였다. 이는 추가 핵실험 가능성을 시사하는 발언이었다.

　중국은 북한에 대해 핵실험을 하지 말라는 설득과 압박에 나섰다. 시진핑 총서기는 박근혜 대통령 당선인 특사단을 접견(2013년 1월 23일)한 자리에서 "한반도 비핵화와 대량살상무기 확산 방지가 한반도 평화와 안정의 필수 요건"이라는 단호한 입장을 밝히기도 했다. 북한을 겨냥한 발언으로 해석되는 대목이었다.

그러나 김정은은 중국의 경고를 무시하고 3차 핵실험(2013년 2월)을 강행하였다. 중국 외교부는 성명을 통해 북한의 핵실험을 강력히 규탄하는 등 강경한 태도를 밝혔다. 유엔 안보리 논의에도 중국은 적극 동참하였다. 북한의 핵실험 20여 일 만에 안보리의 대북 제재결의(2094호)가 채택되었다. 북한의 도발에 대한 유엔의 제재에 중국이 이처럼 신속하게 동의한 것은 전례가 없는 일이었다. 중국은 북중 국경에서의 통관 검사를 강화하는 등 전례 없이 강경하게 대북 제재 조치를 시행했다.

북한은 2013년 3월 핵 무력과 경제발전의 병진정책을 발표하면서 '비핵화 불가론'을 선언했다. 북한 스스로 양보할 수 없는 레드라인을 설정한 셈이다. 북한의 비핵화 불가론 선언은 김정일 시기와는 확연히 구분되는 선언이었다. 김정일 시기에는 핵 개발을 지속하면서도 미국의 대북 적대시 정책 등 북한의 안보우려가 해소되면 핵 개발 계획을 포기할 수 있다는 입장을 대외적으로는 밝히고 있었다.

시진핑 체제하의 중국이 과거와 달리 북한의 지속적인 도발에 대해 적극적으로 대응하면서 악화 일로를 걷던 북중관계는 2013년 12월 북중 경제협력의 북한 측 창구였던 장성택이 국가전복혐의로 체포, 처형됨으로써 최악의 관계가 되었다.

이렇게 경색되었던 북중관계는 이렇다 할 전기를 마련하지 못한 채 지지부진한 관계를 유지하다가 2018년 6월 트럼프 대통령과 김정은 간 정상회담 개최(최초의 북미정상회담으로 싱가포르에서 개최되었다) 직전에 이루어진 김정은의 전격적인 방중(2018년 3월 25~27일)으로 복원되었다.

한편 박근혜 대통령 시기 수교 이후 최상의 관계로 발전한 것처럼 보이던 한중관계는 북한의 4차 핵실험(2016년 2월)에 대한 대응을 위해 우리 정부가 주한미군에 사드를 배치하기로 전격적으로 결정한 데 대해 중국이 격렬히 반발하면서 한중관계는 최악의 관계로 한순간에 수직 낙하하였다.

우리는 여기서 국가안보 문제에 있어서 한중 양국의 국가이익이 충돌할 때는 양국 지도자 간 쌓아온 개인적 신뢰 관계는 무용지물임을 확인하게 되었다.

2. 주요 외교 사안 및 사건

1) 박근혜 대통령 방중

박근혜 정부 시기 미중관계는 미국이 오바마 2기 행정부 들어 아시아 재균형 정책을 본격적으로 추진하면서 아시아 태평양 지역에서의 주도권을 놓고 갈등과 대립의 양상이 나타나고 있었다.

박근혜 정부는 이러한 미중관계 속에서 한미동맹을 포괄적 전략동맹으로 발전시켜 나가는 동시에 중국과의 전략적 협력동반자 관계도 강화하는 정책을 추구하였다. 박근혜 대통령이 취임 후 5월 미국을 방문한 데 이어 곧바로 6월 중국을 방문한 것은 박근혜 대통령의 중국 중시 의중이 담긴 것이었다.

박근혜 대통령 방중 시 한중정상회담에서 한·중 미래비전 공동성명이 채택되었다. 동 공동성명에서 "박근혜 대통령이 주창한 한반도 신뢰 프로세스 구상을 환영하고 남북관계의 개선 및 긴장완화를 위해 한국 측이 기울여 온 노력을 높이 평가한다"고 중국 측은 밝혔다.

특히 시진핑 주석이 중국 인민의 한반도에 대한 양대 희망 중 하나는 비핵화이고 다른 하나는 평화통일이라고 발언한 것으로 알려져 주목을 받았다.

양국은 이러한 공감대 위에 한국의 청와대 국가안보실장과 중국의 외교 담당 국무위원 간 대화 체제 구축, 외교장관 간 상호방문 정례화 및 핫라인 구축, 외교차관 간 전략대화 연 2회 개최, 양국 외교안보당국 간 대화(2+2), 정당 간 정책 대화, 양국 국책연구소

간 합동 전략대화 추진 등에 합의하였다.

또한 한중 경제협력을 한 차원 업그레이드하기 위한 한중 FTA 체결 필요성에 대해서도 상호 공감하고 이를 조속히 실현하기 위해 노력해 나가기로 하였다.

박근혜 대통령의 방중은 이명박 정부 시기 한국에 비판적이었던 중국 내 움직임이 완화되는 계기가 되었다. 이명박 정부 당시 한중관계는 다방면에서의 발전에도 불구하고 천안함 피격 사건, 연평도 포격사건, 서해에서의 미 핵 항모가 참여하는 한미 연합 해상훈련 등 안보 문제를 놓고 한중 양국 간 인식 차이가 노정되었었다.

2) 중국의 아시아 인프라 투자은행 설립과 우리나라 참여 문제

2012년 10월 18차 중국공산당 대회에서 시진핑이 총서기로 선출된 직후 중국은 국가 목표로 중국몽을 제시하는 한편 이를 대외적으로 밑받침하기 위해 일대일로one road one belt 및 아시아 인프라 투자은행Asia Infrastructure Investment Bank 구상 같은 적극적인 대외정책을 추진하였다.

일대일로 구상은 시진핑 국가주석이 2013년 9월 중앙아시아의 카자흐스탄 방문 시 나자르바예프 대학에서 강연하면서 내륙 실크로드 경제를 구축해 "공동번영과 협력의 시대로 나아가자"고 제안하면서 처음으로 모습을 드러냈다. 이후 시진핑 국가주석은 한 달 뒤인 2013년 10월 인도네시아 방문 시 21세기 해상 실크로드를 밝히며 일대일로 구상의 완결판을 내놓았다.

미국은 시진핑 체제의 중국이 추진하는 이러한 적극적인 대외정책이 아시아태평양 지역에서 미국을 밀어내고 중국의 영향력을 강화하려는 의도를 가진 것으로 보았다. 아시아태평양 지역에서 미국과 중국의 이해관계가 본격적으로 부딪치기 시작한 것이다.

특히 미국은 중국의 아시아 인프라 투자은행 창설 구상을 미국 주도의 세계 경제 질서에 대한 도전으로 보았다. 일본도 중국의 아시아 인프라 투자은행 설립 구상에 반대했다.

미국과 일본의 반대에도 불구하고 중국은 일대일로와 아시아 인프라 투자은행 구상 실현을 위해 모든 외교적 노력을 경주했다. 중국은 한국의 참여도 적극적으로 요청했다. 시진핑 국가주석 자신이 직접 2014년 7월 국빈 방한 시 박근혜 대통령과의 정상회담에서 한국의 참여를 요청하기도 했다.

이로써 미국이 반대하는 사실상 중국 주도의 새로운 다자개발은행인 아시아 인프라 투자은행에 한국이 참여할 것인지가 한국 외교의 새로운 시험대가 되었다. 우리나라 외교가 미국과 중국 사이에서 선택해야 했던 중요한 시험대였다.

박근혜 정부는 미국과의 관계 등을 감안 참여 여부를 저울질하다가 영국 등 미국의 동맹국들이 참여하기로 결정하는 것을 보고 나서 우리의 참여를 결정했다.

3) 시진핑 국가주석 방한(2014년 7월)

시진핑 국가주석이 방한(2014년 7월 3~4일)했다. 시진핑 국가주석의 방한은 형식적으로는 박근혜 대통령의 방중에 대한 답방 성격이었다. 그러나 미국의 오바마 행정부가 대외정책을 아시아 중시 정책으로 전환한 데 따른 전략적 대응 차원의 성격도 있었다고 볼 수 있다.

중국은 미국의 아시아 중시 정책으로의 대외정책 변경이 중국의 부상을 견제하기 위한 것으로 보고 이에 대응하기 위한 차원에서 한국과의 관계를 강화 필요성을 느끼고 있었다.

한중 정상회담에서 양국이 추구할 4개의 공동 목표가 제시되었다. 두 정상이 양국관계를 "공동 발전을 실현하는 동반자, 지역 평화에 기여하는 동반자, 아시아의 발전을 추진하는 동반자, 세계 번영을 촉진하는 동반자" 관계로 발전시켜 나가자는 데 합의한 것이다.

중국의 왕이 외교부장은 "양국 정상이 합의한 '4대 동반자' 개념은 한중 양측의 실제 수요에 부합하고 국제사회의 보편적인 기대를 실현하고 양국 전략적 협력동반자 관계의 내실을 극도로 풍부하게 했다"는 평가를 내놓았다. 왕이 외교부장의 평가는 한국을 중국 편으로 끌어들이고 싶은 의지가 드러나는 대목이다.

북한 핵 문제와 관련해 한중 양국은 "한반도에서의 핵무기 개발에 확고히 반대한다는 입장을 재확인한다"는 데 인식을 같이 하였다.

북한 핵 문제에 대한 한중 정상의 이러한 공동 인식 표명은 북한에서 김정은 체제가 들어선 이후 핵 보유를 기정사실화하면서 비핵화 불가론을 내세우는 데 대해 한중 정상이 반대한다는 입장을 표명한 것이라 볼 수 있다는 점에서 북한에 대한 한중 양국의 압박으로 비춰졌다.

한편 정상회담에서 시진핑 국가주석은 사드 문제에 대한 원칙적인 입장을 표명한 것으로 알려졌다. 당시는 아직 사드 문제가 수면 위로 대두된 시점은 아니었으나 주한미군에 사드를 배치할 필요성에 대해 미국 내에서 논의가 되고 있었다.

시진핑 주석의 이러한 입장 표명은 혹시 있을지도 모를 사드배치 문제에 대해 원칙적 입장을 선제적으로 밝힘으로써 사실상 사드 반대라는 신호를 보내고자 한 것으로 볼 수 있다.

중국은 미국의 사드배치 구상을 중국 포위 전략의 일환으로 간주해 거부감을 표시해 왔었다. 친강 외교부 대변인이 2014년 5월 "중국의 문 앞에서 긴장이 고조돼 전쟁이나 혼란이 발생하는 걸 허용하지 않을 것이다. 한반도에 미사일 방어체계가 도입되는 것은 전략적 균형에 이롭지 않다"고 밝힌 적이 있었다.

시진핑 주석 방한 당시 시진핑 주석이 북한보다 먼저 우리나라를 방문했다는 이유로 중국의 한반도 정책의 변화 조짐으로 보는 평가들이 있었다. 그러나 당시는 시진핑 국가주석이 북한을 방문하고 싶어도 갈 수 있는 여건이 안 되어 있었다. 2013년 시진핑 집권을 전후하여 북한이 3차 핵실험을 감행하는 등으로 인해 북중관계는 2017년 말까지 최악의 시기였다.

4) 박근혜 대통령의 전승절 70주년 참석

박근혜 대통령은 중국이 주최한 전승절 70주년 행사(2015년 9월 3일)에 참석하기 위해 중국을 방문하였다. 전승절은 중국이 제2차 세계대전에서 일본을 상대로 한 항일전쟁에서 승리한 것을 기념하는 날이다. 중국은 2015년 전승절 행사에 각별한 의미를 부여했다.

시진핑 체제가 들어선 지 3년 차를 맞아 70주년 전승절 기념식에서 화려한 열병식을 통해 대내적으로는 중국 민중들에게 중국몽의 실현이 멀지 않았다는 자신감을, 대외적으로는 중국이 군사적으로도 강력하게 부상하였음을 보여주려는 의도가 있었다. 중국은 과거에는 열병식을 10월 1일 국경절에 건국 50주년이나 60주년을 맞아 10년 만에 한 번씩 했으며 전승절에는 간단한 행사만 했었다.

시진핑 국가주석은 2014년 7월 한국 방문 시 중국의 항일전 승리 70주년과 한국의 광복 70주년을 공동으로 기념하자고 할 정도로 전승절 행사에 공을 들였다. 중국은 오바마 미국 대통령 등 서방의 지도자들을 초청했으나 서방 지도자들은 모두 불참을 결정했다.

중국의 전승절 행사는 항일전 승리를 기념하는 성격이어서 박 대통령이 이 행사에 참석할 경우 중국과 손잡고 일본을 공격하는 모양새가 되어 한일관계는 물론 한미관계에도 부정적 영향을 줄 수 있다는 국내의 우려가 있었다. 한미일 공조를 통해 중국을 견제하려는 미국도 박 대통령의 참석에 대해 공개적으로 언급하지는 않았지만 내심 박 대통령의 불참을 기대했을 것이다.

이러한 국내외의 우려 섞인 시선에도 불구하고 박 대통령은 전승절 행사 참석을 결정했다. 미국 정부는 박 대통령의 참석에 대해 공개적인 언급은 회피했다. 그러나 미국의 외교 문제 전문가들은 언론 기고문 등을 통해서 한국의 중국 경사 가능성에 우려를 표명했다.

박근혜 대통령은 한국 대통령으로서는 처음으로 톈안먼 성루에 올라 시진핑 국가주석과 함께 중국 인민해방군 열병식을 지켜봤다. 북한에서는 김정은의 측근으로 알려진 최룡해 당 비서가 참석했다. 최룡해는 열병식이 끝난 뒤 이어진 오찬 리셉션에 참석한 후 곧바로 귀국했다. 이는 마치 한중관계가 혈맹관계라고 불려온 북중관계보다 더 중요한 위치를 점한 것으로 비춰졌다.

박근혜 대통령은 중국 방문을 마치고 귀국하는 대통령 전용기 안에서 가진 수행한 기자단과의 간담회에서 "시진핑 중국 국가주석과 한반도와 동북아의 평화와 안정을 지켜나가는 데 있어 중국과 어떻게 협력해 나갈 것인지를 중점적으로 얘기했다"라고 하면서 "중국과 조속한 시일 내에 한반도의 평화통일을 어떻게 이뤄갈 것인가에 대해 논의를 시작할 것"이라고 말했다. 또한 박 대통령은 "북한 핵 문제를 포함 북한 문제 해결에 있어서 가장 궁극적이고 빠른 방법은 평화통일"이라고 강조했다.

이러한 박근혜 대통령의 언급은 2014년 1월 연두 기자회견에서 '통일대박론'을 언급한 것과 궤를 같이하는 것이었다. 박근혜 대통령이 미국 등 동맹국의 우려의 시선을 무릎 쓰고 톈안먼 성루에 올라 시진핑 국가주석과 중국 인민해방군의 열병식을 참관하기로 결정한 것은 한반도 통일을 위해서는 중국의 협력을 확보하는 것이 가장 중요하다고 내심 생각했기 때문이었을 것으로 추정되는 대목이다.

한편 박근혜 대통령은 시진핑 국가주석과의 정상회담에서 한중일 정상회의를 개최하기로 합의하였다. 당시 박근혜 대통령은 한중일 정상회의 개최 합의에 대해 동행한 기자단에게 "(자신이) 일본이 아직도 역사 인식에 대해서 전향적인 자세를 갖고 있지 않은 상황이지만 동북아시아의 평화를 위해서는 대승적 차원에서 임할 필요가 있다고 제의해서 시 주석이 동의한 것"이라고 하였다. 이를 바탕으로 서울에서 한중일 정상회의(2015년 11월 1일)가 개최되었다.

당시 한일관계는 위안부 문제를 둘러싼 갈등으로 한 발자국도 앞으로 나가지 못하고 있었다. 중일관계도 2012년 일본 정부의 센카쿠(중국에서는 디아오타이라 부른다) 섬 국유화 이후 경색 국면이 지속되고 있었다. 특히 박근혜 대통령의 전승절 참석이 반일 전선에 한중이 연대하는 것으로 비칠 소지도 있었다. 다행히도 한중일 정상회담이 서울에서 개최되어 일본의 불필요한 오해와 우려를 해소하는 계기가 되었다.

5) 북한의 4차 핵실험(2016년 1월)과 사드배치를 둘러싼 한중관계 악화

북한은 2015년 하반기에 들어 노동당 창건(10월 10일) 70주년 계기에 장거리 미사일을 발사하겠다는 의도를 공공연히 내비쳤다. 이러한 북한의 무모한 도발 움직임에 대해 시진핑 국가주석은 미국 방문(2015년 9월) 시 오바마 미 대통령과의 정상회담에서 북한의 핵실험과 장거리 미사일 발사를 반대한다는 입장을 밝히는 등 북한에 경고성 메시지를 전달하였다. 중국 측의 이러한 입장 표명은 미국과의 관계를 감안한 발언이기도 하였다.

한편 류윈산 중국공산당 중앙정치국 상무위원이 북한 노동당 창건(10월 10일) 70주년 행사 참석차 중국 대표단을 이끌고 방북했다. 류윈산 상무위원은 중국 내 서열 5위로 시진핑 국가주석 집권 이후 방북한 최고위급 중국 인사였다.

중국은 류윈산의 방북을 통해 시진핑 집권 이후 소원했던 북한과의 관계를 개선하는 동시에 당시 고조되던 북한의 미사일 발사 등 북한발 위기 발생을 방지할 수 있을 것으로 기대했을 것이다.

그러나 북한은 이러한 중국의 기대와 달리 전격적으로 4차 핵실험(2016년 1월 6일)을 실시했다. 새해 벽두부터 북한이 핵 도발을 감행한 것이다. 북한의 핵실험 후 중국 외교부 대변인이 "이번 북한의 핵실험과 관련 어떠한 소식도 들은 바가 없다—无所知"고 밝혔다. 이로써 중국도 사전에 북한의 핵실험 계획을 알지 못했으며 북한에게 뒤통수를 맞았다는 것이 확인되었다. 당시 북중관계가 어느 정도로 소통이 안 되고 있었는지를 알려주는 대목이다.

박근혜 대통령은 북한의 4차 핵실험 직후 시진핑 국가주석과 전화 통화를 하고자 했다. 그런데 시진핑 주석은 박근혜 대통령과의 통화를 차일피일 미루었다.

그러는 사이 박근혜 대통령은 북한의 4차 핵실험 일주일 뒤 대국민 담화에서 "주한미군의 사드 배치 문제는 북한의 핵, 미사일 위협 등을 감안해 가면서 우리의 안보와 국익에 따라서 검토해 나갈 것"이라는 입장을 밝혔다. 잠복해 있던 사드 문제가 수면 위로 부상하는 순간이었다.

주한미군에 사드를 배치하는 문제는 2014년을 전후하여 미국 측에서 내부적으로 검토하기 시작하다가 2014년 6월 커티스 스캐퍼로티 주한미군 사령관이 주한미군에 사드를 배치할 것을 미국 정부에 요청한 적이 있다고 발언함으로써 외부에 알려지기 시작했다.

중국 측은 사드배치 문제가 언론에 보도되기 시작하자 각급 외교채널을 통해 우리 측에 사드 배치에 반대한다는 입장을 표명해 왔었다. 2014년 7월 시진핑 국가주석의 방한 시 개최된 한중 양국 정상회담에서도 시진핑 주석이 직접 반대 입장을 표명한 것으로 알려졌다.

박근혜 정부는 중국의 이러한 반대 입장을 감안 사드 배치 문제에 대해 유보적인 태도를 보였다. 실제로 대외적으로도 '3 No'(사드 배치 관련 미국으로부터 요청이 없었으며, 협의한 것도 없고, 결정한 것도 없다) 입장을 표명했었다. 이는 북한 핵 문제 등 북한 문제 관련 중국의 협력을 확보하기 위한 것이었을 것이다. 그러나 박근혜 대통령은 북한의 4차 핵실험을 계기로 사드배치 관련 입장을 전격적으로 바꾸었다.

박근혜 대통령과 시진핑 주석 간의 통화는 북한 핵실험 후 1개월이나 지나 이루어졌다. 당시에 시진핑 주석이 그동안 개인적 신뢰를 쌓아온 박 대통령과 전화 통화를 오랫동안 미루었는지는 아직도 미스테리다.

동 통화에서 시진핑 주석이 북한의 핵 개발과 장거리 로켓 발사에 반대하는 입장을 밝히면서 동시에 한국이 사드를 배치하는 데도 반대한다는 입장을 표명한 것으로 알려졌다. 3NO 정책으로 물 밑에 잠복되어 있던 사드 문제가 한중 간 외교안보 현안으로 대두된 것이다.

한편 중국은 북한의 핵실험에 대한 대응 조치로 유엔 안보리가 채택한 대북 제재 결의(2270호)에 적극 동참하였다. 이때 채택된 대북 제재결의(유엔 안보리에서 북한의 4차 핵실험 후 57일 만인 2016년 3월 2일 통과되었다)는 북한의 1, 2, 3차 핵실험 시 채택된 대북 제재 결의보다 훨씬 강력한 것이었다. 중국이 이러한 강력한 대북 제재 결의에 동참한 데에는 미국의 압박, 북한 김정은 정권에 대한 실망, 우리나라 국내의 사드 배치 논의 등이 영향을 끼쳤을 것이다.

사드배치 문제에 대한 한중 및 미중 간 협의는 원활하게 진행되지 못했다. 워싱턴에서 열린 핵안보정상회의(2016년 3월)에 참석한 시진핑 국가주석은 오바마 대통령과의 정상회담에서 "(중국은) 미국이 한국에 미사일 방어시스템을 배치하는 데 단호히 반대한다"는 입장을 밝혔다.

오바마 대통령은 사드는 북한의 핵 위협으로부터 방어하기 위한 것으로 중국을 대상으로 하는 것을 아니라는 입장을 밝혔다. 중국은 이를 액면 그대로 받아들이지 않았다.

핵안보정상회의에 참석했던 박근혜 대통령과 시진핑 주석도 별도 양자 정상회담을 갖고 사드 문제를 논의하였다. 이후에도 한중 외교안보 당국 간 각급 레벨에서 사드 문제를 둘러싼 협의가 진행되었다. 그러나 한중 양국이 상호 양해에 이르지 못한 가운데 2016년 7월 한국과 미국은 사드배치에 합의하였다고 전격 발표하였다.

한미 공식발표 이후 중국은 사드가 실제로 배치되는 것을 막기 위해 경제적 보복 조치와 외교적 압박을 구사했다. 2016년 9월 중국 항저우에서 열린 G20 회담에 참석한 박근혜 대통령과의 정상회담에서 시진핑 국가주석은 사드 반대 입장을 또다시 강경하게 표명했다. G20 정상회담에 참석한 오바마 대통령과의 별도 회담에서도 시진핑 국가주석은 사드 배치에 반대한다는 강경한 입장을 표명했다.

한편 2016년 11월 박근혜 대통령은 이명박 정부 이래 일본과 논의해오던 군사비밀정보보호협정GSOMIA 체결을 결정하였다.(박근혜 대통령은 퇴임 후 한 언론과의 인터뷰에서 당시 탄핵 위기에 처해 있으면서도 무슨 정신으로 이 협정 체결을 위해 외교적인 노력을 기울였는지 모르겠다는 취지의 술회를 했다) 미국은 한일 간 군사비밀정보보호 협정 체결을 막후에서 지원하였다.

한국은 한일 군사비밀 정보보호 협정과 사드 배치가 점증하는 북한의 핵 개발과 미사일 위협에 대처하기 위한 대북 감시 능력의 향상에 크게 기여할 것으로 보았다. 반면 중국은 미국이 일본 및 한국과 협력하여 중국을 억지하기 위한 전략으로 보았다.

사드 배치와 한일 군사비밀 정보보호 협정 체결이 우리에게는 북한의 핵 위협에 대비하기 위한 조치였으나 중국에게는 미국의 중국 봉쇄 전략에 한국이 가담하는 것으로 인식되는 안보 인식의 불일치가 발생한 것이다.

북한의 핵 위협으로부터 우리의 안전을 확보하는 데 사드가 유용한 군사적 옵션인지 등에 대해서는 전문가 사이에도 논란이 있다. 그러나 사드 배치 여부에 관한 결정은 우리의 안보를 위한 주권적 결정으로 중국이 왈가왈부할 일은 아니라는 점에서 중국의 사드배치 반대가 우리의 주권적 권리를 침해하는 것만은 분명하다.

그럼에도 불구하고 우리도 사드배치 결정 과정을 되돌아보아야 할 점들이 있다. 무엇보다 박근혜 정부 초기에 사드 문제가 부상하였을 때 중국 측의 반대 입장을 고려하여 3NO 입장을 표명해오다가 북한의 4차 핵실험이라는 새로운 변수 앞에서 전격적으로 사드배치를 결정한 것은 정책적으로 매끄럽지 못한 측면이 있었다.

사드 문제가 불거진 박근혜 정부 초기부터 북한의 핵 개발을 막지 못하면 북한의 핵 위협에 대응하기 위해 안보 차원에서 우리로서는 사드배치를 할 수밖에 없다는 확고한 입장을 가지고 중국 측을 설득하려는 외교적 노력을 기울였어야 했다.

만약 그랬더라면 중국 측도 사드 문제에 관한 우리의 입장을 명백히 알게 되었을 것이고 우리의 사드배치 결정으로 인한 양국관계 악화는 덜 심각했을 수 있다.

그러나 우리 정부가 사드 배치 문제에 대해 3NO 정책으로 일관하다가 북한의 4차 핵실험을 이유로 전격적으로 결정함으로써 시진핑 국가주석의 위신이 땅에 떨어졌다. 물론 안보 이익도 침해되었다고 생각했다. 중국이 우리의 사드배치에 대해 우리나라에 대해 각종 보복적인 조치를 취하게 된 배경이다.

사드배치를 둘러싸고 한중 양국 간에 있었던 갈등을 우리는 미래 한중관계를 위한 반면교사로 삼아야 한다. 한중수교 후 중국은 북한을 감싸는 행보를 보이면서도 안보 문제와 관련 우리나라와 신뢰관계 구축이 가능할 것이라고 생각했다. 안보, 군사 분야에서의 양국 간 다양한 협의 채널 구축에 중국이 적극적이었던 것이 이를 방증한다.

그러나 서해에서의 한미 연합해상훈련 및 사드배치 결정 과정에서 한중 간 인식 차이가 확연히 드러났다. 한국은 한미동맹 강화가 북한의 핵 위협에 대처하기 위한 것으로 생각하지만 중국은 서해에서의 한미 해상연합훈련이나 사드배치 같은 일정 수준을 넘어서는 한미동맹 강화는 자국의 안보를 침해하는 것으로 인식하는 것이다.

외교의 본령은 국가 간 서로 다른 이해관계를 협상을 통해 원만히 해결하는 것이다. 그 이해관계 속에는 각국이 자국의 주권 사항이라고 하는 것들도 포함된다. 2022년 러시아의 우크라이나 침공은 우크라이나가 주권적 권리라고 간주했던 NATO 가입을 추진한 것이 가장 중요한 배경이다.

우크라이나가 NATO에 가입할지 말지를 결정하는 것은 우크라이나의 주권 사항이기는 하다. 문제는 러시아가 우크라이나의 NATO 가입은 러시아의 안보이익을 침해하는 것이라고 간주하면서 이에 반대해왔다는 것이다. 우크라이나와 러시아의 이해관계가 정면에서 부딪치게 된 것이다.

이러한 이해관계의 충돌 속에서 우크라이나가 NATO 가입 방침을 계속 추진하자 러시아는 침략전쟁이라는 국제적 비난과 고립을 예상하면서도 우크라이나를 전격적으로 침공하였다.

러시아의 우크라이나 침공이 정당했다고 얘기할 수는 없다. 다만 우크라이나 사태에서 우리는 국가안보 이슈는 비록 그것이 자국의 주권적 권리에 해당하는 것이라 할지라도 잘못 다루면 전쟁을 초래할 수도 있다는 것을 목도했다. 국가안보 문제와 관련해서는 우리가 신중하게 일을 처리해야 한다는 점을 기억해야 한다.

6) 북한 핵 문제 해결을 위한 중국의 새로운 방안: 쌍중단/쌍궤병행

왕이 중국 외교부장은 2017년 3월 전국인민대표대회 폐막 후 기자 회견에서 북한 핵 문제 해결 방안으로 쌍중단과 쌍궤병행 방안을 제시하였다. 쌍중단은 북한의 핵 및 미사일 발사 시험과 한미 연합훈련을 동시에 중단하자는 것이며 쌍궤병행은 북한의 핵 폐기와 한반도 평화협정을 동시에 추진하자는 것이다.

중국이 주장하는 쌍중단 및 쌍궤병행 방안은 압박만으로는 북한 핵 문제를 해결할 수 없으며 북한이 주장하는 합리적 안보 우려를 해소할 수 있는 방안을 동시에 추진해야 북한 핵 문제 해결이 가능하다는 논리에 바탕을 두고 있다. 이는 북한 핵 문제 해결 방안으로 동시 행동을 주장해온 북한 측 입장에 가깝다.

중국 측의 이러한 입장 변화가 우리의 사드배치 등 한미동맹 강화에 대응하는 차원에서 대북관계를 중시하여 내린 전략적 결정이었는지는 불분명하다. 다만 2017년 미국의 트럼프 정부 출범 직후 중국이 대미관계 개선을 위해 북한과의 관계 악화를 감내한 것을 보면 전략적인 결정은 아닌 것으로 보인다. 그럼에도 불구하고 오늘날까지 중국은 쌍중단 쌍궤병행을 지속적으로 내세우면서 유엔의 대북제재 조치 해제 필요성도 제기하고 있다.

14장
문재인 대통령 시기

1. 국제 정세 및 양국관계 개관

2016년 11월 트럼프가 미 대통령에 당선되었다. 시진핑 중국 국가주석이 트럼프 행정부 출범 직후 미국을 방문 트럼프 대통령의 개인 별장인 플로리다 마러라고에서 정상회담(2017년 4월 7일)을 가졌다.

당시 트럼프 대통령은 북한의 핵과 미사일 문제 해결을 위한 '중국의 책임'을 강조하였다. 한편 트럼프 대통령은 중국의 대미 무역 흑자를 문제 삼아 중국에 대한 통상압력을 강화했다.

중국은 트럼프 행정부와의 관계 등을 염두에 두고 북한산 석탄 수입 중단 등의 대북 강경 조치를 취했다. 당시 중국공산당 기관지인 인민일보의 자매지인 환구시보環球時報는 북한에 대한 원유 공급 중단 필요성을 거론하기도 했다.

북한은 이러한 중국의 움직임에 크게 반발했다. 북한은 조선중 양통신 논평(2017년 5월 3일 자)을 통해 중국이 "조중관계 악화의 책임을 우리에게 전적으로 전가하고 미국의 장단에 놀아나고 있다"고 비난했다.

나아가 북한은 중국의 대북 강경 조치에도 불구하고 두 차례에 걸쳐 중장거리 미사일 발사 시험(2017년 5월 및 7월)을 했다. 북한의 지속적인 도발에 대해 트럼프 미 대통령은 "북한이 미국을 위협하면 지금껏 전 세계가 보지 못한 화염과 분노fire and fury에 직면하게 될 것"이라고 경고했다. 북한은 트럼프의 경고에 아랑곳하지 않고 6차 핵실험(2017년 9월)을 감행했다.

중국은 북한의 두 차례 탄도미사일 발사 시험 및 6차 핵실험에 대응하여 미국 주도로 상정된 안보리 대북 제재 결의 (2356호, 2371호 및 2375호) 채택에 적극적으로 참여했다. 특히 안보리 결의 2375호는 북한이 핵실험을 한 지 8일 만에 초스피드로 채택되었는데 이는 전례 없는 일이었다.

대북 규제 조치의 내용 면에서도 그동안 중국이 반대해 왔던 북한의 민생에 영향을 미칠 내용인 북한의 섬유 수출을 전면 금지하는 조치와 북한으로 들어가는 원유와 석유 정제품의 판매에 상한선을 두는 조치 등을 포함하고 있었다.

북한의 지속적인 도발과 트럼프 행정부의 강경 대응 기조로 최고조의 위기에 처했던 한반도 정세는 2018년 들어 긴장 완화 추세로 전환되었다. 2018년 2월 평창 동계올림픽 남북단일팀 구성을 계기로 남북관계가 개선되기 시작한 후 4월 판문각에서 남북정상회담이 개최되었다. 2018년 6월에는 싱가포르에서 역사적인 첫 번째 북미정상회담이 개최되었다.

중국도 북미정상회담 등 한반도에서의 새로운 정세변화에 따라 대북정책 조정에 나섰다. 2018년 6월 싱가포르 북미정상회담과 5월 판문각 남북정상회담을 전후하여 김정은이 3차례나 중국을 방문하였다. 2019년 6월에는 시진핑 국가주석이 북한을 방문하였다. 후진타오 전 국가주석의 2005년 방북 이후 14년 만이었다.

이러한 중국의 대북정책 조정은 북미관계 개선으로 북한에 대한 영향력을 잃을 것을 중국이 우려하였기 때문이었을 것이다. 오히려 북미 관계 개선 조짐이 아이러니하게도 북중관계 개선이라는 모습으로 나타난 것이다.

이로써 중국에서 시진핑 체제가 들어선 이후 지속적으로 경색되어 왔던 북중관계는 8년여 만에 최고위급 교류가 이루어지는 등 정상화되었다. 김정은으로서는 북미정상회담을 통해 중국과의 관계도 개선하는 예상치 못한 기회를 잡게 된 것이다.

문재인 정부는 트럼프 행정부의 대북 강경정책으로 한반도의 위기가 심화되는 가운데 사드배치 후유증으로 한중관계도 악화되어 있던 정세에서 출범했다. 이에 따라 문재인 정부는 한반도 위기를 해소하기 위해 북미관계 개선을 위한 외교 환경을 조성하는 데 외교력을 집중했다. 또한 한반도 안정과 평화 유지에 일정한 영향력을 발휘할 수 있는 중국과의 관계 개선도 추구했다.

문재인 대통령은 취임 후 한 달여 만인 2017년 6월 말 미국을 방문하였다. 문 대통령은 미국 방문 시 사드배치 문제에 대해 한국이 주권적으로 결정할 것임을 밝혀 사드 배치 관련 문재인 정부에 대해 가지고 있던 미국 조야의 우려를 불식시키고자 하였다.

문재인 대통령은 방미 이후 12월 중국을 방문하여 사드 배치 결정의 후유증으로 악화된 한중 양국관계를 봉합하는 계기를 마련하였다. 다만 사전에 잘 준비되지 않은 상태에서 중국을 방문한 결과 임기 내내 '혼밥' 논란 등 중국 측으로부터 홀대를 당했다는 평가를 받았다. 또한 방중 기간 중 중국을 '높은 산봉우리'에 비유함으로써 '저자세 외교' 논란을 자초했다.

2. 주요 외교 사안 및 사건

1) 북한의 6차 핵실험과 중국

북한의 6차 핵실험(2017년 9월) 직후 중국 외교부 대변인은 북한의 핵실험을 '규탄'하면서도 쌍중단 및 쌍궤병행을 통한 문제 해결을 촉구하였다. 중국이 그동안은 북한의 핵실험이 있을 때 결연히 반대한다는 표현을 사용해 왔음에 비추어 규탄한다는 표현은 과거 중국의 태도보다 더 강경한 태도로 보여 보이는 대목이었다.

그러나 동시에 쌍중단 쌍궤병행 해결 방안을 주장하여 북한체제 안정을 위한 일정한 방어막 역할도 지속하였다. 당시 중국 샤먼에서 열린 브릭스BRICs 회의에서 시진핑 주석과 푸틴 대통령은 "양국은 한반도 비핵화 목표를 견지하고 새로운 상황에 대한 소통과 협력을 긴밀히 하여 북한의 6차 핵실험에 적절히 대처해 나갈 것"이라고 하면서 쌍중단 및 쌍궤병행만이 실현 가능성이 가장 높은 북한 핵·미사일 문제 해결 방안이라는 입장을 밝혔다.

국수주의적인 논조로 유명한 환구시보는 "미국, 일본 등이 북중 국경 봉쇄, 대북 원유수출 금지 등을 요구하고 있으나 이러한 방식으로는 북한의 핵·미사일 문제 해결이 영원히 불가능하며 오히려 북중관계 갈등만 악화시켜 중국의 안보적 이익을 침해할 수 있다"는 주장을 폈다. 이러한 주장은 중국 내 일부 안보 문제 전문가들과 외교 당국자들이 품은 미국의 의도에 대한 의구심과 일맥상통하는 것이었다.

그럼에도 불구하고 중국은 북한의 6차 핵실험에 대응하여 유엔 안전보장이사회가 채택한 새로운 대북 제재 결의(2375호)에 신속히 동참했다. 이 새로운 대북 제재는 북한의 6차 핵실험 이후 9일 만에 채택되었다.

바로 직전인 7월에 북한의 첫 ICBM 화성-14형 발사에 대응한 유엔의 대북 제재 결의(2371호)가 33일 만에 채택된 것에 비하면 6차 핵실험에 대응하는 대북 제재 결의는 속전속결로 이루어진 셈이었다.

안보리 결의 2375호는 대북 원유 수출을 기존의 연간 400만 배럴에서 동결하고, 정유 제품의 경우 200만 배럴로 공급량 상한을 설정했다. 북한의 해외노동자 제한(신규 허가 금지)도 포함되었다.

중국이 석유의 공급제한과 같은 강력한 대북 제재 결의에 찬성한 배경으로 "(중국의) 사드 반대 명분마저 잃게 하는 등 북한이 시진핑 국가주석의 권위에 도전하고 중국의 전략적 위상에도 큰 흠집을 냈기 때문"이라는 덩위원鄧聿文 차하얼察哈爾학회 고급연구원의 싱가포르 연합조보 기고가 주목을 받았다. 그런 측면도 있기는 하다.

그러나 안보리의 전례 없는 강력한 대북 제재 결의에 중국이 동참한 것은 2017년 4월 미중 정상회담 이래 트럼프 대통령이 주장해온 '중국의 책임' 요구를 감안하여 마지못해 동의한 것으로 보아야 한다.

안보리 제재 결의 직후 "안보리 대북 제재는 정치적 해결의 최종 실현을 위한 것이며 대북 제재의 목적은 북한을 사지로 몰아넣는 것이 아니라 당사국들을 대화의 테이블로 이끌고 대화와 협상으로 북한 핵 문제를 해결하는 것"이라고 주장한 신화사의 논평(9월 13일)에서 당시 중국의 속내를 추론할 수 있다.

이 논평은 중국이 비록 미국의 요구로 강력한 대북 제재에 동의하기는 했지만 대화를 통한 문제 해결이 최종적인 목표라는 그동안의 중국 입장을 재확인해주고 있다.

이런 이유로 중국은 미국이 추진한 북한에 대한 전면적 원유 수출 금지와 김정은 노동당 위원장에 대한 제재에는 끝까지 반대하였다. 이는 북한체제의 생명줄을 완전히 조이지는 않겠다는 의미였다.

중국은 트럼프 행정부의 미국 측 요구를 일정 부분 수용하면서도 북한에 대한 제재가 북한체제의 붕괴를 가져올 정도의 선을 넘지 않는 범위 내에서 균형을 유지하고자 한 것이다.

2) 사드 갈등 봉합(2017년 10월)

중국은 2016년 7월 한 미 간 사드 배치가 합의된 이후 사드가 실전에 배치되는 것을 저지하기 위해 경제적 보복과 외교적 압박을 강화했다. 이처럼 중국으로부터 압력이 지속되는 가운데 문재인 대통령은 2017년 7월에 미국을 공식 방문하였다.

문재인 대통령은 방미 기간 중 미국의 싱크탱크인 전략국제연구센터CSIS 연설에서 "사드 배치는 한국의 주권 사안이다. 한국의 주권적 결정에 대해 중국이 부당하게 간섭하는 것을 옳지 않다"며 사드 배치에 대한 확고한 입장을 표명하였다.

문재인 대통령의 이러한 입장 표명은 청중이 미국의 안보전문가들이라는 점을 감안하여 미국에 우호적인 신호를 보내는 의도이기는 하였지만 동시에 중국에는 사드 문제를 가지고 더 이상 압력을 가하지 말라는 메시지로도 해석되는 대목이었다.

2017년 9월 8일 문재인 대통령은 사드 '임시 배치'를 선언하였다. 이는 사드 배치를 기정사실화로 함으로써 중국이 사드를 실전에 배치하는 문제를 둘러싸고 왈가왈부하는 것을 억지하는 효과가 있었다.

사드배치로 악화된 한중관계 개선을 위해 협의를 해온 양국은 사드 문제의 봉합에 합의에 도달했다. 2017년 10월 31일 한중관계 개선 관련 양국 간 협의 결과 발표문에는 "중국 측은 미사일 방어체계, 즉 MD 구축과 사드 추가 배치, 한미일 군사협력 등과 관련해 우려를 천명했다"는 내용이 들어 있다.

이와 관련 문재인 정부는 "그간 공개적으로 밝혀온 입장을 중국 측에 다시 설명한 것"이라고 밝혔다. 이는 강경화 외교부 장관이 국회 외교통상위 위원회에서 "사드 추가배치와 한미일 3국 간 군사동맹은 없을 것이며, 미국이 구축 중인 MD에도 참여하지 않겠다"는 우리 입장을 공개적으로 밝힌 것을 중국 측에 설명했다는 의미였다.

양국 간 협의 결과에 대해 중국 매체들은 한국 측이 3불 약속을 했다고 보도했으나 중국 정부는 한국 정부가 3불을 약속했다고 주장하지는 않았다. 3불 약속 논란에 문재인 정부는 중국 측에 약속한 적은 없으며 우리의 정책적 입장을 중국 측에 설명한 것이라고 여러 차례 밝혔다. 이와 관련 중국 측이 외교적으로 문제를 제기해온 적이 없는 것을 보면 문재인 정부가 3불 약속을 하지는 않은 것으로 보인다.

한중 고위 당국자 간 협의 과정에서 중국 측은 우리의 3불 입장을 한중 당국이 서명하는 문서로 작성할 것을 요구하였으나 우리 측이 이는 우리의 정책의 문제로서 중국과 문서로 합의할 사항은 아님을 주장하여 이를 관철했다고 알려졌다. 이런 점에서 한중의 협의 결과는 나름대로 성공적이었다고 볼 수 있다.

그럼에도 불구하고 우리의 안보 주권과 관련된 정책을 외교부 장관이 국회에서 질의에 대한 답변 형식을 빌려 공개적으로 천명한 것은 사실상 중국의 압력에 부응한 것으로 우리의 안보 주권을 훼손한 측면이 있다는 점에서 비판을 받을 소지가 있었.

또한 한중 간 협의 대표가 중국은 외교부(우리의 차관보에 해당하는 부장조리가 대표였다)가 나선 데 반해 우리 측에서는 대통령실이 나선 것은 외교적인 관례를 고려하지 않은 것이었다. 우리 측도 외교부가 협의 당사자로 나서야 했다.

중국으로서는 우리의 사드배치 계획을 철회시키는 데는 실패하었지만 '미국이 세계적 차원에서 추진하는 MD 구축에 한국의 참가 저지, 사드 추가 배치 저지, 한미일 안보협력의 군사협력으로의 발전 저지'라는 3가지 목표를 달성했다는 점에서 적지 않은 성과를 거두었다고 볼 수 있다.

3) 문재인 대통령 방중 시 혼밥과 저자세 외교 논란

문재인 대통령은 2017년 12월 중국(베이징 및 충칭)을 국빈 방문했다. 문재인 정부는 박근혜 정부의 사드 배치 결정 이후 악화된 중국과의 관계를 정상화하는 데 외교적 심혈을 기울였다. 문재인 대통령의 방중은 2017년 10월 한중 당국 간 협의에서 사드 배치로 인한 양국관계 갈등 해소에 접점을 찾은 것을 계기로 한중관계의 정상화를 완결하고자 하는 것이었다.

한중정상회담에서 시진핑 국가주석은 "지난 25년간 한중 관계가 양국 국민들에게 실질적 혜택을 가져다주었으며 역내 평화·안정에도 기여해 왔다고 평가하고 좌절을 겪으면 회복하는 데 시간이 오래 걸리지만 지금 양국 관계는 빠른 속도로 개선이 되고 있고, 이런 일이 다시 반복되지 않도록 각별히 신경 쓰고 관리를 잘 해 나가자"는 입장을 밝혔다.

시진핑의 이 발언은 중국도 사드배치로 인해 악화된 한중관계를 개선해 나가고자 한다는 메시지로 읽힐 수 있는 대목이었다.

또한 정상 간 핫라인을 구축해 소통을 강화하고 한중 간 전반적인 분야별 협력과 교류 사업을 진행하기로 하였다.

한편 시진핑 국가주석은 문재인 대통령이 제시한 한반도 4대 원칙(한반도 전쟁 절대 불가, 한반도 비핵화 원칙의 확고한 견지, 북한의 비핵화를 포함한 모든 문제의 대화와 협상을 통한 평화적 해결, 남북관계 개선을 통한 한반도 문제 해결)에 대한 공감을 표시했다.

리커창 총리는 문재인 대통령과의 회담에서 "문 대통령의 이번 방문을 계기로 그동안 중단되었던 양국 간 협력사업이 재가동될 수 있을 것"이라고 하면서 평창올림픽에 "많은 중국인들이 한국을 방문해 경기를 관람하고 관광도 하게 될 것"이라고 언급하였다. 리커창 총리의 이 발언은 사드 배치에 대한 보복 조치의 일환으로 취했던 한국기업의 중국 내 경제활동 제한과 중국인의 한국 단체관광 제한을 풀겠다는 신호로 여겨졌다.

문재인 대통령의 방중은 중국의 사드 보복 조치로 얼어붙었던 양국 관계의 정상화 및 북한의 중장거리 미사일 발사 시험과 핵실험으로 고조되었던 동북아와 한반도에서 안보 위협을 해소해 나가기로 양측 간 공감대를 마련할 수 있었다는 점에서 성공적인 방중이었다.

그럼에도 불구하고 문재인 대통령의 중국 방문은 '혼밥'과 '저자세 외교' 논란으로 그 성과가 반감되었다. 문 대통령은 3박 4일 방중 기간 중 북경과 충칭에서 각 2박 및 1박을 하였다. 북경에서는 시진핑 국가주석 주최 국빈만찬(14일), 충칭에서는 천민얼 충칭시 당서기 주최 오찬(16일) 일정이 있었다. 이외 나머지 식사를 중국 측 지도자급 인사와 함께하지 못한 것이 중국 측의 홀대였다는 비판을 받았다. 특히 14일 조찬을 일반 중국음식점에 가서 일부 수행원과 한 것이 비판의 대상이 되었다.

그러나 과거 역대 대통령들도 중국 방문 시 조찬은 숙소에서 수행원들과 하면서 당일 있을 회담 내용 등을 점검하는 것이 일반적이었다. 따라서 조찬을 외부에 있는 중국식당에 가서 수행원들과 함께 한 것을 '혼밥'이라고 하는 것은 비판을 위한 비판에 불과하다. 오찬·만찬도 공식적인 행사 이외에는 중국 경제인단체나 한국 경제인단체 등과 하는 것이 일반적인 관례다.

다만 과거에 우리 대통령이 국빈 자격으로 방중 시에 중국 총리와의 회담에 이어 총리가 주최하는 오찬 또는 만찬 일정이 마련되었으나 문 대통령 방중 시에는 리커창李克强 총리와 회담만 하고 연회가 없었다는 점에서 중국 측이 홀대했다고 지적할 수는 있을 것이다.

한편 문재인 대통령은 '저자세 외교' 논란에도 시달렸다. 이 논란은 '혼밥' 논란과는 달리 우리 측이 스스로 자초했다는 점에서 되돌아볼 필요가 있다. 저자세 외교 논란의 발단은 문재인 대통령이 방중 시 베이징 대학에 가서 학생들을 대상으로 연설이었다.

논란의 핵심은 문재인 대통령의 연설에서 중국을 높은 산봉우리 우리나라를 주변의 산봉우리로 표현한 것이었다. 문재인 대통령의 의도가 무엇이었는지는 알 수 없으나 문재인 대통령이 사대의식에 포획되어 있다는 비판을 받을 소지가 있었다.

문재인 정부는 문 대통령의 이 발언으로 임기 내내 '저자세 외교' 논란에 시달렸으며 2022년 대통령 선거에서 당시 야당의 윤석열 후보는 문재인 정부의 '저자세 외교'를 선거 쟁점화하는 단초를 제공했다.

4) 싱가포르 북미정상회담(2018년 6월) 과 김정은의 3차례 방중

2017년 출범한 미 트럼프 행정부의 대북 강경정책에 북한이 반발하면서 한반도 위기가 고조되었으나 북한이 평창 동계올림픽(2018년 2월)에 참가한 것을 계기로 문재인 정부가 추진한 남북 관계 개선의 물꼬가 트이기 시작했다. 2018년 3월에는 정의용 대통령 국가안보실장 등 대통령 특사단이 북한을 방문하여 김정은을 면담하였다. 동 면담에서 4월 말 판문점 평화의 집에서 남북정상회담을 개최한다는 데 합의가 이루어졌다.

대통령 특사단은 방북 직후 미국을 방문(3월 8~10일)하여 트럼프 대통령을 면담하는 자리에서 김정은의 비핵화 메시지가 담긴 친서를 전달하는 등 북한 핵 문제 관련 교착상태에 있던 북미 간 협상을 위한 중재 역할에 나섰다. 트럼프 대통령이 정의용 특사와의 면담에서 김정은과의 정상회담 의사를 밝힘으로써 북미정상회담이 급물살을 타게 되었다. 당시 중국은 북한 핵 문제 관련 트럼프의 중국 책임론에 부응하여 대북 압박에 나서고 있었다. 특히 중국은 북한의 6차 핵실험 이후 전례 없는 강도로 대북 압박정책에 나서서 북중관계가 악화되어 있었다.

그러나 남북정상회담과 트럼프-김정은 정상회담의 성사로 한반도 정세가 긴장 완화 추세로 전환되자 중국은 북한에 대한 정책을 조정하기 시작하기 시작했다. 2017년 11월 시진핑의 특사 자격으로 방북한 송타오 중국공산당 대외연락부장을 만나주지도 않을 정도로 중국에 냉랭했던 김정은도 트럼프와의 정상회담에 앞서 중국이라는 뒷배가 필요했다. 북중 양국 간 상호 이해가 맞아떨어진 것이다.

이러한 상황에서 김정은이 중국을 방문(2018년 3월 25~27일)했다. 2011년 12월 김정일의 사망으로 권좌에 오른 지 7년여만의 첫 방중이었다. 김정은의 방중은 남북, 북미정상회담을 앞둔 시점이었기 때문에 특별히 주목을 받았다.

시진핑 국가주석은 김정은을 위한 만찬 연설에서 "북중 친선은 피로써 맺어진 친선으로 세상에 유일무이한 것"이라고 강조하는 등 과거 혈맹의 기억을 소환함으로써 소원해진 북한과의 관계를 복원하고자 한다는 의중을 표명했다. 김정은은 "북중 친선을 대를 이어 목숨처럼 귀중하게 여기고 전승하는 것이 내 숭고한 임무"라고 화답하였다.

　김정은의 전격적인 방중을 통해 시진핑 집권 초기부터 북한의 연이은 핵실험 및 탄도미사일 실험과 장성택 처형 등으로 경색되어 있던 북중관계는 하루아침에 개선되었다.

　김정은의 첫 방중은 김정일의 첫 방중과 유사한 면이 있었다. 김정일은 1994년 김일성의 급작스러운 사망으로 권좌에 오른 후에도 한중수교에 대한 배신감 등으로 인해 중국과의 관계를 냉랭하게 유지하다가 2000년 5월 남북정상회담을 앞두고 전격적으로 중국을 방문하여 북중관계가 정상화된 적이 있다.

　이처럼 북중관계는 중국 측 요인이던, 북한 측 요인이던 어느 측 요인에 의해 악화한다 하더라도 상호 필요에 따라 언제라도 전략적으로 제휴할 수밖에 없는 관계임을 보여준다.

　한편 김정은은 첫 방중 시 과거 김일성이나 김정일의 중국 방문 시와 달리 부인 리설주를 동반하였다. 이는 김정은 정권이 안정되어 있으며 북한이 정상적인 국가임을 대외에 알리려는 의도였을 것이다.

　김정은은 4월 말 판문점 평화의 집에서 남북정상회담이 있었던 직후에 두 번째로 중국을 방문(5월 7~8일)하였다. 이는 남북정상회담 결과에 대한 논의와 동시에 싱가포르 북미정상회담을 앞둔 협의 차원이었을 것이다.

　김정은의 두 번째 방중은 시진핑 주석과의 정상회담 장소가 지방 도시인 다롄이었다는 점이 주목을 받았다. 2010년 8월 김정일의 중국 동북 지방 방문 시 후진타오 주석이 지방 도시인 창춘에 가서 북중 정상회담을 가진 적이 있기는 하다.

그러나 21세기 주요 강대국으로 부상한 중국의 국가주석이 수도가 아닌 지방 도시까지 가서 정상회담을 갖는다는 것은 외교적으로는 통상적으로 있을 수 있는 일이 아니다. 시진핑 국가주석이 싱가포르 북미정상회담을 앞두고 체면 불구하고 북한 끌어안기에 나선 것으로 볼 수 있는 대목이었다.

김정은의 2차 방중 시 시진핑 국가주석은 북중 양국 관계를 "두 나라는 운명공동체, 변함없는 순치 관계"라고 언급하였다. 북한에 대해 중국이 사용하는 순치관계라는 표현은 마오쩌둥이 한국전쟁 당시 중국인민지원군 파견 문제에 대한 군사 지도들과의 논의에서 북한과 중국은 순치의 관계라는 점을 근거로 인민지원군 파견을 역설한 역사가 있다는 점을 감안하면 중국이 여전히 북한을 중국의 안보 울타리라는 전략적인 차원에서 바라보고 있다고 볼 수 있는 대목이었다.

한편 김정은은 북미정상회담을 위해 싱가포르 방문 시 중국이 제공한 민항기를 사용하였는데 이는 어쩔 수 없는(멀리까지 갈 수 있는 비행기조차도 갖고 있지 못한) 북한의 사정 때문이기는 하였지만 항공기가 국가원수의 신변안전 및 국가의 기밀유지 등의 핵심 안보 문제와 관련되어 있다는 점을 감안하면 북중관계가 얼마나 끈

끈한 관계인지를 보여주는 것이었다.

김정은은 6월 싱가포르 북미정상회담 직후 다시 중국을 방문(6월 19~20일)하여 시진핑 주석과 3번째 정상회담을 가졌다. 동 정상회담에서 김정은은 북한과 중국을 "한 집안 식구"라고 하면서 양국 관계를 "동서고금에 유례가 없는 특별한 관계"라고 언급하는 등 중국과의 특수성을 강조하였다. 이는 중국 측의 민항기 지원 등에 대한 감사 표시였을 것이다.

시진핑 주석도 "중조 두 당과 두 나라 관계의 불패성을 전 세계에 과시했다"고 함으로써 북한과의 관계를 중시하고 있음을 다시 강조했다.

5) 김정은의 4차 방중과 베트남 하노이 2차 북미정상회담

2019년 1월 새해 벽두(1월 7~10일)에 김정은이 네 번째로 중국을 방문했다. 김정은의 방중은 트럼프 미국 대통령과 김정은 간 2차 북미 정상회담(2019년 1월 27~28일, 하노이) 개최를 앞둔 시점이어서 김정은이 중국을 뒷배로 여기고 있음을 또다시 보여준 대목이었다.

하노이 2차 북미정상회담은 트럼프 대통령의 협상 중단 선언으로 결렬되었다. 트럼프 대통령은 결렬 이유를 "북한이 (영변 핵시설 해체의 대가로) 모든 제재를 해제하길 원했기 때문"이라고 밝혔다.

북한은 전면적인 제재 해제가 아닌 영변 핵시설 영구 폐기의 대가로 부분 제재 완화를 요구하였다며 미국의 주장을 반박하였다.

미국은 기존의 '선先비핵화-후後보상'의 일괄타결 방식을 북한은 '단계적, 동시적' 해결을 주장한 셈이다. 이는 북미 양측이 기존의 해결방식에서 한 치도 물러나지 않은 것이었다.

하노이 2차 북미정상회담이 결렬된 후 중국은 대화 재개에 대한 강한 희망을 피력했지만 6자회담 때처럼 미국 및 북한과의 셔틀 외교를 통해 북미 간 대화 재개를 위한 중재자 역할을 하지는 않았다.

이는 중국 외교가 북한 핵 문제의 인질이 되는 것을 피하려는 것이었다. 과거의 경험으로부터 얻은 교훈일 것이다.

6) 시진핑 국가주석 방한 문제

문재인 대통령은 임기 내내 시진핑 국가주석의 방한을 성사시키는 것을 마치 외교적 과제인 것처럼 추진했다. 시도 때도 없이 문재인 정부는 시진핑 방한 가능성을 언론에 흘렸다.

2021년 2월 16일 한중 외교부 장관 간 전화 회담 후 한국 외교부는 "코로나19 상황이 안정돼 여건이 갖춰지는 대로 시진핑 주석의 방한이 조속히 이뤄질 수 있도록 계속 소통해 나가기로 했다"고 발표한 것이 대표적인 예이다. 하지만 중국 외교부 발표 자료에는 이에 관한 아무런 언급이 없었다.

문재인 정부가 임기 마지막까지 시진핑 방한을 성사시키기 위해 백방으로 노력한 데에는 아마도 굴종 외교, 사대 외교라는 야당의 공세를 꺾고 대선이라는 국내 정치와 임기 만료 후의 평가 등을 염두에 둔 정치적 이유 때문이었을 것이다.

그러나 시진핑 주석의 방한이 실현된다고 해서 문재인 정부의 대중 외교에 대한 평가가 바뀌는 것은 아니다. 오히려 시진핑의 방한 추진을 대외적으로 공개했음에도 불구하고 결국 실현이 되지 않음으로써 우리의 모양새만 빠지게 되었다.

외교 관계에서 국가원수의 방문 문제는 극도의 보안 속에서 비밀리에 추진되어야 한다. 더군다나 상대국 국가원수의 방문을 실현시키는 것이 중요한 정책목표라면 상호 체면이 구겨지지 않도록 매우 신중하고 비밀을 유지하는 가운데 외교 채널을 통한 협의를 거쳐야 한다.

이런 관점에서 문재인 정부가 중국의 의사도 정확히 확인되지 않은 가운데 시진핑 주석의 방한이 실현될 수 있는 것처럼 언론에 공개한 것은 외교적인 결례이자 중국 측에 매달리는 형태를 보인 것으로 이는 국가 위신의 문제이자 외교에 있어서 절대로 있어서는 안 될 일이었다.

15장
윤석열 대통령 시기

1. 국제 정세 및 한중관계 개관

 윤석열 정부 시기 한중관계는 당당한 외교라는 허상을 좇다 수교 이후 다져 온 중국과의 신뢰를 송두리째 와해한 시기였다. 윤석열 정부 출범 당시 한중관계는 2016년 사드 배치로 인해 곪아 터졌던 상처가 문재인 정부를 거치면서 어느 정도 아물어 있었다.
 윤석열 정부가 출범한 해는 마침 한중수교 30년이 되는 해여서 이를 잘 활용하면 사드배치로 인한 후유증을 극복하고 한중관계 개선의 전기를 마련할 수도 있었다.
 당시는 미중관계가 수교 이후 협력과 경쟁의 시대에서 갈등과 대결의 시대로 본격 전환되는 시기여서 우리의 대중 외교 방향을 잡기가 녹록지 않은 시기였다는 주장도 있을 수 있다.
 그러나 중국으로서는 미국으로부터 첨단기술 수입통제 등 압박을 받고 있었기 때문에 한국과의 협력이 오히려 절실했던 시기였다. 따라서 우리로서는 이러한 중국의 상황을 외교에 활용할 필요가 있었다.

 박근혜 대통령이 사드배치를 결정하면서 한중관계가 어려움이 초래되기는 하였으나 사드배치 결정은 우리 입장에서는 국가안보라는 명분이 있는 결정이었고 따라서 일시적으로 한중관계가 어려움에 부닥치더라도 장기적으로는 중국을 설득해 나갈 수 있는 사안이었다.
 반면 윤석열 정부 시기의 한중관계는 이해관계가 서로 다른 외교안보 문제로 어려워진 것이 아니라 윤석열 정부가 중국을 불필요하게 자극함으로써 생긴 위신과 신뢰의 문제였기 때문에 출구가 없었다.

 노무현 대통령 이후 대통령 당선인은 대통령으로 취임하기 전에 미, 일, 중, 러 4개국에 특사를 보내 당선자의 우호 친선 메시지를 보내는 것이 외교적 관례로 자리 잡고 있었다.
 그런데 윤석열 당선자는 당선 직후 중국은 쏙 빼고 미국, 일본, EU에 특사를 보냈다. 중국 측은 한국으로부터 홀대를 당했다고 생각했을 것이다. 러시아에도 특사를 보내지 않았으나 이는 당시에 러시아가 우크라이나를 침략한 행위로 국제적인 비난과 제재를 받고 있었기 때문에 나름 이유가 있었다.
 이러한 우리 측의 홀대에도 불구하고 중국은 윤석열 대통령 취임식에 시진핑 국가주석의 측근인 왕치산 국가부주석을 특별대표로 파견하였다. 이는 윤석열 정부와 한중관계를 잘 발전시켜 나가겠다는 의중을 드러낸 것으로 읽힐 수 있는 대목이었다.

그러나 윤석열 대통령은 취임 이후에도 중국을 외면하는 태도를 보였다. 윤석열 정부는 미국과의 동맹을 양자 차원을 넘어 글로벌 차원의 전략동맹으로 확대 강화하고 일본과의 관계를 개선하는 한편 한미일 협력을 군사 분야로까지 확장하는 것을 최우선 외교 방향으로 추진했다.

이런 외교 방향 자체가 나쁜 것은 아니지만 복잡한 국제 정세를 이분법적 틀로 바라보았다는 것이 문제였다.

윤석열 정부는 한미동맹 강화, 한일관계 개선 및 한미일 협력 증대가 이루어지면 이를 지렛대로 삼아 중국과 당당하게 외교를 할 셈이었다. 윤석열 정부의 대중 외교의 캐치프레이즈는 당당한 외교였다. 이는 문재인 정부의 대중 외교가 저자세 외교였다는 비판 위에 내건 것이었다.

그러나 그것은 외교를 너무 단순하게 보는 것이다. 미국과 일본과의 관계를 먼저 강화하고 난 후에 중국과의 관계를 우리의 입맛에 맞게 설정해 나가겠다는 윤석열 정부의 접근법은 중국으로서는 받아들일 수 없는 것이다.

중국과의 관계에 대해 무관심 내지는 냉담한 태도로 일관했던 윤석열 정부는 취임 후 1년여가 지난 2023년 후반기에 들어서부터 태도를 전환하기 시작했다. 물론 윤석열 대통령 취임 이후

2022년 8월 중국 칭다오에서 한중 외교장관 회담이 개최되었고 2022년 11월 인도네시아 발리에서 있었던 G20 회의 참석 계기에 사이드라인에서 윤석열 대통령-시진핑 국가주석 간 정상회담이 있었다. 그러나 그 회담들은 일종의 탐색전이었다. 그 이후에도 한국은 여전히 한미동맹 강화와 일본과의 관계 개선에 올인 했고 중국과의 관계를 후순위로 설정해 놓고 있었다.

그러는 사이 미국과 서구 유럽 국가들이 2023년 초부터 중국과의 관계를 디커플링decoupling에서 디리스킹derisking으로 전환하는 것을 보고 윤석열 정부는 뒤늦게 중국에 적극적으로 접근하기 시작하였다. 2023년 9월 중국 항저우에서 개최된 아시안 게임 개회식에 한덕수 당시 총리를 정부 대표로 파견한 것이 그 예이다.

동 계기에 시진핑 국가주석과 한덕수 총리 간 짧은 면담이 성사되었다. 한덕수 총리는 동 면담에서 시진핑 국가주석의 방한을 요청했고 시 주석으로부터 긍정적인 시그널이 있었던 것으로 정부 관계자들이 설명했다.

그러나 시진핑의 언급은 외교적 발언에 불과한 것으로 드러났다. 2023년 11월 미국 샌프란시스코에서 개최된 APEC 정상회의에 참석 계기에 윤석열 대통령은 시진핑 국가주석과의 회담을 추진했으나 중국 측이 불명확한 이유로 사실상 거절한 것을 보면 그렇다.

당시 시진핑 국가주석은 APEC 회의에 참석한 다른 많은 나라의 정상들과는 양자 회담을 가졌다. 한중정상회담 가능성을 거론하던 우리 측 관계자들은 머쓱해졌다. 중국한테 보기 좋게 한 방 먹은 셈이다.

중국은 윤석열 정부의 대중국 정책에 실망을 넘어 분노한 것으로 보였다. 윤석열 정부가 올인해서 추진한 2030 부산 엑스포 개최지 선정을 위한 우리의 외교 노력을 중국이 가로막는 훼방꾼 노릇을 한 것을 보면 그렇다.

중국은 윤석열 정부가 부산 엑스포 개최에 혼신의 노력을 다하고 있었음을 잘 알면서도 우리의 경쟁국이던 사우디를 공개적으로 대놓고 지지했다. 중국이 자신들의 영향력이 미치는 국가들에게 한국을 지지하지 말라고 했다는 확인되지 않는 언론 보도들도 있었다.

중국은 우리나라가 주요 국제행사 개최를 추진 시 일반적으로 우리 측 입장을 지지했었다. 2006년 유엔 사무총장 선거에서 반기문 후보를 지지하기도 하였고 2002년 월드컵 개최국 선정 시 중국 측 국제축구연맹 집행위원들은 우리나라 개최를 지지하기도 하였다.

부산 엑스포 개최를 둘러싼 외교전에서 중국이 보여준 행태는 윤석열 정부에 대해 중국이 분노하고 있었다는 것 이외에는 중국의 행태를 달리 설명할 길이 없다.

외교의 가장 효율적인 무기는 말

윤석열 대통령은 국민의 힘 대선후보 시 주한미국상공회의소 AMCHAM 간담회에서 "한국 국민들, 특히 청년들의 대부분은 중국을 싫어한다"고 발언한 적이 있다. 일본의 과거사 문제를 국내 정치에 끌어들인 적은 있으나 국내 정치에 중국을 끌어들인 첫 번째 사례였다.

외교 문제를 국내 정치에 끌어들이면 해결책이 없다. 외교 문제가 정파 간의 싸움이 되기 때문이다.

그동안 우리의 대일본 정책이 그동안 국내 정치 영향 때문에 객관적 합리적으로 추진되지 못했었다. 이제 중국 문제도 윤석열 정부 시기부터 국내 정치의 영향을 받기 시작한 것이다.

윤석열 대통령은 2024년 계엄 선포의 이유의 하나로 외국인을 간첩행위로 잡을 수 있는 법을 개정하고자 하였으나 야당의 반대로 법을 개정할 수 없기 때문이었다고 주장하기도 하였다. 그러면서 부산항에 정박 중이던 미국의 항공모함을 촬영하던 중국인들이 체포된 사건을 예로 들었다. 그 중국인들이 어떤 목적으로 촬영을 했는지는 당국의 조사와 재판을 통해 법률적으로 다루어져야 할 일이었다.

윤석열 대통령의 이 발언은 마치 많은 중국인들이 한국에서 간첩 행위를 하는 것으로 생각하도록 만들었다. 우리의 계엄 사태에 대해 일절 언급을 하지 않던 중국은 외교부 대변인이 윤석열 대통령의 이러한 언급에 대해 국내 문제에 중국을 끌어들이지 말라고 발끈했다.

2024년 7월 언론에 공개된 수미 테리 사건(미국의 한반도 문제 전문가인 수미 테리 미국외교협회 선임연구원이 한국 정부를 불법으로 대리한 혐의로 미 검찰로부터 기소된 사건)에 대해 미 국무부는 매우 신중한 태도로 이 문제를 다루었다. 미 국무부는 사건 후 "아직 진행 중인 법 집행 사안에 대해 논평하지 않겠다"는 논평 아닌 논평을 내놓았다. 관련 당사국인 한국을 자극하지 않기 위해서였을 것이다.

중국도 이런 문제를 처리하는 데 비교적 신중한 편이다. 1997년 황장엽 노동당 비서가 망명을 요청하기 위해 대사관 영사부에 들어왔을 때 중국 측은 처음부터 우리 측이 황장엽 망명에 관련되어 있지 않은지 의심했다. 황장엽 비서가 망명 요청을 위해 들어온 대사관 영사부 건물의 외곽 곳곳에는 중국의 무장 경찰들이 배치되어 있고 우리 영사부 건물 입구에도 배치되어 있어 외부인의 출입이 어려웠기 때문이다.

이러한 상황을 잘 알고 있던 중국 측은 황장엽이 어떻게 한국 영사부에 들어왔는지 우리 측에 여러 차례 문의했으나 택시를 타고 우리 영사부에 도착했다는 우리 측 설명에 대해 더 이상의 문제 제기는 하지 않았다.

그러나 황장엽 비서의 망명 사건이 외교적으로 타결된 후 얼마 안 되어 우리 측 정보 요원 대부분이 본국으로 조기 귀국했다. 이 과정에서 중국 측은 우리 측 관련 인원들에 대한 중국 측의 불만을 내밀하게 우리 측에 전달한 것으로 보였다. 앞으로는 그러지 말라는 경고의 의미로 보였다.

외교의 본령은 말로 상대방을 감동시키고 상대방의 신뢰를 얻는 것이다. 때문에 정부와 대통령의 메시지는 상대국의 감정을 후벼 파지 않고 신중한 언어를 사용하여야 한다. 그러나 윤석열 대통령은 선거 과정에서부터 문재인 정부의 대중국 저자세 외교를 비판하면서 중국과의 당당한 외교를 내세움으로써 불필요하게 중국 측을 자극했다. 반중 정서를 이용해서 표를 좀 얻고자 하는 심산이었을 것이다.

1992년 한중수교 이후 양국은 외교 현안들을 놓고 비록 갈등과 대립은 있었지만 원만하게 문제를 해결해 왔다. 그러나 윤석열 정부가 내세운 당당한 외교라는 표현은 이성적, 합리적 언어가 아니라 감정적인 언어로서 상대국을 자극만 하는 결과를 가져왔다. 이런 방식으로는 아무것도 얻을 게 없다.

윤석열 정부의 대중 외교는 대책 없이 말만 앞서는 무모한 외교, 당당한 외교를 하겠다고 대포만 쏘아대다가 외교의 기반이 되는 상대국과 쌓아온 신뢰를 허무는 외교였다.

2. 주요 외교 사안 및 사건

1) 대중 외교의 첫 단추를 잘못 끼운 윤석열 당선자의 특사 외교

우리나라는 노무현 대통령 당선인이 미국, 중국, 일본, 러시아 등 주변 4강에 특사를 보낸 이후 대통령 당선자들은 4강에 특사를 보내왔다. 노무현 전 대통령은 미국과 일본에 정대철 전 의원, 중국에 이해찬 의원, 러시아에 조순형 전 의원 등을 특사로 파견했었다.

이명박 대통령 당선인은 무게감 있는 특사들을 같은 날 동시에 4강에 파견했다. 중국에는 대선 후보 경쟁자였던 박근혜 의원을, 미국에는 정몽준 의원을 보냈다. 일본에는 친형인 이상득 전 의원, 러시아에는 오른팔로 불린 이재오 전 의원을 파견했다.

박근혜 대통령 당선인은 중국에는 친박 핵심이던 김무성 의원을, 미국에는 이한구 당시 새누리당 원내대표를 특사로 보냈다. 일본에는 특사를 보내지 않았는데 그 배경에는 이명박 정부 말기에 대두된 위안부 문제가 있었다. 러시아에도 특사를 파견하지 않았다.

문재인 대통령은 선거에 당선되자마자 대통령직을 수행하면서도 4강 모두에 특사를 보냈다. 당시 일본과의 관계는 박근혜 정부 말기에 이루어진 종군위안부 합의를 이행할지 여부를 놓고 정치권에서 논란이 있었으나 문재인 대통령은 이에 구애받지 않고 일본에도 특사를 파견하였다.

　윤석열 대통령 당선인은 4강 중 미국과 일본에는 박진 의원과 정진석 의원을 특사를 보내면서 중국과 러시아를 제외했다. 러시아는 당시 우크라이나를 침공한 관계로 미국 등 서방으로부터 제재를 받고 있었던 점을 감안하면 4강 중 중국만 특사를 안 보낸 셈이었다.

　사드배치 이후 악화된 한중관계가 아직 완전히 정상화되지는 않고 있던 시기이기는 하지만 윤석열 대통령 당선인의 특사 외교를 보면서 중국은 한국으로부터 홀대를 당했다고 생각했을 것이다.

　시진핑 국가주석은 윤석열 후보가 대통령에 당선된 직후 축전을 보냈으며 이 사실을 당 기관지인 인민일보 1면에 게재하기도 했었다. 물론 이러한 시진핑 국가주석의 축전 발송과 인민일보 게재는 중국 정부의 관행이었으므로 특별히 의미를 부여할 일은 아니기는 하다.

　윤석열 대통령 당선인이 특사 외교 대상국에서 중국을 제외한 것은 실수라기보다는 나름 계산된 의도하에 결정된 것이었을 것이다. 그러나 그 의도가 무엇이었든 간에 그것은 외교의 기본을 망각한 것이었다.

특히 체면과 위신을 중시하는 문화를 가진 중국에게 그러한 외교행태를 보인 데 대해 중국은 홀대를 당했다고 생각했을 것이다.

첫 단추인 특사 외교에서부터 한중관계가 삐걱거리기 시작한 것이다. 앞으로 새 정부가 출범할 때 이를 반면교사로 삼아야 한다.

2) 시진핑 주석 방한 문제를 둘러싼 한중 간 샅바싸움

윤석열 대통령 시기 한중관계를 삐걱거리게 만든 외교 사안 중의 하나는 시진핑 대통령의 방한 문제였다. 윤석열 정부는 출범 이후 여러 차례 문재인 대통령이 중국을 두 번 방문(한번은 공식 방문이었고 한 번은 한중일 정상회담 참석을 위한 방문이었다)하였고 박근혜 대통령은 네 번 중국을 방문(사실상 한번 방문한 것이고 다른 세 번은 국제회의 등 계기에 방문한 것이다)하는 동안 시진핑 국가주석은 한 번만 한국을 방문했으므로 (윤석열 대통령이 방중하기에 앞서) 시진핑 주석이 먼저 한국을 방문해야 한다는 입장을 대외적으로 공개했다.

그러나 이러한 주장은 반은 맞고 반은 틀렸다고 할 수 있다. 무엇보다 정상 간 상호방문을 기계적으로 진행할 수가 없다. 그것은 상호 필요성과 상황에 의해 탄력적으로 진행되는 것이다.

1992년 한중수교 이후 2025년까지 32년 동안 중국의 국가주석은 혈맹관계임을 자랑하는 북한을 3차례 방문했다. (장쩌민, 후진타

오, 시진핑 국가주석이 각각 한 번씩 방문했다) 반면에 북한의 김정일은 7차례, 김정은은 2018년에서 2019년 사이에 북미 회담을 전후하여 4차례 중국을 방문했다.

윤석열 대통령은 2년 반 재임 기간 중 세 번 미국을 방문했다. 반면 바이든 대통령은 4년 재임 기간 중 한 번 한국을 방문하는 데 그쳤다.

최근 들어서는 정상들이 참여하는 국제회의가 많기 때문에 특정 시기에 특정 나라가 다자 정상회의를 많이 개최하는 경우 그 나라를 많이 방문하는 경우들이 있다.

이런 상황들을 종합적으로 감안하면 정상의 상호 방문 횟수 문제를 가지고 균형 여부를 논하는 것은 실익이 없다. 한국과 중국의 지도자는 교체 주기가 다르다. 우리는 5년 마다 대통령이 바뀐다. 거기다 대통령 탄핵이라도 있으며 5년조차도 채우지 못한다. 반면 중국의 국가주석은 최소 10년 이상 재임한다. 양국 정상 간 상호방문이 기계적으로 이루어지기 어려운 이유이다.

시진핑 국가주석 방한 문제를 둘러싼 논란의 핵심은 윤석열 정부가 이 문제를 대외적으로 공개함으로써 불필요한 외교현안으로 비화하였다는 점이다. 특히 이 문제가 한중 간 위신의 문제로 전환되면서 문제 해결이 어렵게 되었다.

이런 문제는 보통 물밑에서 상대방을 존중하는 가운데 협상을 통해 해결하는 것이 외교적 관례다. 이런 외교적 관례를 무시하고 윤석열 정부는 출범 초기 '시진핑 방한 먼저'라는 불필요한 전제조건을 공개함으로써 시진핑 국가주석이 방한하고 싶어도 방한할 수 없는 상황이 되어버렸다.

윤석열 정부가 '시진핑 방한 먼저'를 주장한 것은 이를 통해 당당한 외교의 진면목을 보여주고자 한 것이었으나 이러한 외교행태는 상대국의 입장은 전혀 고려하지 않은 아마추어 외교 행태였으며 이루어질 수도 없는 주장이었다.

그렇다고 윤석열 정부가 당당한 대중 외교를 한 것도 아니다. 윤석열 정부 출범 후 한중관계가 이렇다 할 돌파구를 마련하지 못한 채 지지부진하게 되면서 이를 우려하는 목소리가 대두되기 시작하자 이에 부담을 느낀 윤석열 정부는 시진핑 주석의 방한을 성사시키기 위해 중국에 매달리는 행태를 보였다.

2023년 9월 중국 항저우 개최 아시아올림픽 개막식에 정부 대표로 참석한 한덕수 총리의 시진핑 주석 면담 및 윤석열 대통령의 2023년 9월 아세안 정상회의 참석 계기 대통령-리창 중국 총리 간의 면담 이후 대통령실 관계자들이 언론에 나와 시진핑 주석의 2024년 중 방한 가능성을 언급하기 시작한 것이다.

그러나 중국 측은 시진핑의 방한에 대해서는 대외적으로 일언반구도 하지 않았다. 설령 한중 양자 간에 그러한 논의를 했다고 하더라도 언론에는 신중하게 언급해야 하는데 당당한 외교를 외칠 때 박수를 보내던 언론이 지지부진한 한중관계에 대한 우려를 나타내기 시작하자 정부가 조급해진 것이다.

 5년 단임의 우리나라 정부는 단기간에 성과를 내야 하기 때문에 외교도 조급하다. 반면에 중국은 느긋하다. 우리가 중국과의 외교에서 항상 수세에 몰리는 이유이다.
 시진핑 주석의 방한이 2024년에 실현되지 않은 것으로 보아 대통령실 고위관계자들의 시진핑 방한 가능성 언급은 중국 측의 의중을 잘못 읽은 채 우리의 희망과 기대를 밝힌 것으로 보아야 할 것이다.
 오히려 중국 측은 2023년 11월 미국 샌프란시스코에서 개최된 APEC 정상회의 계기에 우리 측이 제의한 한중정상회담도 거부하는 모습을 보였다. 당시 시진핑 주석이 다른 나라들과는 양자 정상회담을 하면서도 우리의 정상회담 제안을 받아들이지 않은 것은 중국의 '길들이기' 외교행태였다. 중국은 특정 국가에 관계없이 종종 이런 외교행태를 보인다.

 당시 APEC 회의 참석차 샌프란시스코를 방문한 시진핑 국가주석은 바이든 미 대통령과 무려 4시간 동안 회담을 하였다. 세계의 언론들은 APEC회의보다 미중 정상회의에 압도적인 관심을 갖고 보도하였다. 마치 APEC회의가 미중 정상회담 개최를 위해 판을 깔아준 것처럼 보였다. 미중 양측 모두 외교안보경제를 책임지는 사령탑들이 총출동했다.

2021년 취임 이래 중국을 경쟁자로 규정하고 반도체, AI 등 첨단제품의 국제 공급 망에서의 중국 배제 및 미국 첨단기술의 대중수출 통제 등 중국에 대한 압박정책을 구사해온 바이든 미 대통령이 시진핑과 4시간에 걸쳐 회담을 한 것은 중국을 중시해서 다루고 있다는 것을 방증한 것이다. 시진핑은 동 회의에 참석한 기시다 일본 총리 및 멕시코, 브루나이, 페루, 피지 정상과도 각각 정상회담을 가졌다.

　시진핑의 APEC 참석 일정 가운데서 또 다른 시선을 끈 행사는 시진핑 주석이 미국의 주요 경제계 인사들을 초청한 만찬이었다. 이 만찬에는 미국 유수의 IT 기업 회장들을 포함 400여 명의 경제계 주요 인사들이 대거 참석했다. 미중관계 악화로 중국 내 사업 환경이 어려워졌음에도 불구하고 먼 미래를 보고 이들 미국 기업인들은 시진핑과 중국 정부에 눈도장을 찍으려 하고 있었던 것이다.

　이후 윤석열 대통령-시진핑 국가주석 회담은 2024년 11월이 되어서야 페루 개최 APEC 정상회의 시 사이드라인에서 겨우 이루어질 수 있었다. 2022년 10월 인도네시아 발리에서 있었던 G-20 회의 계기에 한중정상회담이 있은 후 2년 만이었다. 그것마저 우리가 요청해서 성사된 것으로 보였다. 당당한 외교의 모습으로 연출하고자 했던 '시진핑 방한 먼저' 캐치프레이즈는 온데간데없이 사라지고 우리는 국제회의에 참석한 계기에서라도 한중정상회담을 갖느라 급급했던 것이다.

당당한 외교를 내세우던 윤석열 대통령은 시진핑 주석과의 회담에서 "중국은 우리가 안보, 경제, 문화, 인적 교류 등 제반 분야에서 긴밀히 협력하고 있는 중요한 국가"이며 "양국이 상호존중, 호혜, 공동이익에 기초해 전략적 협력 동반자 관계를 내실 있게 발전시켜 나가기를 기대한다"고 언급하였다.

윤석열 대통령이 한중관계를 전략적 협력동반자 관계라고 언급한 것은 이때가 처음이었다. 2년간 돌고 돌아 과거의 레토릭으로 되돌아간 것이다.

또한 윤석열 대통령은 당시 한 브라질 언론과의 인터뷰에서 "한국에 있어 미국과 중국은 둘 중 하나를 선택해야 하는 문제가 아니다"라고 언급했다. 이 또한 미국과 중국 사이에서 우리가 어떠한 외교 스탠스를 취해야 할지에 대해 과거 정부들이 사용하던 레토릭이었다.

취임 초 기세 좋게 당당한 외교를 내세우던 윤석열 정부의 이런 갑작스러운 태도 변화는 맥락이 없는 또 다른 조급함을 보여준 것이었다.

윤석열 정부 출범 이후의 상황을 복기해보면 2025년 11월에 우리나라가 APEC 정상회담을 개최하도록 되어 있었으므로 중국은 시진핑 주석이 동 APEC 정상회의에 참석하면서 동시에 우리나라를 양자 차원에서 별도로 방한하는 것을 고려했을 가능성이 농후하다.

그런데 우리는 그러한 상대국 사정은 고려치 않고 당당한 외교라는 허명을 위해 '시진핑 방한 먼저'라는 캐치프레이즈를 밝혀 놓고 샅바싸움만 하다가 말았다. 그렇다고 당당한 외교라는 초심을 지킨 것도 아니다. 소리만 요란하게 내고 실익은 하나도 얻지 못한 것이다.

3) 대만 문제를 둘러싼 갈등

1972년 닉슨 미 대통령의 중국 방문 이래 대만 문제는 미중관계의 핵심 이슈였다. 1972년 미중 상하이 코뮈니케 발표 당시 미중 양측 간 합의에 달하지 못했다. 헨리 키신저에 의하면 중국 측이 코뮈니케에 각자의 입장만 담자는 의견을 먼저 제시했고 미국 측이 이에 동의하여 각자의 입장만 밝히게 되었다고 한다. 키신저는 이러한 중국의 접근법을 보고 구소련에 비하면 매우 유연한 외교 행태였다고 평가한 바 있다.

1978년 미중 수교 공동성명에서는 "미국은 중화인민공화국을 중국의 유일한 합법 정부이며 대만은 중국의 일부라는 중국의 입장을 인정한다. 이런 맥락 안에서 대만과 문화, 통상 및 기타 비공식적인 관계를 유지해 나갈 것이다"라는 합의에 이르렀다. 이 문장 하나를 서로 합의하는 데 8년여가 걸렸다.

그러나 대만 문제 관련 실제적인 현안이 생길 때마다 이 문구를 어떻게 해석할지를 놓고 미중 간 갈등이 노정되었다. 대만에 대한 미국의 군사 장비 판매 문제가 핵심적인 갈등이었으나 협의를 통해 관리되어 왔다.

이처럼 관리되어 오던 대만 문제가 조 바이든 미국 대통령 시기에 들어와서 미중 간 민감한 안보 이슈로 변했다. 바이든 대통령이 "중국이 대만을 공격할 경우 미국이 대만을 방어할 것"이라는 입장을 여러 차례 언론 인터뷰에서 밝히면서 중국이 이에 반발한 것이다.

미국은 1954년 대만과 군사개입이 포함된 조약을 맺었었으나 중국과 수교하고 대만과 단교한 1979년 이 조약은 폐기되었으며 대만에 주둔한 미군도 철수했다. 이후 미국은 전략적 모호성을 취하며 중국의 대만에 대한 군사행동을 억지해왔다. 바이든 대통령의 이 발언은 대만방어 문제와 관련한 전략적 모호성에서 전략적 명료성으로의 정책 선회로 보였다.

대만 문제가 한중 간 외교안보 이슈로 처음 대두된 것은 2021년 5월 문재인 대통령의 방미 때였다. 문재인 대통령 방미 시 바이든 대통령과의 정상회담에서 채택된 한미 공동성명은 "대만해협에서의 평화와 안정 유지의 중요성을 강조했다"는 표현으로 대만 문제를 언급했다.

사실 이 레토릭은 우리 정부가 대만해협에서의 위기 발생 시 대외적으로 표현하던 것과 일치하는 것이었다. 그럼에도 불구하고 당시 문제가 된 것은 미국 측의 요구로 한미 공동성명에 이를 포함한 것이었다. 중국 측은 이를 대만 문제에 대한 한미 공동의 대처로 보았다. 그전에는 한미 공동성명에서 대만 문제가 언급된 적이 없었다.

중국 측은 외교부 대변인의 브리핑을 통해 "대만 문제는 완전히 중국 내정"이라며 "어떤 외부 세력의 간섭도 용납할 수 없다"며 반발했다. 다만 중국 측이 비록 동의한 것은 아니지만 한미 공동성명에 대만 문제를 포함하면서 중국 측과 사전에 외교적 협의 과정이 있었기 때문에 사태가 더 이상 확대되지는 않고 관리되었다.

그러나 윤석열 정부 출범 후 대만 문제는 한중 간 외교안보 이슈로 전환되기 시작했다. 바이든 대통령 방한(2022년 5월) 시 양국 정상회담에서 채택된 공동성명은 "양 정상은 인도-태평양 지역 안보 및 번영의 핵심 요소로서 대만해협에서의 평화와 안정 유지의 중요성을 강조하였다"라는 적극적인 표현으로 대만 문제를 언급하였다. 2021년 한미 공동성명에 비해 "인도·태평양 지역 안보와 번영의 핵심 요소"란 표현이 추가된 것이다.

중국 측은 2021년에는 외교부 대변인의 브리핑을 통해 비난하는 데 그쳤지만 2022년에는 외교채널을 통해 공식적으로 우리 측에 항의하였다. 그만큼 더 심각한 우려를 가지고 대응했다는 뜻이다.

한편 윤석열 대통령은 취임 후 첫 미국 방문을 앞두고 로이터통신과의 인터뷰(2023년 4월 19일)에서 대만 문제에 대해 "우리는 국제사회와 함께 힘에 의한 현상 변경에 대해 절대 반대 한다"며 "(대만 문제는)단순히 중국과 대만만의 문제가 아니고 남북한 간의 문제처럼 역내를 넘어서서 전 세계적인 문제"라는 입장을 밝혔다.

중국 측은 윤석열 대통령의 이 발언을 '하나의 중국' 원칙을 정면으로 부정한 것으로 간주하고 강경한 태도로 나왔다.

왕원빈 중국 외교부 대변인이 정례브리핑(4월 20일)에서 "세계에 중국은 하나뿐이고, 대만은 떼어낼 수 없는 중국 영토의 일부분이다. 대만 문제는 순전히 중국의 내정이며, 중국의 핵심 이익 중 핵심이고, 대만 문제 해결은 중국 인민이 해야 할 일로 '타인'의 간섭은 용납될 수 없다. '타인'의 말참견을 허용하지 않겠다"는 강경한 입장을 내놓은 것이다.

친강 중국 외교부장도 나서서 "대만 문제로 불장난을 하는 자는 반드시 스스로 불에 타 죽을 것"이라는 협박조의 언사를 동원한 경고성 발언을 하였다. 중국 측은 한중 외교채널을 통해서도 강경한 태도를 표명했다. 쑨웨이둥 외교부 부부장도 주중한국대사를 불러 항의했다. 중국 측의 강경한 태도를 볼 수 있는 대목들이었다.

중국 측의 이러한 강력한 항의 때문이었는지 로이터통신과의 회견 직후 이루어진 윤석열 대통령의 방미 시 채택된 한·미 공동성명(2023년 4월 26일)은 "양 정상은 역내 안보와 번영의 필수 요소로서 대만해협의 평화와 안정 유지의 중요성을 재확인했다"는 표현으로 수위를 낮추었다.

이는 2021년 문재인 정부 당시의 한미 정상회담 공동성명으로 되돌아간 것이었다. 중국을 자극하지 않으려는 것이었을 것이다. 중국 측은 외교부 국장이 주중대사관의 공사를 불러 항의하는 선에서 수위를 낮추어 대응했다.

결과적으로 윤석열 정부 들어 대만 문제에 대한 우리 입장이 오락가락하면서 중국과의 신뢰관계만 상실하는 결과를 초래했다. 우리가 원칙 외교를 해야 한다는 논거 하에 우리의 원칙적 입장을 대외적으로 표명할 때에는 당장 손해를 보더라도 장기적으로 변함없이 이 원칙을 밀고 나갈 수 있는 힘이 있어야 한다.

그런데 원칙 외교라는 미명하에 우리 입장을 밝혀 놓고 상대국이 압박해 온다고 해서 이를 철회하거나 꽁무니를 빼게 된다면 이는 원칙도 잃고 실익도 얻지 못하는 대재앙을 가져오게 된다.

이러한 외교는 원칙 외교가 아니라 '무대뽀 비분강개형' 외교에 불과할 뿐이다. 소리만 요란했지 잃는 것밖에 없는 외교다. 윤석열 대통령이 로이터통신과의 회견에서 한 대만 문제에 대한 발언이 대표적으로 '무대뽀 비분강개형' 외교라 할 수 있다.

4) 한미일 안보협력을 둘러싼 한중 간 불신

윤석열 정부는 기존의 한미동맹 체제를 강화하고 일본과의 관계도 정상화하는 한편 한미일 안보협력 체제를 공고화하는 것을 외교의 최우선 순위로 추진했다.

한미일 안보협력은 북한의 도발에 대한 3국의 정책 당국 간 대북정책 조율을 위해 시작되었으나 대북 군사정보 공유 그리고 연합해상훈련 형태로 점차 진화 발전되어 왔다.

특히 윤석열 정부 들어 한미일 안보협력은 북한의 도발에 대한 협력을 넘어 인도 태평양 지역의 평화와 안전에 대한 협력으로까지 지역적 범위가 확장되었다. 협력의 분야도 안보 문제를 넘어 경제기술협력 등 광범위한 분야로 확대되었다.

중국은 한미일 3국 간 안보협력이 북한에 대한 대응이라는 명분을 가지고 중국을 대상으로 하는 안보동맹으로 확장될 개연성을 우려해왔다. 중국이 한국의 사드배치로 악화된 한중관계 개선을 위한 조건의 하나로 한국이 한미일 3국 간 동맹을 추진하지 않겠다는 약속을 요구한 것이 단적인 예이다. 한미일 3국 간 동맹이 결성된다면 그 대상은 중국이 될 것임이 명확하기 때문이다.

한미일 3국 간 협의의 효시는 1999년 4월 출범한 대북정책조정감독그룹TCOG이라고 할 수 있다. TCOG은 1993년 제1차 북핵 위기와 1998년 8월 북한의 대포동 미사일 발사 시험 등을 계기로 한미일 3국 간 북한의 도발에 대한 대응방안을 협의하던 정책협의가 발전되어 공식적인 협의체로 발전되었다.

그러나 6자회담이 출범하면서 TCOG 협의는 중단되었다. 한미일 3국 간 협의가 북한과 중국, 러시아 등 다른 6자회담 참가국들을 압박하는 것으로 비칠 수 있었기 때문이다.

이명박 정부는 북한의 2차 핵실험과 천안함 피격 폭침 및 연평도 포격 등 북한의 무력도발로 인한 한반도에서의 긴장 격화 등을 계기로 한미일 안보협력 강화를 추진했다. 이를 위해 '한일 군사정보보호협정' 체결을 위한 협의를 시작하였으나 대통령의 독도 방문 및 종군위안부 문제 등을 둘러싼 한일관계 악화로 협정 체결에 제동이 걸렸다.

박근혜 정부 시기에도 종군위안부 문제로 한일관계가 발목을 잡혀 한미일 협력도 커다란 진전을 이루지 못하고 있었다. 그러나 박근혜 대통령은 북한의 4차 핵실험을 계기로 대북 대응을 강화하기 위해 '한일 군사정보보호협정GSOMIA, General Security of Military Information Agreement'을 체결(2016년 11월)함으로써 한미일 안보협력 강화를 위한 한 축을 마련하였다.

그러나 문재인 정부에 들어 한미일 안보협력은 다시 후퇴했다. 문재인 정부 시기에는 박근혜 정부 말기에 타결된 종군위안부 합의 파기 문제 및 새로운 외교 문제로 대두된 일제하 강제 징용피해자 배상문제 등을 두고 한일관계가 극도로 악화되었다. 특히

2019년 일본의 대한국 수출 규제에 대한 대응 조치로 문재인 정부가 GSOMIA 종료를 결정하면서 한미일 안보협력의 한 축이 무너졌다.

당시 미국은 한국과 일본 양측에 GSOMIA 유지를 촉구하는 등 한미일 안보 협력체제의 원활한 가동을 위해 외교적 노력을 기울였다. 그러나 문재인 정부의 강경한 태도로 결국 한일 지소미아가 종료되고 한미일 안보협력에도 균열이 생겼다.

윤석열 정부는 한일 간 오랜 난제였던 종군위안부 문제와 강제징용피해자 배상 문제 해결에 주도적으로 나서는 등 한일관계 개선 및 한미일 안보협력 강화에 적극적으로 나섰다.

윤석열 정부는 2023년 3월 한일 정상회담을 통해 GSOMIA를 정상화하는 한편 한미일 3국 간 안보협력의 또 다른 한 축인 한미일 해상연합훈련에도 적극 참여하였다. 한미일 3국 간 해상연합훈련은 탄도미사일 방어 등에 초점을 맞춘 훈련으로 2010년대 이후 실시해 오다가 문재인 정부 시기 중단되었었다.

바이든 대통령의 초청으로 미국 대통령 별장인 캠프데이비드에서 열린 한미일 정상회담(2023년 8월 18일)에서 채택된 공동선언은 한미일 안보협력의 지역적 범위가 북한을 넘어서 아태 지역으로 확대되었다는 점 및 협력의 내용도 안보를 넘어 경제 기술 협력으로까지 확장되었다.

특히 공동선언은 "남중국해의 해양 영유권을 불법적으로 주장하기 위한 중국의 위험하고 공격적인 행위들"과 "인도-태평양 해역의 현상을 바꾸기 위한 어떤 일방적 시도"에 강력하게 반대한다는 입장을 밝혔다. 나아가 "타이완 해협의 평화와 안정" 및 "양안(중국-타이완) 문제의 평화적 해결"을 촉구하였다. 이로써 3국 간 협력이 중국을 대상으로 하고 있음이 비교적 명백해졌다.

중국은 이에 대해 발끈했다. 중국 외교부 대변인이 브리핑을 통해 "캠프데이비드 3자 회담은 대만 문제와 해양 문제에서 중국을 비방하고 공격했으며 노골적으로 중국 내정에 간섭하고, 의도적으로 중국과 주변국 사이에 불화를 심었다. 이는 국제사회의 준칙을 심각하게 위반한 것이다"라는 강경한 입장을 내놓은 것이다. 중국은 외교 경로를 통해서도 우리 측에 항의를 제기한 것으로 알려졌다.

이와 관련 뉴욕타임스는 바이든 대통령이 캠프 데이비드 한미일 정상회의에 대해 "중국에 대한 것이 아니라 우리끼리의 관계에 대한 것"이라고 말했다고 보도하면서도 "정상회의가 왜 열렸는지에 대해서는 누구도 의심하지 않는다."라며 중국에 대한 견제임을 시사했다.

이처럼 북한의 각종 도발에 대한 대처를 위해 시작된 한미일 안보협력은 국제 정세의 변화와 함께 아태 지역에서의 평화와 안정 유지를 위한 협력으로 그 범위를 확장하여 왔다.

특히 윤석열 정부 시기 들어 한미일 안보협력은 사실상 중국을 견제하기 위한 협력체 성격으로 전환되었다. 중국이 2017년 문재인 정부 출범 후 사드 문제 관련 협의 시 한국 측에 한미일 3국 간 군사동맹 불추진을 요구한 것은 한미일 3국 간 안보협력이 사실상의 동맹체제로 발전될 가능성을 차단하기 위한 것이었다는 점을 고려하면 중국은 선견지명을 갖고 있었던 것이다.

5) 한중일 정상회의 서울 개최와 한중일 협의체 활성화

2024년 5월 27일 서울에서 한국이 주최하는 한중일 정상회의가 개최되었다. 2019년 12월 중국 청두에서 개최된 이후 4년 5개월여 만이었다.

한중일 정상회의는 1999년 '아세안+한중일 정상회의' 당시 일본 총리의 제안으로 한중일 3국 간 비공식 조찬 회동을 한 것이 그 출발점이었다. 2007년 제주도에서 개최된 한중일 외무장관 회담에서 우리 측 제안으로 한중일 정상회의 별도 개최 합의가 이루어져 오늘에 이르고 있다.

그러나 한중일 정상회의는 한일관계나 중일 관계 또는 한중관계 등 양자관계가 악화하면 일시적으로 중단되는 불안정한 회의체이다. 2019년 한중일 정상회의 이후 정상회의가 개최되지 못하고 2025년에야 다시 개최된 것이 이를 말해준다.

　윤석열 정부는 출범 이후 한미관계 강화와 한일관계 개선 및 한미일 협력을 강화하는 것을 외교의 최우선 순위에 두는 사이 한중관계는 최악의 관계에 빠지게 되었다.

　인간관계와 마찬가지로 외교관계도 한번 악순환의 사이클에 빠지게 되면 그런 악순환의 고리에서 빠져나오기가 힘들다. 서로 체면과 위신의 문제가 끼어들기 때문이다.

　한중관계가 그러한 어려움에 처해 있을 때 윤석열 정부는 이를 우회할 대안으로 한중일 정상회의 개최를 통해 한중관계 개선의 계기를 마련코자 하였다.

　중국은 2023년 8월 한미일 캠프 데이비드 정상회의를 통해 한미일 협력이 중국을 대상으로 하는 협력체로 진전하는 것에 대해 내심 불편해하면서도 한미일이 더 결속하여 중국에 대항하는 협의체로 발전하는 것을 저지할 필요를 느끼고 있었다.

　이처럼 한중 간 이해관계가 어느 정도 일치하면서 한국이 주최하는 한중일 정상회의가 서울에서 개최될 수 있었다. 다만 중국은 한중일 정상회의에 참석하면서도 리창 중국 총리가 한국 공식 방문을 추진하지 않음으로써 한중관계 개선에는 아직도 유보적이라는 신호를 한국 측에 암묵적으로 표명했다. 과거에는 한중일 정상회의 참석차 중국 총리가 방한 시에는 양자 차원에서 한국을 방문하였다.

한중일 정상회의는 한중일 3국 간 경제협력을 강화하는 데 초점을 두고 시작되었고 지금도 이에 머무르고 있다. 그러나 대북정책을 상호 조율하는 목적으로 시작된 한미일 고위급 협의체가 아태 지역의 안정과 평화를 위한 협의체로 진화 발전되어 온 것처럼 한중일 협의체도 경제협력을 넘어 안보 이슈를 포함하는 포괄적인 협의체로 발전시켜 나갈 필요가 있다.

특히 미중 간 갈등과 대립이 심화하면서 한미일 안보협력 강화 추세에 중국이 우려하고 있으므로 우리는 한중일 협의체를 적극 발전시켜 한미일 협력 강화에 대한 중국의 우려를 불식시키는 기제로 활용해 나가려는 노력을 기울일 필요가 있다.

4부

미래 한중관계의 주요 이슈와 우리의 대응방향

16장
왜곡된 상호 인식과
양국관계의 중요성에 대한 재인식

1. 끊임없이 변화하는 국제 정세와 중국의 미래

1) 끊임없이 변화하는 국제 정세

2000년대 두 번째 10년의 시기의 중반인 오늘날 국제 정세는 혼돈과 무질서 그 자체라 해도 과언이 아닐 정도로 혼란스럽다. 2024년 미국 대선에서 당선된 트럼프 대통령은 취임 이후 그동안 국제 평화와 질서 유지를 위해 미국이 해온 국제경찰 역할을 거부하고 미국 우선주의를 추구하고 있다.

트럼프 대통령 하의 미 행정부는 러시아의 우크라이나 침략 3주년을 맞이하여 러시아의 침공을 비난하는 유엔총회의 2025년 결의안에 반대표를 던져 서구 유럽의 자유주의 진영 국가들은 물론 무력 침공을 불법으로 간주해온 모든 국가들을 놀라게 하는가 하면 트럼프 대통령은 젤렌스키 우크라이나 대통령을 독재자라고 스스럼없이 부르기도 하였다.

트럼프 미 행정부의 이러한 미국 우선주의로 인해 오늘날 국제 질서는 2차 대전 이후 자유 진영 발전의 핵심 축 역할을 해온 대서양 동맹이 해체의 위기에 처하는 등 대 혼돈을 겪고 있다.

불과 4년 전 바이든 행정부의 미국이 러시아, 중국 등 권위주의 정권에 맞서기 위해 자유민주 진영의 연대와 협력을 외치던 때를 감안하면 그야말로 격변의 시대다. 이러한 새로운 국제 정세 하에서 세계 모든 나라는 각자도생의 길을 찾고 있다.

미국은 오늘날 우리 외교에 있어 가장 중요한 나라다. 앞으로도 그럴 것이다. 경제, 안보 등 모든 면에서 그렇다. 다행히 우리 국민 대다수도 미국과의 관계의 중요성을 받아들인다.

중국은 경제와 안보 면에서 우리에게 미국 다음으로 중요한 나라이고 앞으로도 그럴 것이다. 중국의 어떤 면이 그러한가? 이 물음에 앞서 우리는 중국의 미래에 대한 물음에 먼저 답해야 한다.

2) 중국의 미래

1978년 덩샤오핑이 개혁개방을 추진한 이래 중국은 경제성장을 거듭하여 14억에 이르는 거대한 인구를 바탕으로 40여 년 만에 미국에 이어 세계 2위의 경제대국이 되었다. 나아가 이러한 경제성장을 바탕으로 군사력 측면에서도 동아시아에서는 미국의 군사력에 필적할 정도에 이르렀다.

2012년 11월 중국공산당의 최고지도자가 된 시진핑 국가주석은 이처럼 신장한 경제력을 바탕으로 대외관계에 있어 중국의 영향력을 확대하는 공세적인 대외정책을 추구해오고 있다.

미국은 이러한 중국의 급부상으로 인한 지정학의 변동에 대응하기 위해 2010년대 이후 대외정책의 중점을 아시아로 변경하기 시작한 이래 중국 견제를 지속적으로 심화해 왔다.

특히 미국의 바이든 행정부는 2022년 10월 발표한 국가안보 전략에서 중국을 "국제질서를 재편할 능력과 의지가 있는 유일한 경쟁자"라고 규정하고 중국의 부상을 억지하기 위해 적극적으로 적극적으로 중국 견제에 나섰다. 중국에 대한 반도체 장비 수출 규제 등 첨단기술의 대중국 수출 통제를 위한 국제적 연대 강화 및 미국과 동맹국 간 연대 강화 등이 중국 견제의 일환이었다.

2025년 출범한 2기 트럼프 미 행정부도 중국 견제에 올인 할 것으로 전망되고 있다. 미국의 이러한 중국 견제 정책으로 미국 등 서방 기업들의 중국으로의 투자가 대폭 줄어들면서 중국경제의 성장이 년 연평균 5% 내외로 대폭 둔화하였다. 이와 관련하여 중국은 이제 끝났다는 전망이 대두되고 있다.

그러나 이러한 전망은 중국을 과도하게 비관적으로 보는 것이다. 만약 서방의 견제가 지속된다면 중국경제가 지난 40여 년간 이룩해온 급속한 성장을 지속하기는 어려울 것이다. 그러나 그렇다고 해서 중국이 경제적 정치적으로 총체적 위기에 이르는 사태가 발생할 가능성은 낮다. 나아가 총체적 위기가 발생하더라도 중국은 장기적으로는 이를 극복할 가능성이 크다. 다음과 같은 사실이 그러한 전망을 가능케 한다.

첫째는 역사적 관점이다. 중국은 왕조 교체 과정에서 분열과 혼란의 시기도 있었으나 분열과 혼란 이후 다시 통일된 국가로 회귀하곤 했다. 이른바 회복 탄력성이 강한 나라다. 이러한 현상은 문명에 대한 자부심과 유가의 정치사상을 바탕으로 한 중국적 정체성이 만들어 낸 산물이다. 재통일 과정에서 전쟁이라는 폭력적 수단이 상상을 초월하는 규모로 동반되기도 하였다. 그러나 재통일 이후에는 유가적 정치사상으로 무장한 사대부들이 문치주의 전통과 중국적 정체성을 기반으로 황제의 통치를 뒷받침함으로써 거대한 땅덩어리의 중국을 하나로 묶어낼 수 있었다.

한족에 의한 중원 왕조는 수시로 북방 유목민족들에 의해 약탈을 당하였고 심지어는 지배를 받기까지 했다. 근세로 보면 청나라의 중원 지배가 그랬다.

재미있는 사실은 이들에 의해 지배를 받을 때 한족들은 죽음을 무릅쓰고 이들 이민족의 지배에 항거하는 대신 이들에 협조적인 태도를 취하면서 생존을 도모했다는 것이다.

그러나 한족들의 문화와 전통에 기초해 있는 중국적 정체성은 끝내 살아남았고 오히려 지배 민족이었던 이민족들의 전통과 문화는 한족 문화에 흡수 동화되어 흔적도 없이 사라졌다. 그 결과 중국 땅을 지배했던 이민족들은 오늘날 소수민족으로 남아 겨우 명맥을 유지하며 살아가고 있다.

1949년 새로이 건국된 마르크스레닌주의를 강령으로 하는 공산당이 지배하는 중국도 이러한 중국적 정체성과 결별한 것은 아니다. 물론 마오쩌둥이 구질서 타파를 내세우며 일으킨 문화대혁명은 중국의 문치주의 전통과 유가적 정체성을 뿌리째 뒤흔든 사건이었다. 유가의 본산인 공자와 수많은 지식인들이 폄하의 대상이 되었다.

그러나 마오쩌둥 사후 덩샤오핑 집권 시기에 중국공산당 중앙위원회는 1981년 '건국 이래의 몇 가지 역사적 문제에 대한 당의 결의'를 통해 문혁의 과오를 명시함으로써 문혁이 추구했던 과거 지우기를 극복했다. 이후 중국공산당과 장쩌민, 후진타오 등 중국 지도자들은 공자와 유가의 정치사상 그리고 중국의 과거를 다시 살려냈다.

2012년 최고지도자가 된 시진핑도 통치 구호로 중국몽을 전면에 내세우고 있다. 이는 중국적 정체성을 인민들에게 일깨워 단결의 구심점으로 삼으려는 것이다. 이와 같이 오랜 역사와 문명을 바탕으로 켜켜이 쌓인 중국적 정체성이 거대한 땅덩어리에 사는 많은 사람들을 하나로 묶어 중국이 통일된 국가로 남아있게 하는 힘이다.

둘째는 정치사회의 안정을 뒷받침하는 경제와 관련된 요인이다. 중국은 1978년 덩샤오핑이 개혁개방정책을 시행한 이래 중국은 서구의 기술과 자본을 도입하여 단기간 내에 산업화에 성공하였다.

덩샤오핑이 비록 정치적 슬로건으로 '중국 특색의 사회주의'를 내세우기는 하였지만 경제적으로는 서구식 자본주의 체제를 받아들임으로써 오늘날 중국은 사실상 자본주의 국가가 되었다.

중국 제조업에서 차지하는 국유기업의 비중은 약 30% 정도에 불과하다. 이는 사영기업이 차지하는 비중이 압도적으로 높아졌다는 것을 의미한다.

또한 개혁·개방 이전에는 약 80%의 도시노동자가 국영기업에서 일했지만 오늘날은 약 16%에 불과하다. 이는 중국이 더 이상 본래 의미의 사회주의 국가가 아니며 자본주의 국가가 되었다는 것을 의미한다. 이는 중국 경제가 중국 정치체제의 성격상 비록 관치자본주의의 한계를 가지고 있지만 효율성을 추구하는 경제로서 앞으로 국민들이 먹고 사는 문제는 해결할 수 있으리라는 것을 의미한다.

아울러 중국은 민중의 생활에 필요한 거의 모든 재화를 생산할 수 있는 경제 시스템을 구축해 놓았기 때문에 대외적인 압력과 견제가 있다 하더라도 국민들의 기본적인 생존을 해결할 수 있는 능력을 갖추고 있다. 이처럼 경제 시스템이 일단 구축되었기 때문에 대내외적으로 어려운 도전에 직면한다 하더라도 어지간한 도전은 극복할 수 있다.

1980년대 우리나라에서 정치적 민주화와 노동자의 권익을 둘러싸고 정치 사회적으로 커다란 도전이 있었다. 그러나 당시에 우리나라는 경제 시스템이 어느 정도 안착하여 경제가 잘 굴러갈 수 있었기 때문에 이러한 위기를 극복할 수 있었다. 이런 우리나라 사례에서 보듯이 중국이 앞으로 민중들의 민주주의 요구 등 정치체제의 변동과 같은 커다란 혼란을 겪는다 하더라도 경제 시스템이 버텨주는 한 그러한 혼란을 극복할 수 있는 여력이 있으리라고 보인다.

셋째로 100년의 역사를 가진 중국공산당은 오랜 통치 경험과 통치 기술을 축적해 왔으며 경찰력 등 하드웨어는 물론 정보기술의 발달에 힘입어 중국공산당의 통치에 반대하는 세력의 움직임을 사전에 파악하고 대처할 수 있는 능력도 갖게 되었다.

1990년대 동구의 공산권 국가들이 무너지고 민주주의 체제로 이행할 당시 중국에서도 1989년 천안문 사태가 발생하는 등 중국공산당이 위기에 봉착한 적이 있다.

그러나 중국공산당은 이 위기를 극복하고 살아남았다. 물론 오늘날 중국에도 체제개혁을 요구하는 사람들이나 인권 운동가들이 있기는 하다. 그러나 이들의 영향력이 중국공산당을 압도하기에는 역부족이다. 과거 중국의 왕조를 행정적으로 떠받친 주요 세력이 과거 시험을 통해 중앙과 지방의 지배 세력이 된 관료들이었다면 오늘날 중국을 떠받치는 힘은 중국공산당 당원들이다.

1978년 개혁개방 이후 한 때는 중국공산당에 대한 중국 대중들의 관심이 떨어져 당원 수도 줄어든 적이 있다. 그러나 최근 들어 중국공산당의 당원 수가 지속해서 증가하여 지금은 9천만 명을 넘어섰고 공산당원으로 선발되기가 쉽지 않을 만큼 많은 사람들이 공산당원이 되려고 하고 있다. 이 공산당원들이 국가 행정기관의 수뇌부는 물론 중간 간부와 초급 간부까지 장악하고 있을 뿐만 아니라 전국인민대표대회(우리의 국회에 해당한다)의 대의원이다. 중국 정치 과정에서 이를 대체할 만한 다른 정치세력이 없다.

넷째, 중국의 미래에 영향을 미칠 다른 요인으로는 소수민족 문제가 있다. 티베트, 신강 등 소수민족 자치 지역의 분리 독립운동이 중국의 해체를 가져올 것이라는 견해도 있다. 그러나 그 가능성은 시간이 갈수록 희박해질 것이다.

인구 구성비에서 보면 중국 전체적으로 한족이 90퍼센트를 차지하고 있다. 심지어 티베트나 신강 등 소수민족 자치구의 인구 구성비조차도 인구가 밀집한 대도시는 한족이 다수를 점하고 있다. 대도시에서의 소수민족의 목소리는 줄어들 수밖에 없다.

소도시나 농촌은 아직도 소수민족이 다수의 인구를 차지하고 있지만 외딴 지역에서의 독립 요구는 허공에 대고 소리치는 메아리에 불과하며 통제하기도 쉽다.

마오쩌둥은 미국 등 서방과의 대결에서 최종적으로 승리하려면 인구가 많아야 한다는 생각으로 다산을 장려했다. 그런데 이러한 다산 정책이 중국의 정치사회체제 안정에 예상치 못했던 긍정적

효과를 가져왔다. 한족이 다수를 점하는 인구 구조가 형성된 것이다.

이에 따라 소수민족의 목소리와 영향력은 줄어들게 되었으며 소수민족으로 인해 생길 수 있는 체제 불안 요인도 함께 감소하게 되었다. 중국 경제가 발전을 거듭하면서 소수민족들은 경제발전이라는 수레바퀴에 올라타야 한다는 생각이 강해졌다. 그러기 위해서는 중국어 구사 능력이 필수적이다.

이러한 이유로 오늘날 소수민족들은 자신들의 언어보다 중국어를 배우는 데 더 열심이다. 자연스럽게 소수민족의 한화가 진행 중이다. 이런 관점에서 보면 소수민족 문제가 중국의 미래에 영향을 미칠 문제이기는 하지만 중국의 정치에 불안정을 가져올 정도로 영향을 끼칠 가능성은 희박해 보인다.

결론적으로 중국이 비록 땅덩어리가 크고 다양한 민족으로 구성되어 있어 한 나라로서 안정된 가운데 발전할 수 있을 것인가에 대한 의문이 있기도 하다.

그러나 오랜 역사적 과정을 통해 견고하게 형성된 중국적 정체성과 한족이 전체 인구의 90퍼센트라는 다수를 점하게 된 사실 및 경제적 측면에서 먹고 사는 문제를 해결할 경제 시스템을 갖추었다는 점 등을 감안하면 중국이 앞으로 다가올지도 모를 정치체제의 변동 등 다양한 형태의 난관을 극복하면서 국제적으로 영향력이 있는 정치체로 존재하리라 보는 것이 합리적이다.

우리는 이러한 중국의 미래를 상정하면서 중국과의 관계를 설정해야 한다. 문제는 모든 나라 간의 관계는 개인 간 관계와 마찬가지로 상호 인식에 의해 커다란 영향을 받는다는 점이다.

그런데 유감스럽게도 오늘날 한중 양국 국민 간 상호 인식은 매우 부정적이다. 따라서 한중관계의 호혜적인 발전을 위해서는 이러한 상호 부정적 인식의 배경과 이를 해소할 방법에 대한 성찰에서부터 시작되어야 한다.

2. 한중 양국 간 왜곡된 상호 인식

1) 상호 인식이 외교관계에 미치는 영향

상대국에 대한 국민들의 인식, 특히 정치지도자의 인식은 그 나라의 외교에 중요한 영향을 미친다. 일반적으로 국가는 국가이익을 잣대로 외교 방향을 설정하고 외교를 수행한다고 믿어진다. 그러나 실제로는 어느 국가에 대해 국민들이나 정치지도자가 부정적 인식을 갖고 있으면 국가이익이 외교의 잣대가 되는 것이 아니라 이러한 부정적 인식이 외교의 잣대가 되는 경우가 허다하다.

우리나라는 근대에 일본에 나라를 빼앗겨 고초를 겪은 치욕스러운 역사로 인해 우리 국민들 마음속에 반일 감정이 뿌리박혀 있다. 그러나 우리의 국가이익을 감안하면 일본과의 우호 관계 유지가 중요하다는 인식도 있다.

이처럼 일본에 대해 이중적 인식을 갖고 있다 보니 1965년 일본과 수교 이래 지난 60여 년간 우리의 대일 외교는 객관적 사실과 국익을 바탕으로 추진되기보다는 집권 세력의 일본에 대한 인식에 따라 갈지자 외교 행태를 보였다.

말도 많고 탈도 많았던 종군위안부 문제가 대표적인 예이다. 2011년 우리나라 헌법재판소가 종군위안부 문제의 해결을 위해 정부가 외교적 노력을 하지 않은 것은 위헌이라고 판결함으로써 위안부 문제가 한일 간 외교 현안으로 불거졌다. 이 판결 후 이명박 정부는 관련 일본과 협상을 하였으나 합의에 이르지 못한 채 박근혜 정부로 넘어갔다.

박근혜 정부 초기 종군위안부 문제로 인해 한일관계는 엉망이 되었다가 우여곡절 끝에 2015년 12월 합의에 이르게 되었다. 그러나 이 합의를 놓고 국내적으로 논란이 일자 2017년 5월 들어선 문재인 정부는 180도 방향을 바꾸어 관련 합의를 파기하는 것은 물론 아예 일본과는 상종조차 하지 않겠다는 태도로 일본과 5년 임기 내내 냉랭한 관계를 유지했다.

2022년 들어선 윤석열 정부는 종군위안부 문제는 우리 정부가 책임지고 해결한다는 전제 위에 대일관계 개선에 올인하였고 외견상으로 보면 한일관계는 정상화되었다. 그러나 이 문제는 언제 다시 한일관계의 뇌관으로 터질지 모른다. 이를 정치적으로 이용하고픈 사람들이 윤석열 정부의 해결방안에 동의한 것이 아니기 때문이다. 국내정세가 바뀌거나 정권이 바뀌게 되면 수면 위로 문제가 불거져 한일관계를 다시 수렁으로 몰아넣는 악재가 될 수도 있다.

이와 같이 우리의 뇌리에 뿌리박혀 있는 반일 감정은 국가이익을 위해서는 일본과의 협력이 중요하다는 객관적 사실에도 불구하고 우리의 대일 정책에 부정적인 영향을 미쳤다. 나아가 정파적 이해를 가진 정치권이 국민들의 반일 감정을 이용하는 등으로 인해 1965년 수교 이후 한일관계는 온탕 냉탕을 겪었다. 이는 우리나라의 국가이익에 반하는 결과가 되었다.

이러한 현상이 중국과의 관계에서도 나타나기 시작했다. 여론조사 기관들의 조사 결과를 보면 1992년 한중수교 이후 우리 국민의 중국에 대한 인식은 일정 기간 긍정적인 모습을 보이다가 수교 30여 년이 지난 오늘날은 매우 부정적으로 변했다. 우리 국민들의 반중 정서는 '친중 반중' 논란으로 확대 재생산되었다. 정치권에서 이를 이용하려는 움직임도 나타났다. 나라 전체로 보아 득이 될 일이 하나도 없다.

우리의 반중 감정의 배경은 무엇일까? 가까이는 한중수교 이후 발생한 여러 이슈가 누적되면서 상호 부정적인 감정이 생겨났다.

2004년 발생한 중국의 동북공정을 통한 고구려 역사 왜곡, 2016년 우리나라의 사드 배치에 대한 중국의 보복 조치, 북한 핵 개발 및 북한의 천안함 및 연평도 공격 등에 대한 중국의 북한 편들기에 대한 실망, 한중 양국이 공유하고 있는 문화의 연원을 둘러싼 논쟁 등등이 그것이다.

그러나 우리의 중국에 대한 불편한 감정의 뿌리는 훨씬 더 과거로 올라간다. 중국 대륙의 왕조와 한반도의 왕조 사이의 수직적 상하관계였던 조공-책봉 관계에서 기인하는 약자로서의 불편한 심리가 기저에 깔려있다. 한때 티브이 드라마의 대하 사극들이 명나라 청나라 황제의 칙사가 조선의 왕이나 관리들에게 행한 방약 무도한 언사나 행동을 단골 소재로 등장시킨 것도 중국에 대한 부정적 인식의 배경이 되고 있다.

2) 반중 정서의 뿌리 원세개

수천 년 이어져 온 한중 관계사에서 청나라 말기 조선에서 활동한 원세개袁世凱의 오만방자한 행동이 대표적으로 우리의 뇌리 속에 뿌리박혀 있다. 그의 중요한 임무는 동아시아의 강자로 부상한 일본과 극동에서의 영향력을 확대하고 있던 러시아 제국의 한반도에서의 영향력 확대 시도에 맞서 청나라가 조선에 대해 가지고 있던 영향력 내지는 종주권을 지켜내는 일이었다.

만주족이 세운 청나라는 명나라와의 전쟁에 앞서 정묘호란(1627년)과 병자호란(1636~1637년)을 일으켜 조선의 강토를 유린했다. 병자호란에서 완패한 조선은 1637년 2월 조선의 왕 인조가 삼전도 나루터에서 후일 청 태종이 된 홍타이지에게 3궤9고두의 예를 표함으로써 사실상의 무조건 항복을 하고 청나라의 신하가 되기로 약조하였다. 병자호란의 결과 조선 백성 수십만이 포로로 잡혀가 오늘날 중국 요녕성 심양에 있던 노예시장에서 팔려나가는 수모를 당하기도 하였다.

그러나 1644년 명나라를 정복하여 중원의 주인이 된 이후 청나라는 조선에 대해 특별히 강압적인 정책을 구사하지는 않았다. 명 왕조와 조선 사이에서 유지되어 온 조공-책봉 관계가 청나라와 조선 사이에서도 지속되었다.

조공-책봉 관계의 틀 속에서 조선은 청나라에 외교적 의례를 지키기만 하면 내정에 관해서는 자주적이고 독립적으로 행동할 수 있었다. 병자호란 이후 조선에 청나라 군대가 주둔하거나 청나라 관리가 조선에 주재하는 일이 한 번도 없었던 사실이 이를 잘 말해준다.

이러한 청나라와 조선의 관계는 병인양요(1866년)와 신미양요(1871년)를 계기로 조선이 독립적인 자주국가인지 아니면 청나라의 속국인지에 대한 문제가 대두되었다.

병인양요와 신미양요를 일으킨 프랑스와 미국이 청나라 조정에 조선과 전쟁을 하면 청나라를 침범하는 게 되는 것인지, 청나라는 이 전쟁에 개입할 것인지를 문의하였기 때문이다. 청나라 조정은 "조선은 청나라의 속국이지만 자주적인 나라이고, 자주적이지만 동시에 속국"이라는 애매모호한 대답을 내놓았다.

이러한 청나라의 대답을 서양과 일본은 조선이 비록 청나라에 조공을 해왔지만 근대 국제법 체계상으로는 사실상 주권을 행사하는 독립국이라고 해석했다.

1868년 명치유신으로 서양의 과학과 기술을 받아들여 근대화에 성공한 일본은 주변 나라로 눈을 돌려 영향력 확대를 꾀하였다. 조선이 그 첫 번째 대상이었다. 1592년 임진년에 있었던 일본의 조선 침략전쟁이 실패로 돌아간 지 250여 년만의 일이었다.

일본은 조선과 통칭 강화도조약으로 알려진 조일수호조규(1876년)를 거의 강제로 체결한 데 이어 류큐 왕국(오늘날의 오키나와)을 병합(1879년)하였다. 조일수호조규는 당시 조선으로서는 서양의 근대 국제법에 기초한 최초의 조약이었다. 동 조약 1조는 "조선국은 자주 국가로서 일본국과 평등한 권리를 보유한다"라고 규정하고 있다.

이는 겉으로 보기에는 일본이 조선을 청나라의 속국이 아닌 독립국으로 인정한 것으로 조선 왕조가 독립국임을 명시하여 조선 왕조의 독립을 보장해 주는 것처럼 보인다. 그러나 일본의 속셈은 따로 있었다. 조선을 청나라의 영향권 내지는 속국의 지위로부터 떼어내어 조선에서의 일본의 영향력을 확대하려는 의도였다.

청나라는 일본이 조선에 대한 청나라의 영향권을 부정하자 사정이 급해졌다. 이러한 배경에서 1880년대 들어 청나라는 청나라와 조선 사이에 유지되어온 의례적이고 외교적인 조공-책봉 관계 관계를 청산하고 조선을 실질적인 속국으로 만들고자 하였다. 북양대신 겸 직례성 총독이던 이홍장李鴻章과 그의 휘하에 있던 마건충馬建忠, 원세개袁世凱 등이 그 선봉장이었다.

마침 청나라의 조공국이었던 안남(베트남)도 프랑스가 잠식하고 있었다. 청나라의 안보적 관점에서 조선은 류큐나 안남에 비할 수 없을 정도로 중요한 나라였다. 안남은 청 황실이 있던 베이징에서 멀리 떨어져 있는 데 반해 조선은 지근거리에 있었기 때문이다. 청나라로서는 조선을 청나라에 묶어둘 조치가 필요했다.

국제 정세가 이처럼 급변하는 상황 속에서 1882년 조선에서 임오군란이 발생했다. 조선의 구식 군대가 고종의 왕비이던 민비 일족의 부패한 정권에 궐기한 일종의 군사 정변이었다. 임오군란의 배후에는 고종의 아버지인 흥선 대원군이 있었다. 흥선 대원군은 며느리인 민비 일가와 국내 정국의 주도권을 놓고 건곤일척의 정권 투쟁을 하고 있었다.

민비 일가의 조정은 청나라에 군대 파병을 요청했다. 청나라로서는 조선에 대한 영향력을 유지하기 위한 절호의 기회였다. 청나라 광동수군사령관 오장경이 1882년 8월 북양함대 군함 4척을 이끌고 조선에 들어와 임오군란을 진압했다.

오장경 휘하의 중견 무관이던 원세개는 당시 조선의 실력자이던 대원군을 임오군란의 배후로 보고 청나라로 압송해갔다. 대원군이 청나라의 이익에 반하는 행동을 할 인물로 보았기 때문이다.

대원군은 천진으로 압송된 후 다시 청나라 직례성의 성도였던 보정(오늘날 중국 화북성에 있는 도시)에 3년간 유배되었다.

청나라는 임오군란을 평정한 후 1882년 11월 조선과 조청상민수륙무역장정이라는 조약을 맺었다. 통상을 규율하는 조약이었으나 조선에 불리한 불평등 조약이었다.

1884년 4월 김옥균 등 개화독립당 세력이 일본의 지원을 업고 반청과 내정개혁을 주창한 갑신정변을 일으켰으나 조선에 주둔 중이던 원세개 휘하의 청군이 개입하여 갑신정변은 삼일천하로 막을 내렸다.

이러한 활동으로 원세개는 당시 청나라의 실세이던 이홍장의 눈에 들었다. 오장경이 귀국하고 원세개가 조선에 진주한 청나라 군대의 최고책임자가 되었다. 원세개는 1894년 청일전쟁 직전까지 약 10년간 조선에 머물면서 조선의 내정과 외교에 깊이 개입하는 등 방자하고 교만하게 행동하여 오늘날까지 우리의 공공의 적이 되었다.

3) 주한중국대사들의 거친 언행과 시진핑 시대 중국의 강압적 외교 행태

한중수교 1년 후이던 1993년 8월 나는 천진 공항을 통해 중국에 갔었다. 오늘날은 북경과 서울을 포함 중국의 주요 도시와 우리나라를 연결하는 항공편이 많이 있지만 당시는 북경과 서울 간 항공편이 아직 개설되지 않았던 때였다.

당시 천진공항의 시설은 열악하기 그지없었다. 입국 수속을 거쳐 밖으로 나와 보니 천진시의 모습은 가관이었다. 모든 건물은 낡아 곧 무너질 것처럼 보였고 사람들 옷차림은 남루하기 그지없었으며 도로는 엉망진창이었다. 그런 도로 위를 달리는 자동차가 굴러가는 게 신기할 정도로 자동차는 낡아 있었다.

북경 시내의 공공버스도 깨진 유리창을 그대로 단 채 운행이 될 정도였다. 개혁개방을 한 지 10여 년이 지난 때였지만 아직 문화대혁명으로 인한 혼란으로 경제가 망가진 흔적이 여전히 남아있었다.

한중수교 직후 많은 우리 국민들이 중국을 여행하면서 중국의 이러한 겉모습을 보고 중국을 좀 얕잡아 보는 경향이 생겼다.

이러했던 중국이 개혁개방 40여 년 동안 경제성장을 거듭하여 경제 규모만 따지면 미국에 이어 세계 2위 국가로 부상하였으며 군사력 또한 일취월장하여 강대국으로서의 면모를 갖추게 되었다. 중국은 거대한 인구를 가지고 있는 나라로서는 처음으로 세계 경제사에서 보기 드문 경제성장을 단시간 내에 이루었다.

2013년 시진핑 체제가 들어선 이후 중국은 이처럼 변화된 위상을 바탕으로 국제사회에서 자신들의 목소리를 내기 시작했다. 중국은 한국과의 관계에서도 강경한 입장을 드러내곤 했다. 2016년 한국 정부의 사드 배치 결정에 대한 중국의 경제적 외교적 보복이 대표적인 사례였다. 이러한 중국의 행태들은 과거 왕조 시대 중국의 대국 행세와 오버랩되면서 우리 국민들의 중국에 대한 불편한 감정을 불러일으켰다.

여기에 더해 외교사절로서 양국 관계의 친선과 우호 증진을 제1사명으로 해야 할 주한중국대사들의 거침없는 발언도 우리의 불편한 감정을 조장하는 데 일조했다.

1998년 하반기부터 2001년 전반기까지 활동한 우다웨이 중국대사는 한국 언론에 자주 등장하여 한중간 외교 현안에 대해 중국 입장을 강경한 어조로 거침없이 표명했다.

이러한 언사를 두고 당시 한국 언론들이 우다웨이 대사에 대해 "우다웨이가 적절한 자제심과 겸양의 덕을 갖춘 외교관인지 의구심을 갖지 않을 수 없다"거나 "남북관계 개선에 중국의 역할이 크다고 하더라도 마치 과거의 청국 칙사처럼 방약무인한 우다웨이의 언행을 어디까지 인내할 것인가" 등의 비판적인 사설을 쏟아낼 정도였다.

2020년부터 2024년까지 주한중국대사로 활동한 싱하이밍 대사도 거친 언어와 행동으로 우리나라에서 공공의 적이 되었다.

4) 사대의식과 반중 감정 모두 중국과의 정상적인 외교관계에 장애

조선 중기 집권 세력과 지식인들은 명나라에 대한 사대를 넘어 명나라를 숭배하는 의식세계에 빠져들었다. 임진왜란 당시 명나라의 지원군에 힘입어 겨우 강토를 지킬 수 있었던 선조가 명나라의 은혜에 감읍하여 경기 가평에 있는 한 바위에 '만절필동 재조번방萬折必東 再造藩邦'이라는 글귀를 남겨 후대의 사표로 삼고자 했다. 당시 위정자들의 의식세계를 보여주는 한 단면이다. 명나라가 조선을 다시 세워 준 데 대한 감사의 뜻으로 선조 스스로가 조선을 명나라의 제후국인 번방이라고 낮춰 부른 것이다.

명에 대한 이러한 무조건적인 숭배의식으로 인해 훗날 만주족의 후금이 동북아의 강력한 세력으로 등장하였을 때 조선은 이러한 변화에 제대로 대응하지 못하고 정묘호란과 병자호란이라는 화를 자초하였다.

나아가 청 왕조가 동아시아의 패자가 되고 조선은 청의 신하가 되기로 약조한 상황에서도 조선의 지식인 가운데는 명나라를 숭배하는 마음이 여전히 남아 청나라를 오랑캐 나라에 불과하다고 업신여기며 조선이 소중화(명나라를 계승한 작은 명나라)라고 하면서 정신승리에 안주하는 모습도 나타났다.

2017년 출범한 문재인 대통령은 임기 내내 저자세 외교 논란에 시달렸다. 2017년 12월 문재인 대통령이 중국 방문 시 북경대에서 한 연설에서 '(중국을) 높은 산봉우리, (우리나라를 포함 주변의 나라들을) 주변의 많은 산봉우리'라고 한 것이 논란을 불러일으켰다.

이와는 정반대로 윤석열 정부는 중국에 대해 부정적인 인식을 가지고 출범했다. 2022년 대통령 선거에서 윤석열 후보는 주한미국상공회의소가 주최한 간담회에 참석해서 "한국 국민들, 특히 청년들의 대부분은 중국을 싫어한다"고 발언하는가 하면 중국과의 당당한 외교를 내세움으로써 국민들의 반중 정서에 올라탔다.

당시 우리 국민들의 반중 정서가 최고조에 이른 점을 감안하여 윤석열 후보가 이러한 반중 정서를 자극해서 대통령 선거전에 활용하는 것처럼 보였다. 문제는 윤석열 대통령이 정부가 출범한 이후에도 대중 외교에 있어 국민들의 이러한 반중 정서에 편승하려는 경향을 보였다는 점이다.

우리의 중국에 대한 이러한 사대의식과 반중 감정이 사실은 똑같은 소아병적 태도로부터 기인한 것일 수 있다. 이제는 우리의 중국에 대해 좀 더 객관적인 인식을 가져야 한다. 오늘날 세계에는 200여 주권국가가 있다. 이들 모든 국가들은 주권평등의 원칙에 의거 형식적으로는 각각 동등한 권리를 가진다.

그러나 현실에서 세계를 움직이는 국가들은 강대국들이다. 인구가 많고 영토가 크면 일단 대국이라 부를 수 있고 거기에 경제력 군사력이 더해져서 세계문제에 대한 발언권과 영향력이 커지면 우리는 그런 나라를 강대국이라 부를 수 있다. 그런 의미에서 오늘날의 중국은 강대국에 해당한다.

바이든 미 행정부가 중국을 미국의 유일한 경쟁자가 될 수 있는 나라라고 규정한 것 자체가 중국이 강대국으로 부상하였음을 인정하는 것이다. 서구 유럽 국가들도 이러한 중국의 변화를 인정하고 받아들인다. 세계 모든 나라의 언론들이 미국과 중국을 G-2라고 부르고 있다.

이러한 사실에도 불구하고 우리는 이러한 중국의 위상 변화를 받아들일 준비가 되어있지 않다. 중국을 대국이라 부르는 것조차 논쟁의 대상이 된다. 중국을 대국이라 부르면 친중적이라고 비난받을 정도이다.

1980년대 후반 내가 벨기에에 근무할 당시 보통의 유럽 사람들은 남북한을 구분하지도 못할 정도로 우리나라에 대해서 잘 알지 못했다. 1990년대 말까지만 하더라도 우리나라의 내로라하는 기업들은 한국 기업이라는 것을 밝히지 않으려 했다. 한국 기업은 아직 알아주지 않을 때였기 때문이다. 서양 아이들은 삼성이 일본 회사인 줄 알고 있을 정도였다.

그러나 오늘날은 어떤가. K-드라마 K-방산 K-선박 등등 한국이라는 이름을 자랑스럽게 내걸고 사업을 한다. 한국의 위상이 높아졌기 때문이다.

중국도 마찬가지다. 한중수교 이후 30여 년간은 양자관계에서 우리는 중국보다 우월적 지위에 있었다. 그러나 오늘날의 중국은 이제 더 이상 한중수교 초기에 우리가 보았던 중국이 아니며 국제무대에서 영향력이 있는 강대국이다. 그렇다면 중국을 바라보는 우리의 관점도 바꾸어야 한다.

5) 중국의 인식도 변해야

1992년 8월 역사적인 한중수교가 이루어졌다. 한중수교는 단순히 국가 간 외교 관계를 수립한 것으로만 볼 일이 아니다. 동북아의 안보 지형과 경제 지형을 바꾸는 분수령이었다. 한중수교 이후 1995년 11월까지 약 3년 사이에 당시 중국의 가장 중요한 지도자 3명(챠오스 전인대 상무위원장, 리펑 총리, 장쩌민 당 총서기 겸 국가주석)이 모두 우리나라를 방문했다.

이러한 사례는 현대 중국외교사에서 보기 드문 일이었다. 중화의 자부심으로 주변 나라들을 오랑캐 정도로 보던 중국의 지도자들이 연이어 우리나라를 방문한 연유는 무엇이었을까? 단순화의 함정이 있기는 하지만 그 시대는 중국이 우리를 필요로 했던 시기였기 때문이다.

국가주석이 우리나라를 방문(1995년 11월 13~17일)했을 때 삼성 반도체 수원 공장과 울산 현대 자동차, 현대중공업 등 우리나라 산업시설을 둘러보고 우리나라의 산업 발전에 깜짝 놀라 했었다는 얘기를 당시 주한중국대사관 관계자로부터 나는 들은 적이 있다.

그에 의하면 장쩌민 주석이 한국 방문 마지막 날 방한을 결산하는 한 자리에서 "한국이 경제적으로 발전을 이루었다는 것을 듣고는 있었지만 이렇게까지 발전했을 것이라고는 상상하지 못했다. 어떻게 인구도 적고 땅도 작은 나라에서 삼성이나 현대 같은 커다란 기업이 나오게 되었느냐? 한국의 경제발전 과정 특히 대기업들의 성장 과정을 연구해서 중국이 배워야 할 점들을 자세히 보고하라"라는 지시를 했다고 한다. 강택민 주석의 한국에 대한 이러한 인식은 수교 초기 중국이 한국과의 경제협력을 적극적으로 추진한 배경이 되었다.

한편 중국은 2000년대 초반부터 한중 자유무역협정 FTA를 체결하자고 적극적으로 제안해 왔었다. 당시 우리는 칠레 등 경제 규모가 비교적 작은 몇 나라와 FTA를 체결 한 적은 있지만 미국 등 자유무역을 지향하는 국가와도 아직 자유무역협정을 체결하지 않고 있었기 때문에 중국과의 FTA 체결은 생각할 수 없는 일이었다.

이러한 여건 때문에 우리는 중국 측에 FTA 체결에 관한 산학 공동연구를 먼저 할 것을 제안하여 중국의 요구를 회피하면서 시간을 벌었다. 2010년대 초 중국 대외무역부의 고위급 관료들은 산학 연구도 끝났으니 FTA 공식 협상을 개시하자고 끈질기게 제기했다.

체면과 위신을 중시하는 중국이 우리의 뜨뜻미지근한 반응에도 우리와의 FTA 체결에 목말라하는지 궁금해서 중국 대외무역부의 고위 관계자들에게 내가 물어본 적이 있다.

중국 측 관계자들은 중국은 한국과의 FTA가 꼭 필요하다고 보고 있으며 지도부 특히 원자바오 총리실에서 진전사항을 수시로 보고하라고 하고 있다고 하면서 지도부가 2013년 초에 바뀌면 한국과의 FTA에 대한 관심이 저하될지도 모른다고 은근히 압력을 가해오기도 하였다.

당시 주중대사관은 중국 측의 이러한 요구 등을 감안하여 중국과의 FTA 협상을 정식으로 개시할 필요성에 관해 본국 정부에 보고한 적이 있다. 이후 우리 정부는 2012년 한중 FTA 협상을 개시하기로 결정하였으며 2년여 협상을 거쳐 한중 FTA 협정이 2015년 체결되기에 이르렀다.

이처럼 중국 정부는 수교 이후 2010년대 초반까지 우리나라를 중요한 경제협력 파트너로 생각하였고 우리와의 관계 발전에 적극적이었다. 양국 관계의 이러한 발전과 궤를 같이하여 중국 대중들의 한국에 대한 호감도도 지속적으로 상승하였다. 젊은 세대를 중심으로 많은 중국인들이 한국의 대중문화에 빠져들었고 한국으로의 유학생도 급속히 증가했었던 사실들이 이를 방증한다.

그러나 2010년 북한에 의한 천안함 격침과 연평도 포격 사건을 둘러싼 대응방안을 놓고 안보 문제에서 나타난 균열이 중국 내 반한감정이 싹트기 시작한 단초가 되었다. 한미가 북한에 대한 경고 차원에서 실시한 서해에서의 연합해상훈련에 중국 정부가 반대하고 중국의 국수주의적인 언론들까지 한국 정부 비난에 나서면서 중국 내 반한 감정이 조성되기 시작한 것이다.

박근혜 정부 들어 한중관계가 긴밀한 관계로 발전하면서 양국 국민 간 비호감 정서가 일시적으로 호전되기도 하였다. 그러나 2016년 우리의 사드 배치 결정을 계기로 양국관계가 다시 악화하면서 중국 내 반한 감정이 다시 급속도로 확대되었다. 이후 문재인 정부와 윤석열 정부를 거치면서도 이렇다 할 전기가 마련되지 못한 채 중국 내 반한 정서도 고착화되는 경향을 보이고 있다.

한편 오늘날 중국의 한국에 대한 인식은 과거 역사의 기억과도 관련이 있다. 동양 최초의 역사서로 알려진 사마천의 사기에는 한나라가 전국을 통일한 직후 연나라의 위만이라는 자가 도망쳐 위만 조선을 세웠다고 기록되어 있다. 어떤 중국 사람들은 이를 근거로 한반도에 세워졌던 왕조가 자신들의 후예라고 황당한 주장을 한다.

진나라의 진수가 쓴 역사서인 삼국지에는 신新나라(전한과 후한 사이에 왕망이 궁정 쿠데타로 잠시 세웠던 나라)의 황제였던 왕망이 고구려를 비하하려는 의미에서 고구려의 국명을 하구려라고 바꾸라고 하였다고 기록되어 있다.

고구려를 정벌하려다 실패했던 수 양제는 612년 고구려 정벌을 선언하는 조서에서 고구려를 소추(小醜: 더러운 꼬맹이)로 낮추어 부르고 있다. 중국 사람들은 이런 역사 기록을 배우면서 자란다.

위키리크스가 (주한미국대사관의 비밀전문을 근거로) 2009년 12월 당시 청융화程永華 주한 중국대사와 캐슬린 스티븐스 주한 미국대사 간 면담 시 천하이陳海 참사관이 "작은 나라인 한국은 변화에 굴복하면 생존할 수 없다는 공포 때문에 급격히 변하는 환경에 대응할 때 움츠러든다"고 발언하였다는 사실을 폭로한 적이 있다. 한국을 조그마한 나라에 불과한 것으로 보는 중국인의 속마음이 드러난 사례이다.

중국인들의 이러한 역사의 기억은 다른 주변국에 대해서도 작동한다. 2010년 7월 베트남 하노이에서 열린 아세안 외교장관 회의 당시 양제츠 중국 외교부장이 "중국은 대국이고, 다른 나라는 소국이다. 이것이 현실이다"라고 한 공개 발언이 대표적인 사례이다.

중국의 이러한 과거 역사의 기억이 오늘날 주변국과의 관계에 부정적 영향을 끼치고 있다. 물론 한중관계에도 부정적 영향을 끼치고 있다.

여기에 더해 오늘날 중국은 개혁개방 40여 년 동안 이룩한 성취를 바탕으로 경제 규모 면에서 미국에 이어 2위 국가가 되고 군사적으로도 항공모함을 보유하는 등 군사 대국이 되었다.

40여 년 전만 하더라도 세계에서 가장 낙후된 국가였던 중국이 이처럼 경제적으로 그리고 군사적으로 강대국이 되면서 이를 바탕으로 대외정책에서 대국 행세를 하기 시작한 것이다.

그러나 이러한 중국의 대국 행세는 세계의 많은 나라들로부터 경계심을 불러왔다. 사실 중국의 이러한 대국 행세는 힘은 세졌으나 아직 성숙한 어른은 되지 못한 청소년들의 힘자랑에 비유될 수 있다. 이러한 중국이 좀 더 성숙한 어른이 될지 아니면 힘자랑에 몰두하다가 낙오자가 될지는 중국의 선택에 달려 있다.

중국이 국제사회에서 신뢰를 얻는 대국이 되려면 중국이 세계의 중심이라는 과거의 유산에서 벗어나 오늘날 세계는 평등한 권리를 가진 주권국가로 이루어진 세계라는 점을 인식하는 것이 무엇보다 중요하다.

3. 한중관계의 중요성에 대한 재인식

한중수교 이후 30여 년간 비교적 순탄한 발전을 거듭하던 한중관계는 2016년 우리의 사드배치를 계기로 난국에 봉착한 이래 이렇다 할 전기를 마련하지 못한 채 여전히 표류하고 있다. 특히 2022년 출범한 윤석열 정부가 한미동맹 및 한미일 협력만 중시한 채 중국은 무시하는 듯한 태도를 취하면서 한중관계는 더욱 악화하였다.

한중관계가 이처럼 악화된 데에는 여러 요인들이 있다. 북한 핵 문제를 포함 북한 문제를 둘러싼 양국 간 인식의 차이, 우리의 사드배치와 한미일 협력 강화에 대한 중국의 안보 우려, 양국의 경제구조가 상호보완적 경제구조에서 경쟁적 경제구조로 전환됨에 따라 발생하는 경제적 갈등 등이 그것이다.

여기에 더해 양국 국민 간 비호감 정서의 확산이 한중관계 악화의 요인으로 작용하고 있다. 어쩌면 이 정서적 요인이 가장 중요한 요인일지도 모른다.

이처럼 한중관계의 갈등 구조가 북한 문제와 안보, 경제 영역을 넘어 상호 비호감이라는 정서의 문제로까지 확대됨으로써 해결책을 마련하기가 쉽지 않게 되었다.

이러한 상황 속에서 양국 간 갈등을 완화하고 양국관계를 건설적인 방향으로 이끌기 위해서는 한중관계의 중요성을 양국이 재인식하는 데서부터 출발해야 한다.

1) 지리경제적 측면에서 본 한중관계의 중요성

중국은 지리적으로 우리와 가장 가까운 이웃 국가이자 14억 인구를 가지고 있는 세계 최대의 시장이다. 비록 오늘날 우리가 교통과 통신이 발달한 세계에서 살고 있기는 하지만 경제적인 측면에서 물리적 거리의 중요성은 여전하다.

미국의 주요 수출입 대상국으로는 멕시코와 캐나다가 1, 2위를 다투고 중국이 3위에 자리하고 있는데 캐나다와 멕시코의 경제 규모가 중국에 비해 훨씬 작음에도 불고 1, 2위 자리를 차지하고 있는 이유는 지리적으로 미국에 인접하고 있는 이점 때문이다. EU 국가들도 EU 역내 국가 간 무역이 EU 전체 무역의 60% 정도를 차지한다.

이러한 현상은 경제 구조적 이유도 있지만 지리적 요인이 주요 이유이다. 지리적으로 가까운 국가 간 무역이 운송비 등 가격 경쟁력 면에서 유리하기 때문이다. 이러한 점을 고려하면 중국의 거대한 시장은 다른 경쟁국에 비해 우리가 비교우위에 있다. 지리적으로 가깝기 때문이다.

아울러 지리적 인접성과 식생활의 유사성 등으로 인해 중국과의 협력만이 가능한 분야들이 있다. 우리나라에서 필수 불가결한 배추나 무가 흉작으로 산출량이 줄어들어 국내 가격이 천정부지로 오르는 경우 우리는 중국에서 긴급하게 배추나 무를 수입하여 국내 부족분을 메울 수 있다. 배추가 흉작이던 2011년 우리나라는 중국으로부터 배추 수입량을 긴급히 확대하여 국내의 공급부족을 해결한 적이 있다.

반대로 중국 입장에서도 한국이 비록 경제 규모 면에서는 세계 10위권 내외에 있지만 중국의 수출입에서 한국이 차지하는 비중은 미국, 일본에 이어 3위이다.

한국이 전 세계에서 차지하는 경제 규모보다 중국의 수출입에서 높은 비중을 차지하는 이유는 중국의 기업(중국에 투자한 한국기업 등 외국기업을 포함한다)들이 생산에 필요한 중간재를 수입해야 하는데 지리적 근접성으로 인해 한국으로부터의 중간재 수입이 다른 나라에서 수입하는 것보다 더 싸다는 이점이 있기 때문이다.

이처럼 한중 양국 간의 지리적 근접성은 경제무역 교류에서 다른 나라들보다 유리한 조건을 형성하며 이 지리적 요인은 미래에도 불변하는 요인으로 남아있을 것이다.

한편 한중 간 경제구조가 수교 초기의 상호보완적이었던 구조에서 오늘날 상호경쟁적인 구조로 변화됨에 따라 양국 간 경제 분야에서 치열한 경쟁이 불가피할 것이다.

그러나 경쟁이 불가피하다고 해서 한중 양국 모두 상대방을 적대시할 필요는 없다. 오히려 상호 경쟁을 통해 양국 모두 효율적인 경제구조를 발전시킬 수 있는 효과도 있다. 특히 한국 입장에서는 14억 중국 시장을 내수 시장화 함으로써 규모의 경제효과를 기대할 수 있다.

2) 안보적인 측면에서 본 한중관계의 중요성

안보와 경제는 동전의 양면이다. 안보가 불안정하면 국가들은 경제개발보다는 무기 개발 등 군사력 강화에 더 많은 국가의 자원을 배분하게 되며 결과적으로 국가 운영은 비효율적인 형태가 된다.

마오쩌둥은 세계는 미국 및 구소련이라는 두 초강대국과의 전쟁이 불가피하다는 인식을 가지고 있었다. 이러한 인식 때문에 마오쩌둥은 대중들의 생활 향상을 위한 경제발전보다는 국가안보를 위한 군사력 증강에 국가의 모든 자원을 우선적으로 배분하였다.

그러나 마오쩌둥 이후 중국의 최고지도자가 된 덩샤오핑은 세계는 전쟁보다는 발전이 대세라고 보았으며 이러한 인식하에 서방과의 협력 등 경제발전을 정책의 최우선으로 삼았다.

오늘날 중국이 한반도와 동북아의 안정과 평화를 한반도 정책의 최우선 순위로 내세우는 이유도 한반도와 동북아의 불안정은 중국의 경제발전에 불리하다는 인식 때문이다.

한반도와 동북아의 안정 및 평화는 우리의 경제발전에도 중요한 요소이다. 북한이 한반도의 안정과 평화를 위협하는 행동을 하게 될 경우 우리나라의 지정학적 리스크가 커지면서 단기적으로는 주식시장과 외환 시장이 커다란 영향을 받으며 중장기적으로는 외국인의 직접 투자가 줄어들게 된다. 북한의 도발과 평화파괴 행위는 중국의 경제발전 전략에도 부정적 영향을 미친다.

우리나라와 중국은 이처럼 한반도와 동북아의 안정 및 평화 유지가 경제발전에 필수 불가결하다는 점에서 공통의 이익을 가지고 있다. 우리는 북한에 의한 천안함 피격이나 연평도 포격 및 핵 개발 등 북한의 잘못된 행태에 대해 단호하게 북한을 제재하지 않는 중국의 뜨뜻미지근한 행태에 대해 실망했다.

그러나 이러한 중국의 뜨뜻미지근한 행태에도 불구하고 우리는 북한의 도발적 행동을 제어하기 위한 중국의 역할을 과소평가해서는 안 된다. 만약 북한의 도발적 행동들에 대한 대처방안을 놓고 한중 간 갈등이 발생한다면 그것은 오히려 북한이 한중 사이를 갈라놓을 수 있는 아주 좋은 소재가 될 것이다.

이처럼 한중 양국은 경제적인 측면에서나 안보적인 측면에서 상호 간에 중요한 공통의 이익을 가지고 있다. 특히 경제와 안보 분야에서의 양국의 협력 필요성은 양국관계에 부정적 영향을 미치는 다른 요인들인 정치체제의 차이나 상대방이 싫다는 정서적 요인들과는 비교할 수 없을 정도로 중요하다는 것을 한중 양측 모두 인식하여야 한다.

17장
향후 한중관계에 영향을 미칠 요인과 우리의 대응방안

1. 양국관계에 영향을 미칠 내재적 요인과 우리의 대응방안

한중수교 이후 지난 30여 년의 양국관계를 되돌아보면 한중관계에 영향을 미칠 요인 대부분은 외생적 변수들이다. 양자 차원에서의 갈등 요소가 없지는 않으나 협상과 인식의 전환을 통해서 해결 가능한 요소들이다.

무엇보다 한중 양국 간에는 영토 문제를 둘러싼 근원적인 갈등 요소가 없다. 우리 정부가 1990년대부터 추진한 이어도 해양기지 건설에 대해 중국 측이 여러 차례 문제를 제기해 온 적이 있다.

그러나 우리 측이 이어도 해양기지 건설은 인근 해양에 대한 과학적 연구를 위한 것임을 중국 측에 설명하였고 중국 측도 이러한 우리 입장을 받아들여 더 이상 문제를 제기해오지 않고 있다. 국제사회에서 통용되는 국제법에 의하면 이어도는 지리 환경에 있어 사람이 거주하는 섬이 될 수 없기 때문에 한 나라의 영토가 될 수 없다.

이 외에 한중 간 이슈로 뉴스에 자주 등장하는 한국방공식별구역KADIZ을 중국 군용기들이 들락날락하는 문제가 있다. 그러나 한국방공식별구역은 국제법상 주권적 권리에 해당하는 영공이 아니다. 단지 영공 외곽의 일정 지역 상공을 항적 조기 탐지 및 식별 등을 위해 우리 정부가 설정한 것이다. 즉 주권적 권리의 영역인 영공을 가지고 싸우는 문제는 아니다.

일본과 중국이 설정한 방공식별구역과 우리의 방공식별구역이 제주도 남방 일부 지역에서 겹치고 있기 때문에 이 지역에 중국 군용기가 출동하면서 문제가 되기는 한다. 그러나 방공식별구역 진입 시 상호 사전 통보하는 시스템이 마련되어 있다. 문제는 이 상호 시스템이 잘 작동하지 않는 경우가 있다는 것이다. 그럼에도 불구하고 양국의 관계 당국 간 협의를 통해 관리가 가능한 사안이다.

또 다른 이슈로는 배타적 경제수역EEZ 설정에 관한 문제가 있다. 배타적 경제수역도 우리나라의 주권적 권리가 미치는 영해에 관한 문제는 아니다. 유엔이 정한 200해리 배타적 경제수역은 어업 등 경제활동을 배타적으로 할 수 있는 해역을 의미한다.

해양으로 인접한 대부분의 나라들은 배타적 경제수역이 겹치기 때문에 협상을 통해 해결해야 하나 의견 차이로 대부분의 나라들이 아직 해결을 하지 못하고 있다. 우리나라도 중국 및 일본과 경제수역이 겹치기 때문에 협상을 통해 해결해야 하나 여러 차례의 협의에도 불구하고 아직 합의에 이르지 못하고 있기는 하다. 그럼에도 불구하고 이 문제는 영해 주권에 관한 문제는 아니다.

이와 관련 2025년 들어 중국이 서해에서 인공구조물을 설치하고 있다는 뉴스가 언론 지면을 달구기도 하였다. 중국이 인공구조물을 설치하고 있는 해역은 중국 산동성 청도 앞바다로 한중어업 협정상의 잠정조치수역 내 중국 쪽 가까운 곳에 걸쳐 있다. 인공구조물의 용도와 목적이 불분명하기는 하나 그러한 구조물을 설치하는 것이 국제법 위반 행위인지는 아직 불분명하다. 다만 한중어업협정의 정신에 비추어 부적절한 행위라고 볼 수 있다.

해결방안이 없는 것은 아니다. 외교적 경로를 통해 중국 측에 구조물 해체를 요구해야 한다. 중국이 이에 반응하지 않으면 우리도 잠정조치수역 내 한국 쪽 가까운 위치에 유사한 구조물을 설치하는 등 비례의 원칙으로 대응하면 된다.

그런데 이 구조물은 앞서 언급한 이어도에 우리가 세운 구조물처럼 국제법적으로 인정되는 섬은 될 수 없기 때문에 중국 측이 이 구조물을 완공한다 하더라도 배타적 경제수역의 기점으로 주장할 수는 없다.

사실 국가 간의 문제는 영토 주권에 관한 문제가 아니라면 외교적 협상을 통해 문제를 해결하는 것이 가능하다. 그런 점에서 한중 양국 간에는 영토 문제로 인한 근본적인 갈등 요인은 없기 때문에 대부분 문제는 양국 간 외교적 협상을 통해 해결 가능하다고 볼 수 있다.

최근 들어 양국 국민 간 비호감 정서가 양국관계의 기저를 흔들 수 있는 문제로 대두되었다. 이를 완화하기 위해서는 양국 정부와 국민들이 상호존중의 정신으로 상대방을 냉정하게 바라보는 것이 중요하다.

오히려 향후 한중관계에 영향을 미칠 대부분의 요인들은 미중관계와 한미동맹, 북한 핵 문제와 북한 문제, 한반도 통일 문제, 대만 문제 등 외재적 요인들이다. 따라서 양국 외교 당국 간 긴밀한 논의와 협의를 통해 이러한 외재적 요인들에 대한 입장을 잘 조율하는 것이 외교당국이 해야 할 중요한 과제이다.

2. 양국관계에 영향을 미칠 외재적 요인과 우리의 대응방안

1) 미중관계와 우리 외교의 좌표

1979년 미중수교 이래 미중 양국관계는 우여곡절을 겪어오기는 하였으나 2010년대 중반 이전까지는 협력과 경쟁이 대세였다. 그러나 2010년대 중반 이후 미중관계는 협력과 경쟁보다는 갈등과 대결의 방향으로 전환되었으며 이러한 흐름은 앞으로도 지속될 가능성이 크다. 미국의 공화, 민주 양당 모두 중국에 대한 강경정책을 천명하고 있기 때문이다.

중화민족의 위대한 부흥을 국가적 과제로 인민대중들에게 주입해온 시진핑 체제하의 중국도 미국의 강경정책에 굴복하는 모습을 보일 경우 시진핑 국가주석의 정치적 권위가 손상될 수 있기 때문에 쉽사리 미국의 압력에 타협적 자세를 취하기가 어렵게 되어있다.

이처럼 미국과 중국의 관계가 갈등과 대결 모드로 전환되면서 미중 사이에서 우리의 외교 방향을 설정하기가 녹록하지 않게 되었다. 이와 관련 미중 사이에서의 우리 외교 방향으로 전략적 모호성Strategic Ambiguity과 전략적 명료성Strategic Clarity 논쟁이 있어 왔다.

전략적 명료성을 주장하는 사람들은 미중 사이에서 미국 편에 확실히 서는 것이 국익에 유리하다고 주장한다. 전략적 모호성을 주장하는 사람들은 미중 사이에서 어느 정도의 균형을 유지함으로써 외교적 유연성Flexibility을 확보하는 것이 국익에 유리하다고 주장한다.

이러한 논의와 관련 우리나라에서는 전략적 모호성은 나쁜 것이고 전략적 명료성은 좋은 것이라는 오해 아닌 오해가 있다. 전략적 모호성이라는 개념은 국제정치학의 세력균형론과 궤를 같이 하는 개념이다.

헨리 키신저를 비롯한 현실주의 국제정치학자들은 19세기에 유럽의 평화가 100여 년 유지될 수 있었던 데에는 유럽의 주요 국가 간 세력균형이 유지되었기 때문이라고 보고 있다.

세력균형론자들은 국제사회는 비슷한 힘을 가진 주요 국가 간 이합집산이 자유롭게 이루어져 어느 한 나라나 동맹이 절대적인 힘의 우위를 갖지 못할 때 전쟁을 방지하고 평화를 유지할 수 있다고 본다. 절대적인 힘의 우위가 담보되지 않는 상황에서는 어느 나라도 선불리 전쟁을 할 수는 없기 때문이다.

헨리 키신저는 오스트리아와 동맹을 맺으면서 동시에 러시아와도 조약을 체결한 비스마르크의 전략적 모호성 정책 덕택에 유럽의 균형이 유지되어 평화가 유지될 수 있었다고 본다. 오히려 비스마르크 퇴임 이후 독일이 전략적 모호성을 포기하고 전략적 명료성을 택함으로써 삼국동맹(독일, 오스트리아-헝가리 제국, 이탈리아) 대 삼국협상(영국, 프랑스, 러시아) 간 대결 분위기가 조성되어 1차 대전에 이르게 되었다고 본다.

헨리 키신저의 이러한 전략적 모호성 관점이 미중 갈등의 핵심 이슈인 대만 문제에 적용되어 왔다. 중국은 미국과의 수교 협상에서 대만 문제와 관련 대만은 중국의 일부분이라는 주장을 하면서 통일을 위해 무력 사용을 배제하지 않는다는 원칙을 고수해왔다. 중국은 이러한 원칙 위에 미-대만 상호방위조약 폐기와 대만 주둔 미군의 철수를 요구했다.

미국은 이러한 중국 측 요구를 받아들여 대만과의 상호방위조약을 폐기하고 대만 주둔 미군을 철수하였다. 그러나 동시에 미국은 대만 문제는 평화적으로 해결되어야 한다는 원칙적 입장을 표명함으로써 대만 문제 해결을 위한 중국의 무력 사용을 반대한다는 뜻도 밝혀왔다. 실제로 미국은 대만에 대만 방위에 필요한 군사 장비들을 판매하고 있고 이것이 그동안 미중 간 가장 껄끄러운 이슈였다. 미국 같은 강대국도 이처럼 자국의 이익 및 상대국과의 관계를 위해 대만 문제와 같은 특정한 이슈에서는 전략적 모호성을 유지했었다.

북한 핵 문제 및 남북한 문제에 대한 중국의 원칙적 입장도 전략적 모호성에 기반하고 있다. 북한 핵 문제 및 남북한 문제와 관련 중국은 한반도의 평화와 안정 유지, 한반도 비핵화, 협상과 대화를 통한 평화적 해결이라는 원칙적 입장을 내세우고 있다.

중국은 이러한 전략적 모호성에 기반하여 북한의 핵실험이나 연평도 포격 등 불법적이고 도발적인 행동에도 불구하고 어느 편에도 편들지 않은 채 냉정과 자제를 주문하면서 대화를 통한 평화적 해결을 주장한다.

만약 중국이 전략적 명료성을 내세워 북한을 일방적으로 비난하거나 제재하게 되면 북중관계는 파탄이 날 것이다. 이런 점에서 한 나라의 외교정책이 전략적 모호성을 취하는 것이 꼭 나쁜 것만은 아니다.

중국의 전략적 모호성 전략은 러시아의 우크라이나 침략에 대한 대응에서도 나타났다. 러시아와의 관계를 감안, 서방의 대러 제재에 동참하지 않으면서도 우크라이나와의 관계를 고려하여 러시아의 침략 행위를 두둔하지도 않았다.

국제 정세라는 것은 시대적 상황과 중요한 사건의 발생 등으로 수시로 변하며 결코 고정불변일 수는 없다. 2025년 트럼프 대통령이 취임한 이후의 미국의 대외정책과 바이든 행정부의 대외정책을 보면 국제 정세가 얼마나 예측 불가능한지를 알 수다. 러시아의 우크라이나 침략전쟁과 관련한 트럼프 대통령의 평가를 생각해보라.

이런 관점에서 보면 지금 우리가 목도하는 갈등과 대결의 미중관계도 향후 어떤 형태로 진행될지 속단하기가 어렵다. 따라서 미중관계 속에서의 우리나라의 대외정책은 어느 한 방향으로 올인하는 것은 우리의 국익이라는 측면에서 최선의 방안은 아니다.

지금 당장 미중 사이에서 어느 한쪽(미국)에 확실히 서자고 주장하는 전략적 명료성은 우리의 외교 전략으로는 가장 손쉬운 선택 방안인 것처럼 보인다. 그러나 이러한 외교 전략에는 커다란 대가가 따른다. 다른 한쪽(중국)과의 관계를 희생해야 하기 때문이다.

만약 앞으로 미중관계가 다시 협력하는 방향으로 나아간다면 우리의 미국 및 중국과의 외교 공간이 그만큼 넓어질 것이므로 이러한 상황 변화에도 대비하여야 한다. 전략적 명료성이라는 이름 아래 어느 한쪽으로 올인해 놓으면 후에 상황 변화가 생겼을 때 우리는 낙동강 오리알 신세가 될 수도 있기 때문이다.

이러한 점을 감안한다면 현 단계에서 우리의 외교 좌표는 미국과의 동맹관계를 강화하되 중국과의 전략적 협력동반자 관계도 지속적으로 발전시켜 나가는 것이 되어야 한다. 우리는 이러한 우리의 외교 좌표를 가지고 전략적 명료성이냐 전략적 모호성이냐의 문제로 내부적으로 서로 다툴 필요가 없다. 우리는 이러한 외교 방향 하에 미중 사이에서 구체적으로 선택해야 하는 외교 사안에 대해서는 우리의 국익에 맞게 저울질 하여 우리 입장을 결정해야 한다.

다행히도 최근 들어 이러한 우리의 외교기조에 대해 국내 정파 간에 어느 정도 합의가 이루어진 것으로 보인다. 미중 사이에서 전략적 명료성을 채택했던 윤석열 정부도 윤석열 대통령이 2024년 11월 G-20 회의 참석 계기에 한 브라질 언론과의 회견에서 "미중 사이에서 우리가 꼭 선택해야 하는 것은 아니다"라고 언급하여 외교 방향의 선회를 밝혔다.

윤석열 대통령의 이 발언은 한미동맹을 강화하되 중국과의 전략적 동반 협력자 관계도 발전시켜 나가야 한다는 것을 의미한다. 2년여의 집권 경험 후에 나온 것으로 좀 늦은 감이 있기는 하나 중국과 디커플링하는 정책은 국익에 도움이 되지 않는다는 것을 알게 된 결과일 것이다.

한편 우리는 이러한 외교기조를 유지하는 가운데 미중관계가 건설적인 협력의 방향으로 진전되도록 적극적 역할을 할 수 있는 공간을 찾는 것도 중요하다. 이와 관련하여 헨리 키신저의 관점을 되돌아볼 필요가 있다. 헨리 키신저는 그의 책 〈세계질서(World Order)〉에서 미중 양국이 동아시아에서 건설적 협력을 해나갈 여지가 있는 외교 어젠다로 북한 문제를 제시한 바 있다.

북한 핵 문제를 포함하여 북한 문제는 미중 양국의 협력과 신뢰가 없이는 해결이 지난한 문제이다. 이와 관련 우리가 핵심 당사자이므로 우리가 해결의 주체가 되어야 한다는 주장이 있을 수 있다. 타당한 주장이다. 그러나 국제정치라는 현실도 고려해야 한다.

그동안의 경험에 의하면 북한의 핵실험이나 탄도미사일 시험 발사 같은 도발적 행위에 대한 유엔 논의 시 우리 힘만으로는 중국을 움직일 수 없었다. 미국과 중국 간 협의에 의해 대부분 결정되었다. 소위 강대국 정치다.

다행히도 그동안 4자회담과 6자회담을 통해 미국과 중국이 협력해본 경험이 있다. 9.19 공동성명이라는 일정한 성과를 거두기도 하였다. 지난한 일이기는 하지만 미국과 중국이 북한 문제와 관련하여 협의할 수 있는 틀을 다시 모색할 필요가 있다. 이를 위해 우리는 적극적인 역할을 맡아야 한다.

중국이 북한 문제에 대해 건설적인 협력을 할 수 있는 틀을 만들 수 있다면 우리는 건설적인 미중관계를 위해 일정한 역할을 하면서 미국 및 중국과 동시에 신뢰를 구축해나갈 수 있을 것이다.

2) 북한 핵 문제

중국은 북한의 핵 문제에 대해 시기에 따라 다소 다른 스탠스를 취해왔다. 크게 보면 3단계로 구분해 볼 수 있다. 1차 핵 위기 발생 시에는 미국이 핵 문제를 주도했다. 북한도 미국과의 대화만 중시했다. 오히려 중국을 논의에서 배제하려고 했다. 이러한 여건 속에서 중국은 대화를 통한 평화적 해결이라는 원칙을 내세웠다.

당시는 중국이 북한의 핵 문제 해결을 위해 특별한 역할을 할 수 있는 여지가 없었던 시기였다. 북중관계가 한중수교의 후유증으로 악화되어 북중 최고지도자 간 교류가 이루어지지조차 못할 때였다. 또한 중국 자신이 코가 석 자인 시기였다. 경제적으로 자국민을 먹여 살리기도 바쁜 시기인데다 톈안먼 사태의 후유증으로 서방의 제재를 받고 있었다. 북한의 핵 개발이 초기 단계에 머물러 있었기 때문에 국제적으로 아직 우려의 대상도 되지 않고 있었다. 따라서 미국 등 국제사회로부터 북한 핵 문제를 해결하라는 압력을 받지도 않았다.

2002년 북한의 우라늄농축 핵 개발 의혹이 대두되면서 2차 북한 핵 위기가 발생하였다. 당시 미국은 9/11 테러 이후 중동 지역에서의 대테러 전쟁에 국력을 집중하느라 북한의 핵 문제 해결에 적극적으로 나설 여력이 부족했다. 특히 미국은 북미 제네바 합의가 양자 간 이루어진 합의이기 때문에 북한이 이를 지키지 않았다고 보고 다자 해결방안을 추구하는 한편 중국의 적극적 역할을 촉구했다.

당시 중국은 후진타오 체제가 막 출범했던 시기였다. 새로운 지도자로 등장한 후진타오 주석 등 중국의 지도부는 미국과의 협력적 관계 유지를 위해 미국의 요구에 부응할 필요가 있었다. 또한 당시 중국은 개혁개방정책을 통해 경제적 발전을 거듭하여 대내외 문제에서 자신감을 회복하고 있었다. 북중관계도 한중수교 이후의 후유증을 극복하고 김정일의 방중이 여러 차례 이루어지는 등 정상화되어 있었다. 이러한 대내외적 여건이 중국으로 하여금 적극적 역할을 할 수 있는 공간을 제공했다.

중국은 이 시기에 6자회담 주최국이자 개최국으로서 북한 핵 문제 해결을 위한 외교적 노력을 기울였다. 후진타오 국가주석을 포함 중국의 지도부가 전면에 나섰다. 그 결과 9.19 공동성명 합의라는 성과를 얻어내기는 했지만 북한 핵 문제의 최종적 해결에는 실패했다. 실패의 원인을 놓고 미국의 과도한 요구 때문이었다는 평가들이 중국의 전문가들 사이에서 대두되었다. 중국이 미국에 의해 이용만 당한 것은 아닌지 하는 내부 평가들도 있었다.

이후 북한은 여러 차례의 핵실험을 단행하였다. 중국은 북한의 핵실험에 대응하는 유엔 안보리의 북한제재 결의에 동참하고 북한과의 경제교류도 일부 제한하는 조치를 취하기도 하였다. 그러나 6자회담이 사실상 무산된 후부터는 중국은 북한의 핵 문제와 북한 문제를 분리하여 대처해오고 있다.

중국의 대북 제재 동참을 북한이 비난하고 나섬에 따라 일시적으로 북중관계에 균열이 생긴 적도 있기는 했지만 중국으로서는 북중관계를 파탄으로 몰고 갈 의도는 없었다. 그것은 북한도 마찬가지였다. 이처럼 북중관계는 우여곡절을 겪어왔지만 이를 극복하고 다시 정상화되곤 했다. 서로가 상대방을 필요로 한다는 것을 잘 알고 있기 때문이다. 그것이 북중관계의 역사이기도 하고 오늘날 우리가 보는 현실이기도 하다. 북중관계가 파탄날 것처럼 전망하는 것은 북중관계의 역사와 현실에 대한 오인에서 비롯된다.

중국은 2017년 이후 북한의 핵 문제 해결 방안으로 "쌍중단과 쌍궤병행'을 주장해오고 있다. 아울러 북한이 핵 개발을 지속하는 배경을 외부 세계의 안보 위협에 기인한다고 하면서 북한의 합리적 안보 우려를 해소해야 한다고 주장해오고 있다.

왕이 국무위원 겸 외교부장이 나서서 2022년 3월 내외신 기자회견에서 "한반도 문제의 뿌리는 북한이 직면한 외부의 안보 위협이 장기간 해소되지 않는 데 있다"면서 "미국이 북한의 합리적 안보 우려를 해결하는 실질적 조치를 취해야 한다"고 주장한 것이 대표적 사례다.

중국의 이러한 태도가 중국이 북한을 비호하고 미국과 맞서려는 것은 아니다. 중국은 여전히 미중관계를 가장 중요한 대외관계로 보기 때문이다. 이에 비추어 중국은 중북관계와 중미관계를 동시에 고려하면서 북한 핵 문제를 균형적으로 접근하려 할 것이다.

문제는 북한의 완고한 태도에 비추어 북한의 핵 문제가 외교적 협상을 통해 해결될 수 있는 가능성이 거의 없어졌다는 것이다.

이 지점에서 우리도 핵을 개발해야 한다는 주장이 있을 수 있다. 그러나 그렇다고 우리가 핵 개발을 하겠다고 나설 수는 없다. 현 국제시스템 하에서 국제적인 왕따를 당할 것이 자명하기 때문이다.

단기적으로는 미국과 핵 공유협력 체제를 강화하여 북한의 핵 위협에 효과적으로 대응하는 것이다. 다른 한편으로는 4자회담이나 6자회담 같은 협의 체제를 다시 가동하기 위한 외교적 노력을 해야 한다.

그러한 협의 체제가 북한의 완고한 입장 때문에 당장 가시적인 결과를 내놓지는 못할 수 있다. 그러나 우리로서는 이러한 협의체를 통해 관련 국가 간의 신뢰관계를 구축하고 나아가 동북아의 평화체제 구축으로 가는 디딤돌 역할을 할 수 있다.

3) 북한 문제

트럼프 미 대통령이 월스트리트저널WSJ과의 인터뷰에서 시진핑 국가주석이 2017년 4월 미국 방문 시 자신의 별장인 마라라고에서 가진 회담에서 중국과 한국 간의 과거 역사적 관계에 대해 많은 시간을 할애해서 언급하는 가운데 "한국(북한이 아닌 전 한국)은 사실 중국의 일부였다Korea, not North, actually used to be a part of

China"고 말했다고 밝힌 적이 있다. 트럼프 자신은 이 말을 듣고 북한을 다루기가 쉽지 않겠다는 생각을 했다고 말했다.

시진핑의 발언의 실제 내용은 현재까지 확인되는 바가 없다. 다양한 추론만 가능하다. 과거에 중원 왕조가 한반도에 있었던 왕조를 일시적으로 정복하여 통치한 역사적 사실 등을 의미했거나 명, 청과 조선 왕조와의 조공-책봉 관계를 사실상의 지배 관계로 말했을 수도 있다.

그러나 그 의도는 비교적 명확하게 추론할 수 있다. 그 의도는 한반도에 대한 중국의 영향력은 오래전부터 있어 왔고 지금도 그러하다는 것을 트럼프에게 인식시키는 한편 한반도 문제에 대해서는 중국의 첨예한 이해관계가 걸려 있으므로 미국이 이를 함부로 침해하지 말라는 신호를 보내려는 것이었을 것이다.

트럼프가 북한을 다루기가 쉽지 않겠다고 생각한 것은 이러한 중국의 영향력 때문에 북한 문제를 미국 마음대로 해결하기 어려울 것으로 보았기 때문이었을 것이다.

중국 외교관이나 당정의 고위 관리들은 북한과 중국 간 관계를 순망치한의 관계라고 강조한다. 이 말의 의미는 한반도는 중국의 안보 울타리이며 그만큼 한반도가 중국의 안보에 매우 중요하다는 뜻이다.

이는 한반도가 중국의 영향권을 벗어나서 중국과 경쟁하는 다른 세력의 영향권에 들어가는 것은 중국의 안보에 위협이 되는 것으로 인식한다는 것으로 볼 수 있다.

실제로 과거 중원에 존재했던 중국의 왕조들은 한반도에 존재했던 왕조를 중국의 영향권 아래 묶어두려 했고 이러한 중국의 영향권을 침해하려는 외부 세력이 등장하면 중국의 왕조는 이 외부 세력과의 전쟁도 불사했다.

임진왜란 당시 명나라가 조선의 요청에 따라 출병한 것도 조선 말 일본의 한반도에 대한 영향력 증대를 막기 위해 청나라가 일본과 벌인 청일전쟁도 자신의 안보 울타리를 지키기 위한 전략적 고려 때문이었다.

청나라는 이 전쟁에서 참패하여 조선에 대한 영향력을 상실하였으며 일본의 조선에서의 우위가 확립되었다. 이후 1905년의 러일 전쟁에서 승리한 일본은 한반도에 대한 지배권을 확보하였다. 이후 일본은 한반도를 주춧돌로 삼아 1931년 만주 사변을 통해 만주국을 세워 만주 지역까지 일본의 세력권으로 확장하고 1937년에는 중일전쟁을 일으켜 중국 전역에 대한 일본의 지배를 도모하였다.

북한에 의한 남침으로 발발한 한국전쟁 당시 마오쩌둥은 린뱌오林彪 등 군부 실력자들의 반대를 무릅쓰고 "한반도는 중국에 '순망치한'의 관계"라며 파병을 밀어붙인 것으로 알려져 있다. 마오가 이러한 결정을 한 이유도 한반도가 미국의 지원 아래 한국 중심으로 통일되면 중국의 안보 울타리가 미국과 직접 맞닿아 중국의 안보가 위태로워질 것을 우려했기 때문이었다.

이처럼 한반도가 중국의 영향권에서 벗어나는 것은 곧 중국의 안보가 위협받는 것으로 간주되었다.

오늘날에도 한반도의 전략적 중요성에 대한 중국의 이러한 인식에는 커다란 변화가 없으며 오히려 더 강화되었다고 볼 수 있다. 그 이유는 현대의 전쟁과 안보 개념이 군사기술의 발달로 과거보다 전장 개념이 더 확장된 데다 미중 간 갈등과 대립이 격화됨에 따라 중국의 안보 전략에서 한반도가 더 중요하게 되었기 때문이다.

이러한 관점에서 보면 북한 핵 문제나 북한 문제와 관련한 중국의 태도를 명확히 이해할 수 있다. 북한 핵 문제가 국제안보 문제로 전환된 이후 북한이 중국의 전략적 자산이 아니라 오히려 중국에게 짐이 되었다는 평가들도 있다.

그러나 앞서 언급한 역사적 사실들과 오늘날 미중경쟁이라는 현실을 감안할 때 북한은 여전히 중국의 전략적 자산이다. 그리고 전략적 자산으로서의 북한의 가치는 거의 영구적으로 남아있을 것이다.

미국이 쿠바 미사일 위기 시에 구소련과의 전쟁을 불사하면서까지 소련이 쿠바에 미사일을 배치하려던 계획을 막고 나선 것은 미국의 안보가 조금이라도 소련의 위험에 노출되는 것을 막기 위한 것이었다.

오늘날 트럼프 미 대통령이 파나마 측에 미국이 이양했던 파나마 운하에 대한 관리권을 다시 찾아오겠다고 하는 것은 파나마 운하에 대한 통제권이 중국에 넘어가 미국의 경제안보가 위험에 노출되는 것을 막으려는 것이다.

이처럼 모든 국가는 자국의 생존을 담보하는 안전보장을 국가 정책의 최우선으로 삼는다는 관점에서 보면 중국이 대국으로서 국제사회의 책임 있는 역할을 하기 위해 북한이 핵 개발과 미사일 발사 등 각종 도발을 일삼는다는 이유만으로 북한을 포기할 수는 없다는 것은 자명하다.

이런 관점에서 보면 북한 문제 관련 중국에 대한 우리의 기대 수준은 명확해진다. 우리 측이 원하는 만큼 중국이 북한에 대한 영향력을 행사하지 않는 것에 대해 우리가 실망하거나 중국을 비난하는 것은 중국의 안보 관점을 우리 관점에서 바라보기 때문이다.

지난 30여 년의 중국과의 외교 경험을 통해 북한의 핵 문제를 포함 북한 문제에 중국이 어떻게 행동하는지를 우리는 명확하게 알 수 있게 되었다. 그것은 북한의 생존을 위태롭게 하는 수준의 대북 제재는 중국이 받아들이지 않을 것이라는 점이다. 북한의 생존이 중국의 안보 이익에 필수 불가결하기 때문이다.

따라서 우리는 중국과의 논의에서 북한 문제를 장기적인 관점에서 다루어야 한다. 우리가 원하는 대로 중국이 행동하지 않는다고 중국을 비난하는 것은 현실에 바탕을 두지 않은 얘기라는 것을 기억해야 한다. 오히려 갑자기 한반도 통일의 기회가 다가올 경우에 대비하여 중국과의 굳건한 신뢰관계를 구축해 놓는 것을 우리의 가장 중요한 외교 목표로 설정해야 한다.

4) 한반도 통일 문제

한반도 통일 문제에 대해 중국은 1992년 한중수교 공동성명 5항에서 "중화인민공화국 정부는 한반도가 조기에 평화적으로 통일되는 것이 한민족의 염원임을 존중하고, 한반도가 한민족에 의해 평화적으로 통일되는 것을 지지한다"는 입장을 천명한 이래 일관된 입장을 유지하고 있다.

이 공동성명 5항은 언젠가 다가올 한반도 통일 과정에서 이 조항을 원용하여 중국의 지지를 요구하거나 중국의 유보적 태도를 잠재울 수 있다는 점에서 비록 선언적 성격에 불과하다고 할지라도 중요한 조항이다.

한반도 통일 문제와 관련 1990년대 말 북한의 '고난의 행군' 시기 북한 붕괴론이 대두되었을 때 중국의 한반도 문제 전문가나 중국 외교관과의 대화 주제로 한반도 통일 문제가 거론되곤 하였다. 당시는 중국의 전문가들도 북한이 붕괴할 가능성에 예의 주시하면서 우리 측의 평가에 커다란 관심을 표명했었다.

당시 중국 내 북한 문제 전문가와 외교관들은 비공식적인 자리에서 북한이 붕괴되어 한국이 흡수통일을 하더라도 북한이 평양에 만들어 놓은 거대한 건축물들을 부수지 말고 잘 보존하라고 농담 반 진담 반 얘기하곤 했다.

이 당시만 해도 중국의 한반도 문제 전문가들 사이에 한반도가 한국 주도하에 통일될 것으로 생각하는 사람들이 있었고 이에 커다란 거부감도 없었다. 그만큼 한국을 믿을 만한 나라로 생각했다는 것을 의미한다.

그러나 2010년대 중반 이후 미중관계가 갈등과 대결의 시대로 전환되면서 중국의 북한에 대한 평가가 달라지기 시작했다. 특히 안보적 관점에 한반도를 바라보기 시작한 중국은 한국이 중국의 안보에 위해를 가져올 수 있다는 우려를 갖게 되었다. 박근혜 정부 시기 사드 배치에 대한 중국의 강경한 반발은 이러한 중국의 메시지를 한국 측에 보내는 것이었다.

윤석열 정부는 한미동맹 및 한미일 안보협력만을 중시하는 외교 기조로 전환했다. 중국과의 관계는 아예 무시했다. 윤석열 정부 이전의 정부들은 한미동맹과 중국과의 전략적 협력동반자 관계라는 두 마리 토끼를 잡으려 했다. 국내 일각에서는 이러한 외교기조를 전략적 모호성이라고 폄하하면서 미중 사이에서 미국에서는 전략적 명료성을 주장했다. 윤석열 정부 외교는 이러한 전략적 명료성에 바탕을 두고 있었다.

그러나 앞서 언급하였듯이 이러한 전략적 명료성에는 대가가 따른다. 특히 북한의 내부 붕괴로 한반도 통일의 기회가 왔을 때 중국이 이를 방해하거나 거부할 가능성을 높여준다.

독일 통일 과정에서 러시아가 보여주었던 사례를 보면 중국이 어떤 태도를 보일지 예측이 가능하다. 독일 통일 당시 러시아는 쓰러져가는 제국이었다. 러시아의 사정이 그러할 진대도 독일 통일을 위해서는 러시아의 협력이 없이는 불가능했다.

서독과 미국은 러시아의 협력을 얻기 위해 서독에 주둔 중이던 미군을 독일 통일 시 동독 지역으로 확장하지 않겠다는 약속을 하는 등 많은 것을 양보해야 했다.

여기에 더해 서독은 1960년대 말부터 냉전 시기에도 빌리 브란트 총리가 취한 동방정책을 지속 추진하여 러시아 등 구 공산권 국가와의 신뢰 관계를 구축하고 있던 터였다. 이러한 신뢰 관계가 있었는데도 독일 통일 과정에서 러시아의 양해를 받는 데 어려움이 있었다.

중국은 경제적으로 군사적으로 부상 중인 나라이다. 당분간 이러한 흐름은 바뀌지 않을 것이다. 그것은 중국이 한반도 통일에 결정적 영향력을 가질 수밖에 없다는 것을 의미한다. 한반도 통일이 중국의 안보에 위협을 초래할지도 모른다는 중국의 우려가 있는 한 중국이 한반도 통일에 동의하기를 기대하는 것은 우리만의 낭만적인 기대이다. 우리가 중국과의 신뢰관계를 구축해야 하는 가장 큰 이유이다.

5) 대만 문제

중국 정부는 대만 문제가 중국의 핵심 이익 중의 핵심 이익이라는 입장을 천명해왔다. 핵심 내용은 '하나의 중국' 원칙으로 대만은 중국의 불가분의 일부이며 대만 문제는 중국의 내정에 속하므로 다른 나라의 간섭은 용인할 수 없다는 것이다. 중국은 다른 나라와의 외교 관계 수립 시 이 원칙을 예외 없이 적용해왔다. 우리나라도 한중수교 당시 이 원칙을 수용하였다.

오늘날 대만 문제가 국제사회의 주요 이슈로 대두된 배경에는 대만 내부 정세 및 미중관계의 변화와 관련이 있다. 대만은 1990년대 후반 민주화가 이루어진 이후 국민당과 민진당 두 정파가 번갈아가며 집권을 해오고 있다.

민진당의 주요지지 기반은 내성인(1949년 국공내전에서의 패전 시 대만으로 이주해온 사람들은 외성인이라고 그 이전부터 대만에 살던 사람들은 내성인이라 한다)으로 이들은 대만의 분리 독립을 지지한다. 반면 국민당은 대만과 중국은 모두 중국이라는 입장을 유지해 왔다. 대만의 분리 독립에도 반대한다.

중국 정부는 이러한 대만 내부 정세의 동적인 변화와 맞물려 향후 민진당 세력이 강화될 경우 대만이 내성인들의 지지를 바탕으로 분리 독립을 추진할 가능성을 경계하고 있다. 나아가 중국은 이러한 분리 독립 움직임을 억지하기 위해 군사적 위협 등 각종 채찍을 구사하고 있다. 중국과 대만 간 긴장이 증대되어온 배경이다.

여기에 미중관계가 갈등과 대결의 시대로 전환되면서 대만 문제가 미중 간의 핵심 문제로 대두되었다. 미중관계가 협력이 대세이던 시기에는 미국이 대만 문제 특히 대만 방위 문제에 대해 전략적 모호성을 유지했었다. 이에 따라 대만 문제는 미중 양국 간 외교적 타협이 가능하였다.

그러나 바이든 대통령 시기에 들어와 변화의 조짐이 나타나기 시작했다. 2022년 5월 도쿄에서 열린 미일 정상회담 후 공동기자회견에서 "대만을 방어하기 위해 군사개입을 할 것이냐"는 한 기자의 질문에 바이든 대통령이 "예스(Yes). 그것이 우리의 약속"이라고 대답한 것이다. 바이든 대통령은 여러 차례 언론에 나와 같은 논조의 견해를 밝혔다.

그러나 바이든 대통령의 발언 직후 미 백악관 관계자는 "바이든 대통령이 미국의 '하나의 중국' 정책과 대만의 평화와 안정성에 대한 약속을 재확인한 것" "대만을 방어하기 위해 군사적 수단을 제공한다는 대만관계법에 대한 우리의 약속을 재확인한 것"이라고 해명했다.

이러한 백악관 관계자의 해명은 미국의 전통적인 입장인 전략적 모호성에 가까운 해명이다. 이처럼 대만 방위 문제에 대한 미국의 입장이 미국 내에서도 아직 명확하지 않다. 이는 대만 방위 문제는 그만큼 미중관계에 미칠 파급력이 큰 사안이기 때문에 미국도 신중하게 다루고 있다는 것을 의미한다.

대만 문제와 관련하여 우리가 직면할 문제는 크게 두 가지이다. 하나는 대만 문제에 대한 우리의 입장 표명, 특히 미국과 한미 정상회담 등 계기 시 공동성명에 대만 문제를 포함하는 문제이다. 우리의 입장 표명은 신중한 표현을 사용하여야 한다. 윤석열 대통령 시기처럼 너무 앞서가는 내용의 입장을 표명하는 것은 자충수이며 국익에 전혀 도움이 되지 않는다.

한미 정상회담 등 미국 측과의 주요 회담 시 발표하는 공동성명 등에 미국 측이 대만 문제에 대해 공동의 입장을 표명하자고 하는 경우 우리는 신중한 표현을 사용하되 사전에 중국 측과 협의를 통해 중국의 의구심을 해소할 필요가 있다.

또 다른 하나는 주한미군이 대만 방위에 개입되는 문제이다. 주한미군은 한미상호방위조약에 의해 주둔 중이고 한미 상호방위조약은 한미 양국 중 어느 한 나라가 제3국에 의해 공격당할 경우 동맹국으로서 상호 공동방위를 약속한 것이다.

주한미군은 한미상호방위조약에 근거하여 북한 또는 제3국의 우리나라에 대한 공격이 있을 경우에 대응하기 위해 주둔하고 있다. 따라서 논리적으로는 중국과 대만 간 군사적 충돌이 있을 경우 주한미군이 여기에 개입하는 것은 논리적으로 타당하지 않다.

우리는 중국과의 수교 시 대만은 중국의 불가분의 일부라는 중국의 원칙적 입장을 수용했다. 이는 대만 문제가 중국의 내정에 관한 문제라는 것을 수용한 셈이다. 따라서 중국-대만 간 군사적 충돌은 원칙적으로는 내정에 관한 사항으로 주한미군이 개입하는 것은 중국의 내정에 우리가 개입하는 셈이 된다. 특히 주한미군 주둔 비용을 우리 정부가 상당 부분 부담하고 있음을 고려하면 더욱 그렇다.

그러나 미국은 해외 주둔 미군 운용과 관련 전략적 유연성 개념 아래 해외 주둔 미군을 기동대처럼 운용하겠다는 방침을 세워 놓고 있다. 이와 관련 최근 들어 미국의 일부 안보 문제 전문가들은 대만 방위에 주한미군을 동원할 수 있도록 한국과 사전 협의하는 것이 필요하다는 주장들을 제기하고 있다.

미국 측의 이러한 일부 주장들과 관련 우리는 앞서 언급한 이유 등으로 신중하게 대응해야 한다. 특히 한미 간 정부 차원에서 이 문제를 협의해야 할 경우에는 더욱 신중하게 처리해야 한다.

2005년 한미 간 주한미군의 전략적 유연성 합의 시 미국이 그 이행에 있어서 "한국이 한국민의 의지와 관계없이 동북아 지역분쟁에 개입되는 일은 없을 것"이라는 우리의 입장을 존중키로 한 사실이 하나의 기준선이 될 수 있을 것이다.

18장
결론에 대신하여:
친중 반중, 친일 반일 같은 이분법적 프레임에서 벗어나야

'외교는 국내 정치의 연장'이라는 말이 있다. 외교라는 것이 대외 문제에 대한 정부의 행위이고 따라서 외교도 국내 정치의 영향을 받는다는 의미이다. 한편 외교가 무엇이냐는 정의의 문제를 논할 때 외교는 국가이익을 실현하는 대외적 행위라고 이구동성으로 말하며 마치 국가이익에 관한 국민적 합의가 있는 것처럼 말한다. 그러나 실제로는 무엇이 국가이익인지에 대해 국내 정파 간 견해가 다르다.

특히 민주주의 국가의 정부는 선거에 의해 정부가 구성되고 그 정부의 정책은 특정 정파의 가치가 반영되고 외교도 특정 시기 정권을 책임지고 있는 정부의 가치를 반영하기 때문에 국가이익의 개념도 특정 정권에 따라 다르게 규정된다. 민주주의 국가의 이러한 특성 때문에 민주주의 국가의 외교는 정부를 책임진 정당이 추구하는 가치에 따라 중구난방이 될 소지가 매우 높다.

그런데 대외관계에 있어 국가이익을 추구하는 정부의 행위인 외교가 실효적인 결과를 얻으려면 외교정책이 장기적인 관점에서 일

관되게 추진되어야 한다. 이런 면에서 민주주의 국가의 외교에는 많은 약점이 있다.

수시로 정권이 바뀌는 미국도 외교 방향의 일관성 부재 문제 때문에 오랜 논란이 있어 왔다. 미국은 이러한 문제를 해결하기 위해 외교 문제에 관한 한 당파를 초월한 '초당적 외교'를 중시해 왔다.

그러나 실제로는 미국의 대외정책도 집권 정당에 따라 180도 바뀌는 경우가 허다하다. 특히 미국의 경우 진보를 표방하는 민주당과 보수 성향의 공화당이 추구하는 가치가 다르다 보니 환경문제나 기후변화문제 등 소위 전 지구적 문제에 대해서는 대외정책이 180도 정반대로 바뀌는 경향이 있다. 2025년 출범한 트럼프 미 행정부와 바이든 전 행정부의 대외정책 방향의 차이가 이를 극적으로 말해준다.

우리나라 외교는 정권이 바뀔 때마다 우리의 전략적인 이해관계가 있는 미, 중, 일, 러 4개국과의 관계를 어떻게 설정할지를 놓고 중구난방의 모습을 보여 왔다. 국민들의 의견도 분분하다. 특히 여야 간 외교 외교정책 방향에 대한 입장 차이로 인해 정권이 바뀔 때마다 중국 및 일본 등 우리의 핵심적 이익이 걸려 있는 나라들에 대한 외교정책 방향이 극과 극을 왔다 갔다 한다.

미국에 대한 우리의 외교정책은 여야 간 입장 차이가 있기는 하지만 그나마 상대적으로 적은 편이다. 미국과의 동맹관계가 우리 외교의 핵심이라는 데 어느 정도 공감대가 형성되어 있기 때문이다. 노무현 대통령이 "반미 좀 하면 어떠냐"고 해서 국내적으로 커다란 반향을 일으키기는 했었다. 그럼에도 불구하고 내심으로 원한 것은 아닐지라도 노무현 정부는 실제 외교에 있어서는 미국과의 외교를 가장 중시했다.

그동안 외교 방향을 놓고 여야 간 입장 차이가 가장 극심했던 대상은 일본이었다. 문재인 정부 당시 대일본 정책을 놓고 여야 간 첨예한 대립을 보였었다. 문재인 정부는 박근혜 정부가 일본과 합의한 종군위안부 합의를 뒤집은 것은 물론 새로운 이슈로 떠오른 일제하 강제징용 피해자에 대한 배상 문제를 놓고 일본과 5년 임기 내내 갈등했다.

야당을 포함 일본에 대해 타협적인 태도를 보인 정파에 대해서는 '친일왜구 세력'이라고 몰아세웠다. 국내에 만연해 있는 반일 정서를 이용해 정치적으로는 재미를 좀 보려고 하는 것처럼 보이기도 하였다.

그러나 그것은 일본과의 정상적인 관계 유지를 통한 종합적인 국익 확보라는 외교의 본령에서 보면 대실패였다. 문재인 정부 시기 한일관계는 거의 적대적인 관계라고 할 정도로 파탄이 났다.

문재인 정부 이후 새로이 들어선 윤석열 정부는 대일관계 개선을 외교정책의 최우선 순위 중의 하나로 생각했다. 문재인 정부가 5년 내내 금과옥조처럼 되뇌었던 종군위안부 문제와 강제 징용피해자 문제에 대한 일본의 반성 및 사과와 배상 문제는 뒷전으로 밀려났다. 종군위안부 문제나 강제 징용피해자 문제로 일본의 배상은 고사하고 반성과 사과도 받지 않은 채 슬그머니 아무런 문제가 없었던 것처럼 넘어갔다.

이처럼 정권마다 갈지자 외교를 하게 된 이유는 우리 외교가 당파적인 이해에 의해 좌우되는 경향이 있기 때문이다. 우리나라의 이러한 정치 현실을 잘 아는 일본 정부는 한국에서 정권이 바뀌기를 기다리면 일본에 유리하게 문제를 해결할 수 있다는 생각으로 5년을 기다렸다가 윤석열 정부가 대일관계 개선에 적극적으로 나서자 못이기는 척 호응하면서 손에 코나 묻히지 않고 모든 이슈를 일거에 해결했다.

여기서 가장 큰 문제는 우리의 외교에 대한 신뢰의 위기가 생긴다는 것이다. 한국과의 외교적 문제는 한국이 시끄럽게 굴 때는 정면으로 나설 필요 없이 좀 기다리면 정권 교체로 해결될 수 있다는 생각을 타국의 정책 당국자들로 하여금 갖게 만들 수 있다는 것이다.

과거에는 이와 같은 우리 국민의 반일 감정과 한일 간 과거사 문제로 인해 우리가 대일 외교를 객관적인 사실에 근거하여 입안하고 실행하는 데 장애 요소로 작용했다. 국내 정치 세력이 국민의 반일 감정을 이용하기도 하고 선동하기도 했으며 객관적으로 문제를 보고 대처해야 할 외교부도 집권 세력의 요구에 호응하기에 바빴다.

그런데 2022년을 기점으로 중국 문제가 우리 외교의 주요 쟁점으로 떠올랐다. 주요 요인은 갈등과 대립을 겪고 있는 미중 사이에서 우리가 어떤 외교 좌표를 설정해야 할 것인가의 문제여야 했다. 그러나 실제로는 외교좌표 설정에 있어 우리 국내의 반중 정서가 더 큰 요인으로 작용했다.

한중수교 이후 약 20여 년간은 경제적으로 중국이 우리를 필요로 하는 시기였기 때문에 중국은 우리나라와의 협력에 공을 들였다. 그러나 중국의 경제가 급성장하고 중국의 국력이 증대되면서 중국 입장에서 보아 우리나라의 중요성이 상대적으로 감소했다. 이에 따라 중국이 한중수교 초기와 달리 우리나라에 대해 거만해지고 심지어는 고압적인 태도를 보이는 등의 대국 행세를 하기 시작했다.

박근혜 정부가 사드 배치를 결정하자 중국은 한국에 대한 유무형의 보복 조치를 단행하였다. 그렇지 않아도 중국의 행태를 고깝게 생각해 오던 우리 국민들의 중국에 대한 여론은 급속도로 악화되었다.

문재인 정부는 사드배치 이후 불거진 악화된 중국과의 관계를 봉합하고 중국과의 관계를 개선하고자 하였다. 문재인 정부는 이를 위해 3불 정책을 선언했다. 이러한 문재인 정부의 정책은 우리 국민들 사이에 중국에 굴복하는 것으로 비추어졌다.

야당은 굴종 외교이자 사대 외교라고 문재인 정부를 몰아세웠다. 한국 내 반중 정서가 고조되자 한중 간 외교 문제가 과거 한일 간 외교 문제처럼 유권자의 표를 계산하는 국내 정치의 영향을 받게 되었다.

　윤석열 대통령 후보는 대통령 선거 과정에서 중국에 대해 비판의 목소리를 높였다. 특히 문재인 정부의 대중 정책을 친중, 굴욕, 사대 외교로 몰아붙였다. 윤석열 정부는 출범 후 사드 문제는 우리의 주권 사항으로서 문재인 정부의 3불 정책에 구애 받지 않고 우리의 주권적 입장에 따라 결정하겠다는 입장을 표명했다.

　그러나 윤석열 정부가 들어선 후 전임 정부가 중국과의 관계를 고려하여 어렵사리 우리의 외교 정책 방향을 선언한 것을 파기하겠다고 공공연하게 표명한 것은 우리 외교에 대한 신뢰를 허무는 것이었다.

　문재인 정부의 3불 정책은 중국을 향한 일종의 공개적 정책 선언이었던 만큼 윤석열 정부가 이를 바꿀 생각이었다 하더라도 더 신중하고 정교하게 했어야 한다.

　윤석열 정부의 이런 태도로 위신이 손상될 정도로 손상된 중국으로서는 한국 측에 먼저 손을 내미는 것이 불가능하게 되었다. 중국 측은 윤석열 정부가 스스로 제풀에 지쳐 중국과의 관계 정상화에 적극적으로 나서거나 아니면 윤석열 정부가 끝나는 5년을 기다려도 된다는 생각으로 지구전에 들어갔다. 결과적으로 윤석열 정부 시기 한중관계는 전례 없는 퇴조기를 맞이하게 되었다.

　외교는 오케스트라 연주와 같다. 오케스트라는 모든 악기가 동시에 화음을 맞추어야 그 연주가 성공할 수 있다. 우리나라는

4대 강국에 둘러싸여 있다. 이는 4대 강국의 이해관계가 한반도에서 교차하고 있다는 것을 의미한다.

우리는 이들 4대 강국 중 어느 나라와의 관계도 소홀히 할 수 없다. 그만큼 우리나라의 외교는 오케스트라 연주처럼 정교한 외교를 필요로 한다. 그러나 우리나라 외교는 그러지 못했다.

우리나라 외교가 이처럼 중구난방이 된 가장 큰 이유는 여야에 의한 주기적 정권 교체가 가장 큰 원인이다. 민주주의 국가에서 어쩔 수 없는 측면이 있다. 그러나 외교가 뚜렷한 방향 없이 정권이 교체될 때마다 반중 친미, 친중 반미, 친일 반일, 친북 반북이라는 이분법적 틀 속에서 국내 정파 간 정쟁의 대상이 된다면 우리는 우리의 외교 역량을 제대로 발휘하지 못한 채 주변 강대국들의 희생양이 될 수 있다. 조선 왕조가 패망한 근대 우리 역사가 이를 웅변적으로 말해준다.

이를 극복하기 위해서는 정치권이 국가의 백년대계를 위해 우리의 외교 방향에 대한 합의를 이끌어내야 한다. 언론도 정치권이 이러한 합의에 도달할 수 있도록 촉구해야한다. 국민들 역시 두 눈을 부릅뜨고 이를 감시해야 한다.